石油石化职业技能培训教程

压缩天然气场站运行工

(上册)

中国石油天然气集团公司职业技能鉴定指导中心　编

石油工业出版社

内 容 提 要

本书是由中国石油天然气集团公司职业技能鉴定指导中心统一组织编写的《石油石化职业技能培训教程》中的一本。本书包括压缩天然气场站运行工初、中级应掌握的基础知识、专业知识以及相关知识，并配套编写了相应层级的练习题。

本书既可用于职业技能鉴定前的培训，又可用于员工岗位技术培训和自学提高。

图书在版编目(CIP)数据

压缩天然气场站运行工．上册/中国石油天然气集团公司职业技能鉴定指导中心编．—北京：石油工业出版社，2016.4

石油石化职业技能培训教程

ISBN 978-7-5183-1169-9

Ⅰ．压…
Ⅱ．中…
Ⅲ．天然气-配气站-技术培训-教材
Ⅳ．U491.8

中国版本图书馆 CIP 数据核字(2016)第 048931 号

出版发行：石油工业出版社
(北京安定门外安华里2区1号　100011)
网　址：http://www.petropub.com
编辑部：(010)64523574　图书营销中心：(010)64523633
经　销：全国新华书店
印　刷：北京中石油彩色印刷有限责任公司

2016年4月第1版　2016年4月第1次印刷
787×1092 毫米　开本：1/16　印张：20.5
字数：522 千字
定价：65.00 元
(如出现印装质量问题，我社图书营销中心负责调换)
版权所有，翻印必究

《石油石化职业技能培训教程》

编 委 会

主　　任　金　华　赵永起
副 主 任　黄　革　王子云　郝庆华　胡兆科
委　　员　(按姓氏笔画排序)
　　　　　王　工　王中元　王海云　王增玉
　　　　　刘国群　纪安德　李　丰　何　波
　　　　　谷柏强　张月钦　张维勤　苗永健
　　　　　范广文　胡新文　胥　勇　商博军

前　言

随着企业产业升级、装备技术更新改造步伐不断加快,对从业人员的素质和技能提出了新的更高要求。为适应经济发展方式转变和"四新"技术变化要求,提高石油石化企业员工队伍素质,满足职工鉴定的需要,中国石油天然气集团公司职业鉴定指导中心根据2015年版《国家职业大典》对工种目录的调整情况,修订了《石油石化行业职业资格等级标准》,在新标准的指导下,对"十五"、"十一五"期间编写的职业技能培训教程和职业技能鉴定试题集进行了全面修订。

本套书的修订坚持以职业活动为导向、以职业技能提升为核心,以统一规范、充实完善为原则,注重内容的先进性与通用性。修订的内容主要是新技术、新工艺、新设备、新材料。教程内容范围与鉴定题库基本一致,每个工种的教程分上、下两册,本工种上册为初、中级工的内容,下册为高级工、技师的内容,同时配套编写了相应层级的练习题,便于读者对知识点的理解和掌握。本套书既可用于职业技能鉴定前培训,也可用于员工岗位技术培训和自学提高。本套教材为员工免费提供学习增值服务,员工可通过石油工业出版社官方微信"微油题库"、油题库APP手机移动端进行自主练习和组卷测试。

本教程由中石油昆仑燃气有限公司组织编写,朱圣贤任主编,管重德、熊万鹏、毕艳龙任副主编。参加编写的人员有马英凯、王兰萍、石光华、刘坚、刘丕戈、张怀英、钟鸣、高富强、韩玉明,参加审定的人员有何波、胥勇、于知天、于涛连、付俊玲、丛德文、齐海洋、李治华、陈翀、陈宗文、张广星、张宏伟、苗永健。

由于编者水平有限,书中错误、疏漏之处,请广大读者提出宝贵意见。

编　者
2015年8月

目 录

初、中级工

第一章 天然气基础知识 ·· (3)
    第一节 天然气的分类 ·· (3)
    第二节 天然气的基本性质 ·· (4)
    第三节 天然气的技术指标 ·· (9)
    第四节 天然气的应用 ··· (10)
    第五节 压缩天然气的特性 ··· (11)
    第六节 天然气汽车基本知识 ··· (12)
    初级工练习题及答案 ··· (14)
    中级工练习题及答案 ··· (19)

第二章 常用仪器仪表 ··· (24)
    第一节 压力测量仪表 ··· (24)
    第二节 温度测量仪表 ··· (27)
    第三节 天然气流量计 ··· (29)
    第四节 气体分析仪 ··· (36)
    初级工练习题及答案 ··· (37)
    中级工练习题及答案 ··· (50)

第三章 阀门知识 ··· (59)
    第一节 阀门的分类 ··· (59)
    第二节 阀门的型号 ··· (60)
    第三节 阀门的密封材料 ··· (65)
    第四节 常用阀门的介绍 ··· (66)
    初级工练习题及答案 ··· (73)
    中级工练习题及答案 ··· (80)

第四章 CNG 加气站构成 ··· (88)
    第一节 CNG 加气母站 ·· (88)
    第二节 CNG 常规加气站 ·· (95)
    第三节 CNG 加气子站 ·· (97)

初级工练习题及答案 ………………………………………………………… (106)
　　中级工练习题及答案 ………………………………………………………… (122)

第五章　CNG 加气站设备操作 ………………………………………………… (141)
　第一节　CNG 加气母站设备操作 ………………………………………………… (141)
　第二节　CNG 常规加气站设备操作 ……………………………………………… (152)
　第三节　CNG 加气子站设备操作 ………………………………………………… (157)
　　初级工练习题及答案 ………………………………………………………… (168)
　　中级工练习题及答案 ………………………………………………………… (189)

第六章　加气站安全生产及消防 ………………………………………………… (213)
　第一节　安全生产 ………………………………………………………………… (213)
　第二节　消防知识 ………………………………………………………………… (218)
　第三节　静电及防雷接地知识 …………………………………………………… (228)
　第四节　H_2S 中毒防护知识 …………………………………………………… (231)
　第五节　安全危险事项 …………………………………………………………… (232)
　　初级工练习题及答案 ………………………………………………………… (239)
　　中级工练习题及答案 ………………………………………………………… (250)

第七章　应急处置措施 …………………………………………………………… (252)
　第一节　CNG 加气站应急工作 …………………………………………………… (252)
　第二节　事故应急处置措施 ……………………………………………………… (256)
　第三节　加气站常见应急事件 …………………………………………………… (257)
　　初级工练习题及答案 ………………………………………………………… (260)
　　中级工练习题及答案 ………………………………………………………… (264)

压缩天然气场站运行工初级试卷及参考答案 …………………………………… (267)

压缩天然气场站运行工中级试卷及参考答案 …………………………………… (282)

附录 ………………………………………………………………………………… (297)
　附录 1　压缩天然气场站运行工职业资格等级标准 …………………………… (297)
　附录 2　初级压缩天然气场站运行工理论知识试题鉴定要素细目表 ………… (305)
　附录 3　初级压缩天然气场站运行工技能操作试题鉴定要素细目表 ………… (312)
　附录 4　中级压缩天然气场站运行工理论知识试题鉴定要素细目表 ………… (313)
　附录 5　中级压缩天然气场站运行工技能操作试题鉴定要素细目表 ………… (318)
　附录 6　压缩天然气场站运行工技能操作考核内容层次结构表 ……………… (319)

参考文献 …………………………………………………………………………… (320)

初、中级工

第一章　天然气基础知识

天然气是清洁优质的能源,是保护环境的最理想的燃料之一。目前,天然气产业正处在蓬勃发展阶段,逐步成为世界首选能源之一。天然气具有易燃易爆的特点,要安全管理和使用天然气,就必须对其有一个正确的认识。

ZAA001 *天然气概述*

天然气是指动、植物遗体通过生物、化学及地质变化作用,在不同条件下生成、转移,并在一定压力下储集,埋藏在深度不同的地层中的优质可燃气体。其主要成分是饱和烃,以甲烷为主,乙烷、丙烷、丁烷、戊烷含量不多,也含有少量非烃类气体(如一氧化碳、二氧化碳、氮气、氢气、硫化氢、水蒸气)及微量的惰性气体(如氦、氩)等。

CAA001 *天然气的组成*

天然气是一种无色、无味的混合气体,主要成分是甲烷。甲烷相对分子质量为16,标准状况下的密度为 $0.7174 kg/m^3$,对空气的相对密度为0.5548,因而如容器泄漏,天然气很容易扩散,使用较为安全。但天然气易聚集在密闭空间的顶部,与空气或氧气混合形成爆炸性气体。天然气在空气中的爆炸极限为 5%~15%,在标准状况下,其沸点为 -162.6℃,熔点为 -182.5℃,临界温度为 -82.45℃。

CAA002 *甲烷的物理性质*

本章介绍天然气的分类、性质、用途、技术指标几方面内容。

第一节　天然气的分类

天然气分类的方法很多,比较常见的有按矿藏特点、酸气含量及储运方式分类。

一、按矿藏特点分类

天然气可分为气田气、石油伴生气、凝析气田气和矿井气。

气田气是从气井中开采出来的天然气,其主要组分以甲烷为主,含量达90%以上,乙烷、丙烷、丁烷含量一般不大,戊烷及戊烷以上的重烃含量甚微,另外还含有少量的二氧化碳、硫化氢、氮和微量的氦、氖、氩等气体。

CAA003 *气田气*

石油伴生气是指在储层中与石油共存,采油过程中与石油同时被采出,经油气分离后得到的天然气。石油伴生气中甲烷含量约为80%,乙烷以上的烃类含量约为15%。

CAA004 *石油伴生气*

凝析气田气即凝析气田采出的天然气,除含大量的甲烷外,戊烷和戊烷以上烃类含量约为 2%~5%。

CAA005 *凝析气田气*

矿井气是成煤过程所产生并聚集在合适地质构造中的可燃气体。其主要组分为甲烷,含量在90%以上,同时含有少量的二氧化碳、氮气、氢气以及烃类化合物。

CAA006 *矿井气*

二、按酸气含量分类

根据天然气中含硫量的多少天然气可划分为净气和酸气。

净气是指 H_2S 和 CO_2 含量甚微,不需要净化处理的天然气。

CAA007 *净气*

CAA008 酸气　　　　　酸气是指含 H_2S 和 CO_2 等较多的气体,需要进行净化处理才能达到管输标准的天然气。

净气和酸气的划分具体以含硫量 $1g/m^3$ 为分界值,含硫量小于 $1g/m^3$ 的天然气称为净气;含硫量大于 $1g/m^3$ 的天然气称为酸气。

三、按储运方式分类

ZAA002 天然气按储运方式分类

天然气按储运方式可分为管道天然气、压缩天然气、液化天然气三种。

管道天然气:是指利用天然气管道输送的天然气。

压缩天然气(CNG):通常是指压缩到大于或等于 10MPa 且不大于 25MPa 的气态天然气。

液化天然气(LNG):是指天然气经过深冷液化,在常压下冷却至 -162.6℃ 以下的液态天然气。

四、按烃类组成分类

ZAA003 干气和湿气

天然气按烃类组成可分为干气和湿气。一般把标准状况下 $1m^3$ 天然气中 C_5 以上的重烃液体含量低于 $13.5cm^3$ 的叫干气,把 $1m^3$ 天然气中 C_5 以上的重烃液体含量高于 $13.5cm^3$ 的叫湿气。

第二节　天然气的基本性质

天然气是由化学性质相对稳定的多种气体混合而成的,其组分和组成无定值。它的基本性质可由单一组分气体的性质按混合法则求得。

ZAA004 天然气的化学特性

天然气的化学性质比较稳定,一般条件下不与氧气发生反应,也不与浓酸、浓碱溶液及氧化剂反应,但与氯气只要在日光照射或加热时就能发生反应,与氟化氢混合能发生自燃。通常情况下,甲烷比较稳定,与高锰酸钾等强氧化剂不反应,与强酸、强碱也不反应。但是在特定条件下,甲烷也会发生某些反应。

天然气不完全燃烧的化学方程式:

$$2CH_4 + 3O_2 = 2CO + 4H_2O(燃烧)$$

一、密度和相对密度

CAA009 气体的密度

(一)密度

ZAA005 气体密度公式

单位体积气体的质量,称为气体的密度,用符号 ρ_g 表示,即

$$\rho_g = \frac{m}{V}$$

式中　ρ_g——气体的密度,kg/m^3;

m——气体的质量,kg;

V——气体的体积,m^3。

由于气体的可压缩性,混合气体的密度不仅取决于气体的组成,还取决于所处的压力和温度状态。通常所说的气体的密度是指在标准状况下(压力 101.325kPa,0℃)气体的密度。天然气的密度一般为 $0.75 \sim 0.8 kg/m^3$,比空气

轻,如泄漏会往上飘,易于挥发和扩散。

(二)相对密度

相对密度是指该物质的密度与标准物质的密度之比。在相同状态下,天然气密度与干燥空气密度的比值称为天然气的相对密度。对于气体来说,相对密度是气体密度与空气密度的比值(一般用 S 表示)。$S>1$ 表明该气体比空气重,$S<1$ 表明该气体比空气轻。

同温、同压下甲烷的相对密度为 0.5548,天然气的相对密度变化较大,对于一般干气,其相对密度约为 0.58~0.62。

气体的相对分子质量与其相对密度成正比。

二、着火温度

着火温度是指将可燃气体在空气中加热时,开始并继续燃烧的最低温度,也叫燃点或着火点。可燃物只有在达到着火温度后才能自燃。着火温度并非可燃混合物的固定数值,它取决于可燃气体在空气中的浓度及混合程度、压力以及燃烧空间的形状与大小,当环境散热能力强时,着火温度将升高。

甲烷的着火温度为 540℃,天然气的着火温度一般为 537~750℃,天然气的最小点火能量为 0.31J。

常用的温度单位用℃(摄氏度,符号 t)或 K(开氏温度,符号 T)表示,两者的换算关系为:

$$t = T - 273.15$$

即:0℃ = 273.15K, -273.15℃ = 0K。

三、自燃点和燃烧温度

(一)自燃点

可燃物质发生自行燃烧的温度称为自燃点。自燃是物质自发的着火现象,通常是由缓慢的氧化作用引起物质温度升高或由外界温度升高而引发的,即物质在无外界火源的条件下,在一定温度下自行发热,散热受到阻碍而积蓄逐渐达到自燃的状态。物质的自燃点越高,越不容易自燃。

(二)燃烧温度

燃烧温度实质上是火焰温度。因为可燃物质燃烧所产生的热量是火焰燃烧区内放出的,热量完全被燃烧生成物质所携带,因而火焰温度也就是燃烧温度。

1. 燃烧温度

燃烧温度是指燃料燃烧时放出的热量使燃烧产物(烟气)所能达到的温度。

甲烷的理论燃烧温度为 1970℃。

天然气的理论燃烧温度可达到 2030℃。

2. 火焰传播速度

火焰传播速度又称火焰传播率,是指单位时间内在燃烧物表面上向前移动的直线速度。

甲烷的最大燃烧速度为 0.38m/s。

可近似地认为天然气的火焰传播速度为 0.38m/s。

四、热值

CAA011 热值的概念　热值又称为发热量,是单位质量(或体积)的可燃物质在完全燃烧时所放出的热量,符号是 q,常用的热值单位为 kJ/kg(固体燃料和液体燃料)或 kJ/m³(气体燃料)。热值分为高热值和低热值两种。

CAA012 高热值　高热值是指单位数量的燃气完全燃烧后其燃烧产物和周围环境恢复至燃烧前温度,而其中的水蒸气被凝结成同温度水后放出的全部热量。它是燃料的燃烧热和水蒸气的冷凝热的总和,即燃料完全燃烧时所放出的总热量。

CAA013 低热值　低热值是指单位数量的燃气完全燃烧后其燃烧产物和周围环境恢复至燃烧前温度,而不计其中水蒸气凝结时所放出的热量。它仅是燃料的燃烧热。

燃气的高热值在数值上大于其低热值,差值为水的汽化潜热。

燃烧产物中的水蒸气通常以气体状态排出,因此实际工程中常用燃气的低热值进行计算。燃气的热值与燃气的组分有关,含烃比例越高,热值越高;含非烃,尤其是含 CO_2、N_2 等气体比例越高,热值越低。天然气的热值就比汽油低。

ZAA011 热值换算　在实际工作中,常遇到燃气之间的热值换算。焦(J)、卡(cal)是功、能和热量常用单位,其换算关系为:

$$1000\text{cal} = 1\text{kcal} = 4.186\text{kJ} = 4186\text{J}$$

$$1\text{MJ} = 1000\text{kJ} = 1 \times 10^6 \text{J}$$

由于天然气是混合气体,不同的组分以及组分的不同比例,都会有不同的热值,表 1-1 为几个不同产地的天然气热值。

表 1-1　不同种类的天然气热值

天然气种类	热值,MJ/m³	
	高热值	低热值
大庆石油伴生气	40.403	36.442
大港石油伴生气	52.833	48.383
四川干气	48.077	43.643

CAA014 几种燃料的热值换算　表 1-2 是天然气与其他几种燃料的热值换算。

表 1-2　天然气与其他几种燃料的热值换算表

替代燃料	单位燃料								
	天然气 35.588MJ/m³	液化石油气 47.472MJ/kg	焦炉煤气 16.746MJ/m³	90#汽油 43.124MJ/kg	原油 41.868MJ/kg	柴油 42.705MJ/kg	电力 3.6MJ/kW·h	标煤 29.307MJ/kg	焦炭 28.470MJ/kg
天然气,m³	1	0.750	2.125	0.825	0.850	0.833	9.886	1.214	1.250
液化石油气,kg	1.334	1	—	—	—	—	—	—	—
焦炉煤气,m³	0.471	—	1	—	—	—	—	—	—
90#汽油,kg	1.212	—	—	1	—	—	—	—	—
原油,kg	1.176	—	—	—	1	—	—	—	—
柴油,kg	1.200	—	—	—	—	1	—	—	—
电,kW·h	0.101	—	—	—	—	—	1	—	—
标煤,kg	0.834	—	—	—	—	—	—	1	—
焦炭,kg	0.800	—	—	—	—	—	—	—	1

五、沸点和露点

(一)沸点

CAA015 沸点

通常所说的沸点是指 101.325kPa 压力下液体沸腾时的温度。也就是说当气体温度低于沸点温度时,气体主要以液体形式存在;高于沸点温度时液态的气体将发生剧烈的汽化现象,气体将从液态转化为气态。

由于甲烷的沸点较低,天然气的主要成分是甲烷,天然气沸点可近似为甲烷的沸点 -162.6℃。

(二)露点

CAA016 露点

在一定压力下,随着温度的降低,气体开始凝结为液体时的温度称为露点。露点随混合气体的压力及各组分的体积分数而变化,混合气体的压力增大,露点升高。

(1)天然气水露点:在一定压力下,天然气中开始析出水时的温度(即高于此温度时无冷凝水出现)。水露点越高,越容易析出水,液态的水对管道会造成腐蚀、水堵等影响,当天然气温度低于冰点时,析出的水会结冰,造成冰堵。

(2)烃露点:在一定压力下,第一滴烃类液体析出时的温度(即高于此温度时无烃类冷凝现象出现)。比如丙烷在 101.325kPa 下的露点是 -42.07℃,但当压力增大到 0.8MPa 时,其露点就上升为 20℃。

ZAA012 水、烃露点

六、爆炸极限

CAA017 爆炸极限

可燃气体和空气的混合物遇明火而引起爆炸时的可燃气体浓度范围称为爆炸极限。但并非任何比例的可燃气体与空气混合都会成为爆炸混合气体,只有在可燃气体与空气的混合气体中可燃气体的浓度在一定范围时,遇火源才能发生爆炸,此范围是从爆炸下限的某一最小值到爆炸上限的某一最大值。在这种混合气体中,当可燃气体的含量减少到不能形成爆炸混气体时的含量,称为可燃气体的爆炸下限,而当可燃气体含量一直增加到不能形成爆炸混合气体的含量,称为爆炸上限。

由于天然气的组分不同,爆炸极限存在差异。大庆石油伴生气是 4.2%~14.2%,大港石油伴生气是 4.4%~14.2%。通常将甲烷的爆炸极限视为天然气爆炸极限,因此天然气的爆炸极限约为 5%~15%。

产生爆炸必须同时具备以下三个条件:

ZAA013 爆炸的条件

(1)存在可燃气体、液体,易燃液体的蒸气或薄雾。

(2)上述气体按一定的比例与空气或氧气相混合,形成爆炸性气体混合物,同时具有足够的量,其浓度在爆炸极限以内。

(3)存在足够引燃该混合物的引燃能量,如火花、电弧或高温。

常见几种气体的热值和爆炸极限见表 1-3。

CAA018 常见可燃气体的爆炸极限

表 1-3 常见可燃气体的热值和爆炸极限

气体	分子式	高热值,MJ/m³	低热值,MJ/m³	爆炸上限,%	爆炸下限,%
甲烷	CH_4	39.842	35.902	15.0	5.0

续表

气体	分子式	高热值,MJ/m³	低热值,MJ/m³	爆炸上限,%	爆炸下限,%
乙烷	C_2H_6	70.351	64.397	13.0	2.9
丙烷	C_3H_8	101.266	93.240	9.5	2.1
一氧化碳	CO	12.636	12.636	74.2	12.5
氢气	H_2	12.745	10.786	75.9	4.0
硫化氢	H_2S	25.348	23.368	45.5	4.3

七、气体的临界参数

CAA019 气体的临界参数

任何一种气体当温度低于某一数值时都可以等温压缩成液体,但当高于该温度时,无论压力增加到多大,都不能使气体液化。

可使气体压缩成液体的这个极限温度称为该气体的临界温度。当温度等于临界温度时,使气体压缩成液体所需的压力称为临界压力。此时的状态称为临界状态。气体在临界状态下的温度、压力、比体积、密度分别称为临界温度、临界压力、临界比体积和临界密度。

天然气的临界参数随组成而变化,没有一恒定的数值,通常要通过实验的方法才能较准确地测定。

八、水合物

天然气水合物是天然气与水在一定条件下形成的一种类似冰雪的白色结晶体,俗称"可燃冰"。水合物是不稳定的结合物,在低压或高温的条件下,易分解为气体和水。

CAA020 水合物的生成

(一)水合物的生成条件

如果碳氢化合物中的水分超过一定含量,在一定温度压力条件下,水能与液相和气相的 C_1、C_2、C_3 和 C_4 生成结晶水合物 $C_mH_n \cdot xH_2O$(甲烷,$x=6\sim7$;乙烷,$x=6$;丙烷及异丁烷,$x=17$)。水合物在聚集状态下是白色的结晶体,或带铁锈色,依据它的生成条件,一般水合物类似于冰或致密的雪。

(二)天然气水合物的危害

天然气水合物一旦形成后,它与金属结合牢固,会减少管道的流通面积,产生节流,并进一步加速水合物的形成,从而造成管道、阀门和一些设备的堵塞,严重影响管道的安全运行。

ZAA014 水合物的危害及防治

(三)天然气水合物的预防

为防止天然气水合物的形成可采取如下两种方法:
(1)采用降低压力、升高温度、加入可以使水化物分解的反应剂。
(2)脱除气体中的水分,使其水含量降低到不致形成水化物的程度。按照《天然气》GB 17820—2012 要求,天然气水露点应比输送条件下最低环境温度低 5℃。

第三节　天然气的技术指标

对天然气的质量,不同的国家有不同的要求,应根据经济效益、安全卫生、环境保护三个方面综合考虑。

一、制定技术指标的目的

(一)热值

热值可分为高热值与低热值,单位为 kJ/m^3,一般来说,含重烃量多,则其热值高,一般要求高热值不低于 $31.4kJ/m^3$。

(二)水露点

CAA021 水露点的制定目的

水露点是指在一定压力下,天然气中开始析出水时的温度。制定此项要求是用来防止在输气管道中有液态水析出。液态水的存在会加速天然气中酸性组分(H_2S,CO_2)对钢材的腐蚀,还会形成固态天然气水合物,堵塞管道和设备。此外,液态水聚集在管道低洼处,也会减少管道的流通面积,影响输送效率。冬季水会结冰,也会堵塞管道和设备。因此,在天然气外输前,必须对之进行处理,以降低水露点。

(三)总硫含量

CAB001 总硫和硫化氢的制定目的

不同用途的天然气对其中总硫含量要求各不相同,作为燃料这个要求是由所含的硫化物燃烧生成二氧化硫后,对环境与人体的危害程度确定的;作为原料,由于加工目的不同所需净化深度各异,对于出矿质量并无要求。

(四)硫化氢含量

规定天然气中硫化氢含量的目的在于控制气体输配系统的腐蚀以及对人体的危害,湿天然气中硫化氢含量不大于 $6mg/m^3$ 时,对金属材料无腐蚀作用;干天然气硫化氢含量不大于 $20mg/m^3$ 时,对气体输配系统无明显腐蚀或此种腐蚀程度在工程所能接受范围内。

(五)二氧化碳含量

CAB002 二氧化碳含量的制定目的

二氧化碳也是天然气中的酸性组分,在有液态水存在时,对管道和设备也有腐蚀性。尤其是当有硫化氢、二氧化碳与水同时存在时,对钢材的腐蚀更加严重。此外,二氧化碳还是天然气中的不可燃组分。

二、天然气技术指标

天然气按总硫、硫化氢和二氧化碳含量分为一类、二类和三类。一、二类天然气主要用做民用燃料和工业原料或燃料,三类天然气主要作为工业用气。

表 1-4 为 GB 17820—2012《天然气》中天然气的技术指标。

表 1-4 天然气技术指标

项　目	一类	二类	三类
高位发热量,MJ/m³	≥36	≥31.4	≥31.4
总硫(以硫计),mg/m³	≤60	≤200	≤350
硫化氢,mg/m³	≤6	≤20	≤350
二氧化碳,%(体积分数)	≤2.0	≤3.0	—
水露点	在交接点压力下,水露点应比输送条件下最低环境温度低5℃		

注：1. 本标准中的气体体积计算标准参比条件是 101.325kPa,20℃。
　　2. 在输送条件下，当管道管顶埋地温度为 0℃时,水露点应不高于 -5℃。
　　3. 进入输气管道的天然气,水露点的压力应是最高输送压力。

ZAA015 一类天然气的技术指标
CAB003 二类天然气的技术指标
ZAA016 三类天然气的技术指标

根据《汽车加油加气站设计与施工规范(2014年版)》(GB 50156—2012)中的有关规定,引入加气站的天然气质量不得低于现行国家标准《天然气》(GB 17820—2012)中二类气质指标。

CAB004 天然气加臭

三、天然气加臭

作为民用燃料,天然气应具有可以觉察的臭味,无臭味或臭味不足的应加臭。加臭剂的最小含量应符合天然气泄漏到空气中,达到爆炸下限的20%浓度时,应能察觉。加臭剂常用具有明显臭味的硫醇、硫醚或其他含硫化合物配置。目前,按国际标准要求,城市煤气、天然气等气体的加臭剂必须使用四氢噻吩(THT)。

第四节　天然气的应用

随着人们的环保意识提高,世界需求干净能源的呼声高涨,各国也通过立法程序来传达这种趋势,天然气一度被视为最干净的能源,在生产和日常生活中得到重要的应用。

CAB005 天然气发电

一、发电

天然气发电具有缓解能源紧缺、降低燃煤发电比例、减少环境污染的有效途径,且从经济效益看,天然气发电的单位装机容量所需投资少,建设工期短,上网电价较低,具有较强竞争力。

CAB006 城市燃气及工业生产

二、城市燃气及工业生产

随着人民生活水平的提高及环保意识的增强,大部分城市对天然气的需求明显增加。天然气作为民用燃料的经济效益远大于其他工业燃料。因此天然气广泛用于居民生活及商业燃气灶具、燃气空调、热水器、采暖及制冷,也用于造纸、冶金、采石、陶瓷、玻璃等行业,还用于废料焚烧及干燥脱水处理。

ZAA017 天然气作为化工原料

三、化工原料

天然气是非常好的化工原料,具有投资少、成本低、污染少等特点。利用天然气可以生产很多化工产品,如甲醇、乙炔、氢气、合成氨、碳黑、硝氯基甲烷、二硫化碳、一氯甲烷、二氯甲烷、三氯甲烷、四氯化碳和氢氰酸等。天然气还是制造氮肥的最佳原料,世界各国多以天然气作为氮肥的生产原料,其比重占氮肥原料的80%左右。

四、汽车燃料

燃料通常指能够将自身存储的化学能通过化学反应(燃烧)转变为热能的物质。目前汽车所使用的燃料主要是汽油和柴油。而随着汽车保有量的逐年增加,汽车排放造成的环境污染问题以及石油资源逐渐匮乏的问题已不容忽视,因此各种代用燃料也得到了越来越广泛的应用。目前国内开发使用的发动机代用燃料包括天然气、液化石油气、甲醇、乙醇、生物质燃料、氢气以及二甲基醚等。以天然气代替汽车用油,具有价格低、污染少、安全等优点。

第五节 压缩天然气的特性

一、概述

压缩天然气简称CNG,是指压缩到大于或等于10MPa且不大于25MPa的气态天然气,它以气态形式储存在容器中,与管道天然气的组分相同,主要成分为甲烷(CH_4)。压缩天然气与标准状态下的天然气相比密度增加。

作为汽车燃料压缩天然气具有成本低、效益高、无污染、使用安全便捷等特点,正日益显示出强大的发展潜力。

CAB007 压缩天然气概念

二、压缩天然气的技术指标

车用压缩天然气必须符合现行国家标准(GB 18047—2000),车用压缩天然气技术指标见表1-5。

CAB008 车用压缩天然气技术指标

表1-5 压缩天然气技术指标

项目	技术指标
高热值,MJ/m³	>31.4
硫化氢,mg/m³	≤15
总硫(以硫计),mg/m³	≤200
二氧化碳,%(体积分数)	≤3
氧,%(体积分数)	≤0.5
水露点	在汽车驾驶点特定地理区域内,在最高操作压力下,水露点不应高于-13℃;当最低气温低于-8℃,水露点应比最低气温低5℃

注:本标准中气体体积的标准参比条件是101.325kPa,20℃。

另外,标准中还规定车用压缩天然气中固体颗粒直径应小于5μm;在操作压力和温度下,压缩天然气中不应存在液态烃;压缩天然气应有可察觉的臭味,无臭味或臭味不足的天然气应加臭;车用压缩天然气在使用时,应考虑其抗爆性能。

ZAA018 车用压缩天然气气质要求

正常生产时,必须定期对产品天然气水露点进行检验,以确保压缩天然气中不存在液态水。

第六节　天然气汽车基本知识

一、天然气汽车

简单地说，天然气汽车是以天然气为燃料的一种气体燃料汽车。

天然气中甲烷含量一般在90%以上，是一种很好的汽车燃料。目前，天然气被世界公认为是最为现实和技术上比较成熟的车用汽油、柴油的替代品，天然气汽车已得到了推广应用。

国家安全规范要求车载储气瓶中天然气的压力不得超过20MPa。压缩天然气经过脱水、脱硫、多级压缩制得，其使用时的状态为气体。

二、天然气汽车特点

（一）环保性 <!-- CAB010 天然气汽车的环保性 -->

与以汽油为燃料的汽车相比天然气汽车的排放污染大大降低，其尾气中不含硫化物和铅，一氧化碳降低80%，碳氢化合物降低60%，氮氧化合物降低70%。因此，许多国家已将发展天然气汽车作为一种减轻大气污染的重要手段。

（二）经济性 <!-- ZAA019 天然气汽车的经济性 -->

目前天然气的价格比汽油和柴油低得多，燃料费用一般节省50%左右，使营运成本大幅降低。由于油气差价的存在，改车费用可在一年之内收回。

天然气汽车可节省维修费用。发动机使用天然气做燃料，运行平稳、噪声低、不积炭，能延长发动机使用寿命，不需经常更换机油和火花塞，可节约50%以上的维修费用。

（三）安全性 <!-- ZAA020 天然气汽车燃料的安全性 -->

(1) 与汽油相比，压缩天然气本身就是比较安全的燃料。这表现如下：

① 燃点高：天然气燃点在650℃以上，比汽油燃点427℃高出223℃，所以与汽油相比不易点燃。

② 密度低：与空气的相对密度为0.5548，泄漏气体很快在空气中散发，很难形成遇火燃烧的浓度。

③ 辛烷值高：可达130，抗爆性能好。

④ 爆炸极限窄：仅5%~15%，在自然环境下，形成这一条件十分困难。

当压缩天然气从容器或管路中泄出时，泄孔周围会迅速形成一个低温区，使天然气燃烧困难。

(2) 压缩天然气汽车所用的配件比汽油车要求更高。表现如下： <!-- ZAA021 天然气汽车配件的安全性 -->

① 天然气汽车的钢瓶是高压容器，其材质、制造、检验试验在各国均有严格的规程控制，我国的《汽车用压缩天然气钢瓶》(GB 17258—2011)规定，汽车用压缩天然气钢瓶的试验压力比工作压力高4倍，无论是什么材料制造的，都要经过严格的安全检验。

② 天然气汽车燃气系统使用的零部件，安全系数均选用1.5~4以上，在减压

调节器、储气瓶上安装有安全阀,控制系统中,安装有紧急断气装置。

三、天然气汽车的缺点

（1）天然气是气态燃料,不容易储存和携带,气态燃料的能量密度低,汽车携带天然气的量较少,所以加一次气比加一次油行驶距离短。

（2）一般汽油发动机的压缩比不大于9,天然气的压缩比为12～15;使用天然气作燃料时,燃料和空气的混合仍然采用原发动机的预混合方式,充气效率比汽油低,与汽油发动机相比功率下降约10%。

（3）汽油汽车改造为天然气汽车时,除保留原来汽油机燃料系统外,需增加发动机燃气系统部件,如储气瓶、减压阀、混合器等,改装件的结构比较复杂,使汽车有效空间减少,自重增加。

（4）改装一次性投资大。

虽然存在以上的不足之处。但从总的经济和社会效益分析,用天然气作为汽车燃料还是利大于弊。

ZAA022 天然气燃料的缺点

初级工练习题及答案

一、理论知识试题

(一)单项选择题(每题四个选项,只有一个是正确的,将正确的选项填入括号内)

1. AA001　天然气的主要成分是( )。
　　(A)烯烃　　　　(B)饱和烃　　　　(C)不饱和烃　　　　(D)炔烃
2. AA001　天然气是一种无色、无味的混合气体,主要成分是( )。
　　(A)甲烷　　　　(B)乙烷　　　　(C)丙烷　　　　(D)乙烯
3. AA002　标准状况下甲烷的密度为( )。
　　(A)1.312kg/m³　　(B)0.5548kg/m³　　(C)0.4561kg/m³　　(D)0.7174kg/m³
4. AA002　甲烷的相对分子质量是( )。
　　(A)16　　　　(B)15　　　　(C)17　　　　(D)14
5. AA003　气田气是从( )开采出来的天然气。
　　(A)凝析气田中　　(B)气井中　　(C)煤矿中　　(D)石油分离
6. AA003　气田气中乙烷、丙烷、丁烷含量一般( )。
　　(A)不大　　　　(B)较大　　　　(C)较高　　　　(D)最多
7. AA004　在储层中与石油共存,采油过程中与石油同时被采出,经油气分离后得到的天然气叫( )。
　　(A)气田气　　(B)凝析气田气　　(C)矿井气　　(D)石油伴生气
8. AA004　石油伴生气中甲烷含量约为( )。
　　(A)60%　　　　(B)70%　　　　(C)80%　　　　(D)90%
9. AA005　凝析气田气即凝析气田采出的( )。
　　(A)液化气　　(B)天然气　　(C)石油　　(D)乙烷和丙烷
10. AA005　凝析气田气中含量最多的组分是( )。
　　(A)甲烷　　　　　　　　　　　　(B)乙烷
　　(C)戊烷及以上烷烃　　　　　　　(D)不同气田中主要成分不同
11. AA006　矿井气是成( )过程所产生并聚集在合适地质构造中的可燃气体。
　　(A)煤　　　　(B)甲烷　　　　(C)石油　　　　(D)天然气
12. AA006　矿井气的主要组分为( ),含量在90%以上。
　　(A)煤　　　　(B)甲烷　　　　(C)氮气　　　　(D)烃类化合物
13. AA007　划分净气和酸气的分界值为含硫量( )。
　　(A)0g/m³　　(B)1g/m³　　(C)2g/m³　　(D)5g/m³
14. AA007　净气是指H₂S和CO₂含量( ),不需要净化处理的天然气。
　　(A)甚微　　　　(B)较多　　　　(C)90%　　　　(D)95%
15. AA008　酸气是需要进行( )处理,才能达到管输标准的天然气。
　　(A)吸附　　　　(B)净化　　　　(C)液化　　　　(D)化合
16. AA008　根据天然气中含硫量的多少天然气可划分为( )。
　　(A)净气和酸气　　　　　　　　　(B)干气和湿气
　　(C)优质气和劣质气　　　　　　　(D)含硫气和不含硫气

17. AA009 单位体积气体的质量,称为( )。
(A)气体的密度 (B)气体的重量
(C)气体的摩尔质量 (D)气体的浓度

18. AA009 混合气体的密度不仅取决于气体的( ),还取决于所处的压力和温度状态。
(A)名称 (B)组成 (C)燃点 (D)露点

19. AA010 同温、同压下甲烷的相对密度为( )。
(A)0.5548 (B)0.7174 (C)1.000 (D)1.8125

20. AA010 天然气的相对密度变化较大,对于一般干气,其相对密度约为( )。
(A)0.35~0.62 (B)0.58~0.62
(C)0.48~0.76 (D)0.65~0.82

21. AA011 热值是指单位质量(或体积)的可燃物质在完全燃烧时所放出的( )。
(A)能耗 (B)热能 (C)热量 (D)工作能

22. AA011 发热量的符号是 q,气体燃料常用的单位有( )。
(A)J (B)kJ/m³ (C)cal (D)cal/m³

23. AA012 热值分为( )两种。
(A)高温和低温 (B)发热量和热值
(C)高温热值和低温热值 (D)高热值和低热值

24. AA012 高热值是指( )数量的燃气完全燃烧后其燃烧产物和周围环境恢复至燃烧前温度,而其中的水蒸气被凝结成同温度水后放出的全部热量。
(A)单位 (B)一定 (C)巨大 (D)较少

25. AA013 低热值是指单位数量的燃气完全燃烧后其燃烧产物和周围环境恢复至燃烧前温度,而不计其中( )时所放出的热量。
(A)固体 (B)气体 (C)水蒸气凝结 (D)液体

26. AA013 燃气的热值与燃气的( )有关。
(A)状态 (B)组分 (C)重量 (D)密度

27. AA014 1m³ 天然气的热值相当于( )kg 液化石油气的热值。
(A)0.750 (B)1.334 (C)0.471 (D)1.0

28. AA014 1m³ 天然气的热值是( )。
(A)16.746MJ/m³ (B)35.588MJ/m³
(C)29.307MJ/kg (D)41.868MJ/kg

29. AA015 通常所说的沸点是指( )下液体沸腾时的温度。
(A)1MPa (B)高压
(C)101.325kPa (D)低压

30. AA015 天然气的主要成分是甲烷,天然气沸点可近似为甲烷的沸点( )。
(A) -142.2℃ (B) -156.6℃
(C) -42.6℃ (D) -162.6℃

31. AA016 在一定压力下,随着温度的降低,气体开始凝结为液体时的温度称为( )露点。
(A)沸点 (B)露点 (C)凝固点 (D)汽化点

32. AA016 露点随混合气体的( )及各组分的体积分数而变化。
(A)压力 (B)温度 (C)体积 (D)燃点

33. AA017　可燃气体和空气的混合达到一定比例时,遇火源而引起爆炸时的可燃气体浓度范围称为(　)。
　　　　　　(A)爆炸上限　　　(B)爆炸下限　　　(C)爆炸范围　　　(D)爆炸极限

34. AA017　当可燃气体含量一直增加到不能形成爆炸混合气体的含量,称为(　)。
　　　　　　(A)爆炸上限　　　(B)爆炸下限　　　(C)爆炸极限　　　(D)爆炸范围

35. AA018　天然气的爆炸极限约为(　)。
　　　　　　(A)5%～14%　　　(B)4%～15%　　　(C)5%～15%　　　(D)15%～25%

36. AA018　乙烷的爆炸极限约为(　)。
　　　　　　(A)2.9%～13.0%　(B)3.0%～14.0%　(C)5%～15%　　　(D)15%～25%

37. AA019　可使气体压缩成液体的极限温度称为该气体的(　)。
　　　　　　(A)最高温度　　　(B)最低温度　　　(C)液化温度　　　(D)临界温度

38. AA019　临界压力是指当温度等于(　)时,使气体压缩成液体所需的压力。
　　　　　　(A)室内温度　　　(B)室外温度　　　(C)临界温度　　　(D)0℃

39. AA020　天然气水合物是(　)在一定条件下形成的一种类似冰雪的白色结晶体。
　　　　　　(A)液态天然气　　(B)LNG　　　　　(C)CNG　　　　　(D)天然气与水

40. AA020　水合物是(　)的结合物。
　　　　　　(A)可靠　　　　　(B)牢固　　　　　(C)不稳定　　　　(D)稳定

41. AA021　制定(　)指标是用来防止在输气管道中有液态水析出。
　　　　　　(A)水露点　　　　(B)露点　　　　　(C)H_2S　　　　(D)CO_2

42. AA021　液态水的存在会加速天然气中酸性组分(H_2S,CO_2)对(　)的腐蚀。
　　　　　　(A)使用人员　　　(B)钢材　　　　　(C)四氟密封垫　　(D)空气

43. AB001　不同用途的天然气对其中总硫含量要求(　)。
　　　　　　(A)相同　　　　　(B)各不相同　　　(C)比较高　　　　(D)高

44. AB001　天然气作为(　),由于加工目的不同对所需天然气中硫化物的净化深度各异。
　　　　　　(A)燃料　　　　　(B)实验用品　　　(C)原料　　　　　(D)能源

45. AB002　在有液态水存在时,(　)对管道和设备有腐蚀性。
　　　　　　(A)戊烷　　　　　(B)灰尘　　　　　(C)氢气　　　　　(D)二氧化碳

46. AB002　二氧化碳是天然气中的(　)组分。
　　　　　　(A)主要　　　　　(B)必要　　　　　(C)不可燃　　　　(D)可燃

47. AB003　GB 17820—2012《天然气》中二类天然气的总硫含量为(　)。
　　　　　　(A)≤200mg/m³　　(B)≤20mg/m³　　(C)≤6mg/m³　　　(D)≤60mg/m³

48. AB003　GB 17820—2012《天然气》中二类天然气的高位发热量为(　)。
　　　　　　(A)≥36MJ/m³　　(B)≥34.1MJ/m³　(C)≥38MJ/m³　　(D)≥31.4MJ/m³

49. AB004　作为民用燃料,天然气应具有可以觉察的(　)。
　　　　　　(A)颜色　　　　　(B)臭味　　　　　(C)形状　　　　　(D)香味

50. AB004　加臭剂的最小含量应符合天然气泄漏到空气中,达到爆炸下限的(　)浓度时,应能察觉。
　　　　　　(A)50%　　　　　(B)30%　　　　　(C)10%　　　　　(D)20%

51. AB005　天然气发电具有缓解(　)的作用。
　　　　　　(A)电力污染　　　(B)天然气污染　　(C)经济危机　　　(D)能源紧缺

52. AB005　天然气发电是减少( )的有效途径。
　　　　　　(A)天然气开采量　(B)水污染　　　(C)环境污染　　　(D)种族冲突
53. AB006　天然气作为民用燃料的( )远大于其他工业燃料。
　　　　　　(A)经济效益　　(B)政府信用　　(C)用途　　　　(D)安全性
54. AB006　随着人民生活水平的提高及( )的增强,对天然气的需求明显增加。
　　　　　　(A)思想意识　　(B)环保意识　　(C)对能源需求　(D)安全意识
55. AB007　下列选项( )不是压缩天然气作为汽车燃料的特点。
　　　　　　(A)成本低　　　(B)价格高　　　(C)无污染　　　(D)效益高
56. AB007　压缩天然气是指压缩到大于或等于10MPa且不大于( )的气态天然气。
　　　　　　(A)25MPa　　　(B)20MPa　　　(C)27.5MPa　　(D)23MPa
57. AB008　《车用压缩天然气》GB 18047—2000中对高热值要求是( )。
　　　　　　(A)≤31.4MJ/m³　(B)>15MJ/m³　(C)≤15MJ/m³　(D)>31.4MJ/m³
58. AB008　《车用压缩天然气》GB 18047—2000中对硫化氢要求是( )。
　　　　　　(A)>31.4mg/m³　(B)>15mg/m³　(C)≤15mg/m³　(D)≤45mg/m³
59. AB009　天然气汽车是以( )为燃料的一种气体燃料汽车。
　　　　　　(A)天然气　　　(B)汽油　　　　(C)柴油　　　　(D)核
60. AB009　天然气被世界公认为是最为现实和技术上比较成熟的车用汽油或柴油的( )。
　　　　　　(A)赝品　　　　(B)复制品　　　(C)替代品　　　(D)消耗品
61. AB010　以天然气为燃料的汽车比以汽油或柴油为燃料的汽车的尾气排放污染( )。
　　　　　　(A)不变　　　　(B)相同　　　　(C)降低　　　　(D)升高
62. AB010　天然气汽车的尾气中不含硫化物和( )。
　　　　　　(A)一氧化碳　　(B)二氧化碳　　(C)氮氧化物　　(D)铅

(二)判断题(对的画"√",错的画"×")

(　)1. AA001　天然气的主要成分以甲烷为主,另外含有少量乙烷、丙烷、丁烷和戊烷等。
(　)2. AA002　在标准状况下,甲烷的沸点为－162.6℃。
(　)3. AA003　气田气中甲烷的含量在90%以上。
(　)4. AA004　石油伴生气中甲烷含量约为60%,乙烷以上的烃类含量约为15%。
(　)5. AA005　凝析气田气即凝析气田采出的天然气。
(　)6. AA006　矿井气中甲烷含量在70%以上。
(　)7. AA007　酸气中含H_2S和CO_2等气体较多,需要进行净化处理,才能达到管输标准的天然气。
(　)8. AA008　净气和酸气的划分具体以含硫量1g/m³为分界值。
(　)9. AA009　由于气体的可压缩性,气体的密度不仅取决于气体的组成,还取决于气体所处的压力和温度状态。
(　)10. AA010　气体的相对分子质量越大,其相对密度也越小。
(　)11. AA011　燃气含CO_2、N_2气体比例越高,热值越低。
(　)12. AA012　燃气的高热值在数值上小于其低热值。
(　)13. AA013　低热值是指单位数量的燃气完全燃烧后其燃烧产物和周围环境恢复至燃烧前温度,而不计其中水蒸气凝结时所放出的热量。
(　)14. AA014　1kg标煤的热值相当于0.834m³天然气的热值。

( )15. AA015 当温度低于沸点温度时,物质主要以液体形式存在;高于沸点温度时,物质将从液态转化为气态。

( )16. AA016 露点随混合气体的压力及各组分的体积分数而变化。

( )17. AA017 通常将甲烷的爆炸极限视为天然气爆炸极限。

( )18. AA018 氢气的爆炸极限约为 6.0% ~75.9%。

( )19. AA019 任何一种气体当温度低于某一数值时都可以等温压缩成液体,但当高于该温度时,无论压力增加到多大,都不能使气体液化。

( )20. AA020 在一定温度压力条件下,水能与液相和气相的 C_1、C_2、C_3 和 C_4 生成结晶水化物 $C_mH_n \cdot xH_2O$。

( )21. AA021 液态水的存在会与天然气形成固态天然气水合物,堵塞管道和设备。

( )22. AB001 作为燃料制定总硫含量指标的目的是由所含的硫化物燃烧生成二氧化硫后,对环境与人体的危害程度确定的。

( )23. AB002 二氧化碳是天然气中的酸性组分,在有液态水存在时,对管道和设备也有腐蚀性。

( )24. AB003 《天然气》GB 17820—2012 标准中的气体体积计算标准参比条件是 101.325kPa,20℃。

( )25. AB004 国际标准要求城市煤气、天然气等气体的加臭剂必须使用四氢噻吩(THT)。

( )26. AB005 从经济效益看,天然气发电的单位装机容量所需投资少,建设工期短,上网电价较低,具有较强竞争力。

( )27. AB006 天然气广泛用于居民生活及商业燃气灶具、燃气空调、热水器、采暖及制冷。

( )28. AB007 压缩天然气与标准状态下的天然气相比密度增加。

( )29. AB008 在汽车驾驶点特定地理区域内,在最高操作压力下,水露点不应高于 -13℃;当最低气温低于 -8℃时,水露点应比最低气温低 5℃。

( )30. AB009 压缩天然气经过脱水、脱硫、多级压缩制得,其使用时的状态为气体。

( )31. AB010 天然气汽车比汽油汽车尾气中碳氢化合物降低 60%。

二、答案

(一)单项选择题

1. B　2. A　3. D　4. A　5. B　6. A　7. D　8. C　9. B　10. A　11. A
12. B　13. C　14. A　15. D　16. A　17. D　18. B　19. A　20. B　21. C　22. B
23. D　24. A　25. C　26. B　27. A　28. B　29. C　30. D　31. B　32. A　33. D
34. A　35. C　36. A　37. D　38. C　39. D　40. C　41. A　42. B　43. D　44. C
45. D　46. C　47. A　48. D　49. B　50. A　51. D　52. C　53. A　54. D　55. B
56. A　57. D　58. C　59. A　60. C　61. C　62. D

(二)判断题

1. √　2. √　3. √　4. ×石油伴生气中甲烷含量约为80%,乙烷以上的烃类含量约为15%。
5. √　6. ×矿井气中甲烷含量在90%以上。　7. √　8. √　9. √　10. ×气体的相对分子质量越大,其相对密度也越大。　11. √　12. ×燃气的高热值在数值上大于其低热值。　13. √
14. √　15. √　16. √　17. √　18. ×氢气的爆炸极限约为4.0%~75.9%。　19. √
20. √　21. √　22. √　23. √　24. √　25. √　26. √　27. √　28. √　29. √　30. √
31. √

中级工练习题及答案

一、理论知识试题

(一) 单项选择题(每题四个选项,只有一个是正确的,将正确的选项填入括号内)

1. AA001　天然气完全燃烧的主要产物是(　　)。
   (A)一氧化碳和水　　　　　　　　(B)二氧化碳和水
   (C)二氧化硫和水　　　　　　　　(D)一氧化碳和二氧化碳

2. AA001　天然气是指动、植物遗体通过(　　)及地质变化作用,在不同条件下生成、转移,并在一定压力下储集,埋藏在深度不同的地层中的优质可燃气体。
   (A)生物　　　(B)物理　　　(C)化学　　　(D)生物、化学

3. AA002　下列选项中(　　)不是按天然气储运方式分类的。
   (A)压缩天然气　(B)管道天然气　(C)储罐天然气　(D)液化天然气

4. AA002　管道天然气是利用天然气(　　)输送的天然气。
   (A)管道　　　(B)储罐　　　(C)泵　　　(D)沟渠

5. AA003　按烃类组成天然气可分为(　　)。
   (A)酸气和净气　(B)高碳气和低碳气　(C)干气和湿气　(D)净气和混合气

6. AA003　干气中重烃含量比湿气中(　　)。
   (A)高　　　(B)低　　　(C)相等　　　(D)无法比较

7. AA004　天然气的化学性质比较(　　)。
   (A)活泼　　　(B)惰性　　　(C)稳定　　　(D)不清楚

8. AA004　天然气与(　　)只要在日光照射或加热时就能发生反应。
   (A)浓酸　　　(B)氯气　　　(C)浓碱　　　(D)氟化氢

9. AA005　气体的密度公式 $\rho_g = \dfrac{m}{V}$ 中 V 的单位是(　　)。
   (A)kg/m³　　　(B)kg　　　(C)L　　　(D)m³

10. AA005　气体的密度公式是(　　)。
    (A)$\rho_g = \dfrac{V}{m}$　(B)$\rho_g = \dfrac{m}{V}$　(C)$\rho_g = \dfrac{mg}{V}$　(D)$\rho_g = \dfrac{V}{mg}$

11. AA006　该物质的密度与标准物质的密度之比称为(　　)。
    (A)密度　　　(B)相对密度　　　(C)绝对密度　　　(D)比密度

12. AA006　如果气体的相对密度 $S < 1$ 表明该气体比空气(　　)。
    (A)重　　　(B)燃点高　　　(C)轻　　　(D)压力低

13. AA007　着火温度是指将可燃气体在空气中加热时,开始并继续燃烧的(　　)温度。
    (A)最低　　　(B)平均　　　(C)最高　　　(D)固定

14. AA007　甲烷的着火温度为(　　)。
    (A)450℃　　　(B)500℃　　　(C)520℃　　　(D)540℃

15. AA008　26℃可换算为(　　)。
    (A)273.15K　　　(B)299.15K　　　(C)247.15K　　　(D)−247.15K

16. AA008　473.15K = ( )。
　　　(A)200℃　　　(B)746.3℃　　　(C)373.15℃　　　(D)100℃
17. AA009　自燃点是可燃物质发生自行燃烧的( )。
　　　(A)着火能量　　(B)温度　　(C)能量　　(D)点火温度
18. AA009　自燃通常是由缓慢的( )引起物质温度升高或由外界温度升高而引发的。
　　　(A)燃烧　　(B)冒烟　　(C)氧化作用　　(D)火源
19. AA010　天然气的理论燃烧温度可达到( )。
　　　(A)1020℃　　(B)1550℃　　(C)2080℃　　(D)2030℃
20. AA010　燃烧温度实质上是( )。
　　　(A)着火温度　　(B)自然点　　(C)火焰温度　　(D)无法测量的
21. AA011　下列换算关系中错误的是( )。
　　　(A)1000cal = 4.186kJ　　　　(B)1MJ = 1×10^{6}J
　　　(C)1kcal = 4.186kJ　　　　　(D)1kcal = 4186kJ
22. AA011　功、能和热量的常用单位中不包括( )。
　　　(A)J　　(B)cal　　(C)℃　　(D)kJ
23. AA012　天然气水露点是在一定压力下,天然气中开始析出( )时的温度。
　　　(A)水　　(B)烃露点　　(C)冰点　　(D)沸点
24. AA012　水露点越( ),越容易析出水。
　　　(A)低　　(B)高　　(C)稳定　　(D)变小
25. AA013　产生化学爆炸必须同时具备的条件不包括( )。
　　　(A)可燃物　　(B)助燃物　　(C)点火源　　(D)压力
26. AA013　在化学爆炸要素中可燃气体、液体,易燃液体的蒸气或薄雾属于( )。
　　　(A)可燃物　　　　　　　　(B)助燃物
　　　(C)点火源　　　　　　　　(D)爆炸性气体混合物
27. AA014　天然气水合物形成后会与金属( )。
　　　(A)发生化学反应　　　　　(B)分离
　　　(C)发生聚合反应　　　　　(D)牢固结合
28. AA014　天然气水合物形成后会减少管道的( ),产生节流。
　　　(A)成分　　(B)流通面积　　(C)强度　　(D)应力
29. AA015　《天然气》(GB 17820—2012)中一类天然气的总硫含量为( )。
　　　(A)≤20mg/m^3　　　　　(B)≤200mg/m^3
　　　(C)≤6mg/m^3　　　　　　(D)≤60mg/m^3
30. AA015　《天然气》(GB 17820—2012)中一类天然气的高位发热量为( )。
　　　(A)≥36MJ/m^3　　　　　(B)≥1.34MJ/m^3
　　　(C)≥31.4MJ/m^3　　　　(D)≥38MJ/m^3
31. AA016　《天然气》(GB 17820—2012)中三类天然气的二氧化碳含量为( )。
　　　(A)2.0mg/m^3　　(B)3.0mg/m^3　　(C)4.0mg/m^3　　(D)未作要求
32. AA016　《天然气》(GB 17820—2012)对三类天然气中( )的含量要求是相同的。
　　　(A)水露点和冰点　　　　　(B)总硫和二氧化碳
　　　(C)总硫和硫化氢　　　　　(D)碳氢化合物和硫化氢

33. AA017　天然气是非常好的(　)。
　　　　　(A)化工原料　　(B)实验材料　　(C)飞机燃料　　(D)氮氧化合物
34. AA017　利用天然气可以生产(　)等化工产品。
　　　　　①甲醇　②乙炔　③合成氨　④一氯甲烷　⑤冰毒
　　　　　(A)②③④⑤　(B)①②③④　(C)①②④⑤　(D)①③④⑤
35. AA018　车用压缩天然气中固体颗粒直径应小于(　)。
　　　　　(A)2.5μm　　(B)5μm　　(C)8μm　　(D)15μm
36. AA018　在操作压力和温度下,压缩天然气中不应存在(　)。
　　　　　(A)乙烷　　(B)固态烃　　(C)液态烃　　(D)硫化氢
37. AA019　发动机使用天然气做燃料,运行平稳、噪声低、不积炭,能延长发动机使用寿命,不需经常更换机油和火花塞,可节约(　)以上的维修费用。
　　　　　(A)50%　　(B)30%　　(C)55%　　(D)65%
38. AA019　天然气汽车燃料费用较汽油和柴油车一般可节省(　)左右。
　　　　　(A)50%　　(B)30%　　(C)55%　　(D)65%
39. AA020　与汽油相比压缩天然气的安全性表现在(　)。
　　　　　①燃点高　②密度低　③辛烷值高　④烃露点高　⑤爆炸极限窄
　　　　　(A)②③④⑤　(B)①③④⑤　(C)①②④⑤　(D)①②③⑤
40. AA020　甲烷的燃点在650℃以上,比汽油燃点(427℃)高出223℃,所以与汽油相比(　)。
　　　　　(A)不易点燃　(B)易点燃　(C)易扩散　(D)不易扩散
41. AA021　天然气汽车的钢瓶属于(　)。
　　　　　(A)低压容器　(B)易燃易爆品　(C)高压容器　(D)安全附件
42. AA021　《汽车用压缩天然气钢瓶标准》(GB 17258—2011)规定,汽车用压缩天然气钢瓶的试验压力比(　)高4倍。
　　　　　(A)检验压力　(B)最低压力　(C)最高压力　(D)工作压力
43. AA022　天然气汽车携带天然气的量较少,所以加一次气比加一次油行驶(　)。
　　　　　(A)速度快　　(B)速度慢　　(C)距离短　　(D)距离长
44. AA022　使用天然气作燃料时,改装汽车发动机功率下降约(　)。
　　　　　(A)10%　　(B)20%　　(C)15%　　(D)30%

(二)多项选择题(每题四个选项,至少有两个是正确的,将正确的选项号填入括号内)
1. AA001　以下属于天然气成分的是(　)。
　　　　　(A)甲烷　　(B)乙烷　　(C)丙烷　　(D)丁烷
2. AA002　天然气按储运方式可分为(　)。
　　　　　(A)干气　　(B)管道天然气　　(C)压缩天然气　　(D)液化天然气
3. AA004　通常情况下,与甲烷不发生反应的物质包括(　)。
　　　　　(A)硫酸　　(B)硝酸　　(C)火碱　　(D)盐酸
4. AA013　产生爆炸必须同时具备以下三个条件是(　)。
　　　　　(A)存在可燃气体、液体,易燃液体的蒸气或薄雾
　　　　　(B)可燃气体按一定的比例与空气或氧气相混合,形成爆炸性气体混合物,同时具有足够的量,其浓度在爆炸极限以内
　　　　　(C)存在足够引燃该混合物的引燃能量,如火花、电弧或高温
　　　　　(D)具备足够大的空间

5. AA014　防止水合物的形成可采取的方法包括(　　)。
　　　(A)降低压力　　　　　　　　　(B)升高温度
　　　(C)加入可以使水化物分解的反应剂　(D)升高压力
6. AA019　汽车发动机使用天然气做燃料的特点包括(　　)。
　　　(A)投资少运行平稳　　　　　　(B)工期短噪声低
　　　(C)污染少不积炭　　　　　　　(D)缩短发动机使用寿命
7. AA019　对天然气的质量应考虑的方面包括(　　)。
　　　(A)经济效益　　　　　　　　　(B)安全卫生
　　　(C)环境保护　　　　　　　　　(D)储运方式

(三)判断题(对的画"√",错的画"×")

(　)1. AA001　天然气易聚集在密闭空间的顶部,与氮气混合形成爆炸性气体。
(　)2. AA002　利用天然气管道输送的天然气称为管道天然气。
(　)3. AA003　一般把标准状况下 $1m^3$ 天然气中 C_5 以上的重烃液体含量高于 $13.5cm^3$ 叫干气。
(　)4. AA004　天然气不完全燃烧的化学方程式是:$2CH_4 + 3O_2 == 2CO + 4H_2O$(燃烧)。
(　)5. AA005　气体的密度公式中 m 代表气体的密度,kg/m^3。
(　)6. AA006　丙烷的 $S>1$ 表明该气体比空气重。
(　)7. AA007　可燃物的燃点是固定数值。
(　)8. AA008　摄氏度与开氏温度两者的换算关系是:$t = T - 273.15$。
(　)9. AA009　物质的自燃点越低,越不容易自燃。
(　)10. AA010　天然气中甲烷含量一般在90%以上,可近似地认为甲烷的火焰传播速度就是天然气的火焰传播速度。
(　)11. AA011　$1000cal = 4186J$。
(　)12. AA012　天然气的烃露点越低越容易析出烃类液体。
(　)13. AA013　爆炸性气体混合物就是可燃气体、液体,易燃液体的蒸气或薄雾与空气或氧气的混合物。
(　)14. AA014　脱除气体中的水分,使其水含量降低到不致形成水化物的程度是防止水合物的形成方法之一。
(　)15. AA015　《天然气》(GB 17820—2012)要求在交接点压力下,水露点应比输送条件下最低环境温度低5℃。
(　)16. AA016　《天然气》(GB 17820—2012)对三类天然气各项指标的要求最严格。
(　)17. AA017　天然气还是制造氮肥的最佳原料。
(　)18. AA018　正常生产时,必须定期对产品天然气水露点进行检验,以确保压缩天然气中不存在液态水。
(　)19. AA019　天然气汽车与汽油车相比维修费用降低,营运成本增加。
(　)20. AA020　当压缩天然气从容器或管路中泄出时,泄孔周围会迅速形成一个高温区,易使天然气燃烧。
(　)21. AA021　天然气汽车的减压调节器和储气瓶上安装有安全阀以防温度超标。
(　)22. AA022　一般汽油发动机的压缩比不大于9,天然气的压缩比为12～15;使用天然气作燃料时,燃料和空气的混合仍然采用原发动机的预混合方式,充气效率比汽油低,与汽油发动机相比功率下降。

二、答案

(一)单项选择题

1.B　2.D　3.C　4.A　5.C　6.B　7.C　8.B　9.D　10.B　11.B
12.C　13.A　14.D　15.B　16.A　17.B　18.C　19.D　20.C　21.D　22.C
23.A　24.B　25.D　26.A　27.D　28.B　29.D　30.A　31.D　32.C　33.A
34.B　35.B　36.C　37.A　38.D　39.D　40.A　41.C　42.D　43.C　44.A

(二)多选题

1.ABCD　2.BCD　3.ABCD　4.ABC　5.ABC　6.ABC　7.ABCD

(三)判断题

1.×天然气易聚集在密闭空间的顶部,与空气或氧气混合形成爆炸性气体。　2.√　3.×一般把标准状况下$1m^3$天然气中C_5以上的重烃液体含量高于$13.5cm^3$的叫湿气。　4.√　5.×气体的密度公式中ρ_g代表气体的密度,kg/m^3。　6.√　7.×燃点(着火温度)并非可燃混合物的固定数值,它取决于可燃气体在空气中的浓度及混合程度、压力以及燃烧空间的形状与大小,当环境散热能力强时,着火温度将升高。　8.√　9.×物质的自燃点越高,越不容易自燃。　10.√　11.√　12.×天然气的烃露点越高越容易析出烃类液体。　13.√　14.√　15.√　16.×《天然气》(GB 17820—2012)对一类天然气各项指标的要求最严格。　17.√　18.√　19.×天然气汽车与汽油车相比维修费用、营运成本均大幅降低。　20.×当压缩天然气从容器或管路中泄出时,泄孔周围会迅速形成一个低温区,使天然气燃烧困难。　21.×天然气汽车的减压调节器和储气瓶上安装有安全阀以防压力超标。　22.√

第二章 常用仪器仪表

为了准确了解和控制生产过程中的工艺参数(压力、温度、流量等),一般在设备及工艺流程的关键部位上安装了各种仪表和仪器,利用这些仪器仪表所反映出的各种示值,操作人员便可判断生产是否正常,并及时作出相应的处理措施,以保证设备安全正常运行。

第一节 压力测量仪表

CAC001 压力测量仪表知识

我国法定计量单位中,压力的基本单位是帕斯卡(Pa)。压力测量仪表稳定压力时,最大工作压力不应超过量程的2/3。普通型压力表精度等级共有4种类型。仪表的精度通常不采用绝对误差表示,而采用相对误差。

CAC002 压力表的类型

压力测量仪表按工作原理分为液柱式、弹性式和电测式等类型。液柱式压力表包括U形管压力计、单管压力计、斜管压力计等。弹性式压力表常见的有弹簧管压力表、波纹管压力表、膜片压力表、膜盒压力表。电测式压力表根据转换元件的不同,压力传感器和压力变送器可分为电阻式、电容式、应变式、电感式、压电式、霍尔片等形式。下面介绍几种CNG加气站常用压力测量仪表。

CAC003 弹性式压力测量仪表

一、弹性式压力测量仪表

弹性式压力测量仪表是利用各种不同形状的弹性元件,在压力下产生变形的原理制成的压力测量仪表。按采用的弹性元件不同,可分为弹簧管压力表、膜片压力表、膜盒压力表和波纹管压力表等;按功能不同分为指示式压力表、电接点压力表和远传压力表等。这类仪表的特点是结构简单、结实耐用、测量范围宽,是压力测量仪表中应用最多的一种。

(一)膜盒压力表

膜盒压力表有矩形膜合式和电接头矩形膜盒式两种,其测量范围为 -40~40kPa,适用于测量无腐蚀性、无爆炸危险性的气体介质。这种表操作简单,使用方便。膜盒压力表如图2-1所示。

仪表由测量系统(包括接头、波纹膜盒等)、传动机构(包括拉杆机构、齿轮传动机构)、指示部件(包括指针与度盘)和外壳(包括表壳、衬圈和表玻璃)所组成。

图2-1 膜盒压力表

仪表的工作原理是基于波纹膜盒在被测介质的压力作用下,其自由端产生相应的弹性变形,再经齿轮传动机构的传动并予放大,由固定于齿轮轴上的指针逐将被测值在度盘上指示出来。还有调零装置,可以方便调整零位。

膜盒压力表的测量范围为 -80~60000Pa,但是要根据不同的压力量程选用不同的膜盒压力表,压力为 -1000~60000Pa 时建议选用圆盘式膜盒压力表,如果压力为 -80Pa 时建议选用矩形膜盒压力表。

(二)弹簧管压力表

CAC005 弹簧管压力表知识

弹簧管压力表用途较广,可用在测定对钢和钢合金不起腐蚀作用的液体、气体或蒸气的压力。Y 型弹簧管式压力计有 DN60、DN100、DN150 三种规格,测量范围为 0~25.0MPa。弹簧管真空表的测量范围是 -101.325~0kPa。

弹簧管压力表内有一根椭圆形截面的弹簧管,弹簧管一端固定于插座上与外部接头相通,另一端密封与连杆、扇形齿轮等连接,且可自由移动。当弹簧管内有压力时,弹簧管变形带动指针旋转,就可测量出压力的大小。扇形齿轮的作用是将直线运动变为圆周运动。传动机构中拉杆与扇形齿轮形成一级杠杆放大。游丝属于支撑机构,作用是消除传动机构间隙,当游丝断裂或定位销脱落时会出现不能准确回零故障。弹簧管压力表如图 2-2 所示。

CAC006 弹簧管压力表主要部件的作用

图 2-2 弹簧管压力计

压力表在识读时,要使眼睛、指针、刻度成一条直线,否则读数就会产生误差。保持压力表清洁,所测压力在表的量程范围 30%~70% 以内时,误差较小。压力表要定期校验,以保持压力表的精确度。

CAC007 识读压力表

弹簧管压力表按使用的测压元件分为单圈弹簧管压力表与多圈弹簧管压力表。弹簧管压力表除了普通型外,还一些是特殊用途型的。例如:抗腐蚀的氨用压力表,内部充硅油的抗震压力表,用于控制及压力超限报警的电接点压力表。选择压力表精度在满足生产要求的情况下尽可能选用精度较低的压力表。

ZAB001 弹簧管压力表分类

1. 弹簧管压力表的工作原理

ZAB002 弹簧管压力表工作原理

弹簧管压力表又称为波登管压力表。压力表中的弹簧的自由端是封闭的,它通过拉杆带动扇形齿轮转动。测压时,弹簧管在被测压力作用下产生变形,因而弹簧管自由端产生位移,位移量与被测压力的大小成正比,使指针偏转,在刻度盘上指示出压力值。如果表壳内通有大气,压力表测出的压力为正压或负压;如果将表壳密封并抽真空,压力表测出的压力就是绝对压力。弹簧管压力表带有隔离装置时,尚可测量温度较高或腐蚀性、黏稠状、易结晶和粉尘状介质的压力。在精确度较高(如 0.25 级以上)的弹性式压力测量仪表中,弹性元件多用恒弹性合金或石英玻璃制成。传动机构的轴孔中镶嵌宝石轴承或滚动轴承。

2. 弹簧管压力表的结构

ZAB003 弹簧管压力表结构

弹簧管压力表主要由带有螺纹接头的支持器、弹簧管、拉杆、调节螺钉、扇形齿轮、小齿轮、游丝、指针、上下夹板、表盘、表壳和罩壳等组成。

传动机构中的各零部件的作用:(1)拉杆:将弹簧管自由端的位移传给扇形齿轮;(2)扇形齿轮:将线位移转换成角位移,并传给小齿轮;(3)小齿轮:带动同轴的指针转动,在刻度盘上指示出被测压力值;(4)游丝:使扇形齿轮和小齿轮保持单向齿廓接触,消除两齿轮接触间隙,以减小来回差;(5)调节螺钉:改变调整螺钉的位置,用以改变扇形齿轮短臂的长度,达到改变传动比的目的;(6)上下夹板:用以将上述部件固定在一起,组成一套传动机构。

二、电测式压力测量仪表

CAC004 电测式压力测量仪表

电测式压力测量仪表是利用金属或半导体的物理特性,直接将压力转换为电压、电流信号或频率信号输出,或是通过电阻应变片等,将弹性体的形变转换为电压、电流信号输出。代表性产品有压电式、压阻式、振频式、电容式和应变式等压力传感器所构成的电测式压力测量仪表,精确度可达0.02级,测量范围为从10~700MPa。

三、压力传感器

CAC008 压力传感器

如果我们需要一个连续不断的压力信号来进行观察、记录、调整和控制等,那就得使用压力传感器了。一般普通压力传感器的输出为模拟信号,模拟信号是指信息参数在给定范围内表现为连续的信号,或在一段连续的时间间隔内,其代表信息的特征量可以在任意瞬间呈现为任意数值的信号。而我们通常使用的压力传感器主要是利用压电效应制造而成的,这样的传感器也称为压电传感器,压力传感器如图2-3所示。

压力传感器是使用最为广泛的一种传感器。传统的压力传感器以机械结构型的器件为主,以弹性元件的形变指示压力,但这种结构压力传感器尺寸大、质量重,不能提供电学输出。随着半导体技术的发展,半导体压力传感器也应运而生,其特点是体积小、质量轻、准确度高、温度特性好。

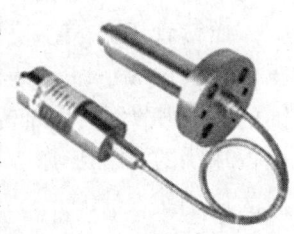

图2-3 压力传感器

压阻式压力传感器是利用半导体材料硅在受压后,电阻率改变与所受压力有一定关系的原理制做的。用集成电路工艺在单晶硅膜片的特定晶向上扩散一组等值应变电阻,将电阻接成电桥形式。当压力发生变化时,单晶硅产生应变,应变使电阻值发生与被测压力成比例的变化,电桥失去平衡,输出一电压信号至显示仪表显示。

ZAB004 压力传感器工作原理

(一)压力传感器结构及工作原理

压力传感器被测介质的两种压力通入高、低两压力室,作用在δ元件(即敏感元件)的两侧隔离膜片上,通过隔离膜片和元件内的填充液传送到测量膜片两侧。测量膜片与两侧绝缘片上的电极各组成一个电容器。当两侧压力不一致时,致使测量膜片产生位移,其位移量和压力差成正比,故两侧电容量不等,通过振荡和解调环节,转换成与压力成正比的信号。

压力传感器是将压力变量转换为可传送的统一输出信号的仪表,而且其输出信号与压力变量之间有一给定的连续函数关系,通常为线性函数。

压力变量包括正、负压力,差压和绝对压力。

(二)压力传感器的分类

压力传感器有电动压力传感器和气动压力传感器两大类,电动压力传感器的统一输出信号为 0~10mA、4~20mA(或 1~5V)的直流电信号,气动压力传感器的统一输出信号为 20~100kPa 的气体压力。

压力传感器按不同的转换原理可分为力(力矩)平衡式、电容式、电感式、应变式和频率式等。

四、压力表的拆装

CAC009 压力表的拆装

拆装压力表应使用相应的工具,不允许用手直接扳动压力表壳体拆装。压力表接头内的密封用紫铜垫两面应平整光滑,安装前应进行退火软化处理。读数时观察者的眼睛应正对压力表盘,减少读数误差。

压力表属于技监部门强制定期校检的计量器具,使用者必须定期送检,妥善保管校检合格证及压力表生产出厂证明,严禁私自拆修压力表。

第二节 温度测量仪表

温度测量仪表按测温方式可分为接触式和非接触式两大类;按工作原理可分为膨胀式、电阻式、热电式和辐射式等。接触式测温仪表比较简单、可靠,测量精度较高;但因测温元件与被测介质需要进行充分的热量交换,需要一定的时间才能达到热平衡,所以存在测温的延迟现象,同时受耐高温材料的限制,不能应用于很高的温度测量。非接触式仪表测温是通过热辐射原理来测量温度的,测温元件不需与被测介质接触,测温范围广,不受测温上限的限制,也不会破坏被测物体的温度场,反应速度一般也比较快;但受到物体的发射率、测量距离、烟尘和水气等外界因素的影响,其测量误差较大。下面以加气站常用的膨胀式、电阻式温度测量仪表为例进行介绍。

CAC010 温度测量仪表的选择和分类

一、双金属温度计

(一)双金属温度计结构原理

CAC012 双金属温度计的结构、测量原理

双金属温度计属于膨胀式温度测量仪表,其结构为双金属片,是由两种膨胀系数不同的金属薄片叠焊在一起制成的测温元件。利用两种膨胀系数不同的金属元件的膨胀差异测量温度。

双金属片受热后由于两种金属片的膨胀系数不同而使自由端产生弯曲变形,弯曲的程度与温度的高低成正比。双金属温度计结构如图 2-4 所示。

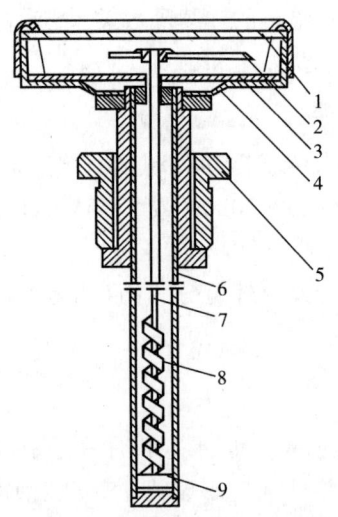

图 2-4 双金属温度计结构图

1—表玻璃；2—指针；3—刻度盘；4—表壳；5—安装压帽；6—金属保护管；
7—指针轴；8—双金属螺旋；9—固定端

CAC014 双金属温度计的应用

（二）双金属温度计的应用

仪表精度等级达到 1.0 级，仪表上壳采用防腐材料，其耐温性可以高达 200℃，最低为 -40℃。广泛应用于石油、化工等行业。双金属温度计是一种测量中低温度的现场检测仪表。可以直接测量各种生产过程中的 -80℃～500℃ 范围内介质温度。现场显示温度，直观、方便、安全可靠，使用寿命长。抽芯式温度计可不停机短时间维护或更换机芯。轴向型、径向型、万向型适应于各种现场安装的需要。

CAC011 温度传感器

CAC013 温度测量仪的应用

二、温度传感器

在天然气场站中，除了现场温度计以外还得用远传式温度计，用的比较多的是热电偶测温和热电阻测温。

热电偶是利用金属的热电现象原理做成的，测量范围很广，可测量生产过程中 0～1600℃ 温度。这类仪表结构简单，使用方便，测量准确可靠，便于远传，自动记录和集中控制。

热电阻测温也是根据电阻的实际电阻与温度成一定的比例，电阻不同对应不同的温度。所以热电阻测温的原理是测其电阻，然后通过确定的曲线测出温度。

温度传感器如图 2-5 所示。

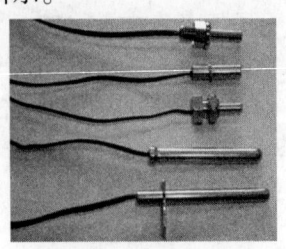

图 2-5 温度传感器

三、热电偶

热电偶由热电极、绝缘管、保护管和接线盒组成,热电偶结构如图2-6所示。

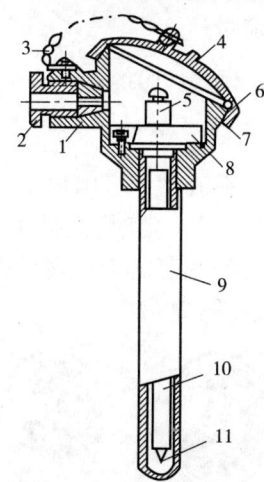

图2-6 热电偶结构图
1—出线孔密封圈;2—出线孔压紧螺母;3—防掉链;4—接线盒盖;5—接线柱;6—密封圈;
7—接线盒座;8—接线绝缘座;9—保护套管;10—绝缘管;11—热电极

(一)热电极

热电极为感温元件,热端焊接,冷端连接在接线盒内接线柱上,与外部接线连接。贵金属热电极的直径为0.015~0.5mm,普通金属热电极的直径为0.2~3.2mm。长度一般为0.35~2m左右。

(二)绝缘管

绝缘管套在热电极上防止热电极短路。绝缘管的材料一般用耐火陶瓷、氧化铝和氧化镁。

(三)保护管

保护管使热电极与被测介质隔离,免受化学侵蚀和机械损伤。材料为不锈钢、高温钢、高温不锈钢、氧化铝、氧化镁和氧化锆。

(四)接线盒

热电偶的接线盒用来固定接线座和连接外接导线,起着保护热电极免受外界侵蚀和使外接导线与接线柱良好接触的作用。接线盒分为普通防溅型、防水型和防爆型等。

第三节 天然气流量计

压缩天然气CNG加气站对天然气的流量计量一般分为两个独立的系统,一是对每天进站原料气的计量系统,二是对压缩天然气的售气计量系统。前者是为了与原料气供应商进行商贸结算而设置,后者是为销售压缩天然气与购方进行财务结算而设置。下面分别就两个系统中常用的流量计进行介绍。

一、原料气的流量计

原料气的流量计主要有:罗茨流量计、皮膜流量计、差压式流量计、涡轮流量计、旋进旋涡流量计和超声波流量计。

CAC016 罗茨流量计工作原理

(一)罗茨流量计(又称腰轮流量计)

1.工作原理

当被测介质流经流量计时,在流量计进出口形成压力差,此压力差推动罗茨转子旋转,当转子、计量室结构尺寸一定时,其排出介质的体积与转子的转速成正比,此转速经变速机构以一定的变速比传给表头指针和计数器,即可读出介质流出的体积量。内部结构原理见图2-7。

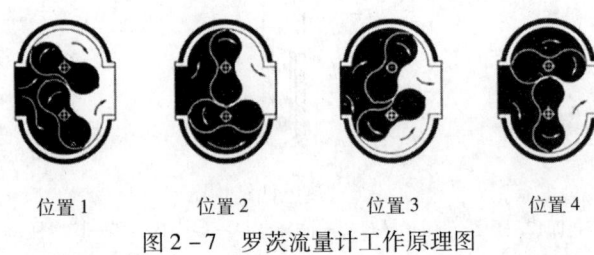

位置1　位置2　位置3　位置4

图2-7　罗茨流量计工作原理图

2.优缺点

罗茨流量计具有始动流量小及压损小等优点,适用于中小流量、不稳定流量及量程比较宽的流量状态的计量,对上游气源来讲是比较理想的交接表。缺点是维护要求高,对气质要求高,在高寒地区冬季需电伴热,维护跟不上会发生冰堵卡死等故障。

(二)皮膜流量计

皮膜流量计的内部结构如图2-8所示。皮膜流量计的工作原理是:将燃气引入容积一定的计量室,待充满后予以排出,通过一定的机构,将充气排气的循环次数转换成容积单位(m^3),反映到表的外部计数器上。由于一个计量室不能使气体排出,故一般有两个计量室交替进行充气和排气。皮膜运动的推动力是燃气表进出口的气体压力差。每一个运动周期燃气表都排出一定量的气体,将燃气表运动的周期次数通过传动机构反映到表外的计数器上,便显示出气体通过的体积数。这样燃气表的计量工作就在这个反复运动下得以连续进行。

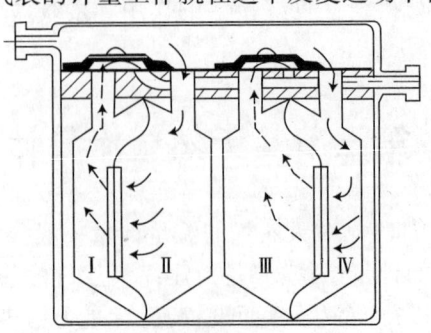

图2-8　皮膜表的内部结构图

(三)差压式流量计(又称孔板流量计)

差压式流量计是利用燃气流通过节流装置时所产生的压差来测量燃气流量的,它由节流装置、导压管和差压计组成。其工作原理是基于封闭管道中流体质量守恒(连续性方程)和能量守恒(伯努利方程)两个定律。压差式流量计结构易于复制,简单、牢固、性能稳定可靠、价格低廉。

ZAB005 差压式流量计工作原理

差压式流量计结构常见的有双孔板和四孔板与定量泵组合两种。双孔板差压式流量计在主管道上安装结构和尺寸完全相同的两个孔板,并在分流管道上装置两个流向相反、流量固定的定量泵、差压式流量计的内部结构如图 2-9 所示。

ZAB006 差压式流量计的结构

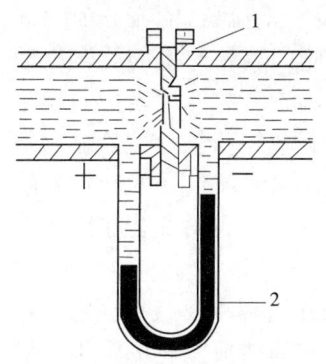

图 2-9 差压式流量计结构图
1—节流件;2—差压计

(四)涡轮流量计

涡轮流量计是一种最典型的速度式燃气流量计,其特点是测量精度高,测量范围宽,动态响应好,压力损失小,能耐较高的工作压力,仪表发生故障时,不影响燃气管路系统内燃气的正常输送,可实现流量的指示和总量的积算。

1. 工作原理及结构

计量时,气流通过进口端的整流器后,作用在轴向安装的叶轮上,叶轮的转数和气体的流速成正比,通过蜗轮蜗杆及磁耦合机构将叶轮的转动传送至表头计数器。流量计机械表头显示工况压力和温度条件下的累计体积流量。这种流量计不仅提高了检测电路的抗干扰性,而且简化了流量检测系统。它的量程比可达 10∶1,精度在 ±0.2% 以内。惯性小、尺寸小的涡轮流量计的时间常数可达 0.01s。涡轮流量计结构如图 2-10 所示。

ZAB007 涡轮流量计工作原理

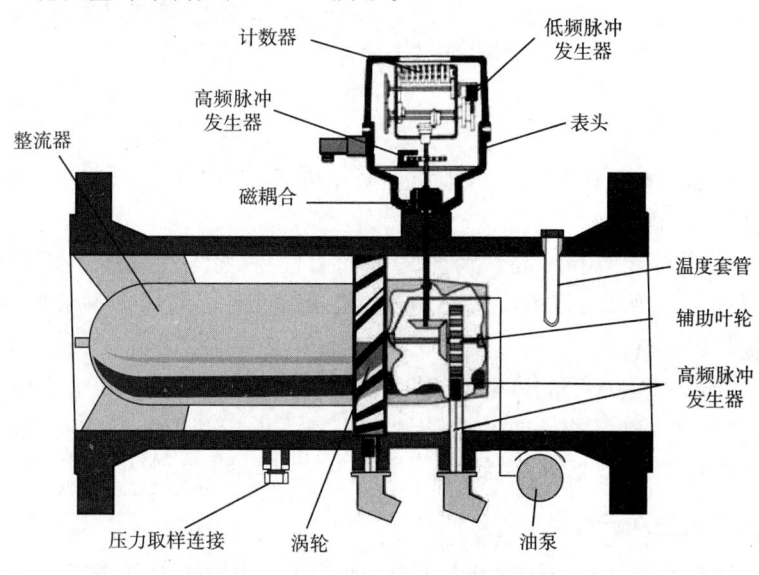

图 2-10 涡轮流量计结构

ZAB008 涡轮流量计结构

涡轮流量计由涡轮、整流器、温度压力传感器、修正仪等组成。流量计本体包括了带有涡轮轴的测量系统。测量元件的上游安装了整流器，能充分消除气流的扰动和旋涡，使气体平稳地通过测量元件。承压侧的涡轮产生的旋转运动通过蜗轮蜗杆及磁耦合机构传送到非承压侧的表头，涡轮转数经过表头的齿轮机构被减速，减速比可通过选择适当的可调节齿轮进行调整，机械计数器显示出工况下的体积流量，同时输出相应的低频脉冲信号。在涡轮流量计的叶轮和辅助叶轮上输出感应式高频信号。辅助叶轮是一个凸轮，它与涡轮安装在同一个轴上，能与涡轮同步工作。

涡轮流量计是精密的测量仪器，在运输、储存及操作过程中要特别注意。不要堵塞下游管线及下游调压站，这样会产生过高的流速而造成涡轮的损害。涡轮流量计短期的最大超负荷能力为 $1.2Q_{max}$，这样的负载情况应尽量避免，为了保护流量计要避免不必要的高流速。气流要避免振动和跳动，并且减少异类颗粒、尘土及液体的含量。建议在涡轮流量计前面安装过滤器和分离器。涡轮流量计的上游不应有影响气流的因素。

在任何情况下上游需要 2DN 的直管段。下游如果是弯管，至少需要 2DN 的长度，否则不需要直管段。如果进口管的上游有强烈的气体扰动(举例来说，由一个调压器造成气体扰动)，建议使用孔板整流装置，结果会比不加孔板整流装置时压力损耗低 2.5 倍。收口或扩口装置必须安装在涡轮流量计上游，并且开角不能超过 30°，涡轮流量计安装要求及孔板整流装置如图 2-11 所示。

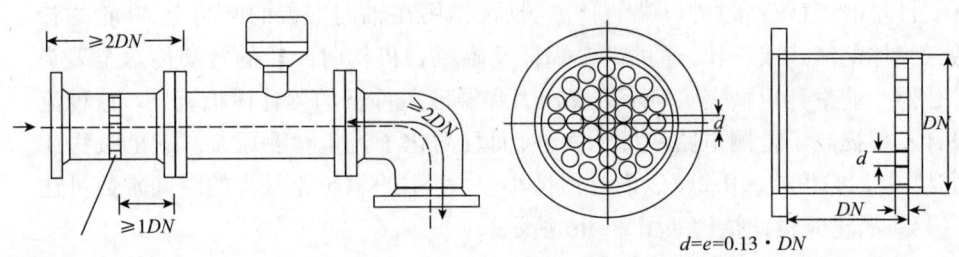

图 2-11 涡轮流量计安装要求及孔板整流装置结构图

ZAB009 涡轮流量计的优点和缺点

2. 优缺点

流量计必须安装在有保护的地方。对室外安装，必须采取适当的保护措施以避免直接的气候影响。

优点：涡轮流量计精度高达到 0.5 级，重复性高，无零点漂移，抗干扰能力强，量程范围宽，结构紧凑，压力损失小，量程大，耐高压，可测量多种液体或气体的瞬时流量和累积流量。

缺点：涡轮流量计受流体密度、黏度影响较大，高黏度流体将会影响其使用，不适合长期使用，它不能长期保持校准状态；要求上游管道长度应有不小于 2DN 的等径直管段；不适合脏污介质。

(五)旋进旋涡流量计

CAC017 旋进旋涡流量计

旋进旋涡流量计是压缩天然气 CNG 加气站常用的一种速度式气体流量计，

如图 2-12 所示。

图 2-12　旋进旋涡流量计

1. 结构

流量计结构由以下四大部件组成,如图 2-13 所示。

(1)旋进流量传感器:包括旋涡发生体、壳体、旋涡检测组件和除旋整流器。

(2)流量积算仪:包括外壳、温度接口、压力接口、显示窗口和输出接口。

(3)温度传感器。

(4)压力传感器。

ZAB010 旋进旋涡流量计结构

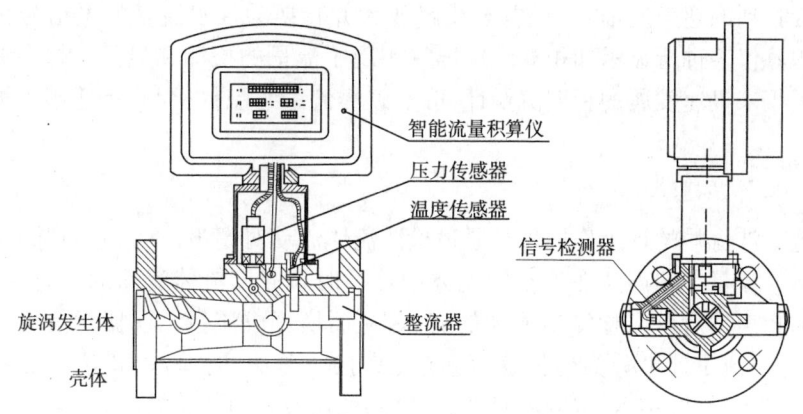

图 2-13　旋进旋涡流量计结构图

2. 工作原理

智能旋进旋涡流量传感器的流通剖面类似文丘里管的型线。在入口侧安放一组螺旋型导流叶片,当流体进入流量传感器时,导流叶片迫使流体产生剧烈的旋涡流。当流体进入扩散段时,旋涡流受到回流的作用,开始做二次旋转,形成陀螺式的涡流进动现象。该进动频率与流量大小成正比,不受流体物理性质和密度的影响,检测流体的二次旋转进动频率就能在较宽的流量范围内获得良好的线性度。信号经前置放大器放大、滤波、整形转换为与流速成正比的脉冲信号,然后再与温度、压力等检测信号一起被送往微处理器进行积算处理,最后在液晶显示屏上显示测量结果。

ZAB011 旋进旋涡流量计工作原理

3. 优缺点

优点:旋进旋涡气体流量计适合于流量较大、比较稳定的流量状态的计量。

缺点:始动流量大,压损大,对上游来讲不是理想的交接表。

(六)超声波流量计

1. 结构

超声波流量计由超声波换能器、电子线路及流量显示和累积系统三部分组成。换能器通常由压电元件、声楔和能产生高频交变电压/电流的电源构成。压电元件一般均为圆形,沿厚度方向振动,其厚度与超声波频率成反比,其直径与扩散角成反比。声楔起到固定压电元件,使超声波以合适的角度射入流体的作用,对声楔的要求不仅是强度高、耐老化,而且要求超声波透过声楔后能量损失小,一般希望透射系数尽可能接近1。作为发射超声波的发射换能器是利用压电材料的逆压电效应(电致伸缩现象)制成的,即在压电材料切片(压电元件)上施加交变电压,使它产生电致伸缩振动而产生超声波。发射换能器所产生的超声波以某一角度射入流体中传播,被接收换能器接收。

超声波发射换能器将电能转换为超声波能量,并将其发射到被测流体中,接收器接收到的超声波信号,经电子线路放大并转换为代表流量的电信号供给显示和积算仪表进行显示和积算。这样就实现了流量的检测和显示。超声波流量计是近年来迅速发展的新型流量计,可不破坏流束的流量检测,且适用于大口径管道。

2. 工作原理

超声波流量计工作原理是通过检测流体流动对超声束(或超声脉冲)的作用以测量流量。超声波在流动的流体中传播时就载上流体流速的信息,通过接收到的超声波就可以检测出流体的流速,从而换算成流量。根据对信号检测的原理,超声流量计可分为传播速度差法(直接时差法、时差法、相位差法和频差法)、波束偏移法、多普勒法、互相关法、空间滤法及噪声法等类型。

3. 优缺点

优点:流体中不插入任何元件,对流速无影响,也没有压力损失;能用于任何液体,特别是对具有高黏度、强腐蚀、非导电性等性能的液体的流量测量,也能测量气体的流量;对于大口径管道的流量测量,不会因管径大而增加投资;量程比较宽,可达5∶1;输出与流量之间呈线性。

缺点:当被测液体中含有气泡或有杂音时,将会影响测量精度,故要求变送器前后分别有 $10D$ 和 $5D$ 的直管段;此外,结构复杂,成本较高。

二、科氏力质量流量计

科氏力质量流量计是根据科里奥利力原理制造的一种新型的直接测量封闭管道内流体质量流量的测量仪表,如图2-14所示。

图 2-14 科氏力质量流量计

(一)组成

科氏力质量流量计是运用流体质量流量对振动管振荡的调制作用即科里奥利力现象为原理，以质量流量测量为目的的质量流量计，一般由传感器和变送器组成。

ZAB017 科氏力质量流量计结构

(二)工作原理

在传感器外壳中的流量管振动有它的固有频率。振动管由安装于振动管端部的电磁驱动线圈驱动做近似于音叉的振动。当流体流入流量管时被强制接受流量管的垂直运动。在流量管向上振动的半个周期时，流体反抗管子向上运动对其垂直动量的增加而对流量管施加一个向下的力。反之，流出流量管的流体向流量管施加一个向上的力以反抗管子向上振动而对其垂直动量的减少。这便导致了流量管产生扭曲。在振动的另外半个周期，流量管向下振动，扭曲方向则相反。这一扭曲现象被称为科里奥利现象。

ZBA033 科氏力质量流量计工作原理

根据牛顿第二定律，流量管扭曲量的大小是完全与流经流量管的质量流量的大小成正比的。安装于流量管两侧的电磁信号检测器用于检测振动管的振动。质量流量大小是由这两个信号的相位差来决定的，当没有流体流过流量管时，流量管不产生扭曲，两边电磁信号检测器的检测信号是同相位的，当有流体通过流量管时产生流量管的扭曲，从而导致两个检测信号的相位差，这一相位差直接正比于流过的质量流量。科氏力质量流量计为了平衡振动一般多将振动管做成对称的两个。

(三)优缺点

科氏力质量流量计不能用于测量密度太低的流体介质，如低压气体；液体中含气量超过某一值时会显著地影响测量值。对外界振动干扰较敏感，为防止管道振动的影响，流量传感器对安装固定有较高要求。不能用于大管径流量测量，目前还局限于 $DN200\text{mm}$ 以下测量管，内壁磨损腐蚀或沉积结垢会影响测量精度。大部分型号的科氏力质量流量计有较大的体积和重量，压力损失也较大。

ZBA034 科氏力质量流量计的优点与缺点

第四节　气体分析仪

一、露点仪

CAC019 露点仪

气体的露点温度越高，说明气体湿度越高，反之，说明气体湿度低。因此，露点温度是描述气体湿度（含水蒸汽量）的主要湿度参数。

CNG 加气站常使用露点仪测量天然气的露点温度。露点仪又分为镜面式露点仪、电传感器式露点仪、电介法露点仪、晶体振荡式露点仪、红外露点仪及半导体传感器露点仪等类型。

以电传感器式露点仪为例，采用亲水性材料或憎水性材料作为介质，构成电容或电阻，在含水分的气体流经后，介电常数或电导率发生相应变化，测出当时的电容值或电阻值，就能知道当时的气体水分含量。建立在露点单位制上设计的该类传感器，构成了电传感器式露点分析仪。目前国际上最高精度达到 ±1.0℃（露点温度），一般精度可达到 ±3℃ 以内。

二、便携式测漏仪

CAC020 便携式测漏仪和氧含量分析仪

便携式测漏仪适用于检测工作环境中烷类、醇类和有机挥发物等可燃气体的浓度。测漏仪的传感器与环境中被测气体反应，产生线性变化的电压信号。电压信号经转换后，在液晶屏上显示被测气体浓度值。

CNG 加气站常使用报警器甲烷检测范围为 0~100% LEL［爆炸下限 5%（体积分数）］，氧气的检测范围为 0~30%（体积分数），硫化氢的检测范围为 0~100mL/m³（危险浓度为 20mL/m³），一氧化碳的检测范围为 0~500mL/m³。

ZBA035 便携式测漏仪注意事项

夜间使用时，可按控制键、背景灯亮。只有显示"TEST OK"后方可进行检测。在清洁空气环境下，使检测仪开始将所有传感器归零，并对氧气传感器进行校准。屏幕闪烁进度条逐渐消失，归零后可进行检测作业，严禁超量程使用。在使用嗅敏检漏仪前，检查其工作电源，如果电压低于 9V 时，应更换充电电池；检查气敏的加热电流是否在 0.32A 左右，如果调整不到，必须更换电池，更换电池后，必须加热 10~20min 后，才可以进行检漏［注：投产置换期间用其检测氧含量，氧含量低于 19%（体积分数）时为氮气、空气混合到达；氧含量低于 2%（体积分数）时为纯氮气到达］。

三、氧含量分析仪

氧含量分析仪主要用于测量环境中氧气气体浓度。仪器主要由氧气传感器、过滤器、稳压阀、流量计等组成。氧传感器的关键部件是氧化锆，在氧化锆元件的内外两侧涂上多孔性铂电极制成氧浓度差电池。为了使电池保持额定的工作温度，在传感器中设置了加热器。用氧分析仪内的温度控制器控制氧化锆温度恒定。

初级工练习题及答案

一、理论知识试题

(一) 单项选择题(每题四个选项,只有一个是正确的,将正确的选项填入括号内)

1. AC001　仪表的精度通常不采用绝对误差表示,而采用(　)。
   (A)相对误差　　　(B)标准误差　　　(C)价格　　　(D)系统误差
2. AC001　我国法定计量单位中,压力的基本单位是(　)。
   (A)兆帕　　　(B)千帕　　　(C)帕斯卡　　　(D)毫帕
3. AC002　压力测量仪表按工作原理分为液柱式、弹性式和(　)等类型。
   (A)自动式　　　(B)电测式　　　(C)气动式　　　(D)手动式
4. AC002　U形管压力计属于(　)压力表。
   (A)液柱式　　　(B)弹性式　　　(C)负荷式　　　(D)电测式
5. AC003　弹性式压力测量仪表是利用各种不同形状的弹性元件,在压力下产生(　)的原理制成的压力测量仪表。
   (A)拉伸　　　(B)缩短　　　(C)变形　　　(D)膨胀
6. AC003　弹性式压力测量仪表的特点是(　)、结实耐用、测量范围宽,是压力测量仪表中应用最多的一种。
   (A)结构简单　　　(B)耐热　　　(C)抗震　　　(D)防水
7. AC004　电测式压力测量仪表的工作原理是利用(　)和半导体的物理特性。
   (A)液体　　　(B)导体　　　(C)金属　　　(D)气体
8. AC004　电测式压力测量仪表的精确度可达(　)级。
   (A)0.01　　　(B)0.02　　　(C)0.1　　　(D)0.2
9. AC005　弹簧管压力表不可用在测定(　)的压力。
   (A)固体　　　(B)液体　　　(C)气体　　　(D)蒸气
10. AC005　Y型弹簧管式压力计测量范围为(　)。
    (A)0~15MPa　　　　　　　　(B)0~25MPa
    (C)10~25MPa　　　　　　　(D)10~15MPa
11. AC006　单圈弹簧管压力表内的弹簧管当其内部介质压力增高时弹簧管弧度(　)。
    (A)不变　　　(B)变大　　　(C)变小　　　(D)不一定
12. AC006　单圈弹簧管压力表内的扇形齿轮的作用是将(　)。
    (A)直线运动变为圆周运动　　　　(B)直线运动变为直线运动
    (C)圆周运动变为圆周运动　　　　(D)圆周运动变为直线运动
13. AC007　所测压力在表的量程范围(　)以内时,误差较小。
    (A)30%~70%　　(B)10%~30%　　(C)70%~100%　　(D)0~30%
14. AC007　压力表在识读时,要使眼睛、指针、刻度成一条直线,否则读数就会产生(　)。
    (A)误差　　　(B)错误　　　(C)误会　　　(D)没影响

15. AC008　关于压力传感器叙述不正确的是(　　)。
　　　　　　(A)传感器是由压敏元件和电子电路组成
　　　　　　(B)压力传感器可输出与量程压力相对应的 4~20mA 的标准信号
　　　　　　(C)压力传感器都是防爆的
　　　　　　(D)压力传感器必须同与之相匹配的二次仪表配合使用

16. AC008　压阻式压力传感器是利用半导体材料硅在受压后(　　)改变与所受压力有一定关系的原理制做的。
　　　　　　(A)电容　　　　(B)电流　　　　(C)电阻率　　　　(D)电压

17. AC009　压力表属于技监部门强制定期(　　)的计量器具。
　　　　　　(A)更换　　　　(B)校检　　　　(C)拆卸　　　　(D)清洁

18. AC009　压力表接头内的密封用紫铜垫两面应(　　)。
　　　　　　(A)粗糙不平　　(B)平整但粗糙　(C)有螺纹　　　(D)平整光滑

19. AC010　测温元件与被测介质需要进行充分的(　　),需要一定的时间才能达到热平衡,所以存在测温的延迟现象。
　　　　　　(A)摩擦　　　　(B)冷却　　　　(C)热量交换　　　(D)接触

20. AC010　温度测量仪表按工作原理分类,不包含下列哪一类(　　)。
　　　　　　(A)膨胀式　　　(B)电阻式　　　(C)热电式　　　(D)机械式

21. AC011　热电偶是利用金属的(　　)原理做成的。
　　　　　　(A)热电现象　　(B)导电性　　　(C)铸造性　　　(D)传热性

22. AC011　热电偶是利用金属的热电现象原理做成的,可测量生产过程中(　　)温度。
　　　　　　(A)0~1700℃　　　　　　　　　　(B)0~1600℃
　　　　　　(C)0~1800℃　　　　　　　　　　(D)0~1900℃

23. AC012　双金属温度计结构为双金属片,是由两种(　　)不同的金属薄片叠焊在一起。
　　　　　　(A)厚度　　　　(B)质量　　　　(C)膨胀系数　　(D)密度

24. AC012　双金属温度计属于(　　)元件。
　　　　　　(A)测压　　　　(B)测温　　　　(C)测电流　　　(D)测电压

25. AC013　在天然气场站中,除了现场温度计以外还得用(　　)。
　　　　　　(A)体温计　　　(B)湿度计　　　(C)远传式温度计　(D)室内温度计

26. AC013　在天然气场站中,远传式温度计用的比较多的是(　　)和热电阻。
　　　　　　(A)体温计　　　(B)热电压　　　(C)热电流　　　(D)热电偶

27. AC014　双金属温度计的仪表精度等级达到(　　)。
　　　　　　(A)0.5　　　　　(B)1.0　　　　　(C)1.5　　　　　(D)2.0

28. AC014　双金属温度计上壳采用的防腐材料的耐温性可以高达(　　)。
　　　　　　(A)100℃　　　　(B)200℃　　　　(C)300℃　　　　(D)400℃

29. AC015　热电偶中贵金属热电极的直径为(　　)。
　　　　　　(A)0.015~0.05mm　　　　　　　　(B)0.15~0.5mm
　　　　　　(C)0.15~0.25mm　　　　　　　　(D)0.015~0.5mm

30. AC015　热电偶中普通金属热电极的直径为(　　)。
　　　　　　(A)0.02~0.32mm　　　　　　　　(B)0.02~3.2mm
　　　　　　(C)0.2~3.2mm　　　　　　　　　(D)0.2~0.32mm

31. AC016 罗茨流量计中,当转子、计量室结构尺寸一定时,其排出介质的体积与转子的转速成( )。
    (A)正比   (B)反比   (C)等于   (D)小于
32. AC016 罗茨流量计又称( )流量计。
    (A)腰果   (B)腰轮   (C)滚轮   (D)滑轮
33. AC017 旋进旋涡流量计是一种( )气体流量计。
    (A)速度式   (B)容积式   (C)差压式   (D)便携式
34. AC017 旋进旋涡流量计是压缩天然气CNG加气站( )流量计。
    (A)备用的   (B)没用的   (C)常用的   (D)不用的
35. AC018 科氏力质量流量计是测量流体( )的测量仪表。
    (A)温度   (B)质量流量   (C)压力   (D)黏度
36. AC018 科氏力质量流量计是根据( )原理制造的。
    (A)范德华力   (B)科里奥利力   (C)作用力   (D)反作用力
37. AC019 气体的露点温度越高,说明气体湿度越( )。
    (A)低   (B)高   (C)无关   (D)无法确定
38. AC019 电传感器式露点仪采用( )或憎水性材料作为介质。
    (A)憎油性材料   (B)亲油性材料   (C)亲水性材料   (D)无
39. AC020 便携式测漏仪适用于检测工作环境中( )。醇类和有机挥发物等可燃气体的浓度。
    (A)烷类   (B)烃类   (C)环烷烃类   (D)芳香烃类
40. AC020 氧含量分析仪主要用于测量环境中( )气体浓度。
    (A)氧气   (B)氨气   (C)氮气   (D)二氧化碳

(二)判断题(对的画"√",错的画"×")

(   )1. AC001   我国法定计量单位中,压力的基本单位是帕斯卡。
(   )2. AC002   压力测量仪表按工作原理分为液柱式、弹性式和电测式等类型。
(   )3. AC003   弹性式压力测量仪表按采用的弹性元件不同,可分为弹簧管压力表、膜片压力表、膜盒压力表和波纹管压力表等。
(   )4. AC004   电测式压力测量仪表的测量范围是10～700MPa。
(   )5. AC005   弹簧管压力表用途较广,可用在测定对钢和钢合金不起腐蚀作用的液体、气体或蒸气的压力。
(   )6. AC006   弹簧管压力表内的游丝的作用是提高线性。
(   )7. AC007   压力表在识读时,要使眼睛、指针、刻度成一条直线,否则读数就会产生误差。
(   )8. AC008   压阻式压力传感器是直接通过硅膜片感受被测压力。
(   )9. AC009   拆装压力表应使用相应的工具,不允许用手直接扳动压力表壳体拆装。
(   )10. AC010   温度测量仪表按测温方式可分为接触式和非接触式两大类。
(   )11. AC011   温热电偶是利用金属的热电现象原理做成的。
(   )12. AC012   双金属温度计属于膨胀式温度测量仪表,其结构为双金属片,是由两种膨胀系数相同的金属薄片叠焊在一起制成的测温元件。
(   )13. AC013   热电偶测温和热电阻测温可以应用在天然气场站中。
(   )14. AC014   双金属温度计上壳采用的防腐材料的耐温性最低为-40℃。

( )15. AC015　热电偶由热电极、绝缘管、保护管、线盒组成。
( )16. AC016　罗茨流量计又称腰轮流量计。
( )17. AC017　旋进旋涡流量计是一种速度式气体流量计。
( )18. AC018　质量流量计是根据科里奥利力原理制造的一种流体质量流量测量仪表。
( )19. AC019　露点温度是描述气体湿度(含水蒸气量)的主要湿度参数。
( )20. AC020　便携式测漏仪适用于检测工作环境中烷类、醇类和有机挥发物等可燃气体的浓度。

二、技能操作试题

(一) AA004 读取脱水装置再生系统温度表数值

1. 考核要求

(1)必须穿戴劳动保护用品。
(2)工具、量具、用具准备齐全,正确使用。
(3)操作规程符合安全文明操作。
(4)按规定完成操作项目,质量达到技术要求。
(5)操作完毕,做到工完、料净、场地清。

2. 准备要求

(1)设备准备:

序号	名　称	规　格	数　量	备　注
1	脱水装置	LND90-20/2.5A-N	1台	

(2)材料准备:

序号	名　称	规　格	数　量	备　注
1	温度表	0~300℃	2块	
2	抹布		1块	

(3)工具、量具准备:

序号	名　称	规　格	数　量	备　注
1	温度记录表		1张	
2	碳素笔		1支	

3. 操作程序说明

(1)准备工作;
(2)判断设备状态;
(3)判断温度表位置;
(4)检查加热器出口温度表,读取并记录温度表数值;
(5)判断检查再生出口温度表的位置,读取并记录温度表的数值;
(6)清理场地。

4. 考核规定说明

(1)如操作违章或未按操作程序执行操作,将停止考核。

(2)考核采用百分制,考核项目得分按鉴定比重进行折算。

(3)考核方式说明:该项目为实际操作,考核过程按评分标准及操作过程进行评分。

(4)测量技能说明:本项目主要测量考生对读取母站脱水装置再生系统温度表数值掌握的熟练程度。

5．考核时限

(1)准备时间:1min(不计入考核时间)。

(2)操作时间:15min。

(3)提前完成操作不加分,到时停止操作考核。

6．评分记录表

序号	考核内容	评分要素	配分	评分标准	检测结果	扣分	得分	备注
1	准备工作	选择工具、用具、材料	5	少选、错选一件扣1分,扣完为止				
2	判断设备状态	判断加热器运行状态	10	判断错误扣10分				
3	判断设备温度表位置	判断加热器出口温度表位置	10	判断错误扣10分				
4	检查加热器出口温度表	检查温度表是否有破损	10	未检查扣10分				
5	读取加热器出口温度表数值	正确读出加热器出口温度表数值	10	读取错误扣10分				
6	填写加热器出口温度	正确填写记录,使用仿宋字记录	15	未记录扣5分,记录错误扣5分,未使用仿宋字记录扣5分				
7	判断再生出口温度表位置	判断再生出口温度表位置	10	判断错误扣10分				
8	检查再生出口温度表	检查温度表是否有破损	5	未检查扣5分				
9	读取再生出口温度表数值	正确读出再生出口温度表数值	10	读取错误扣10分				
10	填写记录再生出口温度	正确填写记录,使用仿宋字记录	15	未记录扣5分,记录错误扣5分,未使用仿宋字记录扣5分				
11	清理场地	清理场地		未收、少收材料从总分中扣5分				
12	安全文明操作	按国家或企业颁发有关安全规定执行操作		每违反一项规定从总分中扣5分,严重违规取消考核				
13	考核时限	在规定时间内完成		到时停止操作考核				
	合计		100					

(二)AA005 读取天然气压缩机循环水压力

1．考核要求

(1)必须穿戴劳动保护用品。

(2)工具、量具、用具准备齐全,正确使用。

(3)操作规程符合安全文明操作。

(4)按规定完成操作项目,质量达到技术要求。

(5)操作完毕,做到工完、料净、场地清。

2. 准备要求

(1)设备准备:

序号	名 称	规 格	数量	备 注
1	天然气压缩机	M-3.2/10-250JX	1台	

(2)工具、量具准备:

序号	名 称	规 格	数量	备 注
1	压力记录表		1张	
2	碳素笔		1支	

3. 操作程序说明

(1)准备工作;

(2)检查压缩机状态;

(3)判断压力表位置;

(4)检查压力表连接阀门;

(5)判断压力表连接阀门状态;

(6)检查压力表;

(7)读取压缩机循环水进水管压力表数值;

(8)填写进水管压力;

(9)查询控制柜循环水压力值;

(10)填写控制柜显示屏上循环水压力;

(11)判断冷却系统状态;

(12)清理场地。

4. 考核规定说明

(1)如操作违章或未按操作程序执行操作,将停止考核。

(2)考核采用百分制,考核项目得分按鉴定比重进行折算。

(3)考核方式说明:该项目为实际操作,考核过程按评分标准及操作过程进行评分。

(4)测量技能说明:本项目主要测量考生对读取母站天然气压缩机循环水压力掌握的熟练程度。

5. 考核时限

(1)准备时间:1min(不计入考核时间)。

(2)正式操作时间:15min。

(3)提前完成操作不加分,到时停止操作考核。

6. 评分记录表

序号	考核内容	评分要素	配分	评分标准	检测结果	扣分	得分	备注
1	准备工作	选择用具	5	少选、错选一件扣1分,扣完为止				
2	检查压缩机状态	判断压缩机是否处于运行状态	10	未检查压缩机状态扣10分,判断压缩机状态错误扣5分				

续表

序号	考核内容	评分要素	配分	评分标准	检测结果	扣分	得分	备注
3	判断压力表位置	判断压力表位置	10	位置判断错误扣10分				
4	检查压力表连接阀门	检查压力表连接球阀门是否渗漏、破损	10	未检查球阀扣10分				
5	判断压力表连接球阀状态	判断球阀是否打开	10	判断错误扣10分				
6	检查压力表	检查压力表是否损坏	5	未检查扣5分				
7	读取压缩机循环水进水管压力表数值	读出压力表数值	10	读取错误扣10分				
8	填写进水管压力	填写记录,用仿宋字记录压力	10	未填写记录扣10分,未使用仿宋字记录扣5分				
9	查询控制柜循环水压力值	在控制柜查询循环水压力	5	未查询控制柜压力扣15分				
10	查询步骤	查询步骤正确	10	查询步骤错误扣10分				
11	填写控制柜显示屏上循环水压力	填写记录,用仿宋字记录压力	10	未填写记录扣10分,未使用仿宋字记录扣5分				
12	判断冷却系统状态	两压力值基本吻合,压力在0.2~0.4MPa	5	未判断扣5分				
13	清理场地	清理场地		未收、少收材料从总分中扣5分				
14	安全文明操作	按国家或企业颁发有关安全规定执行操作		每违反一项规定从总分中扣5分,严重违规取消考核				
15	考核时限	在规定时间内完成		到时停止操作考核				
	合 计		100					

(三) AC004 更换加气机压力表

1. 考核要求

(1)必须穿戴劳动保护用品。
(2)工具、量具、用具准备齐全,正确使用。
(3)操作规程符合安全文明操作。
(4)按规定完成操作项目,质量达到技术要求。
(5)操作完毕,做到工完、料净、场地清。

2. 准备要求

(1)设备准备:

序号	名 称	规 格	数 量	备 注
1	考试专用装置		1台	

(2)材料准备:

序号	名 称	规 格	数 量	备 注
1	压力表	0~40MPa	5块	
2	密封垫		5个	
3	抹布		适量	

(3)工具、量具准备：

序号	名　称	规　格	数量	备　注
1	开口扳手		1套	
2	肥皂水喷壶		1把	

3. 操作程序说明

(1)准备工作；

(2)关闭压力表根部阀；

(3)排空根部阀至表座内气体；

(4)排空；

(5)卸压力表；

(6)检查是否有余气；

(7)检查螺纹；

(8)检查量程；

(9)检查精度；

(10)清洁密封面；

(11)安装密封垫圈；

(12)安装压力表；

(13)关闭放空阀；

(14)打开根部阀；

(15)试漏；

(16)清理场地。

4. 考核规定说明

(1)如操作违章或未按操作程序执行操作,将停止考核。

(2)考核采用百分制,考核项目得分按鉴定比重进行折算。

(3)考核方式说明:该项目为实际操作,考核过程按评分标准及操作过程进行评分。

(4)测量技能说明:本项目主要测量考生对更换压力表掌握的熟练程度。

5. 考核时限

(1)准备时间:1min(不计入考核时间)。

(2)正式操作时间:15min。

(3)提前完成操作不加分,到时停止操作考核。

6. 评分记录表

序号	考核内容	评分要素	配分	评分标准	检测结果	扣分	得分	备注
1	准备工作	选择工具、用具、材料	5	少选、错选一件扣1分,扣完为止				
2	关闭压力表根部阀	按照正确的旋转方向拧紧手轮或手柄,阀门必须关严	10	旋转方向错误扣5分				
				阀门未关严扣5分				
3	排空根部阀至表座内气体	通过放空阀排空,按照正确的方向均匀加力打开放空阀,直至放空	10	阀门旋向错误扣5分				
				未均匀加力开阀门扣5分				

续表

序号	考核内容	评分要素	配分	评分标准	检测结果	扣分	得分	备注
4	排空	无气流声音,停止排空	5	排空不彻底扣5分				
5	卸压力表	按照正确的方向均匀加力旋松压力表	10	未正确使用工具扣5分				
				旋松压力表过快扣5分				
6	检查是否有余气	如果有余气,必须停止操作待无余气后继续操作	5	有余气未停止操作扣5分				
7	检查螺纹	选用压力表与原压力表规格一致	5	压力表螺纹选错扣5分				
8	检查量程	选用压力表与原压力表规格一致	5	压力表量程选错扣5分				
9	检查精度	选用压力表与原压力表规格一致	5	压力表精度选错扣5分				
10	清洁密封面	密封面清洁干净	5	未清洁密封面扣5分				
11	安装密封垫圈	正确安装密封垫圈	10	未安装密封垫圈扣10分				
				密封垫圈安装错误扣5分				
12	安装压力表	正确使用工具,压力表表面朝向便于观察的方向	10	未正确使用工具扣5分,压力表表面朝向不便观察扣5分				
13	关闭放空阀	关闭放空阀	5	未关闭放空阀扣5分				
14	打开根部阀	缓慢打开根部阀	5	未均匀加力打开根部阀扣5分				
15	试漏	用肥皂水试漏	5	安装后有泄漏扣5分				
16	清理场地	清理场地,收工具		未收、少收工具从总分中扣3分,场地不清洁从总分中扣5分				
17	安全文明操作	按国家或企业颁发有关安全规定执行操作		每违反一项规定从总分中扣5分,严重违规取消考核				
18	考核时限	在规定时间内完成		到时停止操作考核				
	合 计		100					

(四) AC005 更换天然气压缩机一级缸进气温度表

1. 考核要求

(1) 必须穿戴劳动保护用品。

(2) 工具、量具、用具准备齐全,正确使用。

(3) 操作规程符合安全文明操作。

(4) 按规定完成操作项目,质量达到技术要求。

(5) 操作完毕,做到工完、料净、场地清。

2. 准备要求

(1) 设备准备:

序号	名 称	规 格	数量	备 注
1	天然气压缩机	M-3.2/10-250JX	1台	

(2)材料准备：

序号	名　称	规　格	数　量	备　注
1	温度表	0～100℃	1块	
2	抹布		适量	

(3)工具、量具准备：

序号	名　称	规　格	数　量	备　注
1	开口扳手		1套	

3.操作程序说明

(1)准备工作；

(2)检查压缩机状态；

(3)查找先导阀；

(4)压缩机泄压；

(5)排空；

(6)查看气缸温度表；

(7)拆卸温度表；

(8)检查螺纹；

(9)检查量程；

(10)检查精度；

(11)安装温度表；

(12)清理场地。

4.考核规定说明

(1)如操作违章或未按操作程序执行操作，将停止考核。

(2)考核采用百分制，考核项目得分按鉴定比重进行折算。

(3)考核方式说明：该项目为实际操作，考核过程按评分标准及操作过程进行评分。

(4)测量技能说明：本项目主要测量考生对更换母站天然气压缩机一级缸进气温度表掌握的熟练程度。

5.考核时限

(1)准备时间：1min(不计入考核时间)。

(2)正式操作时间：15min。

(3)提前完成操作不加分，到时停止操作考核。

6.评分记录表

序号	考核内容	评分要素	配分	评分标准	检测结果	扣分得分	备注
1	准备工作	选择工具、用具、材料	5	少选、错选一件扣1分，扣完为止			
2	检查压缩机状态	判断压缩机是否处于停机状态	10	未检查压缩机状态扣10分，压缩机状态判断错误扣5分			

续表

序号	考核内容	评分要素	配分	评分标准	检测结果	扣分	得分	备注
3	查找先导阀	确定对应的电磁先导阀位置	10	判断电磁先导阀位置错误扣10分				
4	压缩机泄压	按下电磁先导阀旋钮并顺时针旋转90°将旋钮定位	10	旋钮未定位扣5分				
				电磁先导阀开错扣5分				
5	排空	待控制盘处压力表归零,停止排空	5	压力未归零停止排空扣5分				
6	查看气缸温度表	气缸温度应低于45℃	10	未查看气缸温度表扣10分,气缸高于45℃操作扣5分				
7	拆卸温度表	均匀加力旋松温度表螺帽,旋向正确	10	未均匀加力旋松扣5分,旋向错误扣5分				
8	检查螺纹	选用温度表与原温度表规格一致	10	温度表螺纹选错扣10分				
9	检查量程	选用温度表与原温度表规格一致	10	温度表量程选错扣10分				
10	检查精度	选用温度表与原温度表规格一致	10	温度表精度选错扣10分				
11	安装温度表	均匀加力旋紧温度表螺帽,温度表表面朝向便于观察的方向	10	未均匀加力旋紧扣5分,温度表面位置不便观察扣5分				
12	清理场地	清理场地,收工具		未收、少收工具从总分中扣3分,场地不清洁从总分中扣5分				
13	安全文明操作	按国家或企业颁发有关安全规定执行操作		每违反一项规定从总分中扣5分,严重违规取消考核				
14	考核时限	在规定时间内完成		到时停止操作考核				
	合计		100					

(五) AC006 更换天然气压缩机四级分离器压力表

1. 考核要求

(1)必须穿戴劳动保护用品。
(2)工具、量具、用具准备齐全,正确使用。
(3)操作规程符合安全文明操作。
(4)按规定完成操作项目,质量达到技术要求。
(5)操作完毕,做到工完、料净、场地清。

2. 准备要求

(1)设备准备:

序号	名称	规格	数量	备注
1	天然气压缩机	M−3.2/10−250JX	1台	

(2)材料准备:

序号	名称	规格	数量	备注
1	压力表	0~40MPa	1块	

续表

序号	名　称	规　格	数　量	备　注
2	密封垫		1个	
3	抹布		适量	

（3）工具、量具准备：

序号	名　称	规　格	数　量	备　注
1	开口扳手		1套	
2	肥皂水仪		适量	

3. 操作程序说明

（1）准备工作；

（2）检查压缩机状态；

（3）判断四级排污阀位置；

（4）打开四级排污阀；

（5）排空；

（6）卸压力表；

（7）检查余气；

（8）检查螺纹；

（9）检查量程；

（10）检查精度；

（11）安装压力表；

（12）清理场地。

4. 考核规定说明

（1）如操作违章或未按操作程序执行操作，将停止考核。

（2）考核采用百分制，考核项目得分按鉴定比重进行折算。

（3）考核方式说明：该项目为实际操作，考核过程按评分标准及操作过程进行评分。

（4）测量技能说明：本项目主要测量考生对更换天然气压缩机四级分离器压力表掌握的熟练程度。

5. 考核时限

（1）准备时间：1min（不计入考核时间）。

（2）正式操作时间：15min。

（3）提前完成操作不加分，到时停止操作考核。

6. 评分记录表

序号	考核内容	评分要素	配分	评分标准	检测结果	扣分	得分	备注
1	准备工作	选择工具、用具、材料	5	少选、错选一件扣1分，扣完为止				
2	检查压缩机状态	判断压缩机是否处于停机状态，控制柜是否悬挂停机标牌或专人看护	10	未检查压缩机状态扣5分，未悬挂停机标牌扣5分				

续表

序号	考核内容	评分要素	配分	评分标准	检测结果	扣分	得分	备注
3	压缩机泄压	判断四级排污阀位置是否正确	10	判断四级排污阀错误扣10分				
		均匀加力打开排污阀,阀门旋向正确	10	未均匀加力打开排污阀扣5分,阀门旋向错误扣5分				
		确定没有气体溢出	5	未确定扣5分				
4	卸压力表	压力表螺帽旋向正确,均匀加力旋松压力表	10	压力表螺帽旋向错误扣5分				
				未均匀加力旋松压力表螺帽扣5分				
5	检查余气	检查是否存在余气	10	未检测扣10分,有余气未停止操作扣5分				
6	检查螺纹	选用压力表与原压力表螺纹一致	10	压力表螺纹选错扣10分				
7	检查量程	选用压力表与原压力表量程一致	10	压力表量程选错扣10分				
8	检查精度	选用压力表与原压力表精度一致	10	压力表精度选错扣10分				
9	安装压力表	压力表密封面应安装密封垫圈,压力表表面朝向便于观察的方向	10	未安装密封垫圈扣10分,压力表表面朝向不便观察扣5分				
10	清理场地	清理场地,收工具		未收、少收工具从总分中扣3分,场地不清洁从总分中扣5分				
11	安全文明操作	按国家或企业颁发有关安全规定执行操作		每违反一项规定从总分中扣5分,严重违规取消考核				
12	考核时限	在规定时间内完成		到时停止操作考核				
	合 计		100					

三、答案

(一) 单项选择题

1. A   2. C   3. B   4. A   5. C   6. A   7. C   8. B   9. A   10. B   11. B
12. A   13. A   14. A   15. C   16. C   17. B   18. D   19. C   20. D   21. A   22. B
23. C   24. B   25. C   26. D   27. B   28. B   29. D   30. C   31. A   32. B   33. A
34. C   35. B   36. B   37. B   38. C   39. A   40. A

(二) 判断题

1. √   2. √   3. √   4. √   5. √   6. × 弹簧管压力表内的游丝的作用是消除传动机构间隙。
7. √   8. √   9. √   10. √   11. √   12. × 双金属温度计属于膨胀式温度测量仪表,其结构为双金属片,是由两种膨胀系数不同的金属薄片叠焊在一起制成的测温元件。   13. √
14. √   15. √   16. √   17. √   18. √   19. √   20. √

中级工练习题及答案

一、理论知识试题

(一)单项选择题(每题四个选项,只有一个是正确的,将正确的选项填入括号内)

1. AB001 弹簧管压力表中能抗腐蚀的是( )。
   (A)氨用压力表 (B)氮气压力表 (C)硅油压力表 (D)电接点压力表

2. AB001 弹簧管压力表中抗震压力表内充装的是( )。
   (A)氨气 (B)氮气 (C)硅油 (D)氢气

3. AB002 压力表中的弹簧的自由端是封闭的,它通过( )带动扇形齿轮转动。
   (A)曲轴 (B)拉杆 (C)十字头 (D)连杆

4. AB002 弹簧管在被测压力作用下产生变形,因而弹簧管自由端产生位移,位移量与被测压力的大小成( )。
   (A)反比 (B)正比 (C)相等 (D)无关

5. AB003 弹簧管压力表结构中,( )的作用是将线位移转换成角位移,并传给小齿轮。
   (A)扇形齿轮 (B)小齿轮 (C)游丝 (D)拉杆

6. AB003 弹簧管压力表结构中,( )的作用是带动同轴的指针转动,在刻度盘上指示出被测压力值。
   (A)扇形齿轮 (B)小齿轮 (C)游丝 (D)拉杆

7. AB004 压力传感器输出信号与压力变量之间有一给定的连续函数关系,通常为( )。
   (A)曲线 (B)函数 (C)线性函数 (D)对数曲线

8. AB004 压力变量包括正、负压力,差压和( )。
   (A)绝对温度 (B)相对压力 (C)绝对压力 (D)相对温度

9. AB005 差压式流量计是由节流装置、( )和差压计组成。
   (A)电磁阀 (B)导压管 (C)波纹管 (D)增压装置

10. AB005 差压式流量计作原理是基于封闭管道中流体质量守恒和( )两个定律。
    (A)体积守恒 (B)密度守恒 (C)能量守恒 (D)连续性方程

11. AB006 差压式流量计结构常见的有双孔板和( )孔板与定量泵组合两种。
    (A)一 (B)二 (C)三 (D)四

12. AB006 双孔板差压式流量计在主管道上安装结构和尺寸完全相同的两个( )。
    (A)塑料板 (B)钢板 (C)木板 (D)孔板

13. AB007 涡轮流量计的( )的转数和气体的流速成正比。
    (A)叶轮 (B)齿轮 (C)耦合器 (D)温度套管

14. AB007 涡轮流量计的量程比可达( )。
    (A)1∶10 (B)10∶1 (C)1∶1 (D)100∶1

15. AB008 涡轮流量计由( )等组成。
    (A)涡轮、壳体、温度压力传感器、修正仪
    (B)涡轮、整流器、壳体、修正仪

— 50 —

(C)涡轮、整流器、温度压力传感器、壳体
(D)涡轮、整流器、温度压力传感器、修正仪

16. AB008 涡轮流量计中,承压侧的蜗轮产生的旋转运动通过蜗轮涡杆及( )传送到非承压侧的表头。
(A)机械机构　　　　　　　　(B)磁耦合机构
(C)电子机构　　　　　　　　(D)耦合机构

17. AB009 涡轮流量计受流体密度、黏度影响( ),( )黏度流体将会影响其使用。
(A)较大,高　(B)较大,低　(C)较小,高　(D)较小,低

18. AB009 涡轮流量计精度高达到( )级。
(A)1　　(B)2　　(C)3　　(D)0.5

19. AB010 旋进旋涡流量计由( )等四大部件组成。
(A)旋进流量传感器,流量积算仪,温度传感器,压力传感器
(B)旋进流量传感器,旋涡发生体,流量积算仪,压力传感器
(C)流量积算仪,壳体,温度传感器,压力传感器
(D)流量积算仪,温度传感器,压力传感器,旋涡发生体

20. AB010 旋进流量传感器包括( )。
(A)旋涡发生体、显示窗口、旋涡检测组件、除旋整流器
(B)旋涡发生体、壳体、旋涡检测组件、除旋整流器
(C)旋涡发生体、壳体、输出接口、除旋整流器
(D)旋涡发生体、壳体、旋涡检测组件、压力传感器

21. AB011 旋进旋涡流量计中,当流体进入( )时,导流叶片迫使流体产生剧烈的旋涡流。
(A)密度传感器　　　　　　　　(B)压力传感器
(C)温度传感器　　　　　　　　(D)流量传感器

22. AB011 当流体进入扩散段时,旋涡流受到的( )作用,开始做二次旋转,形成陀螺式的涡流进动现象。
(A)回流　(B)温度　(C)湿度　(D)密度

23. AB012 智能旋进旋涡流量计主要用于( )的计量。
(A)液体　(B)气体　(C)固体　(D)混合体

24. AB012 与涡街流量计相比,旋进旋涡流量计的压力损失( )。
(A)较大　(B)较小　(C)相同　(D)大小不定

25. AB013 超声波发射换能器将( )转换为超声波能量。
(A)电能　(B)风能　(C)核能　(D)动能

26. AB013 超声波流量计是近年来迅速发展的新型流量计,可不破坏流束的( )检测。
(A)密度　(B)质量　(C)流量　(D)温度

27. AB014 超声波流量计由超声波换能器、( )及流量显示和累积系统三部分组成。
(A)接收器　(B)电子线路　(C)传动系统　(D)机械系统

28. AB014 作为发射超声波的发射换能器是利用( )的逆压电效应(电致伸缩现象)制成的。
(A)压电材料　(B)光学材料　(C)半导体　(D)导体

29. AB015 超声波在流动的流体中传播时就载上流体（　　）的信息。
   (A)质量　　　　(B)密度　　　　(C)流速　　　　(D)成分

30. AB015 超声波流量计工作原理是通过检测流体流动对超声束(或超声脉冲)的作用以测量(　　)的仪表。
   (A)质量　　　　(B)密度　　　　(C)体积　　　　(D)流量

31. AB016 使用超声波流量计时,流体中不插入任何元件,对流速无影响,也没有(　　)损失。
   (A)质量　　　　(B)体积　　　　(C)压力　　　　(D)经济

32. AB016 超声波流量量程比较宽,可达(　　)。
   (A)5:1　　　　(B)4:1　　　　(C)3:1　　　　(D)2:1

33. AB017 科氏力质量流量计一般由(　　)和(　　)两部分组成。
   (A)整流器,转化器　　　　(B)传感器,变送器
   (C)传感器,修正仪　　　　(D)整流器,修正仪

34. AB017 科氏力质量流量计是测量质量流量的(　　)。
   (A)温度计　　(B)体温计　　(C)湿度计　　(D)流量计

(二)多项选择题(每题四个选项,至少有两个是正确的,将正确的选项号填入括号内)

1. AB001 压力测量仪表按工作原理分为(　　)等几种类型。
   (A)液柱式　　(B)弹性式　　(C)负荷式　　(D)电测式

2. AB003 弹性式压力测量仪表按功能不同可分为(　　)等。
   (A)指示式压力表　　　　(B)电接点压力表
   (C)远传压力表　　　　(D)无线压力表

3. AB008 涡轮流量计由(　　)等组成。
   (A)涡轮　　　　　　　　(B)整流器
   (C)温度压力传感器　　　(D)修正仪

4. AB010 旋进旋涡流量计由(　　)等部件组成。
   (A)旋进流量传感器　　　(B)流量积算仪
   (C)温度传感器　　　　　(D)压力传感器

(三)判断题(对的画"√",错的画"×")

(　)1. AB001 弹簧管压力表中用于控制及压力超限报警的是电接点压力表。
(　)2. AB002 弹簧管压力表又称为波登管压力表。
(　)3. AB003 弹簧管式压力表结构中,拉杆的作用是将弹簧管自由端的位移传给扇形齿轮。
(　)4. AB004 压力传感器是将压力变量转换为可传送的统一输出信号的仪表。
(　)5. AB005 差压式流量计是利用燃气流通过节流装置时所产生的压差来测量燃气流量的。
(　)6. AB006 双孔板差压式流量计的主管道上安装结构和尺寸完全相同的两个孔板。
(　)7. AB007 涡轮流量计是通过测量叶轮的转动次数来确定气体的流量。
(　)8. AB008 测量元件的上游安装了整流器,能充分消除气流的扰动和旋涡,使气体平稳通过测量元件。
(　)9. AB009 涡轮流量计不适合脏污介质。

(　)10. AB010　旋进流量传感器包括旋涡发生体、壳体、旋涡检测组件和除旋整流器。

(　)11. AB011　智能旋进旋涡流量传感器的流通剖面类似文丘里管的型线。

(　)12. AB012　旋进旋涡气体流量计适合于流量较大、比较稳定的流量状态的计量。

(　)13. AB013　超声波流量计是近年来迅速发展的新型流量计,可不破坏流束的流量检测,但不适用于大口径管道。

(　)14. AB014　换能器通常由压电元件、声楔和能产生高频交变电压/电流的电源构成。

(　)15. AB015　根据对信号检测的原理超声流量计可分为传播速度差法(直接时差法、时差法、相位差法和频差法)。波束偏移法、多普勒法、互相关法、空间滤法及噪声法等类型。

(　)16. AB016　超声波流量计能用于任何液体,特别是具有高黏度、强腐蚀、非导电性等性能的液体的流量测量,也能测量气体的流量。

(　)17. AB017　科氏力质量流量计一般由传感器和变送器组成。

二、技能操作试题

(一) AA004 读取脱硫装置温度数值

1. 考核要求

(1)必须穿戴劳动保护用品。

(2)工具、量具、用具准备齐全,正确使用。

(3)操作规程符合安全文明操作。

(4)按规定完成操作项目,质量达到技术要求。

(5)操作完毕,做到工完、料净、场地清。

2. 准备要求

(1)设备准备:

序号	名　称	规　格	数　量	备　注
1	脱硫装置	LND90－20/2.5A－N	1台	

(2)工具、量具准备:

序号	名　称	规　格	数　量	备　注
1	温度记录表		1张	
2	碳素笔		1支	

3. 操作程序说明

(1)准备工作;

(2)判断A塔温度表位置;

(3)检查A塔温度表;

(4)读取并填写A塔温度表数值;

(5)判断B塔温度表位置;

(6)检查B塔温度表;

(7)读取并填写B塔温度表数值;

(8)清理现场。

4. 考核规定说明:

(1)如操作违章或未按操作程序执行操作,将停止考核。

(2)考核采用百分制,考核项目得分按鉴定比重进行折算。

(3)考核方式说明:该项目为实际操作,考核过程按评分标准及操作过程进行评分。

(4)考核技能说明:本项目主要测量考生对读取母站脱硫装置温度数值掌握的熟练程度。

5. 考核时限

(1)准备时间:1min(不计入考核时间)。

(2)正式操作时间:15min。

(3)提前完成操作不加分,到时停止操作考核。

6. 评分记录表

序号	考核内容	评分要素	配分	评分标准	检测结果	扣分	得分	备注
1	准备工作	选择工具、用具、材料	10	少选、错选一件扣2分,扣完为止				
2	判断A塔温度表位置	判断A塔温度表位置	10	位置判断错误扣10分				
3	检查A塔温度表	温度表应无破损	10	未检查扣10分,检查结果错误扣5分				
4	读取A塔温度表数值	读出温度表数值	10	读取错误一次扣5分				
5	填写A塔温度表数值	记录温度值,使用仿宋体记录	15	未记录扣10分,记录错误扣5分,未使用仿宋体记录扣5分				
6	判断B塔温度表位置	判断B塔温度表位置	10	位置判断错误扣10分				
7	检查B塔温度表	温度表应无破损	10	未检查扣10分,检查结果错误扣5分				
8	读取B塔温度表数值	读出温度表数值	10	读取错误一次扣5分				
9	填写B塔温度表数值	记录温度值,使用仿宋体记录	15	未记录扣10分,记录错误扣5分,未使用仿宋体记录扣5分				
10	清理现场	清理现场,收工具		未收、少收工具从总分中扣5分				
11	安全文明操作	按国家或企业颁发有关安全规定执行操作		每违反一项规定从总分中扣5分,严重违规取消考核				
12	考核时限	在规定时间内完成		到时停止操作考核				
	合计		100					

(二)AA005 读取天然气压缩机润滑油温度

1. 考核要求

(1)必须穿戴劳动保护用品。

(2)工具、量具、用具准备齐全,正确使用。

(3)操作规程符合安全文明操作。

(4)按规定完成操作项目,质量达到技术要求。

(5)操作完毕,做到工完、料净、场地清。

2. 准备要求

(1)设备准备:

序号	名 称	规 格	数量	备 注
1	天然气压缩机	M-3.2/10-250JX	1台	

(2)工具、量具准备:

序号	名 称	规 格	数量	备 注
1	温度记录表		1张	
2	碳素笔		1支	

3. 操作程序说明

(1)准备工作;

(2)确认压缩机状态;

(3)判断温度表位置;

(4)读取温度表数值;

(5)填写记录;

(6)进入操作员界面;

(7)查看润滑油温度;

(8)填写记录;

(9)判断压缩机工况;

(10)清理现场。

4. 考核规定说明

(1)如操作违章或未按操作程序执行操作,将停止考核。

(2)考核采用百分制,考核项目得分按鉴定比重进行折算。

(3)考核方式说明:该项目为实际操作,考核过程按评分标准及操作过程进行评分。

(4)考核技能说明:本项目主要测量考生对读取母站天然气压缩机润滑油温度掌握的熟练程度。

5. 考核时限

(1)准备时间:1min(不计入考核时间)。

(2)正式操作时间:15min。

(3)提前完成操作不加分,到时停止操作考核。

6. 评分记录表

序号	考核内容	评分要素	配分	评分标准	检测结果	扣分得分	备注
1	准备工作	选择工具、用具、材料	10	少选、错选一件扣2分,扣完为止			
2	确认压缩机状态	判断压缩机是否处于运行状态	10	未判断压缩机状态扣10分,判断错误扣5分			

续表

序号	考核内容	评分要素	配分	评分标准	检测结果	扣分	得分	备注
3	判断温度表位置	判断温度表位置	10	判断错误扣5分				
4	读取温度表数值	读出温度表数值	10	读取错误扣10分				
5	填写记录	正确记录数据,使用仿宋体记录	15	未记录扣10分,记录错误扣5分,未使用仿宋体记录扣5分				
6	进入操作员界面	进入操作员界面	10	未能进入操作员界面扣10分				
7	查看润滑油温度	通过点击"下一页"查看润滑油温度值	10	未能找到润滑油温度值扣10分				
8	填写记录	正确记录数据,使用仿宋体记录	15	未记录扣10分,记录错误扣5分,未使用仿宋体记录扣5分				
9	判断压缩机工况	两个温度基本吻合且温度小于70℃	10	未判断扣10分,判断错误扣5分				
10	清理现场	清理现场,收工具		未收、少收工具从总分中扣5分				
11	安全文明操作	按国家或企业颁发有关安全规定执行操作		每违反一项规定从总分中扣5分,严重违规取消考核				
12	考核时限	在规定时间内完成		到时停止操作考核				
	合 计		100					

(三) AC005 更换天然气压缩机润滑油压力表

1. 考核要求

(1)必须穿戴劳动保护用品。

(2)工具、量具、用具准备齐全,正确使用。

(3)操作规程符合安全文明操作。

(4)按规定完成操作项目,质量达到技术要求。

(5)操作完毕,做到工完、料净、场地清。

2. 准备要求

(1)设备准备:

序号	名 称	规 格	数量	备 注
1	天然气压缩机	M-3.2/10-250JX	1台	

(2)材料准备:

序号	名 称	规 格	数量	备 注
1	压力表	0~1.0MPa	1块	
2	抹布		适量	
3	生料带		1卷	

(3)工具、量具准备：

序号	名　称	规　格	数　量	备　注
1	开口扳手		1套	

3. 操作程序说明

(1)准备工作；

(2)检查压缩机状态；

(3)判断压力表位置；

(4)检查压力表；

(5)读取压力值；

(6)拆卸压力表；

(7)检查新压力表外观；

(8)检查新压力表螺纹；

(9)检查新压力表量程；

(10)检查新压力表精度；

(11)安装密封垫片；

(12)压力表螺帽对正；

(13)查看压力表方向；

(14)检测；

(15)清理场地。

4. 考核规定说明

(1)如操作违章或未按操作程序执行操作,将停止考核。

(2)考核采用百分制,考核项目得分按鉴定比重进行折算。

(3)考核方式说明:该项目为实际操作,考核过程按评分标准及操作过程进行评分。

(4)考核技能说明:本项目主要测量考生对更换母站天然气压缩机润滑油压力表掌握的熟练程度。

5. 考核时限

(1)准备时间:1min(不计入考核时间)。

(2)正式操作时间:15min。

(3)提前完成操作不加分,到时停止操作考核。

6. 评分记录表

序号	考核内容	评分要素	配分	评分标准	检测结果	扣分	得分	备注
1	准备工作	选择工具、用具、材料	5	少选、错选一件扣1分,扣完为止				
2	检查压缩机状态	判断压缩机是否处于停机状态	10	未检查压缩机状态扣10分				
				判断错误扣5分				
3	判断压力表位置	判断压力表位置	5	位置判断错误扣5分				
4	检查压力表	检查压力表是有破损	5	未检查扣5分				

续表

序号	考核内容	评分要素	配分	评分标准	检测结果	扣分	得分	备注
5	读取压力值	正确读取压力值	10	未读取压力值扣5分				
				读数错误扣5分				
6	拆卸压力表	缓慢旋松压力表螺帽,旋向正确	10	未缓慢旋松扣5分				
				旋向错误扣5分				
7	检查新压力表外观	检查压力表有破损	5	未检查压力表有破损扣5分				
8	检查新压力表螺纹	选用压力表与原压力表规格一致	5	与原表不一致扣5分				
9	检查新压力表量程	选用压力表与原压力表规格一致	5	与原表不一致扣5分				
10	检查新压力表精度	选用压力表与原压力表规格一致	5	与原表不一致扣5分				
11	安装密封垫片	安装密封垫片	10	未安装密封垫片扣10分				
				安装错误扣5分				
12	压力表螺帽对正	压力表螺帽应对正后旋进旋进方向正确	10	螺帽未对正扣5分				
				旋进方向错误扣5分				
13	查看压力表方向	压力表表面朝向便于观察的方向	5	压力表表面朝向不便于观察扣5分				
14	测漏	检测是否漏气	10	未检测扣10分				
				检测结果错误扣5分				
15	清理场地	清理场地,收工具		未收、少收工具从总分中扣3分,场地不清洁从总分中扣5分				
16	安全文明操作	按国家或企业颁发有关安全规定执行操作		每违反一项规定从总分中扣5分,严重违规取消考核				
17	考核时限	在规定时间内完成		到时停止操作考核				
	合 计		100					

三、答案

(一) 单项选择题

1. A 2. C 3. B 4. B 5. A 6. B 7. C 8. C 9. B 10. C 11. D
12. D 13. A 14. B 15. D 16. B 17. A 18. D 19. A 20. B 21. D 22. A
23. B 24. A 25. A 26. C 27. B 28. A 29. C 30. D 31. C 32. A 33. B
34. D

(二) 多选题

1. ABD 2. ABC 3. ABCD 4. ABCD

(三) 判断题

1. √ 2. √ 3. √ 4. √ 5. √ 6. √ 7. √ 8. √ 9. √ 10. √
11. √ 12. √ 13. × 超声波流量计是近年来迅速发展的新型流量计,可不破坏流束的流量检测,且适用于大口径管道。 14. √ 15. √ 16. √ 17. √

第三章 阀门知识

阀门是在流体系统中,用来控制流体的方向、压力、流量的装置,是使配管和设备内的介质(液体、气体、粉末)流动或停止并能控制其流量的装置。阀门是管路流体输送系统中控制部件,它是用来改变通路断面和介质流动方向,具有导流、截止、节流、止回、分流或溢流卸压等功能。用于流体控制的阀门,从最简单的截止阀到极为复杂的自控系统中所用的各种阀门,其品种和规格繁多,阀门的公称通径从极微小的仪表阀大至通径达 10m 的工业管路用阀。阀门可用于控制水、蒸汽、油品、气体、泥浆、各种腐蚀性介质、液态金属和放射性流体等各种类型流体的流动,工作压力可从 0.0013MPa 到 1000MPa 的超高压,工作温度从 $-270℃$ 的超低温到 $1430℃$ 的高温。

ZBA001 阀门的作用

第一节 阀门的分类

阀门的用途广泛,种类繁多,分类方法也比较多。可以按作用和用途、公称压力、工作温度、驱动方式、公称通径、结构特征、连接方法和阀体材料等分类。按驱动方式分类可分两大类:

CBA017 阀门的分类

(1)自动阀门:依靠气体本身的能力而自行动作的阀门。如止回阀、安全阀、调节阀、疏水阀和减压阀等。

ZBA002 自动阀门知识

(2)驱动阀门:借助手动、电动、液动及气动来操纵动作的阀门。如闸阀、截止阀、节流阀、蝶阀、球阀和旋塞阀等。

ZBA003 驱动阀门知识

一、按用途和作用分类

(1)截断阀类:主要用于截断或接通介质流。包括闸阀、截止阀、隔膜阀、旋塞阀、球阀和蝶阀等。

CBA009 压力调节阀知识

(2)调节阀类:主要用于调节介质的流量、压力等,包括调节阀、节流阀和减压阀等。调节阀又名控制阀,通过接受调节控制单元输出的控制信号,调节阀借助动力操作去改变流体流量。调节阀一般由执行机构和阀门组成,如果按其所配执行机构使用的动力,调节阀可以分为气动调节阀、电动调节阀和液动调节阀三种,另外,自力式调节阀是一个新的调节阀种类。相对于手动调节阀,它的优点是能够自动调节;相对于电动调节阀,它的优点是不需要外部动力。

自力式调节阀又分为直接作用式和间接作用式两种。直接作用式调节阀又称为弹簧负载式调节阀,其结构内有弹性元件:如弹簧、波纹管、波纹管式的温包等,利用弹性力与反馈信号平衡的原理。间接作用式调节阀,增加了一个指挥器(先导阀),它起到对反馈信号的放大作用,然后通过执行机构驱动主阀阀瓣运动,达到改变阀开度的目的。如果是压力调节阀,反馈信号就是阀的出口压力,通过信号管引入执行机构。如果是流量调节阀,阀的出口处就有一个孔板(或者是其他阻力装置),由孔板两端取出压差信号引入执行机构。如果是温度调节

CBC012 自力式压力调节阀的组成

阀,阀的出口就有温度传感器(或者温包),通过温度传感器内介质的热胀冷缩驱动执行机构。

CBC011 压力调节阀操作知识

自力式压力调节阀在气体或低黏度液体介质中使用时,通常 ZZY 型自力式压力调节阀应直立安装在水平管上,当位置空间不允许时才倒装或斜装。为便于现场维修及操作,调压阀四周应留有适当空间。当介质为洁净气体或液体时,阀前过滤器可不安装。调压阀通径过大($DN≥100mm$)时,当确认介质很洁净时,应有固定支架。

CBA008 阀门用途

(3)止回阀类:用于阻止介质倒流。包括各种结构的止回阀。

(4)分流阀类:用于分配、分离或混合介质。包括各种结构的分配阀和疏水阀等。

(5)安全阀类:用于超压安全保护。包括各种类型的安全阀。

二、按阀门的功能分类

按阀门的功能分,阀门可分为闭路阀、止回阀、安全阀和减压阀等。

三、按阀门的驱动方式分类

(1)手动:借助手轮、手柄、杠杆或链轮等,有人力驱动,传动较大力矩时,装有涡轮、齿轮等减速装置。

(2)电动:借助电动机或其他电气装置来驱动。

(3)液动:借助水、油来驱动。

(4)气动:借助压缩空气来驱动。

四、按阀门的公称压力分类

(1)真空阀:绝对压力 $<0.1MPa$ 即 760mmHg 高的阀门,通常用 mmHg 或 mmH_2O 表示压力。

(2)低压阀:公称压力 $PN≤1.6MPa$ 的阀门(包括 $PN≤1.6MPa$ 的钢阀)。

(3)中压阀:公称压力 $PN=2.5~6.4MPa$ 的阀门。

(4)高压阀:公称压力 $PN=10.0~80.0MPa$ 的阀门。

(5)超高压阀:公称压力 $PN≥100.0MPa$ 的阀门。

五、按与管道连接方式分类

(1)法兰连接阀门:阀体带有法兰,与管道采用法兰连接的阀门。

(2)螺纹连接阀门:阀体带有内螺纹或外螺纹,与管道采用螺纹连接的阀门。

(3)焊接连接阀门:阀体带有焊口,与管道采用焊接连接的阀门。

(4)夹箍连接阀门:阀体上带有夹口,与管道采用夹箍连接的阀门。

(5)卡套连接阀门:采用卡套与管道连接的阀门

六、按阀门的材料分类

按阀门的材料分,阀门可分为铸铁阀、铸钢阀、锻钢阀和 PE 塑料阀等,材料不同,阀门的结构、密封方式及操作方式也有所不同。

第二节 阀门的型号

阀门的型号是用来表示阀类、驱动及连接形式、密封圈材料和公称压力等要素的。

由于阀门种类繁杂,为了制造和使用方便,国家对阀门产品型号的编制方法做了统一规定。阀门产品的型号是由七个单元组成,用来表明阀门类别、驱动种类、连接和结构形式、密封面或衬里材料、公称压力及阀体材料。

CBA019 阀门型号的组成

一、阀门型号的组成

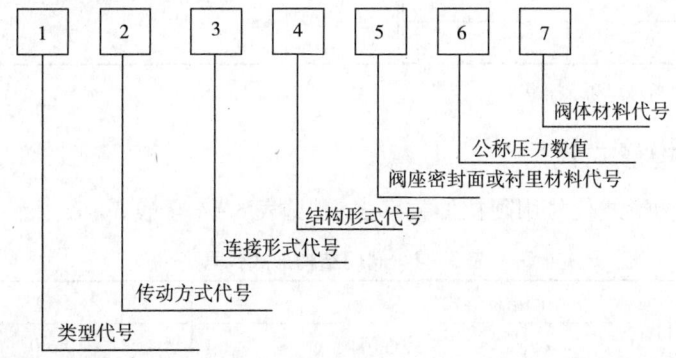

二、类型代号

阀门类型代号见表3-1。

ZBA004 阀门的类型代号

表3-1 阀门类型代号

阀门类型	代号	阀门类型	代号	阀门类型	代号
闸阀	Z	球阀	Q	疏水阀	S
截止阀	J	旋塞阀	X	安全阀	A
节流阀	L	液面指示器	M	减压阀	Y
隔膜阀	G	止回阀	H		
柱塞阀	U	蝶阀	D		

三、传动方式代号

阀门传动方式代号用阿拉伯数字表示,见表3-2。

ZBA005 阀门的传动方式代号

表3-2 阀门传动方式代号

传动方式	代号	传动方式	代号
电磁阀	0	伞齿轮	5
电磁—液动	1	气动	6
电—液动	2	液动	7
蜗轮	3	气—液动	8
正齿轮	4	电动	9

注:1. 手轮、手柄和扳手传动以及安全阀、减压阀、疏水阀省略本代号。
2. 对于气动或液动:常开式用6K、7K表示;常闭式用6B、7B表示;气动带手动用6S表示;防爆电动用9B表示。

四、连接形式代号

阀门连接形式代号用阿拉伯数字表示,见表3-3。

ZBA006 阀门的连接形式代号

表 3-3 阀门连接形式代号

连接形式	代号	连接形式	代号
内螺纹	1	对夹	7
外螺纹	2	卡箍	8
法兰	4	卡套	9
焊接	6		

注:焊接包括对焊和承插焊。

五、结构形式代号

ZBA007 阀门的结构形式代号

阀门结构形式代号用阿拉伯数字表示,见表 3-4 至表 3-13。

表 3-4 阀门结构形式代号

闸阀结构形式				代号
明杆	楔式	弹性闸板		0
		刚性	单闸板	1
			双闸板	2
	平行式	刚性	单闸板	3
			双闸板	4
暗杆楔式			单闸板	5
			双闸板	6

表 3-5 截止阀和节流阀结构形式代号

截止阀和节流阀结构形式		代号
直通式		1
角式		4
直流式		5
平衡	直通式	6
	角式	7

表 3-6 球阀结构形式代号

球阀结构形式			代号
	直通式		1
浮动	L形	三通式	4
	T形		5
固定	直通式		7

表 3-7 蝶阀结构形式代号

蝶阀结构形式	代号
杠杆式	0
垂直板式	1
斜板式	3

表3-8 隔膜阀结构形式代号

隔膜阀结构形式	代号
屋脊式	1
截止式	3
闸板式	7

表3-9 旋塞阀结构形式代号

旋塞阀结构形式		代号
填料	直通式	3
	T形三通式	4
	四通式	5
油封	直通式	7
	T形三通式	8

表3-10 止回阀和底阀结构形式代号

止回阀和底阀结构形式		代号
升降	直通式	1
	立式	2
旋启	单瓣式	4
	多瓣式	5
	双瓣式	6

表3-11 安全阀结构形式代号

安全阀结构形式			代号
弹簧	封闭	带散热片	全启式	0
			双弹簧微启式	1
			微启式	2
	不封闭	带扳手	全启式	4
			双弹簧微启式	3
			微启式	7
			全启式	8
			微启式	5
		带控制机构	全启式	6
		脉冲式		9

注：杠杆式安全阀在类型代号前加"G"汉语拼音字母。

表3-12 减压阀结构形式代号

减压阀结构形式	代号
薄膜式	1
弹簧薄膜式	2

续表

减压阀结构形式	代号
活塞式	3
波纹管式	4
杠杆式	5

表 3-13 疏水阀结构形式代号

疏水阀结构形式	代号
浮球式	1
钟形浮子式	5
脉冲式	8
热动力式	9

ZBA008 阀座密封面或衬里材料代号

六、阀座密封面或衬里材料代号

阀座密封面或衬里材料代号用汉语拼音字母表示，见表 3-14。

表 3-14 阀座密封面或衬里材料代号

阀座密封面或衬里材料	代号	阀座密封面或衬里材料	代号
铜合金	T	渗氮钢	D
橡胶	X	硬质合金	Y
尼龙塑料	N	衬胶	J
氟塑料	F	衬铅	Q
巴氏合金	B	搪瓷	C
合金钢	H	渗硼钢	P

注：1. 由阀体直接加工的阀座密封面材料代号用 W 表示。
2. 当阀座和阀瓣或闸板密封面材料不同时，用低硬度材料代号表示，隔膜阀除外。

ZBA009 阀体材料代号

七、阀体材料代号

阀体材料代号用汉语拼音字母表示，见表 3-15。

表 3-15 阀体材料代号

阀体材料	代号	阀体材料	代号
HT25-47	Z	Cr5Mo	I
KT30-6	K	1Cr18Ni9Ti	P
QT40-15	Q	Cr18Ni12Mo2Ti	R
H62	T	12CrMoV	V
ZG25	C		

注：$PN \leq 1.0$ MPa 的灰铸铁阀体和 $PN \geq 2.5$ MPa 的碳素钢阀体，省略本代号。

第三节　阀门的密封材料

本节从阀门密封面材料、填料及垫片材料为切入点,分别介绍密封面的作用和密封材料的分类及选用,使操作人员能够掌握阀门密封知识。

一、密封面材料

密封面是阀门最关键的工作面,密封面质量的好坏关系到阀门的使用寿命,通常密封面材料要考虑耐腐蚀、耐擦伤、耐冲蚀及抗氧化等因素。

阀门密封面材料通常分为软质材料和硬密封材料。

(一)软质材料

(1)橡胶:包括丁腈橡胶、氟橡胶等。

(2)塑料:包括聚四氟乙烯、尼龙等。

(二)硬密封材料

(1)铜合金:用于低压阀门。

(2)铬不锈钢:用于普通高中压阀门。

(3)司太立合金:用于高温高压阀门及强腐蚀阀门。

(4)镍基合金:用于腐蚀性介质。

CBA018 阀门的密封材料

二、填料及垫片材料

在阀门上,填料是用来充填阀盖填料室的空间,以防止介质经由阀杆和阀盖填料室空间泄漏。

(一)填料分类

ZBA010 阀门填料

填料可分为软质填料及硬质填料两种。

1. 软质填料

软质填料是由植物质(如大麻、亚麻、棉和黄麻等)或矿物质(如石棉纤维),或石棉纤维内夹金属丝和外涂石墨粉等编织的线绳,也有压成的成型的填料,以及近年来新发展的柔性石墨填料材料。

植物质填料价格较便宜,常用于100℃以下的低压阀门。

2. 硬质填料

硬质填料是由金属或金属与石棉、石墨混合而成的填料以及聚四氟乙烯压合烧结而成型的填料,金属填料使用较少。

(二)填料的选择

选择填料要根据介质、温度和压力来选择,常用的材料有油浸石棉绳、橡胶石棉绳、石墨石棉绳、聚四氟乙烯等。

ZBA011 阀门垫片

金属垫片的材料一般用08、10、20优质碳素钢和1Cr13、1Cr18Ni9不锈钢,加工精度和表面光洁度要求较高,适用于高温高压阀门。

非金属垫片材料一般塑性较好,用不大的压力就能达到密封,适用于低温低压阀门。

第四节 常用阀门的介绍

CNG 加气站阀门用量大,类型多。下面以几种常用阀门为例进行介绍。

一、球阀

ZBA012 球阀的作用

(一)结构原理

CBA001 球阀的简单结构

CBA002 球阀执行机构的动作原理

球阀关闭件是个球体,球体绕阀体中心线旋转来达到启闭通道的目的。球阀在管路中主要用来切断、分配和改变介质的流动方向,不能用于节流。球阀主要由阀体、阀杆、球体、密封结构等组成。用带圆形通孔的球体作启闭件,球体随阀杆转动,以实现启闭动作。球阀的结构与旋塞阀相似,也有人称它为球形旋塞阀。球阀结构如图3-1所示,它只需要用旋转90°的操作和很小的转动力矩就能关闭严密。球阀最适宜做开关、切断阀使用,但近来的发展已将球阀设计成使它具有节流和控制流量之用,如V形球阀。其中硬密封V形球阀其V形球芯与堆焊硬质合金的金属阀座之间具有很强的剪切力,特别适用于含纤维、微小固体颗粒等介质。而多通球阀在管道上不仅可灵活控制介质的合流、分流及流向的切换,同时也可关闭任一通道而使另外两个通道相连。本类阀门在管道中一般应当水平安装。

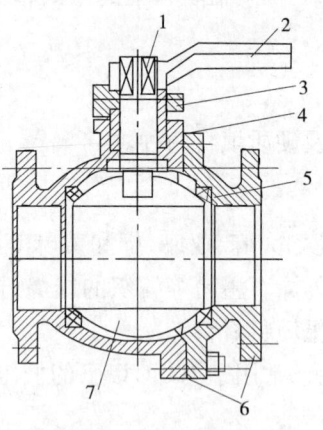

图 3-1 球阀结构

1—阀;2—手柄;3—填料压盖;4—填料;5—密封圈;6—阀体;7—球

ZBA013 球阀的分类

(二)分类

球阀按操作原理分为气动球阀、电动球阀和手动球阀。球阀按工作原理分为浮动式球阀、固定式球阀和升降杆式球阀。球阀按传动机构分为气动球阀、电动球阀、液动球阀、气液联动球阀、电液联动球阀和蜗轮传动球阀。球阀按通道位置可分为直通式、三通式和直角式,三通式、直角式球阀用于分配介质与改变介质的流向。球阀按功能分为旁通阀、空气阀、泄压阀和排污阀。

气动球阀由球阀和上气动执行器组成。气动执行器的执行速度为相对较快,最快的开关速度为0.05s/次,所以通常也叫气动快速切断球阀。气动球阀通常配置各种附件,比如电磁阀、气源处理三联件、限位开关、定位器和控制箱等,以实现就地控制和远距离集中控制,在控制室里就可以控制阀门的开关,不需要跑到现场或者高空和危险地带来手动控制,在很大程度上节约了人力资源以及时间和安全性。

电动球阀由电动执行机构和球阀构成,是工业自动化过程控制的一种管道元件,通常用于管道介质的远程开、关(接通、切断介质)控制。电动球阀分为电动法兰球阀、电动对夹球阀、电动焊接球阀、电动螺纹球阀。根据密封形式还分为软密封电动球阀、硬密封电动球阀。

CBA003 电动球阀的组成及分类

螺纹球阀和法兰球阀如图3-2和图3-3所示。

图3-2 螺纹球阀

图3-3 法兰球阀

(三)主要优点

CBA004 球阀的优点

(1)流体阻力小,其阻力系数与同长度的管段相等。

(2)结构简单、体积小、质量轻。

(3)紧密可靠,目前球阀的密封面材料广泛使用塑料,密封性好。

(4)操作方便,开闭迅速,从全开到全关只要旋转90°,便于远距离的控制。

(5)维修方便,球阀结构简单,密封圈一般都是活动的,拆卸更换都比较方便。

(6)在全开或全闭时,球体和阀座的密封面与介质隔离,介质通过时,不会引起阀门密封面的侵蚀。

(7)适用范围广,通径小到几毫米,大到几米,从高真空至高压力都可应用。

二、闸阀

(一)结构原理

闸阀是指关闭件闸板沿通路中心线的垂直方向移动的阀门,在全开时整个通道直通。此时介质运行的压力损失最小。闸阀通常适用于不需要经常启闭,而且保持闸板全开或全闭的工况。闸阀阀板的升起能够使阀门打开,平板随着

CBA007 闸阀操作知识

ZBA014 闸阀的作用

阀杆的旋转而移动,通过开启程度的大小来调节流体的流量。对于高速流动的介质,闸板在局部开启状况下可以引起阀门的振动,而振动又可能损伤闸板和阀座的密封面,而节流会使闸板遭受介质的冲蚀。所以闸阀在管路中主要作切断用,不适用于做调节和节流用。闸阀如图 3-4 所示。闸阀根据阀杆结构的不同,可以分为明杆和暗杆。

ZBA015 闸阀的分类

（二）分类

根据密封元件的形式,常常把闸阀分成几种不同的类型,如:楔式闸阀、平行式闸阀、平行双闸板闸阀和楔式双闸板闸阀等。最常用的形式是楔式闸阀和平行式闸阀,闸阀结构如图 3-5 所示。

图 3-4 闸阀

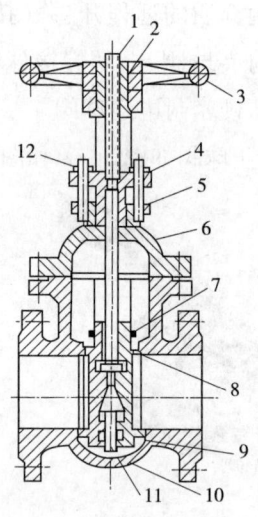

图 3-5 闸阀结构图

1—阀杆;2—轴套;3—手轮;4—填料压盖;5—填料;6—上盖;7—卡环;
8—密封圈;9—闸板;10—阀体;11—顶楔;12—螺栓螺母

ZBA016 闸阀的优点

（三）主要优点

(1)流体阻力小。
(2)开闭所需外力较小。
(3)介质的流向不受限制。
(4)全开时,密封面受工作介质的冲蚀比截止阀小。
(5)体形比较简单,铸造工艺性较好。

三、截止阀

（一）结构原理

CBA010 截止阀操作知识

截止阀又称截门阀,属于强制密封式阀门。截止阀是关闭件阀瓣沿阀座中心线做直线运动的阀门。截止阀的关闭件是塞形的阀瓣,密封面呈平面或锥面,在管路中主要起切断作用。所以在阀门关闭时,必须向阀瓣施加压力,以强制密封面不泄漏。当介质由阀瓣下方进入阀门时,操作力所需要克服的阻力,是阀杆和填料的摩擦力与由介质的压力所产生的推力,关阀门的力比开阀门的力大,所以阀杆的直径要大,否则会发生阀杆顶弯的故障。从自密封的阀门出现后,截止阀的介质流向就改由阀瓣上方进入阀腔,这时在介质压力作用下,关阀门的力小,而开阀门的力大,阀杆的直径可以相应地减少。同时,在介质作用下,这种形式的阀门也较严密。截止阀开启时,阀瓣的开启高度为公称直径的 25%～30%,流量达到最大,表示阀门已达全开位置。所以截止阀的全开位置,应由阀瓣的行程来决定。截止阀如图 3－6 所示。

图 3－6　截止阀

截止阀是用于截断介质流动的,截止阀的阀杆轴线与阀座密封面垂直,通过带动阀芯的上下升降进行开断。截止阀一旦处于开启状态,它的阀座和阀瓣密封面之间就不再有接触,并具有非常可靠的切断动作。截止阀的密封面机械磨损较小,大部分截止阀的阀座和阀瓣比较容易修理,且更换密封元件时无需把整个阀门从管线上拆下来。介质由阀芯下部进入称为正装,正装时阀门开启省力,关闭费力;介质从阀芯上部引入称为反装,反装时,阀门关闭较严密,关闭省力,开启费力,截止阀一般采用正装。图 3－7 为截止阀的结构图。

CBA012 截止阀的结构原理及分类

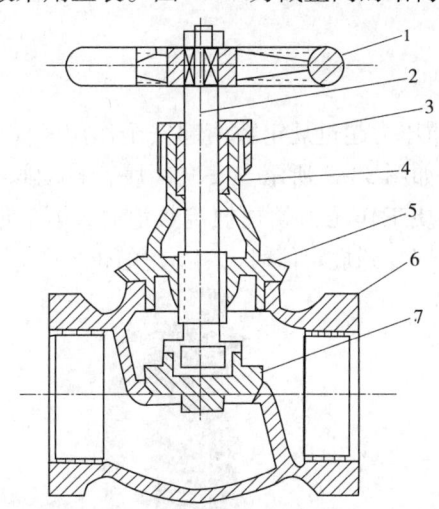

图 3－7　截止阀结构图
1—手轮;2—阀杆;3—填料压盖;4—填料;5—上盖;6—阀体;7—阀瓣

(二)分类

根据截止阀的通道方向可分为直通式截止阀、角式截止阀和三通式截止阀,角式截止阀、三通式截止阀通常起改变介质流向和分配介质的作用。

CBA011 截止阀的
主要优点

(三)主要优点
(1)在开闭过程中密封面的摩擦力比闸阀小,耐磨。
(2)开启高度小。
(3)通常只有一个密封面,制造工艺好,便于维修。

截止阀使用较为普遍,但由于开闭力矩较大,结构长度较长,一般公称通径都限制在 200mm 以下。截止阀的流体阻力损失较大,因而限制了截止阀更广泛的使用。

CBA020 止回阀的
结构原理、分类及
主要优点

四、止回阀

(一)结构原理及分类

止回阀是指依靠介质本身流动而自动开闭阀瓣,用来防止介质倒流的阀门,止回阀又称逆止阀、单向阀、逆流阀和背压阀。止回阀根据其结构可分升降式、旋启式、碟式、管道式、压紧式。止回阀的作用是只允许介质向一个方向流动,阻止反方向流动。通常这种阀门是自动工作的,在一个方向流动的流体压力作用下,阀瓣打开;流体反方向流动时,由流体压力和阀瓣的自重合作用于阀座,从而切断流动。止回阀如图 3-8 所示。

图 3-8 止回阀

(二)主要优点

止回阀是新出现的一种阀门,它的体积小,重量较轻,加工工艺性好。

CBA013 安全阀知识

五、安全阀

(一)结构原理

安全阀是防止介质压力超过规定数值起安全作用的阀门。它的启闭件受外力作用处于常闭状态,如图 3-9 所示。安全阀属于自动阀类,主要用于锅炉、压力容器和管道上,当介质工作压力超过规定数值时,阀门便自动开启,排放出多余介质;而当工作压力恢复到规定值时,又自动关闭。

图 3-9 安全阀

弹簧式安全阀主要由阀体、阀座、阀芯、阀杆、弹簧和调整螺杆等组成。安全阀的作用原理是基于力平衡，一旦阀瓣所受压力大于弹簧设定压力时，阀瓣就会被此压力推开，其压力容器内的气体会被排出，以降低该压力容器内的压力。弹簧式安全阀的整定压力是通过拧紧或放松调整螺杆来调节的。拧紧调整螺杆，弹簧被压缩，弹力增加，作用于阀芯上的压力也就增大，安全阀整定压力被调高；反之，放松调整螺杆，弹簧被放松，弹力减小，作用于阀芯上的压力也就减小，安全阀整定压力被调低。

CBA014 安全阀的结构及工作原理

（二）分类

按照安全阀的结构可分重锤式安全阀、弹簧式安全阀和脉冲式安全阀。

按照安全阀阀瓣最大开启高度与阀座通径之比，可分为微启式安全阀和全启式安全阀。

按照介质排放方式的不同，可分全封闭式安全阀、半封闭式安全阀、敞开式安全阀。

CBA016 安全阀的分类

（三）安全阀常用的术语

（1）开启压力。当介质压力上升到规定压力数值时，阀瓣便自动开启，介质迅速喷出，此时阀门进口处压力称为开启压力。

（2）排放压力。阀瓣开启后，如设备管路中的介质压力继续上升，阀瓣应全开，排放额定的介质排量，这时阀门进口处的压力称为排放压力。

（3）关闭压力。安全阀开启，排出了部分介质后，设备管路中的压力逐渐降低，当降低到小于工作压力的预定值时，阀瓣关闭，开启高度为零，介质停止流出。这时阀门进口处的压力称为关闭压力，又称回坐压力。

（4）工作压力。设备正常工作中的介质压力称为工作压力。此时安全阀处于密封状态。

（5）排量。在排放介质阀瓣处于全开状态时，从阀门出口处测得的介质在单位时间内的排出量，称为阀的排量。

CBA015 安全阀常用术语

（四）安全阀的校验

安全阀除了需要定期校验外，出现下列情况也需要进行校验：

（1）长期存放或第一次使用之前。

（2）严重损坏和锈蚀的阀。

（3）阀门铭牌丢失的阀。

（4）铅封损坏的阀门。

ZBA017 安全阀的校验

六、蝶阀

（一）结构原理及分类

蝶阀是用随阀杆转动的圆形碟板做启闭件，在阀体内绕固定轴旋转，实现启闭动作的阀门。蝶阀主要由阀体、碟板、阀杆、密封圈和传动装置组成，如图3-10所示。

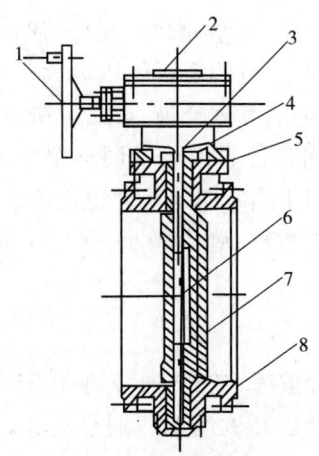

图 3-10 垂直板式蝶阀结构图
1—手轮;2—传动装置;3—阀杆;4—填料压盖;5—填料;6—碟板;7—密封面;8—阀体

CBA006 蝶阀结构原理及分类

蝶阀的碟板安装于管道的直径方向。在蝶阀阀体圆柱形通道内,圆盘形碟板绕着轴线旋转,旋转角度为 0°~90°之间,旋转到 90°时,阀门则是全开状态。蝶阀结构简单、体积小、质量轻,只由少数几个零件组成。而且只需旋转 90°即可快速启闭,操作简单。蝶阀处于完全开启位置时,碟板厚度是介质流经阀体时唯一的阻力,因此通过该阀门所产生的阻力很小,故蝶阀具有较好的流量控制特性,可以起调节作用。

根据连接方式,蝶阀可分为法兰式蝶阀和对夹式蝶阀。

根据结构形式,蝶阀可分成板式蝶阀、斜板式蝶阀、偏置板式蝶阀和杠杆式蝶阀。

BA005 蝶阀的特点

(二)特点

(1)结构简单,外形尺寸小。蝶阀由于结构紧凑,结构长度短,体积小,质量轻,适用于大口径的阀门。

(2)流体阻力小。全开时,阀座通道有效流通面积较大,因而流体阻力较小。

(3)启闭方便迅速,调节性能好,碟板旋转 90°即可完成启闭。通过改变碟板的旋转角度可以分级控制流量。

(4)启闭力矩较小,由于转轴两侧碟板受介质作用基本相等,而产生转矩的方向相反,因而启闭较省力。

(5)低压密封性能好,密封面材料一般采用橡胶、塑料,故密封性能好。受密封圈材料的限制,蝶阀的使用压力和工作温度范围较小。但硬密封蝶阀的使用压力和工作温度范围,都有了很大的提高。

初级工练习题及答案

一、理论知识试题

(一)单项选择题(每题四个选项,只有一个是正确的,将正确的选项填入括号内)

1. BA001 球阀主要由阀体、( )、球体、密封结构等组成。
   (A)执行机构　　　(B)阀杆　　　(C)阀座　　　(D)阀瓣

2. BA001 球阀的结构与( )相似。
   (A)安全阀　　　(B)蝶阀　　　(C)截断阀　　　(D)旋塞阀

3. BA002 球阀具有旋转( )的动作。
   (A)360°　　　(B)270°　　　(C)180°　　　(D)90°

4. BA002 球阀的旋塞体为( )。
   (A)长方体　　　(B)圆柱体　　　(C)四面体　　　(D)球体

5. BA003 气动球阀是由球阀和( )组成。
   (A)气动执行器　　　(B)电机　　　(C)扳手　　　(D)电动执行机构

6. BA003 电动球阀由( )和球阀构成。
   (A)气动执行器　　　(B)电机　　　(C)扳手　　　(D)电动执行机构

7. BA004 球阀结构简单、体积小、质量( )。
   (A)小　　　(B)大　　　(C)重　　　(D)轻

8. BA004 球阀从全开到全关只要旋转( )。
   (A)90°　　　(B)180°　　　(C)270°　　　(D)360°

9. BA005 蝶阀结构长度( ),体积( ),质量( ),适用于( )口径的阀门。
   (A)短、小、轻、大　　　(B)长、大、重、大
   (C)短、小、轻、小　　　(D)长、大、重、小

10. BA005 蝶阀全开时,阀座通道有效流通面积( ),因而流体阻力较小。
    (A)不大　　　(B)较大　　　(C)很小　　　(D)不固定

11. BA006 蝶阀主要由阀体、碟板、阀杆、密封圈和( )组成。
    (A)阀瓣　　　(B)阀座　　　(C)传动装置　　　(D)弹簧

12. BA006 蝶阀处于完全开启位置时,碟板( )是介质流经阀体时唯一的阻力,因此通过该阀门所产生的阻力很小,故蝶阀具有较好的流量控制特性,可以作调节用。
    (A)厚度　　　(B)长度　　　(C)密度　　　(D)质量

13. BA007 闸阀是指关闭件闸板沿通路中心线的( )方向移动的阀门。
    (A)水平　　　(B)垂直　　　(C)15°　　　(D)45°

14. BA007 闸阀在全开时整个通道直通,此时介质运行的压力损失( )。
    (A)最大　　　(B)最小　　　(C)不变　　　(D)增大

15. BA008 主要用于截断或接通介质流的阀门是( )。
    (A)截止阀　　　(B)止回阀　　　(C)分流阀　　　(D)安全阀

16. BA008 用于阻止介质倒流的阀门是( )。
　　　　(A)截止阀　　　　(B)止回阀　　　　(C)分流阀　　　　(D)安全阀
17. BA009 调节阀又名( )。
　　　　(A)控制阀　　　　(B)流量计　　　　(C)安全阀　　　　(D)压力计
18. BA009 调节阀一般由( )和( )组成。
　　　　(A)电动机构;阀门　　　　　　　　(B)电动机构;管道
　　　　(C)执行机构;阀门　　　　　　　　(D)执行机构;管道
19. BA010 截止阀的全开位置由( )的行程来决定。
　　　　(A)球体　　　　(B)阀杆　　　　(C)连接杆　　　　(D)阀瓣
20. BA010 截止阀的关闭件是塞形的阀瓣,密封面呈平面或锥面,在管路中主要起( )作用。
　　　　(A)切断　　　　(B)放散　　　　(C)调节　　　　(D)安全
21. BA011 截止阀开闭过程中密封面的( )比闸阀小。
　　　　(A)距离　　　　(B)黏度　　　　(C)长度　　　　(D)摩擦力
22. BA011 截止阀的流体阻力损失( )。
　　　　(A)较大　　　　(B)较小　　　　(C)无　　　　(D)小
23. BA012 截止阀的阀杆轴线与阀座密封面( )。
　　　　(A)夹角30°　　　(B)夹角45°　　　(C)平行　　　　(D)垂直
24. BA012 根据截止阀的通道方向截止阀可分为( )种。
　　　　(A)三　　　　(B)四　　　　(C)五　　　　(D)六
25. BA013 安全阀不具备的功用是( )。
　　　　(A)自动开启　　　　　　　　　　　(B)排放出多余介质
　　　　(C)自动关闭　　　　　　　　　　　(D)自动爆炸
26. BA013 安全阀是防止介质压力超过规定数值起安全作用的( )。
　　　　(A)阀门　　　　(B)流量计　　　　(C)压力计　　　　(D)温度计
27. BA014 安全阀的作用原理是基于( )。
　　　　(A)重力　　　　(B)离心力　　　　(C)力平衡　　　　(D)万有引力
28. BA014 安全阀的阀瓣所受压力大于弹簧设定压力时,阀瓣就会被此压力( )。
　　　　(A)封闭　　　　(B)关闭　　　　(C)推开　　　　(D)密闭
29. BA015 设备正常工作中的介质压力称为工作压力,此时安全阀处于( )状态。
　　　　(A)调节　　　　(B)放散　　　　(C)开启　　　　(D)密封
30. BA015 当介质压力上升到规定压力数值时,安全阀的阀瓣便自动开启,此时阀门进口处压力称为( )。
　　　　(A)排放压力　　　(B)关闭压力　　　(C)开启压力　　　(D)调节压力
31. BA016 重锤式安全阀、弹簧式安全阀和脉冲式安全阀是按照安全阀的( )分类。
　　　　(A)材料　　　　　　　　　　　　　(B)阀瓣最大开启高度与阀座通径之比
　　　　(C)介质排放方式　　　　　　　　　(D)结构
32. BA016 全封闭式安全阀、半封闭式安全阀和开放式安全阀是按照安全阀的( )分类。
　　　　(A)材料　　　　　　　　　　　　　(B)阀瓣最大开启高度与阀座通径之比
　　　　(C)介质排放方式　　　　　　　　　(D)结构

33. BA017　阀门可以按( )分类。
　　　　　(A)相对温度　　　(B)绝对温度　　　(C)工作温度　　　(D)温度差
34. BA017　阀门可以按( )分类。
　　　　　(A)绝对压力　　　(B)公称压力　　　(C)相对压力　　　(D)压力差
35. BA018　不属于阀门软质密封面材料的是( )。
　　　　　(A)丁腈橡胶　　　(B)氟橡胶　　　　(C)毛皮　　　　　(D)尼龙
36. BA018　阀门硬密封材料( )适用于普通高中压阀门。
　　　　　(A)铜合金　　　　(B)铬不锈钢　　　(C)司太立合金　　(D)镍基合金
37. BA019　阀门产品的型号是由( )个单元组成。
　　　　　(A)六　　　　　　(B)七　　　　　　(C)八　　　　　　(D)九
38. BA019　阀门的型号是用来表示阀类、驱动及连接形式、( )和公称压力等要素的。
　　　　　(A)价格　　　　　(B)产地　　　　　(C)密封圈材料　　(D)厂址
39. BA020　止回阀是指依靠介质本身( )而自动开闭阀瓣,用来防止介质倒流的阀门。
　　　　　(A)质量　　　　　(B)性质　　　　　(C)流动　　　　　(D)密度
40. BA020　止回阀根据其结构可分( )、旋启式、( )、管道式、压紧式。
　　　　　(A)升降式、多瓣式　　　　　　　　　(B)直通式、蝶式
　　　　　(C)直通式、多瓣式　　　　　　　　　(D)升降式、蝶式

(二)判断题(对的画"√",错的画"×")

( )1. BA001　球阀主要由阀体、阀杆、球体、密封结构等组成。
( )2. BA002　球阀具有旋转90°的动作,旋塞体为球体。
( )3. BA003　气动执行器的执行速度相对较快,最快的开关速度为0.05s/次,所以通常也叫气动快速切断球阀。
( )4. BA004　球阀对流体阻力小,其阻力系数与同长度的管段相等。
( )5. BA005　低压密封性能好,密封面材料一般采用橡胶、塑料,故密封性能好。受密封圈材料的限制,蝶阀的使用压力和工作温度范围较小。但硬密封蝶阀的使用压力和工作温度范围,都有了很大的提高。
( )6. BA006　根据结构形式,蝶阀可分成板式蝶阀、斜板式蝶阀、偏置板式蝶阀、杠杆式蝶阀。
( )7. BA007　闸阀根据阀杆结构的不同,可以分为明杆和暗杆。
( )8. BA008　分流阀类用于分配、分离或混合介质。
( )9. BA009　调节阀主要用于调节介质的流速、方向等。
( )10. BA010　截止阀是关闭件阀瓣沿阀座中心线做直线运动的阀门。
( )11. BA011　截止阀开闭过程中密封面的摩擦力比闸阀小。
( )12. BA012　截止阀是用于截断介质流动的阀门。
( )13. BA013　安全阀是防止介质压力超过规定数值起安全作用的阀门。
( )14. BA014　安全阀的作用原理是基于力平衡。
( )15. BA015　当介质压力上升到规定压力数值时,阀瓣便自动开启,介质迅速喷出,此时阀门进口处压力称为开启压力。
( )16. BA016　按照安全阀的结构可分重锤式安全阀、弹簧式安全阀和脉冲式安全阀。
( )17. BA017　阀门按驱动方式可分为自动阀和驱动阀门。
( )18. BA018　镍基合金用于腐蚀性介质。

(　)19. BA019　阀门的型号是用来表示阀类、驱动及连接形式、密封圈材料和公称压力等要素的。

(　)20. BA020　截止阀又称逆止阀、单向阀、逆流阀和背压阀。

二、技能操作试题

(一) AC008 更换闸阀阀杆密封填料

1. 考核要求

(1)必须穿戴劳动保护用品。

(2)工具、量具、用具准备齐全,正确使用。

(3)操作规程符合安全文明操作。

(4)按规定完成操作项目,质量达到技术要求。

(5)操作完毕,做到工完、料净、场地清。

2. 准备要求

(1)设备准备:

序号	名　称	规　格	数量	备注
1	闸阀	Z41H-16C	1个	

(2)材料准备:

序号	名　称	规　格	数量	备注
1	密封填料		适量	
2	棉布		适量	

(3)工具、量具准备:

序号	名　称	规　格	数量	备注
1	开口扳手		1套	
2	梅花扳手		1套	
3	钢锯		1把	
4	螺丝刀		1把	

3. 操作程序说明

(1)准备工作;

(2)排空;

(3)切割密封填料;

(4)检查填料;

(5)清除旧密封填料;

(6)装密封填料;

(7)装密封填料压盖;

(8)检测入槽深度;

(9)检查阀杆松紧;

(10)检查阀杆密封;

(11)检查浮动余量;

(12)加压测试;

(13)清理场地。

4. 考核规定说明

(1)如操作违章或未按操作程序执行操作,将停止考核。
(2)考核采用百分制,考核项目得分按鉴定比重进行折算。
(3)考核方式说明:该项目为实际操作,考核过程按评分标准及操作过程进行评分。
(4)测量技能说明:本项目主要测量考生对更换闸阀阀杆密封填料掌握的熟练程度。

5. 考核时限

(1)准备时间:1min(不计入考核时间)。
(2)正式操作时间:15min。
(3)提前完成操作不加分,到时停止操作考核。

6. 评分记录表

序号	考核内容	评分要素	配分	评分标准	检测结果	扣分	得分	备注
1	准备工作	选择工具、用具、材料	5	少选、错选一件扣1分,扣完为止				
2	排空	排空必须彻底	10	未排空扣10分				
				排空不彻底扣5分				
3	切割密封填料	尺寸准确	5	尺寸不准确扣5分				
4	检查填料	切口整齐、接口平行	10	切口不整齐扣5分				
				接口不平行扣5分				
5	清除旧密封填料	清除必须彻底	10	未清除旧填料扣10分				
				清除不彻底扣5分				
6	装密封填料	接口错开120°,不能用带有刃口的工具装填	10	错开角度不准扣5分				
				用带有刃口工具装填密封填料扣5分				
7	装密封填料压盖	压盖不能压偏	5	压盖压偏扣5分				
8	检测入槽深度	压盖压入槽深的10%	10	压盖全部压入填料槽扣5分				
				压入深度小于槽深10%扣5分				
9	检查阀杆松紧	阀杆松紧适度	10	未检查阀杆松紧扣10分				
10	检查阀杆密封	阀杆密封无泄漏	5	未检查阀杆密封扣5分				
11	检查浮动余量	浮动余量应在合理范围	10	浮动余量过大扣5分				
				浮动余量过小扣5分				
12	加压测试	打开阀门加压测试	10	未测试扣10分				
				出现渗漏扣5分				
13	清理场地	清理场地,收工具		未收、少收工具从总分中扣3分,场地不清洁从总分中扣5分				
14	安全文明操作	按国家或企业颁发有关安全规定执行操作		每违反一项规定从总分中扣5分,严重违规取消考核				
15	考核时限	在规定时间内完成		到时停止操作考核				
	合计		100					

(二) AC009 更换螺纹连接阀

1. 考核要求

(1) 必须穿戴劳动保护用品。
(2) 工具、量具、用具准备齐全,正确使用。
(3) 操作规程符合安全文明操作。
(4) 按规定完成操作项目,质量达到技术要求。
(5) 操作完毕,做到工完、料净、场地清。

2. 准备要求

(1) 设备准备：

序号	名称	规格	数量	备注
1	球阀	DN20	1台	

(2) 材料准备：

序号	名称	规格	数量	备注
1	棉布		适量	
2	生料带		1卷	

(3) 工具、量具准备：

序号	名称	规格	数量	备注
1	开口扳手		1套	
2	管钳	30mm	1把	

3. 操作程序说明：

(1) 准备工作；
(2) 确定上游阀门；
(3) 关闭上游阀门；
(4) 拆卸阀门；
(5) 清理连接管螺纹；
(6) 选择新阀门；
(7) 缠绕生料带；
(8) 安装新阀门；
(9) 关闭球阀；
(10) 打开上游阀门；
(11) 阀门测漏；
(12) 清理场地。

4. 考核规定说明：

(1) 如操作违章或未按操作程序执行操作,将停止考核。
(2) 考核采用百分制,考核项目得分按鉴定比重进行折算。
(3) 考核方式说明：该项目为实际操作,考核过程按评分标准及操作过程进行评分。
(4) 测量技能说明：本项目主要测量考生对更换螺纹连接阀掌握的熟练程度。

5. 考核时限

(1) 准备时间:1min(不计入考核时间)。

(2) 正式操作时间:15min。

(3) 提前完成操作不加分,到时停止操作考核。

6. 评分记录表

序号	考核内容	评分要素	配分	评分标准	检测结果	扣分得分	备注
1	准备工作	选择工具、用具、材料	5	少选、错选一件扣1分,扣完为止			
2	确定上游阀门	确定上游阀门	10	确定错误扣10分			
3	关闭上游阀门	正确关闭上游阀门	10	关闭错误扣10分			
4	拆卸阀门	均匀加力旋松球阀,旋向正确	10	未均匀加力旋松扣5分			
				旋向错误扣5分			
5	清理连接管螺纹	清理连接管螺纹	10	未清理扣10分,清理不彻底扣5分			
6	选择新阀门	新阀门与原阀门规格一致	10	选择球阀错误一次扣5分			
7	缠绕生料带	连接管螺纹缠绕生料带4~6圈,缠绕方向正确	10	生料带缠绕圈数不够扣5分			
				生料带缠绕方向错误扣5分			
8	安装新阀门	球阀安装牢固	5	安装不牢固扣5分			
9	关闭球阀	将球阀关闭	10	未关闭球阀扣10分			
10	打开上游阀门	均匀加力打开上游阀门	10	未均匀加力上游球阀扣5分			
				旋向错误扣5分			
11	阀门测漏	螺纹连接处无渗漏	10	未检测扣10分			
				螺纹连接处渗漏扣5分			
12	清理场地	清理场地,收工具		未收、少收工具从总分中扣3分,场地不清洁从总分中扣5分			
13	安全文明操作	按国家或企业颁发有关安全规定执行操作		每违反一项规定从总分中扣5分,严重违规取消考核			
14	考核时限	在规定时间内完成		到时停止操作考核			
	合 计		100				

三、答案

(一) 单项选择题

1. B 2. D 3. D 4. D 5. A 6. D 7. D 8. A 9. A 10. B 11. C
12. A 13. B 14. B 15. A 16. B 17. A 18. C 19. D 20. A 21. D 22. A
23. D 24. A 25. D 26. A 27. C 28. C 29. D 30. C 31. D 32. C 33. C
34. B 35. C 36. B 37. B 38. C 39. C 40. D

(二) 判断题

1. √ 2. √ 3. √ 4. √ 5. √ 6. √ 7. √ 8. √ 9. × 调节阀主要用于调节介质的流量、压力等。 10. √ 11. √ 12. √ 13. √ 14. √ 15. √ 16. √ 17. √ 18. √ 19. √ 20. √

中级工练习题及答案

一、理论知识试题

(一)单项选择题(每题四个选项,只有一个是正确的,将正确的选项填入括号内)

1. BA001 阀门是在流体系统中,用来控制( )的方向、压力、流量的装置。
   (A)固体　　　　(B)流体　　　　(C)管道　　　　(D)电路

2. BA001 阀门是管路流体输送系统中( )部件。
   (A)检测　　　　(B)报警　　　　(C)控制　　　　(D)探测

3. BA002 不属于自动阀门的是( )。
   (A)止回阀　　　(B)闸阀　　　　(C)安全阀　　　(D)调节阀

4. BA002 自动阀门是依靠气体本身的能力而( )的阀门。
   (A)开启　　　　(B)自行动作　　(C)关闭　　　　(D)放散

5. BA003 属于驱动阀门的是( )。
   (A)止回阀　　　(B)闸阀　　　　(C)安全阀　　　(D)调节阀

6. BA003 驱动阀门是( )手动、电动、液动及气动来操纵动作的阀门。
   (A)不包括　　　(B)排除　　　　(C)不用　　　　(D)借助

7. BA004 节流阀的类型代号是( )。
   (A)J　　　　　(B)Z　　　　　(C)L　　　　　(D)Y

8. BA004 球阀的类型代号是( )。
   (A)J　　　　　(B)Z　　　　　(C)H　　　　　(D)Q

9. BA005 阀门采用蜗轮传动,传动方式代号是( )。
   (A)0　　　　　(B)1　　　　　(C)2　　　　　(D)3

10. BA005 阀门采用正齿轮传动,传动方式代号是( )。
    (A)4　　　　　(B)3　　　　　(C)2　　　　　(D)1

11. BA006 阀门采用内螺纹连接,连接形式代号是( )。
    (A)1　　　　　(B)2　　　　　(C)4　　　　　(D)6

12. BA006 阀门采用外螺纹连接,连接形式代号是( )。
    (A)1　　　　　(B)2　　　　　(C)4　　　　　(D)6

13. BA007 直通式截止阀和节流阀结构形式代号是( )。
    (A)4　　　　　(B)1　　　　　(C)7　　　　　(D)5

14. BA007 浮动L型三通式球阀结构形式代号是( )。
    (A)4　　　　　(B)1　　　　　(C)7　　　　　(D)5

15. BA008 橡胶阀座密封面或衬里材料代号是( )。
    (A)X　　　　　(B)H　　　　　(C)B　　　　　(D)T

16. BA008 尼龙塑料阀座密封面或衬里材料代号是( )。
    (A)J　　　　　(B)N　　　　　(C)B　　　　　(D)T

17. BA009　HT25-47型阀体材料代号是(　　)。
　　　　　(A)Z　　　　　(B)T　　　　　(C)Q　　　　　(D)C
18. BA009　KT30-6型阀体材料代号是(　　)。
　　　　　(A)O　　　　　(B)K　　　　　(C)Q　　　　　(D)C
19. BA010　植物质填料价格较便宜,常用于(　　)以下的阀门。
　　　　　(A)70℃　　　(B)80℃　　　(C)90℃　　　(D)100℃
20. BA010　植物质填料,常用于(　　)阀门。
　　　　　(A)高压　　　(B)超高压　　(C)低压　　　(D)真空
21. BA011　金属垫片的材料一般用08、10、20优质碳素钢和1Cr13、1Cr18Ni9(　　)。
　　　　　(A)不锈钢　　(B)合金钢　　(C)锰合金　　(D)铜合金
22. BA011　金属垫片适合(　　)阀门。
　　　　　(A)高温低压　　　　　　　　(B)高温高压
　　　　　(C)低温低压　　　　　　　　(D)低温高压
23. BA012　球阀关闭件是个(　　)。
　　　　　(A)四面体　　(B)圆柱体　　(C)长方体　　(D)球体
24. BA012　球阀在管路中主要作用不包括(　　)。
　　　　　(A)切断　　　　　　　　　　(B)分配
　　　　　(C)改变介质的流动方向　　　(D)节流
25. BA013　气动球阀、电动球阀和手动球阀是按照(　　)分类的。
　　　　　(A)按操作原理　(B)按工作原理　(C)传动机构　(D)功能
26. BA013　浮动式球阀、固定式球阀和升降杆式球阀是按照(　　)分类的。
　　　　　(A)按操作原理　(B)按工作原理　(C)传动机构　(D)功能
27. BA014　闸阀在管路中主要作用是(　　)。
　　　　　(A)放散　　　(B)切断　　　(C)节流　　　(D)调节
28. BA014　闸阀在管路中不适用于做调节和(　　)。
　　　　　(A)放散　　　(B)报警　　　(C)检测　　　(D)节流
29. BA015　闸阀最常用的形式是楔式和(　　)。
　　　　　(A)交叉式　　(B)平行式　　(C)垂直式　　(D)模块式
30. BA015　楔式闸阀和平行式闸阀是根据闸阀(　　)进行分类的。
　　　　　(A)密封元件的形式　　　　　(B)操作方式
　　　　　(C)尺寸　　　　　　　　　　(D)材料
31. BA016　闸阀流体阻力(　　)。
　　　　　(A)大　　　　(B)小　　　　(C)比较大　　(D)最大
32. BA016　闸阀开闭所需外力较(　　)。
　　　　　(A)大　　　　(B)小　　　　(C)比较大　　(D)最大
33. BA017　严重损坏或锈蚀的安全阀需要(　　)。
　　　　　(A)检查　　　(B)校验　　　(C)擦拭　　　(D)保养
34. BA017　丢失阀门铭牌的安全阀需要(　　)。
　　　　　(A)检查　　　(B)校验　　　(C)擦拭　　　(D)保养

(二)多项选择题(每题四个选项,至少有两个是正确的,将正确的选项号填入括号内)

1. BA004　节流阀和球阀的类型代号分别为(　　)。
　　(A)L　　　　(B)Q　　　　(C)J　　　　(D)H
2. BA005　阀门的型号用来表示(　　)等要素。
　　(A)阀类　　(B)驱动及连接形式(C)密封圈材料　(D)公称压力
3. BA006　内、外螺纹阀门的连接形式代号分别为(　　)。
　　(A)1　　　　(B)2　　　　(C)4　　　　(D)6
4. BA007　浮动L型三通式球阀和杠杆式蝶阀的结构形式代号分别为(　　)。
　　(A)4　　　　(B)1　　　　(C)7　　　　(D)0
5. BA008　橡胶阀座密封面和尼龙塑料阀座密封面的材料代号分别为(　　)。
　　(A)X　　　　(B)H　　　　(C)N　　　　(D)T
6. BA009　HT25-47型和KT30-6型阀体材料代号分别为(　　)。
　　(A)Z　　　　(B)T　　　　(C)Q　　　　(D)K

(三)判断题(对的画"√",错的画"×")

(　)1. BA001　阀门的工作压力可从0.0013MPa到1000MPa的超高压。
(　)2. BA002　自动阀门是依靠气体本身的能力而自行动作的阀门。
(　)3. BA003　驱动阀门是借助手动、电动、液动及气动来操纵动作的阀门。
(　)4. BA004　止回阀的类型代号是Z。
(　)5. BA005　气—液联动阀门的传动方式代号是9。
(　)6. BA006　卡套阀门的连接形式代号为7。
(　)7. BA007　斜板式蝶阀结构形式代号为6。
(　)8. BA008　搪瓷阀座密封面或衬里材料代号为T。
(　)9. BA009　12CrMoV型阀体材料代号为R。
(　)10. BA010　软质填料是由植物质(如大麻、亚麻、棉、黄麻等)或矿物质(如石棉纤维)或石棉纤维内夹金属丝和外涂石墨粉等编织的线绳,也有压成的成型的填料,以及近年来新发展的柔性石墨填料材料。
(　)11. BA011　金属垫片加工精度和表面光洁度要求较高。
(　)12. BA012　球阀的球体绕阀体中心线作旋转来达到启闭通道的目的。
(　)13. BA013　三通式和直角式球阀用于分配介质与改变介质的流向。
(　)14. BA014　闸阀在管路中主要作切断用。
(　)15. BA015　闸阀最常用的形式是楔式闸阀和平行式闸阀。
(　)16. BA016　流体阻力小是闸阀的优点之一。
(　)17. BA017　安全阀长期存放或第一次使用之前需要校验。

二、技能操作试题

(一) AC007 安装天然气压缩机二级进气阀

1. 考核要求

(1)必须穿戴劳动保护用品。
(2)工具、量具、用具准备齐全,正确使用。

(3)操作规程符合安全文明操作。
(4)按规定完成操作项目,质量达到技术要求。
(5)操作完毕,做到工完、料净、场地清。

2. 准备要求

(1)设备准备:

序号	名 称	规 格	数量	备 注
1	天然气压缩机	M-3.2/10-250JX	1台	

(2)材料准备:

序号	名 称	规 格	数量	备 注
1	进气阀	JM33A4100	1个	
2	密封铝垫	JX011109	1个	
3	密封铜垫		1个	
4	棉布		适量	
5	煤油		80mL	

(3)工具、量具准备:

序号	名 称	规 格	数量	备 注
1	防爆梅花扳手		1套	
2	一字螺丝刀		1把	

3. 操作程序说明

(1)准备工作;
(2)检查气缸内壁;
(3)润滑油涂抹缸壁;
(4)清洗压阀罩、压阀盖;
(5)安装密封铜垫;
(6)选择气阀;
(7)安装气阀;
(8)严密性检查;
(9)安装压阀罩;
(10)选择铝垫;
(11)安装密封铝垫;
(12)安装压阀盖;
(13)清理场地。

4. 考核规定说明

(1)如操作违章或未按操作程序执行操作,将停止考核。
(2)考核采用百分制,考核项目得分按鉴定比重进行折算。
(3)考核方式说明:该项目为实际操作,考核过程按评分标准及操作过程进行评分。
(4)考核技能说明:本项目主要测量考生对安装母站天然气压缩机二级进气阀掌握的熟

练程度。

5. 考核时限

(1)准备时间:1min(不计入考核时间)。

(2)正式操作时间:15min。

(3)提前完成操作不加分,到时停止操作考核。

6. 评分记录表

序号	考核内容	评分要素	配分	评分标准	检测结果	扣分	得分	备注
1	准备工作	选择工具、用具、材料	5	少选、错选一件扣1分,扣完为止				
2	检查气缸内壁	检查气缸内壁是否有损伤,用棉布清理气缸内壁	10	未检查气缸内壁扣10分				
				气缸内壁未清理干净扣5分				
3	润滑油涂抹缸壁	用150#润滑油涂抹缸壁	10	未用润滑油涂抹缸壁扣10分,润滑油选择错扣5分				
5	清洗压阀罩、压阀盖	用煤油清洗压阀罩、压阀盖	5	未清洗扣3分				
				未清洗干净扣2分				
5	安装密封铜垫	铜垫密封面应完好,在气阀密封面涂少量润滑脂,铜垫应与气阀密封面结合紧密	10	未检查密封垫完好扣5分				
				未与缸密封面结合紧密扣5分				
6	选择气阀	选气阀型号应与原气阀规格一致,气阀应完好	10	气阀选错扣10分				
				未检查气阀扣5分				
7	安装气阀	将气阀均匀加力放入气缸	5	未均匀加力放入扣5分				
8	严密性检查	气阀密封面应与密封垫结合紧密,气阀与气缸密封面应结合紧密	10	气阀密封面与密封垫未结合紧密扣5分				
				气阀与气缸密封面未结合紧密扣5分				
9	安装压阀罩	均匀加力放入压阀罩,压阀罩应与气阀表面结合紧密	10	未均匀加力放入扣5分				
				未结合紧密扣5分				
10	选择铝垫	选择正确的铝垫	5	铝垫选择错误扣5分				
11	安装密封铝垫	密封铝垫应平整无明显凹痕,应与气缸密封面结合紧密	10	未检查密封铝垫完好扣5分				
				铝垫安装不紧密扣5分				
12	安装压阀盖	压阀盖密封面应与密封铝垫均匀加力对正,压阀盖螺母应对角紧固	10	未均匀加力放入扣5分				
				紧固顺序错扣5分				
13	清理场地	清理场地,收工具		未收、少收工具从总分中扣3分,场地不清洁从总分中扣5分				
14	安全文明操作	按国家或企业颁发有关安全规定执行操作		每违反一项规定从总分中扣5分,严重违规取消考核				
15	考核时限	在规定时间内完成		到时停止操作考核				
	合 计		100					

(二) AB004 拆装加气枪更换 O 形圈

1. 考核要求

(1) 必须穿戴劳动保护用品。

(2) 工具、量具、用具准备齐全, 正确使用。

(3) 操作规程符合安全文明操作。

(4) 按规定完成操作项目, 质量达到技术要求。

(5) 操作完毕, 做到工完、料净、场地清。

2. 准备要求

(1) 设备准备:

序号	名 称	规 格	数 量	备 注
1	加气枪		1把	

(2) 材料准备:

序号	名 称	规 格	数 量	备 注
1	黄油		适量	
2	油盒		1个	
3	抹布		适量	

(3) 工具、量具准备:

序号	名 称	规 格	数 量	备 注
1	台虎钳		1个	
2	活动扳手		1套	
3	一字螺丝刀		1把	
4	钢丝		1段	

3. 操作程序说明

(1) 准备工作;

(2) 正确使用工具;

(3) 零件处置;

(4) 正确使用抹布;

(5) 自密封阀处置;

(6) 清洗零部件;

(7) 拆自锁钢球;

(8) 检查自密封阀胶圈;

(9) 自密封阀卡簧应卡紧;

(10) 加气锁自锁钢球应整齐;

(11) 护套安装正确;

(12) 使用管钳拧紧;

(13) 枪柄安装要到位;

(14)胶圈顺序排列正确;

(15)清理场地。

4. 考核规定说明

(1)如操作违章或未按操作程序执行操作,将停止考核。

(2)考核采用百分制,考核项目得分按鉴定比重进行折算。

(3)考核方式说明:该项目为实际操作,考核过程按评分标准及操作过程进行评分。

(4)考核技能说明:本项目主要测量考生对拆装加气枪头更换O形圈掌握的熟练程度。

5. 考核时限

(1)准备时间:1min(不计入考核时间)。

(2)正式操作时间:15min。

(3)提前完成操作不加分,到时停止操作考核。

6. 评分记录表

序号	考核内容	评分要素	配分	评分标准	检测结果	扣分	得分	备注
1	准备工作	选择工具、用具、材料	5	少选、错选一件扣1分,扣完为止				
2	正确使用工具	管钳的使用应正确	10	管钳使用错误扣10分				
3	零件处置	加气枪禁止部件掉地或散乱	10	散乱或者掉地扣10分				
3	正确使用抹布	拆卸过程中应使用抹布	10	未正确使用抹布扣10分				
4	自密封阀处置	自密封阀应解体	10	自密封阀未解体扣10分				
5	清洗零部件	清洗零部件	10	清洗不全面扣10分				
6	拆自锁钢球	拆自锁钢球	10	未拆自锁钢球清洗扣10分				
7	检查自封阀胶圈	检查自封阀胶圈	5	未检查自封阀胶圈扣5分				
8	自密封阀卡簧应卡紧	自密封阀卡簧应卡紧	5	卡簧未卡紧扣5分				
9	加气锁自锁钢球应整齐	加气锁自锁钢球应整齐	5	加气锁自锁钢球散乱扣5分				
10	护套安装正确	护套安装正确	5	护套安装错误扣5分				
11	使用管钳拧紧	使用管钳拧紧	5	未用管钳拧紧扣5分				
12	枪柄安装要到位	枪柄安装要到位	5	枪柄安装不到位扣5分				
13	胶圈顺序排列正确	胶圈顺序排列正确	5	胶圈排列错误扣5分				
14	清理场地	清理场地,收工具		未收、少收工具从总分中扣3分				
15	安全文明操作	按国家或企业颁发有关安全规定执行操作		每违反一项规定从总分中扣5分,严重违规取消考核				
16	考核时限	在规定时间内完成		到时停止操作考核				
合 计			100					

三、答案

(一)单项选择题

1. B　2. C　3. B　4. B　5. B　6. D　7. C　8. D　9. D　10. A　11. A

12．B　13．B　14．A　15．A　16．B　17．A　18．B　19．D　20．C　21．A　22．B
23．D　24．D　25．A　26．B　27．B　28．D　29．B　30．A　31．B　32．B　33．B
34．B

(二)多项选择题

1．AC　2．ABCD　3．AB　4．AD　5．AC　6．AD

(三)判断题

1．√　2．√　3．√　4．×止回阀的类型代号是H。　5．×气—液联动阀门的传动方式代号是8。　6．×卡套阀门的连接形式代号为9。　7．×斜板式蝶阀结构形式代号为3。　8．×搪瓷阀座密封面或衬里材料代号为C。　9．×12CrMoV型阀体材料代号为V。　10．√　11．√
12．√　13．√　14．√　15．√　16．√　17．√

第四章　CNG 加气站构成

CBB001 CNG 加气站构成

CNG 加气站是指以压缩天然气形式向天然气汽车和子站车提供燃料的场所。CNG 加气站分为 CNG 加气母站、CNG 常规加气站、CNG 加气子站。

第一节　CNG 加气母站

CBB002 CNG 母站基本组成系统

CNG 加气母站是从站外天然气管道取气，经过工艺处理并增压后，通过加气柱给 CNG 车载储气瓶组充装 CNG 的场所。CNG 加气母站的基本组成包括预处理及调压计量、脱硫、脱水、压缩、存储、售气等系统。

CNG 加气母站常建在城市门站处或天然气主管道附近。这些地方天然气压力远高于城市管网中的天然气压力，所以 CNG 加气母站的进气压力较为稳定，不易受用气高峰的影响而产生波动，其工作能力应不小于 $30000\mathrm{m}^3/\mathrm{d}$。

CBB004 CNG 母站工艺流程

一、工艺流程

调压装置从管道输送来的原料天然气进站后，先经进站气动阀，经调压；然后进入脱硫塔脱硫，硫含量控制在 $15\mathrm{mg/m}^3$ 以下；出脱硫装置后进入脱水装置进行脱水处理，使天然气的露点达到规定指标（$-55℃$）；出脱水装置进缓冲罐，再进入压缩机经多级压缩，加压至 25MPa；加压后的成品气经机体自带出口缓冲装置消除脉冲，再通过加气柱向子站拖车充气，当子站拖车加气压力达到 20MPa 时，加气柱自动关闭加枪，其质量流量计自动记录加气量和加气压力。图 4-1 为典型 CNG 加气母站工艺流程图。

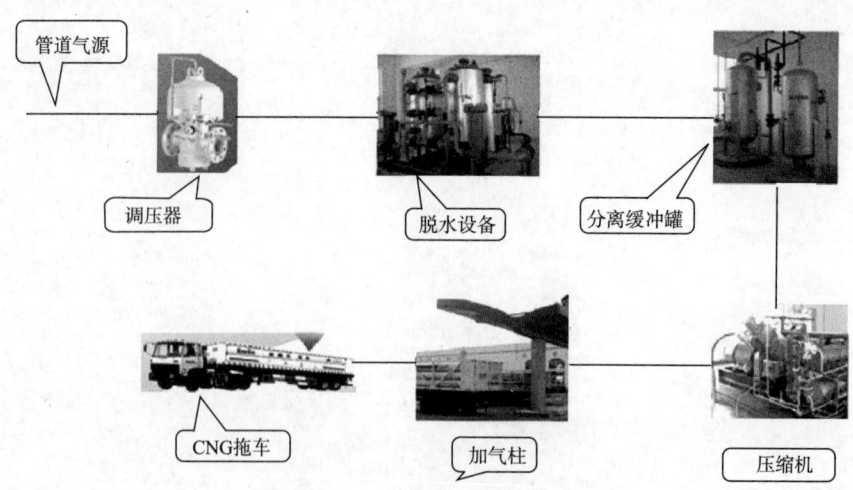

图 4-1　CNG 加气母站工艺流程图

CBB003 CNG 母站工艺特点

CNG 加气母站工艺特点：
加气站的主要功能包括除尘分离、压缩、储气、售气几个方面，为实现这些功能，设置低压气稳压系统、压缩和净化系统、储气和售气系统。为保证加气站正常运转，CNG加气母站还设置进站安全切断系统、脱水再生系统、天然气含水分析系统、调压系统、全站安全监控系统、自动化控制系统、高压管道及设备的安全泄放和废气回收系统。

二、CNG母站构成

CNG母站组成主要包括调压计量装置、脱硫装置、脱水装置、压缩机组、加气机、排污系统、消防系统、可燃气体报警系统、自控系统及数据上传系统。下面以常见CNG母站为例进行介绍。

（一）调压计量装置

从管道输送来的原料天然气进站后，先经进站气动阀，经精度为$5\mu m$的过滤器过滤，再经精度为$\pm 1\%$的流量计计量，经调压装置调压。当进站压力超过1.1MPa，计算机自动报警，关断进站气动阀并作自动记录；自动记录进站瞬时、累计流量，当流量超过设定流量，计算机自动报警，关断进站电磁阀并作自动记录。

CBB005 CNG加气站调压计量

（二）脱硫装置

脱硫装置主要由两个脱硫塔及其附属设备组成。从调压计量装置来的天然气进入加湿器底部，从其上部出来经管路从脱硫塔的顶部进入，此时脱硫塔的脱硫剂实施脱硫净化，脱除H_2S的天然气由脱硫塔的下部出来经出口管路去脱水装置。脱硫装置工艺流程如图4-2所示。

ZBA019 脱硫装置工艺流程

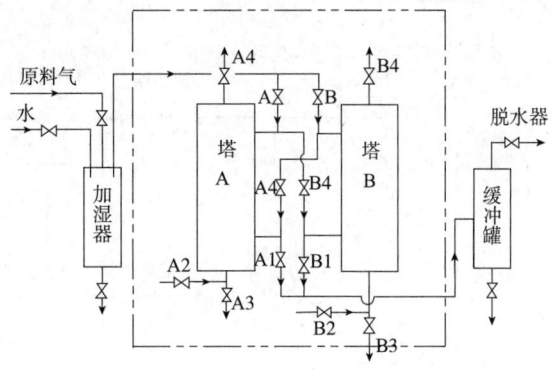

图4-2 脱硫装置工艺流程图

进站原料气含硫量高于$15mg/m^3$时，需进行脱硫处理。CNG加气站采用脱硫方式主要为干法脱硫和湿法脱硫。采用干法脱硫的脱硫剂是固体F_2O_3为脱硫剂，F_2O_3主要吸收天然气中的H_2S。

CBB006 CNG加气站脱硫装置的特点

再生：将脱硫塔放空阀打开与大气相通，缓慢放出塔内余气，再打开空气进气阀，使空气进入塔内，此时脱硫塔内的脱硫剂实施自然再生。

主要参数如下：
公称直径：1200mm；
工作温度：$-10\sim 60℃$；
再生温度：60℃；

ZBA018 脱硫装置技术参

填料容积:9.5m³;

设备容积:10m³;

设备工作介质:含硫天然气、水分;

脱硫剂:CT86B,主要成分为氧化铁;

处理前硫含量(mg/m³):≤130;

处理后硫含量(mg/m³):≤6;

脱硫剂工作周期:2个月。

(三)脱水装置

CBB007 CNG 加气站脱水装置的特点

脱水装置主要有三套全自动天然气脱水装置,并联使用。每套装置为整体橇装式结构,采用二塔吸附流程。可24h连续工作,不间断洁净干燥的气体。

脱水装置工艺流程包括吸附和再生两个过程:

吸附回路:脱硫后天然气从进气口进入前置过滤器,去除游离态油、水与尘埃后经阀1(或3)进入A(或B)吸附罐(塔),气体脱水后经阀6(或8)再经后置过滤器除去吸附剂粉尘后送至出气口。

再生回路:气体经循环风机增压后进入加热器,升温后经阀7(或5)进入B(或A)吸附罐(塔)解吸床层,再经阀4(或2)进入冷却器,冷却后进入分离器除去气体中析出的液态水,再重新进入循环风机增压。脱水装置工艺流程图如图4-3所示。

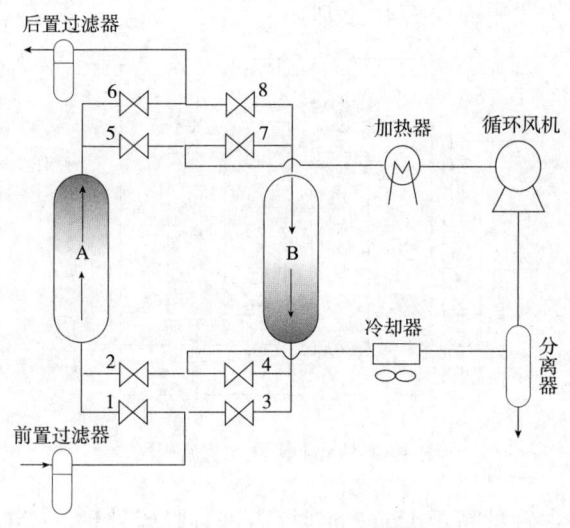

图4-3 脱水装置工艺流程图

ZBA020 脱水装置技术参数

主要参数如下:

工作压力:1.0~2.5MPa;

设计压力:2.5MPa;

处理气量:5000m³/h;

成品气常压露点:≤-60℃;

设计温度:250℃(受热元件);

再生温度:≤220℃;

含尘粒径:3μm;

含尘量:3mg/m³;

吸附剂:4A 分子筛;

再生器冷却方式:风冷;

再生器压力:≤0.1MPa;

设备压降:≤0.05MPa;

循环方式:闭式循环,自动切换,自动再生;

电加热器功率:48kW;

循环风机功率:7.5kW(再生一次,开机6h);

冷却器功率:0.55kW(再生一次,开机4h);

吸附周期:(单塔)≥12h(可 24h 连续运行);

再生周期:≤6h;

控制方式:PLC 全自动加热再生装置;

控制气源:压缩空气/天然气(减压至 0.4~0.6MPa);

防爆等级:dⅡBT4;

防护等级:IP54。

(四)压缩机组

CNG 加气母站压缩机组成系统主要包括气体压缩系统、润滑油系统、循环水系统及仪表风系统。压缩机是一种应用广泛的通用机械,有往复式、离心式、螺杆式等多种形式。CNG 加气站使用的大都是具有曲柄连杆的往复活塞式压缩机,简称往复式压缩机或活塞式压缩机。往复活塞式压缩机属于容积型压缩机。 _{ZBA021 压缩机系统组成}

活塞式压缩机可根据主要技术特性及结构特性进行分类。按生产能力分为微型、小型、中型、大型压缩机;按排气压力分为低压、中压、高压、超高压压缩机;按气缸中心线布置分为立式、卧式、角式、对称平衡式、对置式压缩机;按级数分为单级、双级、多级压缩机;按气缸工作容积分为单作用、双作用、级差式压缩机;按压缩机的列数(即连杆数)分为单列、双列和多列压缩机;按冷却方式分为风冷式和水冷式压缩机;按所处理介质的不同分为空气压缩机、氮氢气压缩机、二氧化碳压缩机等。 _{ZBA042 CNG 母站压缩机组的分类}

1.气体压缩系统

压缩机运转时,电动机带动曲轴做旋转运动,通过连杆使活塞做往复运动。曲轴旋转一周,活塞往复运动一次,气缸内相继实现吸气、压缩、排气的过程,即完成一个工作循环。 _{ZBA022 气体压缩系统}

吸气过程:当活塞向左运动时,气缸内的工作容积逐渐增大而压力逐渐降低。当压力降至稍低于进气管中压力时,进气管中气体便顶开吸气阀进入气缸,直到活塞达到最左位置(又称内止点)时,工作容积为最大,吸气阀开始关闭。

压缩过程:当活塞向右运动时,气缸内工作容积缩小,而气体压力逐渐增大。由于吸气阀有止逆作用,故气缸内的气体不能倒流到进气管中。同时,因排气管中的气体压力又高于气缸内部的压力,气缸内的气体无法从排气阀流出,而排气管中的气体因排气阀的止逆作用,也不能进入气缸内。此时,气缸内的气体量保持一定,随着活塞的右移,气体压力不断升高。

排气过程:当活塞右移到一定的位置时,气缸内气体压力升高到稍高于排气管中气体压力,气体便顶开排气阀进入排气管中,直至活塞运动到最右位置(又称外止点)为止排气阀关闭,活塞再次左移,上述过程重复出现。

ZBA023 气体压缩系统流程

气体压缩系统流程:从脱水装置来的天然气进入进气缓冲器,经过滤器过滤,进入压缩机一级气缸压缩后气体进入一级冷却器冷却,冷却后气体进入一级分离器,进行气液分离;分离后气体进入压缩机二级气缸压缩后气体进入二级冷却器冷却,冷却后气体进入二级分离器,进行气液分离;分离后气体进入压缩机三级气缸压缩后气体进入三级冷却器冷却,冷却后气体进入三级分离器,进行气液分离;分离后气体再进入压缩机四级气缸压缩加压至25MPa,气体进入四级冷却器冷却,冷却后气体进入四级分离器,进行气液分离;分离后气体经机体自带排气缓冲器消除脉冲,再通过加气柱向拖车气瓶(管束车)充气,当管束车加气压力达到20MPa时,加气柱自动关闭加气枪,其质量流量计自动记录加气量和加气压力。

2. 润滑油系统

CBB008 CNG 加气站压缩机组注油管路

(1)注油管路。

为了增加活塞环、密封环的使用寿命,配备了一套给气缸、填料少量注油的装置,包括注油器、止回阀和管线等。一个注油点每分钟注油8~10滴。润滑油采用 DAB150(原19#压缩机油)。

ZBA024 注油泵工作原理

注油泵主要润滑气缸及填料部分。注油泵工作原理:凸轮轴转动时,杠杆上的滚动轮推动柱塞做上下往复运动。柱塞向下运动时,注油管路单向阀关闭,视油罩内产生真空,吸油管路单向阀开启,润滑油通过滴油管吸入视油罩中,通过油孔流到柱塞上部油室中。柱塞向上运动时,吸油管路单向阀关闭,注油管路单向阀开启,油室中的润滑油流出到润滑点。转动注油器调节螺套也就控制了柱塞行程大小,从而实现对油量的调节、压缩机注油器柱塞移动的形式是往复式。注油器逆止阀的作用是防止返气。压缩机注油器是柱塞油泵供油系统主要设备之一。

CBB009 CNG 加气站压缩机组循环油管路

(2)循环油管路。

循环油管路包括齿轮油泵、吸油过滤器、单筒过滤器等。齿轮油泵位于机身一端,由曲轴带动。当电动机启动后,机身油池内的润滑油经吸油过滤器过滤后被吸入油泵加压到0.2~0.4MPa,然后经油冷器,冷却后进入单筒过滤器,过滤后去曲轴油孔润滑连杆大头轴承,再通过连杆的油孔到十字头销润滑十字头销和滑道。齿轮油泵的油压可由泵体上的回油阀调节,油压过高时,油推开阀门溢流回油池,单筒过滤器上装有过滤前油压表和过滤后油压接点。过滤后的油压表装在控制室操作台上。两个压力表的压差确定过滤器的脏污程度,油泵的工作油压为0.2~0.3MPa。循环油管路还另设有一个预润滑油泵,每次开机前应先打开预润滑油泵润滑曲柄连杆机构,避免烧研十字头体。机身油池内的润滑油经吸油过滤器过滤后被预润滑油泵加压到0.2~0.4MPa后,经单筒过滤器过滤后去曲轴油孔润滑连杆大头轴承,再通过连杆的油孔到十字头销润滑十字头销和滑道,回到机身油池。润滑油采用 GB 443—1989《L-AN 全损耗系统用油》规定的

N68#机械油,润滑油的性质应符合相应牌号的规定。推荐采用 HM68#抗磨液压油。

3. 循环水系统

压缩机的气缸和各级排出的气体均需冷却,以降低其温度,提高机器效率,保持润滑油性能,确保机器安全运转。为了分离压缩气体中的油污和水蒸气,最后一级排出的气体也要进行冷却。冷却系统一般由水源、供水装置(水泵、管路、阀门)及用水设备(气缸、冷却器)等组成。若冷却水循环使用,还应有冷却水塔或水池。冷却水循环系统还应配备压力表、温度计、水压过低保护和信号装置,以及流量计、水位计等。冷却系统的形式有串联式、并联式和混流式三种。串联式冷却系统的冷却水经中间冷却器再按1、2级顺序进入气缸水套,然后排出;并联式冷却系统中,总供水管分出若干支管分别通至每一部分,然后经漏斗汇入总排水管;混流式冷却系统是指各级中间冷却器与相应气缸水套组成串联,而各级之间采用并联形式。

循环水系统是用来给压缩机降温的、有两套循环水装置,每套装置有一座冷却水塔、一个水池、三台循环水泵,每台循环水泵只供给一台压缩机组冷却水,三台压缩机组回水汇在一起,回冷却水塔。共六台压缩机组需循环冷却水。

每台压缩机组有总进水管路和总回水管路。循环冷却水由总进水管分别进压缩机各级冷却器、各级气缸水套、油冷却器、填料。总进水管上装有压力表、温度表,正常工作时压力为0.3MPa。各支路的出水汇集到一条总回水管上,总回水管路上装有温度表。循环水系统工艺流程如图4-4所示。

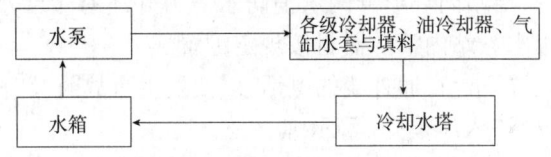

图4-4 循环水系统工艺流程图

4. 仪表风系统

仪表风系统的作用是为控制系统提供干燥、洁净的压缩空气,供气动执行器使用,使系统电磁阀、气动执行器能长期稳定工作。CNG 加气站需要压缩空气的设备有:进站天然气气动切断阀、脱水装置、压缩机组和液压子站拖车。

仪表风系统是由空气压缩机、主管路过滤器、干燥器、微油过滤器和储气罐组成。空气经过空气压缩机(简称空压机)提高压力,再经过精密过滤器、高效除油器除去空气中的杂质、灰尘、部分水分和从空压机中携带出的微量油,送至微热再生吸附式干燥机脱除空气中的水分,再经过粉尘过滤器去除空气中的微粒后送至仪表风储罐中,经过缓冲和储存后供给用气单位使用。

主要参数如下:

空气压力:0.4~0.75MPa;

排量:≥2.01m^3/min;

含水露点:-45℃;

含尘粒径:≤1μm;

含油:≤1mg/m^3。

ZBA028 CNG 加气柱

(五)加气柱

加气柱是压缩天然气母站用于给子站拖车充气并进行计量的设备。加气柱系统主要有单枪加气柱6台。加气柱系统的核心部件是流量计量装置,附属部分包括电磁阀组、加气枪、电脑控制仪等。加气机内单向阀可以防止气体逆流、电脑控制仪的作用是根据实际工作情况控制电磁阀的启闭,以尽快完成对车辆的充气,同时决定充气结束时车辆气瓶内的压力,通过其设置面板可以设定加气柱的一些运行参数,如天然气的标准密度及单价等。同时控制仪也将加气柱的气量及单价等实时工作参数送至显示板,直观、动态地显示给用户。

CBB030 CNG 加气站排污系统组成

(六)排污系统

排污系统由排污管道、排污罐和隔油池组成。

压缩机、脱水装置排污物由排污管道引入排污罐,再从排污罐底部排污管线压至隔油池,另外加湿器、脱硫塔排污也引至隔油池,隔油池中油水集中回收送至有处理能力的化工企业处理。

排污罐进口管线球阀应常开,放空管线直接引至室外放空。CNG 加气站放空系统正常状态下为常压、现场放空系统的管道颜色为红色。放空系统放散管应高出地面建筑物 10m 以上。

ZBA029 消防系统

(七)消防系统

CNG 加气站内设消防给水系统。站内设消防水池一座($270m^3$)、消防水泵房一座及消防泵2台,给站内环形管网供消防水。另外还有生活水管网,给站区及压缩厂房供消防用水。站内消防器材按规定配置。

站内控制室设置2台直通外线的电话,以便发生事故时及时报警。

ZBA030 生产区警示牌

生产区入口设置"入厂须知"警示牌。

生产区外墙和生产区内设置明显的"严禁烟火"警戒牌。

加气岛处设置明显的"严禁烟火"警戒牌。

站区道路及站内设置明显的限速标志。

ZBA031 可燃气体报警系统

(八)可燃气体报警系统

站内设有燃气报警探头17点,与设在控制室的燃气报警控制装置相连。如果泄漏的燃气浓度达到天然气爆炸下限的20%,燃气报警探头向燃气报警控制装置发出信号,由控制装置发出声光报警信号,提醒操作人员作相应处理;如果泄漏的燃气浓度达到天然气爆炸下限的40%,控制装置在发出声光报警信号的同时,停止站内设备的运行。燃气泄漏报警器核心部件为气敏传感器、气敏传感器有氧化物半导体型、热线型和催化燃烧型。

ZBA032 可燃气体探测装置配置

压缩机厂房设可燃气体探测装置8支;加气岛处设置可燃气体探测器6支,每台加气柱上方设1支、锅炉间设1支;调压计量间1支。

ZBA036 PLC 自动控制系统

(九)自控系统

自控系统采用PLC(可编程逻辑控制器)进行自动控制。PLC 位于中控室,每台压缩机组设一套PLC控制系统,PLC 可以集中控制压缩机所有功能,并可同时控制电动机及冷却系统等所有操作,保证压缩机能安全运行。

每套脱水装置PLC控制系统包括恒温控制、文本显示、实时监控。配有就地仪表、室内控制仪表、远传控制仪表。再生冷却器、循环风机及电加热器的启停均能电气联锁控制和手动单独控制,且手动优先。

ZBA037 PLC自动控制系统功能

PLC控制柜的供电电源:DC直流24V,两相交流220V,(-10%,+15%),50Hz,环境温度在0℃~55℃,防止太阳光直接照射;空气的相对湿度应小于85%(无凝露)。远离强烈的震动源,防止震动频率为10~55Hz的频繁或连接震动。避免有腐蚀和易燃的气体。站房微机室的微机由压缩机PLC控制柜的通信端口读取各项参数,集中实时显示于屏幕,供站内工作人员监控。

ZBA038 PLC控制柜的基本参数

加气机通过配置的通信端将加气业务数据经控制电缆传送至微机室内,由站用卡式管理系统读取数据,供站内工作人员微机屏幕上统计、汇总日常加气业务信息。

第二节 CNG常规加气站

CNG常规加气站是从站外天然气管道取气,经过工艺处理并增压后,通过加气机给汽车CNG储气瓶充装车用CNG的场所。CNG常规加气站组成主要包括调压计量装置、脱硫装置、脱水装置、压缩机组、加气机、排污系统、消防系统、可燃气体报警系统、自控系统及数据上传系统。为满足汽车不均衡加气的需要,CNG常规加气站必须设置高压储气系统。

CBB013 CNG常规加气站基本组成

CNG常规加气站进站天然气压力为0.3~0.4MPa,原料天然气经脱硫、脱水后露点达到-55℃后进入压缩机增压至25MPa,通过顺序控制盘,自动向高、中、低储气瓶供气,再经加气机给出租车、公交车加气,也可为子站拖车加气。常规加气站的工作能力应不小于15000m³/d。

CBB015 CNG常规加气站工艺特点

一、工艺流程

以采用前置脱水装置的CNG常规加气站为例,进站天然气经调压、计量、脱硫和脱水处理,原料气进入压缩机进行增压,最后进入储气系统,当有汽车需要加气时,就通过加气机向车辆加气。若气源含硫量已达到规定值,则无需设脱硫设备。图4-5为典型CNG常规加气站工艺流程图。

CBB014 CNG常规加气站工艺流程

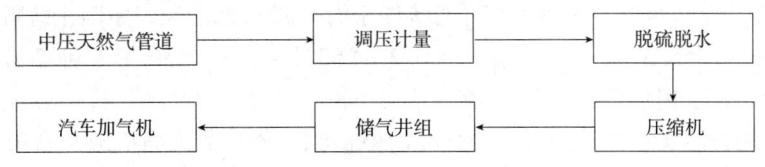

图4-5 CNG常规加气站工艺流程图

二、CNG常规加气站构成

(一)调压计量装置

低压原料天然气进入CNG常规加气站后,首先进入调压计量装置,该装置包括过滤、分离、调压、计量及缓冲等装置。调压装置的主要功能是压力调整。调压器的作用是将高压气体的压力调至设备所需的压力范围,并在用气量变化及进口压力波动的情况下自动将出口压力稳定在设定的区间。计量装置按计量原理,可

ZBA039 CNG常规加气站调压计量装置

分为直接计量和间接计量两种。直接计量式燃气表的内部设有若干个计量室,按计量室的容积直接对通过的燃气量进行计量和累计。间接计量式燃气表没有计量室,它利用燃气流的某一物理特性转换为流量,再引入时间因素求得累计值。

(二)脱硫装置

ZBA040 CNG 常规加气站脱硫装置

若原料气组分中含有超标硫化氢成分时,应设置脱硫装置,进行脱硫处理。CNG 常规加气站采用脱硫方式主要为干法脱硫和湿法脱硫两种。干法脱硫的脱硫剂是采用三氧化二铁为固体脱硫剂、进站原料气含硫量高于 $15mg/m^3$ 时,需进行脱硫处理。

(三)脱水装置

原料天然气进入脱水装置的吸附塔,塔内的 4A 型分子筛能有效吸附天然气中的水分,使天然气中的水含量达到车用压缩天然气水含量的要求。分子筛脱水根据的是吸附原理。分子筛脱水工艺通常采用双塔流程、分子筛脱水装置再生气采用的是天然气。CNG 常规加气站用分子筛脱水剂再生温度一般为 200 ~ 260℃。脱水装置分为高压脱水装置和低压脱水装置两种。

CBB016 CNG 分子筛脱水

1. 低压脱水装置

ZBA041 低压脱水装置

低压脱水的优点是一次性投资费用少,实际运行成本较低,低压脱水装置设置在压缩机前,原料天然气经调压计量系统后,即进入深度脱水装置,经过脱除水分的天然气经过过滤器和在线露点分析仪之后进入压缩机,对压缩机亦有一定的保护作用。低压脱水装置采用闭环式循环进行循环再生。

2. 高压脱水装置

CBB017 CNG 常规加气站后置高压脱水系统工艺原理

高压脱水装置实际上是加压冷却脱水法和吸附分离法的串联应用。先利用压缩机在逐级的压缩—冷却过程中,将天然气中的大量水分脱出,再采用吸附分离法进行深度干燥。由于天然气在压缩过程中已脱出了其原始含水量的 95% 以上的水分,因此,与前置脱水装置相比,同等处理量的后置脱水装置具有更小的体积,其电加热功率也较低。

(四)压缩机组

CBB019 CNG 常规加气站压缩机

低压天然气经压缩机加压后,天然气压力升高到 25MPa。使用比较普遍的压缩机是 V-1.55/3-250-Ⅲ、L-2.5/3-250、L-7/3-250 等三种型号。目前建设的 CNG 常规加气站生产规模多为 $10000m^3/d$ 和 $15000m^3/d$,一般配备 3 台压缩机,通常有 3 种组合方式:3 台 V 型压缩机、3 台 L 型压缩机或 1 台 L 型压缩机与 2 台 V 型压缩机组合。

(五)储气系统

ZBA043 储气系统

天然气的按储存方式可分为气态储存、液态储存和固态储存。气态储存主要包括地下储气储存、管道储存、以压缩方式储存(如管束储存、储罐储存、CNG储存等)、吸附天然气(ANG)储存和临界流体储存等;液态储存主要指采用液化天然气(LNG)方式储存;固态储存主要指采用天然气水合物(NGH)的形式储存。

CBB018 CNG 常规站储气系统

为了满足汽车不均衡加气的需要,CNG 常规加气站必须设置高压储气系统以储存压缩机加压的高压气。当储气系统内压力达到 20 ~ 22MPa 时,压缩机将自动停机。储气系统采用的储气方式有以下几种：

（1）小气瓶储气。单个小气瓶水容积仅50L,需要气瓶数量多、接点多、泄漏点多、维护与周检工作量大、占地面积大、储气瓶正常使用年限为10~15年、储气瓶根据国家有关规定,每两年需开瓶检查一次。　　ZBA044 小气瓶储气

（2）管井储气。即地面储气井,使用API进口石油套管加装高压封头,立式深埋地下100m,形成水容积1.9m³的储气管井。CNG储气井主要由井口装置、井底封头、井筒组成,CNG储气井上封头上开有排污口和进排气口。这种储气管井的有关技术,如全程固井、连接密封、维护与检验等尚需进一步深入与提高。储气井的制造缺陷不能及时发现。　　ZBA045 管井储气

（3）大型容器储气。常用的有以下几种：多层包扎的天然气储气罐,公称直径为DN800mm,水容积规格为2m³、3m³和4m³,分卧式与立式两种；柱型（球型）单层结构高压储气罐,水容积规格为2m³、3m³、4m³或以上；高压储气瓶,单个储气瓶水容积1.3m³,系无缝锻造,按需要由多个气瓶组合使用。　　ZBA046 大型容器储气

（六）加气机

加气机是用来给加气汽车充装压缩天然气。它由质量流量计、微电脑控制售气装置和压缩天然气气路系统组成。其屏幕显示售气单价、累计金额和售气总量。加气机的数据采集是将流量信号通过变送器转换为电脉冲信号输入到加气机的智能测控系统。加气机的检定周期为每半年一次、CNG加气机一般采用质量流量计。加气机在-25~55℃的温度环境中能保持正常工作、加气机必须具有对汽车充气达到20MPa时自动停机的功能、CNG加气机的相对误差、重复性误差不得超过0.5%。　　CBB020 CNG 常规加气站加气机

第三节　CNG 加气子站

CNG加气子站是用车载储气瓶组拖车运进CNG,通过加气机为汽车CNG储气瓶充装CNG的场所。CNG加气子站建设在没有管道气源的地区,用于给出租车和公交车加气。工作能力应不小于10000m³/d。CNG加气子站分为液压子站和压缩子站两种。

一、液压子站

液压子站是以自动控制的方式,运用液压增压成套专用设备,将循环油以高压注入子站拖车内装有压缩天然气的储气瓶中,将储气瓶内的压缩天然气推出,经油气分离、过滤,再通过站内的加气机为车辆加气。图4-6为液压子站。　　CBB021 CNG 液压子站构成

图4-6　液压子站

(一)设备与工艺流程

CBB023 CNG 液压子站主要设备

以常见液压子站为例,液压子站主要由液压橇体、子站拖车、空气压缩机、控制柜和加气机等设备组成。控制系统发出指令,对应的电磁阀、气动执行器、球阀便进行相应的动作,自动完成注油、回油以及相应高压气体阀门的启闭。当液压子站拖车停到相应的停车位置后,分别连接液压油高压管路、压缩空气控制管路、压缩天然气高压管路等。关闭放散阀门,打开相应的手动阀门,检查无误后即可开启液压系统,子站拖车开始给加气机供气,液压子站工艺流程如图4-7所示。

CBB022 CNG 液压子站工艺流程

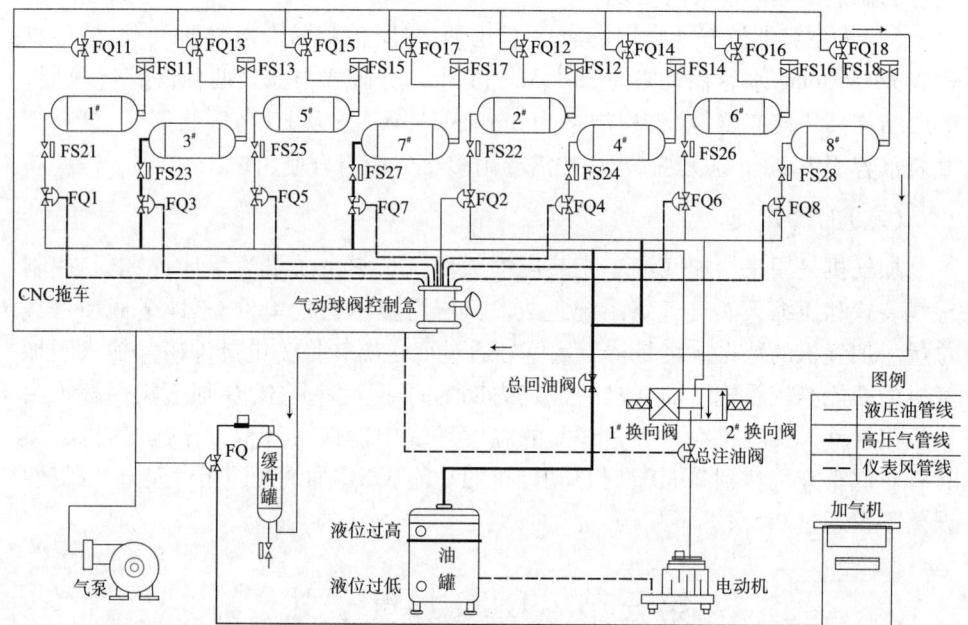

图4-7 液压子站工艺流程图

液压子站是利用橇体内液压泵直接将循环油注入液压子站子站拖车的储气钢瓶中,将钢瓶内的压缩天然气推出,再通过站内的加气机把高压天然气注入汽车的储气瓶内达到给汽车加气的目的,不需采用其他增压设备。其加气过程如下:

首先启动油泵,利用液压系统将手动三位四通阀置于升起位置,将子站拖车集装箱框架顶起仰角13°,为系统运行做好准备工作。

当刚刚开始启动设备或 PLC 控制系统检测到液压系统压力低于设定值时,液压泵启动,向 CNG 钢瓶内注入液态循环油。在液压泵出口设调压阀,并设压力变送器,溢流阀调定液压油出口压力,其控制范围20~22MPa。当液压系统压力达到高限22MPa(或用户设定值)时,系统在压力变送器的恒定压力信号经 PLC 处理发出指令,插装阀打开,系统卸荷;并通过旁通回路把泄压油液体回流到液体储罐中;液压泵经一定时间的延时,如果系统压力仍然维持在设定范围之内,PLC 再次发出指令使电动机停止转动,液压泵停止工作;当系统压力降至低限21MPa(或用户设定值)时,电动机启动,液压泵重新开始工作。

液压子站设备的运行由控制系统的 PLC 控制,PLC 发出指令将相应电磁阀打开,给对应气动执行器动力,推动球阀转动打开,依自动控制程序完成注循环油、回循环油,以及相应高压气体阀门的启闭。当加满气的子站拖车来到子站停到相应的停车位置后,分别连接液压高压管路、控制用压缩空气控制管路及 CNG 高压管路等,打开相应的手动阀门,关闭放散阀门,检查无误后即可开启液压系统,开始给加气机供气。当系统开始工作时,首先第一个钢瓶上的液态循环油气动阀门和出气阀门打开,三位四通阀门 A 口供油;在液压泵的作用下,液体介质开始注入子站拖车的第一个钢瓶,同时高压天然气被推出钢瓶。当大约 95% 的天然气被推出后,液位开关得到信号,经延时 2s(可调),三位四通阀换向 B 口供油,第一钢瓶出气阀关闭,第一钢瓶内液态循环油在剩余气体推动下,通过三位四通阀、总回油阀回到油箱。同时第二钢瓶液态循环油阀打开,液态循环油进入第二钢瓶,第二钢瓶出气阀打开。自动控制系统使设备自动运行,继续加气过程。当第一个钢瓶内的液态循环油全部返回到液体储罐后,光电控制回路检测到信号,自动控制系统发出指令,总回液阀关闭,一号钢瓶液态循环油阀关闭,完成第 1 单元工作。设备运行时,由 PLC 程序控制实现 8 个钢瓶依次顺序工作,各单元回液后约 5~10min 插入二次回油子程序。气动执行器根据 PLC 控制程序适时开启和关闭各钢瓶的注液态循环油阀出气口阀,依次转换各工作钢瓶。

当前一辆子站拖车的天然气卸完气后,由人工调换快装接头到第二辆子站拖车(转接时间在 3~5min 左右),实现加气站不间断运行。在人工调换快装接头时须注意:先把注液态循环油软管、高压气管、控制用压缩空气控制管路 2 个控制用压缩空气快装接头调换过去,留下回液软管和第 8 个钢瓶的回液阀门控制压缩空气管,留下的回液软管,待第 8 个钢瓶回液完毕后,立即把回液软管和第 8 个钢瓶的回液阀门控制用压缩空气管调换至第二辆子站拖车上。

设备运行时,除更换子站拖车时由人工操作外,整套设备的所有动作均由设备自带的 PLC 程序控制,不需人工干预。

(二)液压子站构成

液压子站组成主要为液压橇体,其运行系统由动力照明系统、液压系统、气动系统、天然气气路系统、自动控制系统以及燃气报警系统组成。此处仅以液压橇体为例进行讲解。

CBB024 CNG 液压子站组成系统

1.动力照明系统

动力照明系统由液压节能型天然气汽车加气站橇体内隔爆型三相异步电动机(主电动机:功率 30kW,1470r/min,380V,dⅡBT4)、防爆照明灯、空气压缩机用三相异步电动机组成。

CBB031 动力照明系统组成

2.液压系统

液压系统由高压泵、过滤器、溢流阀、液体储罐、注回循环油管路系统、高压管件、注液控制阀、换向阀、回液电磁阀、压力表、循环油液体等部件组成,液压系统如图 4-8 所示。

ZBB043 液压增压系统操作

(1)增压系统:含高压泵、溢流阀、注液控制阀、换向阀、回液电磁阀、高压管件等。

高压泵:型号:HY12-60-2500/UK,设计工作压力:40MPa。

高压管件:耐压31.5MPa。

换向阀:耐压31.5MPa。

(2)压力表:量程为0~40MPa,用于现场显示高压泵出口的压力。它通过打开针阀控制,则压力表显示当前压力;关闭针阀,打开泄压阀切断高压液体管路,同时把压力表之间管线内的压力介质泄压并部分回流到储罐中。

(3)回液电磁阀:用于控制高压液体介质回流时的通断,达到系统稳定工作的目的。

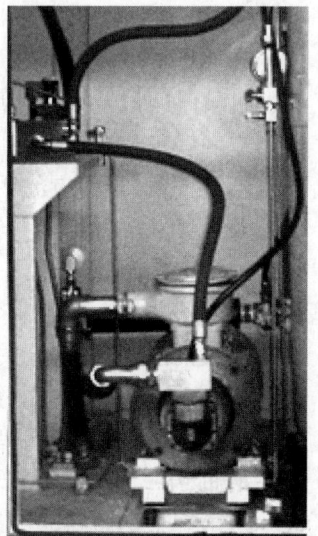

图4-8 液压系统

(4)液体储罐:含液位计、低压过滤器等。液位计由连通管、液位控制装置、高强树脂管组成,液位计具有指示液位、传递液位信号至自动控制系统、控制液位等功能。其控制参数已在出厂时设定好,用户不能变动。寒冷季节使用时,应采取保温措施。

(5)循环油液:在工作温度-40~50℃时保证系统正常工作。

(6)子站拖车顶升装置与专用半挂车液压系统:由压力表、单向阀、手动换向阀、主控阀板、顶升油缸以及快装油管等组成。

ZBB044 气动系统操作

3.气动系统

气动系统由小型压缩机、气源净化装置、吸附式干燥机气动执行器等组成。自动控制用压缩气源设备,容积不小于$0.1m^3$,排气压力0.8~1.0MPa。气体应是干燥、洁净的空气或惰性气体。气动阀门满足系统的各项设计要求和功能要求,而且反应准确灵敏。气动系统的作用是为自动控制系统提供干燥、洁净的压缩空气,供气动执行器使用,最大限度减少压缩空气中的水、油等杂质对自动控制系统的影响,使系统电磁阀、气动执行器能长期稳定工作。要求安装在安全区,环境温度5~50℃的区域内。

ZBB045 自动控制系统操作

4.自动控制系统

自动控制系统主要由控制柜及与之相连的电路系统组成。

控制柜包括PLC、软启动器、隔离栅、按扭、电磁阀和空气断路器等主要部件。通过PLC控制系统的自动运行,对子站设备进行自动监控,并在面板上实时显示设备的工作单元、工作的压力及电动机电流等参数。

ZBB046 燃气报警系统操作

5.燃气报警系统

液压节能型天然气汽车加气站橇体内和加气站设有燃气报警探头,与设在控制室的燃气报警控制装置相连。如果橇体内泄漏的燃气浓度达到1%(体积分数),燃气报警探头向燃气报警控制装置发出信号,由控制装置发出声光报警信号,提醒操作人员作相应处理;如果橇体内泄漏的燃气达到浓度2%(体积分数),控制装置在发出声光报警信号的同时,停止站内设备的运行。

二、压缩子站

压缩子站主要设备包括活塞式压缩机、储气井、子站拖车以及加气机。子站拖车可以为储气井补气,也可以直接为加气机供气;如果储气井的压力不能满足加气机的需求,优先控制系统将启动压缩机,为储气井补气。

CBB025 CNG 压缩子站组成系统

(一)工艺流程

压缩天然气由子站拖车从 CNG 加气母站运至站内,与卸气柱连接后进入加气站压缩机进气系统,在压缩机进气口前压缩天然气分为三路:一路通过旁路管线直接接到加气机的低压管路系统,如果有加气需求,子站拖车将作为低压储气瓶组,首先给加气机的低压管充气;一路连接到压缩机进口管路上,当高压 CNG 储气瓶组低于 22MPa(可调)时,压缩机系统进入工作状态;另一路连接到中压 CNG 储气瓶组,可直接向中压 CNG 储气瓶组补气。压缩子站工艺流程图见图 4-9。

CBB027 CNG 压缩子站压缩机组工艺流程

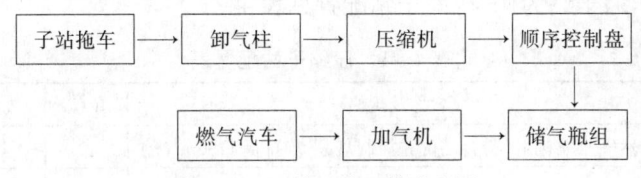

图 4-9　压缩子站工艺流程图

压缩子站通过优先控制系统动态地控制整个加气站的加气过程、CNG 压缩子站储气瓶组配置为中、高压储气瓶。当子站拖车上的气体压力低于 3MPa 时,压缩机自动停机,子站拖车又重新返回 CNG 加气母站进行加气。压缩子站价格低且技术成熟,但因机组不能频繁启动,需要增加大容积的储气瓶组,增加了建站费用。压缩机停机后需将压缩机内的高压余气全部放空,需要废气回收系统。压缩机运转时噪声大。

CBB026 CNG 压缩子站工艺特点

当子站拖车上的气体为 7.5~20MPa 时,拖车上的压缩天然气通过压缩机上的气动阀自动切换进入压缩机二级气缸,通过一级压缩到 25MPa,经压缩机上由 PLC 控制的优先顺序控制阀首先向高压 CNG 储气瓶组充气,然后向中压 CNG 储气瓶组充气,直到全部达到 25MPa 时停机。随着半挂拖车上的气体被不断抽出,气体压力也在不断下降。当半挂拖车上气体压力降到 7.5MPa 以下时,气体通过压缩机上的气动阀门自动进入压缩机一级缸,通过二级压缩到 25MPa 充入高、中压 CNG 储气瓶组,当子站拖车上的气体压力低于 3MPa 时,压缩机自动停机,子站拖车又重新返回 CNG 加气母站进行加气。

如果 CNG 储气瓶组的压力不能满足加气机的需求,此时智能化的优先控制系统将给 PLC 一个信号,启动压缩机,给储气瓶组补气到 25MPa。加压的顺序首先是高压储气瓶组,然后是中压储气瓶。当储气瓶充满时,压缩机停机。

压缩子站的智能控制系统利用预设的优先控制程序,动态地控制整个加气站的加气过程,将压缩天然气通过加气机直接给汽车加气,或者供给储气瓶组。加气机一般按子站拖车—中压 CNG 储气瓶组—高压 CNG 储气瓶组—压缩机的顺序取气。在紧急情况下,优先控制盘内的电磁阀将切断子站拖车、压缩机和储气瓶组的压缩天然气供应。

ZBB014 CNG 压缩子站流程操作

系统采用橇装式压缩机系统实现对气体的压缩,通过优先控制盘来对气体进行管理。压缩机系统的可编程序控制器对整个系统进行信号采集、故障诊断、故障显示、优先顺序控制、顺序启动/停机等全过程管理,以无人值守全自动方式工作。

CBB028 CNG 压缩子站压缩机组构成

优先顺序控制系统安装在压缩机橇体上,压缩机充气按照天然气汽车—高压 CNG 储气瓶组—中压 CNG 储气瓶组优先级顺序进行。

在给天然气汽车加气时,按照子站拖车—中压 CNG 储气瓶组—高压 CNG 储气瓶组—天然气压缩机优先级顺序为车辆加气。

CBB029 CNG 压缩子站压缩机组安全装置

为了保证安全,防止发生事故,该机除自动控制中的压力保护外,压缩机各级均设有安全阀,一、二级安全阀分别安装在相应的油水分离器上。当各级气压超过规定值时,安全阀将完全打开,排放的气体集中放空。

(二)压缩子站构成

以常见压缩子站为例,压缩子站配置见表 4-1。

表 4-1 压缩子站配置表

序号	名称及规格	单位	数量	备注
工艺设备	天然气压缩机组(带自动优先控制盘,平均排量1186m³/h)	台	1	
	储气瓶组(8m³,水容积)	台	1	
	加气机(双枪三线)	台	2	
仪表	储气系统的压力表、温度表现场及远传仪表	套	1	
	可燃气体检测报警仪	套	1	

1. 压缩机组

(1)系统配置:压缩机系统采用橇装式结构,橇装底盘上安装了压缩机、电动机、控制系统、安全防护系统、风冷式冷却器、气体净化系统及回收系统,橇块外部配备具有隔音、降噪、防火作用的防护罩。压缩机系统的主要功能配置表见表4-2。

表 4-2 压缩机系统的主要功能配置表

序号	配置	序号	配置
1	外罩	10	压缩机控制系统
2	压缩机排污系统	11	优先控制系统
3	二级压缩机	12	控制和操作橇体的计算机管理系统
4	级间空冷系统	13	紧急停机系统
5	级间安全阀	14	排气管上的压力安全阀
6	电动机	15	自动放散系统
7	自动排放系统	16	火警和气体泄漏报警探测仪
8	可更换内件的压缩机进气过滤器,5μm 的过滤滤芯	17	全套的阀门、执行器
9	压缩机进气自动保全电磁阀		

(2)压缩机组气路系统流程见图4-10。

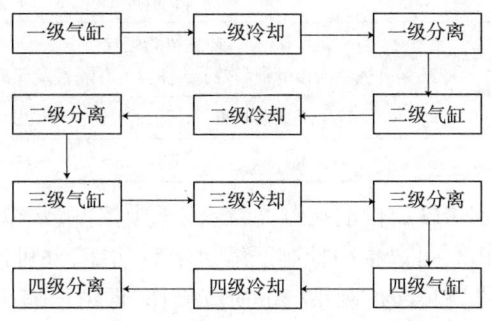

图4-10 气路系统流程

ZBB047 压缩机组气路系统流程操作

气路系统的主要作用是将气体引向压缩机,经压缩机各级压缩之后,再引向使用场所。天然气进入一级气缸,经过一级压缩后进入一级冷却器及一级油水分离器进行冷却并分离,然后进入二级压缩,依次类推,共经过四级压缩、冷却和分离后进入储气容器。为了防止气体回流,压缩机在送气阀前安装了单向阀。压缩机各级排气管上设置安全阀。

(3)压缩机电动机主要技术参数见表4-3。

表4-3 压缩机电动机主要技术参数表

类型	隔爆电动机
额定功率,kW	75
转速,r/min	610
电压,V	380
频率,Hz	50
防爆等级	d Ⅱ BT4
联轴器类型	弹性膜片式联轴器

(4)风冷式冷却器性能见表4-4。

表4-4 风冷式冷却器性能表

管路数	气体2路,压缩机润滑油1路
风扇驱动器	隔爆电动机
传动方式	皮带传动
排气温度	不高于环境温度20℃

(5)隔音防护罩外壳由彩钢板制成,安装在墙内的特殊材料可提供隔音、防火功能。外罩的门和可移动的控制板设计更有益于操作和维护,它们的位置安放灵活、易于对橇体中的主要设备进行维护和修理工作。罩内同时还装有防爆照明装置。压缩机橇体装有红外线气体泄漏探测装置,此装置包括一个气体泄漏探测仪及报警装置,当气体泄漏量达到爆炸极限下限浓度值的20%时,整个站的所有设备将被关停,隔音罩性能见表4-5。

表4-5 隔音罩性能表

基本构造	彩钢板
外表处理	环氧树脂喷涂 橇块内墙为镀锌喷涂钢板,内有隔音及保温材料
隔音效果	距离防护罩1m远,噪声小于70dB
电气等级	防爆

(6)电控系统采用PLC自动控制系统,位于中控室,每个压缩机橇块中设一套PLC控制系统。PLC可以集中控制压缩机所有功能,并可同时控制电动机、冷却系统、回收系统,优先顺序控制系统的所有操作,保证压缩机能安全运行。

其主要性能特点如下:

①压缩机各级的进/排气压力以及润滑油温度等工况参数值均通过变送器以实时方式传输给PLC,从PLC上可进行实时控制和显示并且很容易在PLC上调整和设置参数。

②触摸式图表/曲线显示屏幕,全中文操作界面,可向用户提供一个易于操作的友好平台。

③可自动或手动来操作压缩机启/停机。

④带有压缩机运行累计工作时间计时器。

⑤可自动向回收罐排放分离器及过滤器中的积液。

具体控制项目及动作方式见表4-6。

表4-6 具体控制项目及动作方式一览表

项目	状态	类型	动作
压缩机油压	低	开关压力表	关断
压缩机油位	低	低液位开关	关断
气缸润滑油流量	低	流量开关	关断
吸气压力	低/高	传感器	关断
第一级排气温度	高	温度传感器	关断
第二级排气温度	高	温度传感器	关断
第一级排气压力	高	压力传感器	关断
第二级排气压力	高	压力传感器	关断
储存压力	低/高	压力传感器	启动/关断
橇体内天然气浓度	高	探测器	报警
驱动电动机过载		探测器	关断
风扇电动机过载		探测器	关断
紧急关断		开关	关断

2. CNG储气设施

(1)储气井是利用石油钻井使用的进口的N80钢套在地下打井后,按其固井工艺将套管固定好而形成的储气装置。储气井的优点是储气装置占地少且地下储气相对地面上储气安全,这对于城市市区内建设CNG加气站有着十分重要的意义。

(2)国内已有多家公司生产子站拖车。有采用8只大瓶集束,储存气体压力为20MPa;可容纳标准状况下的天然气4550m^3;也有采用80L的钢瓶集束而成,储存气体压力为20MPa,20ft集装箱规格可容纳标准状况下的天然气2900m^3。目前由8只大瓶集束而成的拖车瓶组其材质和制造标准同进口设备相同,结构相同,同时有较好的价格技术性能比。

3. 加气机

加气机按进气方式分为单线制、二线制和三线制。根据国内外CNG加气站设备的运行经验以及项目的具体特点,建议选用三线制加气机。加气机按能力可分为适用于大客车加气(40m^3/min)型和适用于小轿车加气(30m^3/min)型两种。

CBB032 CNG压缩子站加气机

初级工练习题及答案

一、理论知识试题

(一)单项选择题(每题四个选项,只有一个是正确的,将正确的选项填入括号内)

1. BB001　CNG加气站是指以(　)形式向天然气汽车和子站车提供燃料的场所。
　　　　(A)压缩天然气　　(B)液化天然气　　(C)天然气　　(D)液化石油气

2. BB001　CNG加气站分为CNG加气母站、(　)和CNG加气子站。
　　　　(A)CNG常规加气站　(B)LPG站　　(C)LNG站　　(D)门站

3. BB002　CNG母站生产工艺的基本组成可分为(　)等系统。
　　　　(A)预处理及调压计量、脱硫、脱水、压缩、存储、售气
　　　　(B)预处理及调压计量、压缩、顺序控制、脱水、售气
　　　　(C)预处理、压缩脱水、存储、售气
　　　　(D)预处理、压缩脱水、顺序控制、存储

4. BB002　CNG加气母站常建在城市(　)处或天然气主管道附近。
　　　　(A)中心　　(B)CBD　　(C)门站　　(D)商场

5. BB003　加气站的主要功能包括除尘分离、压缩、(　)和售气几个方面。
　　　　(A)润滑　　(B)包装　　(C)储气　　(D)预热

6. BB003　CNG加气母站设有高压管道及设备的安全泄放和(　)回收系统。
　　　　(A)水　　(B)润滑油　　(C)废气　　(D)废水

7. BB004　CNG加气站采用高压脱水天然气压力一般为(　)。
　　　　(A)10～15MPa　　　　　　　(B)15～20MPa
　　　　(C)20～25MPa　　　　　　　(D)25MPa以上

8. BB004　管道天然气进入CNG母站后应首先进行(　)。
　　　　(A)过滤　　(B)计量　　(C)调压　　(D)缓冲

9. BB005　CNG母站进站流量计计量精度为(　)。
　　　　(A)±0.5%　　(B)±0.1%　　(C)±1%　　(D)±2%

10. BB005　CNG母站进站过滤器过滤精度为(　)。
　　　　(A)5μm　　(B)10μm　　(C)15μm　　(D)20μm

11. BB006　进站原料气含硫量高于(　),需进行脱硫处理。
　　　　(A)15mg/m³　　　　　　　　(B)25mg/m³
　　　　(C)5mg/m³　　　　　　　　(D)35mg/m³

12. BB006　CNG加气站采用脱硫方式主要为(　)。
　　　　(A)干法脱硫　　　　　　　(B)湿法脱硫
　　　　(C)干法脱硫和湿法脱硫　　(D)物理法脱硫

13. BB007　脱水装置可(　)连续工作,不间断洁净干燥的气体。
　　　　(A)8h　　(B)12h　　(C)24h　　(D)18h

14. BB007　脱水装置工艺流程包括吸附和（　）两个过程。
(A)排污　　　　(B)放空　　　　(C)再生　　　　(D)匀压

15. BB008　润滑油系统采用的润滑油是（　）。
(A)DAB150　　(B)150　　　　(C)140　　　　(D)145

16. BB008　一个注油点每分钟注油（　）滴。
(A)8～10　　　(B)8～11　　　(C)8～12　　　(D)8～13

17. BB009　齿轮油泵位于机身一端，由（　）带动。
(A)连杆　　　　(B)曲轴　　　　(C)十字头　　　(D)齿轮

18. BB009　当电动机启动后，机身油池内的润滑油经（　）过滤后被吸入油泵加压到0.2～0.4MPa。
(A)调压器　　　(B)冷却器　　　(C)吸油过滤器　(D)加热器

19. BB010　循环水系统是用来给（　）降温的。
(A)压缩机　　　(B)脱硫塔　　　(C)脱水塔　　　(D)加气机

20. BB010　循环水系统是由冷却水塔、水池、（　）组成。
(A)循环水泵　　(B)脱硫塔　　　(C)脱水塔　　　(D)加气机

21. BB011　CNG加气站需要仪表风系统进行操作控制的有（　）。
(A)液压子站拖车　(B)脱水装置　　(C)压缩机组　　(D)以上全是

22. BB011　仪表风系统的作用是为控制系统提供干燥、洁净的压缩（　）。
(A)氮气　　　　(B)空气　　　　(C)天然气　　　(D)氢气

23. BB012　仪表风系统是由（　）主管路过滤器、干燥器、微油过滤器和储气罐组成。
(A)天然气压缩机　(B)空气干燥器　(C)空气压缩机　(D)空气加湿器

24. BB012　仪表风系统中，空气经过（　）提高压力高。
(A)储气罐　　　　　　　　　　　　(B)干燥器
(C)主管路过滤器　　　　　　　　　(D)空气压缩机

25. BB013　CNG常规加气站的气源来自于（　）。
(A)站外天然气管道　(B)储气井　　(C)储气瓶　　　(D)管束车

26. BB013　为满足汽车不均衡加气的需要，CNG常规加气站必须设置（　）。
(A)缓冲罐　　　(B)高压储气系统　(C)顺序控制盘　(D)调压撬

27. BB014　原料天然气进CNG常规加气站后首先须经（　）计量、脱硫、脱水后进入天然气压缩。
(A)储气罐　　　(B)缓冲器　　　(C)调压　　　　(D)分离器

28. BB014　CNG常规加气站的气源含硫量已达到规定值，则无需设（　）设备。
(A)报警　　　　(B)增压　　　　(C)脱硫　　　　(D)脱水

29. BB015　CNG常规加气站日工作能力应不小于（　）。
(A)15000m^3　(B)25000m^3　(C)30000m^3　(D)20000m^3

30. BB015　CNG常规加气站进站天然气压力为（　）。
(A)0.3～0.4MPa　　　　　　　　　(B)0.1～0.2MPa
(C)1.1～2.04MPa　　　　　　　　 (D)1.0～2.5MPa

31. BB016　分子筛脱水根据的是（　）原理。
(A)分离　　　　(B)活化　　　　(C)吸附　　　　(D)催化

32. BB016 分子筛脱水工艺通常采用( )流程。
(A)五塔 (B)四塔 (C)单塔 (D)双塔

33. BB017 CNG常规加气站高压脱水装置实际上是加压冷却脱水法和吸附分离法的( )应用。
(A)单联 (B)串联 (C)双机 (D)单机

34. BB017 加压冷却脱水法可以脱去天然气原始含水量中( )的水分。
(A)90% (B)70% (C)80% (D)95%

35. BB018 CNG常规加气站必须设置( )系统以储存压缩机加压的高压气。
(A)放散 (B)排污 (C)高压储气 (D)过滤

36. BB018 当储气系统内压力达到( )时,压缩机将自动停机。
(A)18~20MPa (B)20~22MPa (C)25~29MPa (D)10~15MPa

37. BB019 目前建设的CNG常规加气站生产规模多为10000m³/d和( )。
(A)16000m³/d (B)15000m³/d (C)14000m³/d (D)13000m³/d

38. BB019 低压天然气经压缩机加压后,天然气压力升高到( )。
(A)5MPa (B)25MPa (C)2MPa (D)15MPa

39. BB020 CNG加气机一般采用( )。
(A)差压式流量计 (B)叶轮式流量计
(C)质量流量计 (D)动量式

40. BB020 加气机在( )的温度环境中能保持正常工作。
(A)-10~45℃ (B)-25~55℃ (C)-30~45℃ (D)-10~30℃

41. BB021 CNG液压子站是以( )控制的方式。
(A)手动 (B)半自动 (C)自动 (D)半手动

42. BB021 CNG液压子用( )专用设备,将循环油以高压注入子站拖车内。
(A)液压增压 (B)压缩机 (C)空压机 (D)加气机

43. BB022 溢流阀调定液压油出口压力,其控制范围为( )。
(A)0~22MPa (B)20~22MPa (C)0~10MPa (D)0~20MPa

44. BB022 液压子站拖车集装箱框架应顶升至( )仰角,为系统运行做好准备工作。
(A)15° (B)13° (C)8° (D)5°

45. BB023 液压子站主要由( )、子站拖车、空气压缩机、控制柜和加气机等设备组成。
(A)空压机 (B)压缩机 (C)液压橇体 (D)调压计量

46. BB023 液压子站的( )发出指令自动完成注油、回油以及相应高压气体阀门的启闭。
(A)放散系统 (B)液压系统 (C)排污系统 (D)控制系统

47. BB024 液压子站主要设备为( )。
(A)压缩机 (B)插装阀 (C)空压机 (D)液压橇体

48. BB024 液压子站运行系统由动力照明系统、( )、气动系统、天然气气路系统、自动控制系统以及燃气报警系统组成。
(A)液压系统 (B)压缩机组 (C)储气瓶组 (D)深冷系统

49. BB025 压缩子站主要设备包括活塞式压缩机、( )、子站拖车以及加气机。
(A)液压系统 (B)加气机
(C)储气井 (D)卸气柱

50. BB025　压缩子站的储气井的压力不能满足加气机的需求,(　)将自动启动压缩机加压供气。
　　　　(A)优先控制系统　　　　　　　　(B)PLC控制柜
　　　　(C)加气机控制系统　　　　　　　(D)液压控制系统

51. BB026　压缩子站通过(　)动态地控制整个加气站的加气过程。
　　　　(A)优先控制系统　　　　　　　　(B)调压计量装置
　　　　(C)程序控制盘　　　　　　　　　(D)PLC控制系统

52. BB026　CNG压缩子站储气井配置为(　)。
　　　　(A)中、高压储气井　　　　　　　(B)中、低压储气井
　　　　(C)中压井　　　　　　　　　　　(D)高压井

53. BB027　子站拖车与卸气柱连接后进入加气站压缩机进气系统,在压缩机前压缩天然气分为(　)路。
　　　　(A)1　　　　(B)3　　　　(C)2　　　　(D)4

54. BB027　当子站拖车上的气体为(　)时,拖车上的压缩天然气通过压缩机上的气动阀自动切换进入压缩机二级气缸,通过一级压缩到25MPa。
　　　　(A)7.5～22MPa　　　　　　　　　(B)7.5～20MPa
　　　　(C)7.5～10MPa　　　　　　　　　(D)3～7.5MPa

55. BB028　CNG加气子站压缩子站系统采用橇装式压缩机系统实现对气体的压缩,通过(　)来对气体进行管理。
　　　　(A)优先控制盘　　　　　　　　　(B)气体净化系统
　　　　(C)回收系统　　　　　　　　　　(D)风冷式冷却器

56. BB028　优先顺序控制系统是安装在压缩机橇体上,压缩机充气按照(　)优先级顺序进行。
　　　　(A)高压储气瓶组、中压储气瓶组、天然气汽车
　　　　(B)天然气汽车、高压储气瓶组、中压储气瓶组
　　　　(C)中压储气瓶组、高压储气瓶组、天然气汽车
　　　　(D)高压储气瓶组、中压储气瓶组、低压储气瓶组

57. BB029　为了保证安全,防止发生事故,压缩机除自动控制中的压力保护外,压缩机各级均设有安全阀,一、二级安全阀分别安装在相应的(　)上。当各级气压超过规定值时,安全阀将完全打开,排放的气体集中放空。
　　　　(A)油水分离器　　(B)程序控制盘　　(C)高压管　　(D)气缸

58. BB029　当各级气压超过规定值时,(　)将完全打开,排放的气体集中放空。
　　　　(A)排污阀　　　　(B)安全阀　　　　(C)球阀　　　(D)闸阀

59. BB030　排污系统由排污管道、排污罐和(　)组成。
　　　　(A)安全阀　　　　(B)隔油池　　　　(C)压缩机　　(D)空压机

60. BB030　现场放空系统的管道颜色为(　)。
　　　　(A)黄色　　　　　(B)红色　　　　　(C)蓝色　　　(D)绿色

61. BB031　在CNG加气子站压缩机橇体内的能够使用的是(　)。
　　　　(A)卤素灯　　　　　　　　　　　(B)防爆开关
　　　　(C)隔爆型电动机　　　　　　　　(D)防爆白炽灯

62. BB031 在CNG加气子站压缩机橇体内使用的压缩机驱动电动机防爆等级为( )。
　　　　　(A)DⅡBT4　　　(B)DⅡBT1　　　(C)DⅡBT2　　　(D)DⅡBT3
63. BB032 加气机按进气方式分为单线制、二线制和( )。
　　　　　(A)五线制　　　(B)四线制　　　(C)三线制　　　(D)六线制
64. BB032 适用于大客车加气的加气机为( )型。
　　　　　(A)40m³/min　　(B)30m³/min　　(C)20m³/min　　(D)10m³/min

(二)判断题(对的画"√",错的画"×")

( )1. BB001　CNG加气站分为CNG加气母站、CNG常规加气站和CNG加气子站。
( )2. BB002　CNG母站生产工艺的基本组成可分为预处理及调压计量、脱硫、脱水、压缩、存储、售气等系统。
( )3. BB003　CNG加气母站设有进站安全切断系统。
( )4. BB004　CNG加气母站原料气经前置脱水装置脱水后,水露点应达到 -40℃。
( )5. BB005　从管道输送来的原料天然气进站后,经精度为5μm的过滤器过滤,再经精度为±1%级的流量计计量,经调压装置调压。
( )6. BB006　CNG加气站采用脱硫方式主要为干法脱硫和湿法脱硫。
( )7. BB007　脱水装置工艺流程包括吸附和再生两个过程。
( )8. BB008　一个注油点每分钟注油8～10滴。
( )9. BB009　循环油管路包括齿轮油泵、吸油过滤器、单筒过滤器等。
( )10. BB010　循环水系统由冷却水塔、水池和循环水泵组成。
( )11. BB011　仪表风系统的作用是为控制系统提供干燥、洁净的压缩空气。
( )12. BB012　仪表风系统是由空气压缩机、主管路过滤器、干燥器、微油过滤器和储气罐组成的。
( )13. BB013　CNG常规加气站从站外天然气管道取气。
( )14. BB014　CNG常规加气站的气源含硫量已达到规定值,则无需设脱硫设备。
( )15. BB015　CNG常规加气站日工作能力应不小于15000Nm³。
( )16. BB016　CNG加气站用分子筛脱水剂再生温度一般为200～260℃。
( )17. BB017　CNG常规加气站高压脱水装置采用加压冷却脱水法和吸附分离法的串联应用。
( )18. BB018　为了满足汽车不均衡加气的需要,CNG常规加气站必须设置高压储气系统。
( )19. BB019　CNG常规加气站使用比较普遍的压缩机是：V-1.55/3-250-Ⅲ、L-2.5/3-250、L-7/3-250等三种型号。
( )20. BB020　加气机的数据采集是将流量信号通过变送器转换为电脉冲信号输入到加气机的智能测控系统。
( )21. BB021　CNG液压子站是以自动控制的方式,运用液压增压成套专用设备,利用循环油将储气瓶内的压缩天然气推出。
( )22. BB022　液压子站拖车集装箱框架应顶升至13°仰角,为系统运行做好准备工作。
( )23. BB023　液压子站主要由液压橇体、子站拖车、空气压缩机、控制柜和加气机等设备组成。
( )24. BB024　液压子站组成主要为液压橇体。
( )25. BB025　压缩子站拖车可以为储气井补气,也可以直接为加气机供气。

(　)26. BB026　压缩子站通过优先控制系统动态的控制整个加气站的加气过程。

(　)27. BB027　压缩天然气由子站拖车从 CNG 加气母站运至站内,与卸气柱连接后进入加气站压缩机进气系统,在压缩机进气口前压缩天然气分为三路。

(　)28. BB028　在给天然气汽车加气时,按照子站拖车—中压 CNG 储气瓶井—高压 CNG 储气瓶井—天然气压缩机优先级顺序为车辆加气。

(　)29. BB029　为了保证安全,防止发生事故,压缩机除自动控制中的压力保护外,压缩机各级均设有安全阀,一、二级安全阀分别安装在相应的油水分离器上。

(　)30. BB030　CNG 加气站放空系统正常状态下为常压。

(　)31. BB031　在 CNG 加气子站压缩机橇体内的能够使用卤素灯。

(　)32. BB032　适用于小轿车加气的加气机为 $30m^3/min$ 型。

二、技能操作试题

(一) AA001 排污罐排污操作

1. 考核要求

(1) 必须穿戴劳动保护用品。

(2) 工具、量具、用具准备齐全,正确使用。

(3) 操作规程符合安全文明操作。

(4) 按规定完成操作项目,质量达到技术要求。

(5) 操作完毕,做到工完、料净、场地清。

2. 准备要求

(1) 设备准备:

序号	名　称	规　格	数　量	备　注
1	储液罐		1台	

(2) 材料准备:

序号	名　称	规　格	数　量	备　注
1	棉布		适量	

(3) 工具、量具准备:

序号	名　称	规　格	数　量	备　注
1	排污记录表		1张	
2	碳素笔		1支	
3	排污桶		1个	

3. 操作程序说明

(1) 准备工作;

(2) 关闭液位计进口阀门;

(3) 关闭液位计出口阀门;

(4) 排空液位计;

(5)恢复液位计使用；

(6)打开液位计进口阀门；

(7)打开液位计出口阀门；

(8)观察液位；

(9)打开排污阀；

(10)排污操作；

(11)填写记录；

(12)关闭排污阀；

(13)清理场地。

4.考核规定说明

(1)如操作违章或未按操作程序执行操作,将停止考核。

(2)考核采用百分制,考核项目得分按鉴定比重进行折算。

(3)考核方式说明：该项目为实际操作,考核过程按评分标准及操作过程进行评分。

(4)测量技能说明：本项目主要测量考生对母站排污罐排污操作掌握的熟练程度。

5.考核时限

(1)准备时间：1min(不计入考核时间)。

(2)正式操作时间：15min。

(3)提前完成操作不加分,到时停止操作考核。

6.评分记录表

序号	考核内容	评分要素	配分	评分标准	检测结果	扣分	得分	备注
1	准备工作	选择工具、用具及材料	5	每少选、错选一件扣1分				
2	关闭液位计进口阀门	关闭液位计进口阀门,阀门旋向正确	10	未关闭液位计进口阀门扣10分,阀门旋向错误扣5分				
3	关闭液位计出口阀门	关闭液位计出口阀门,阀门旋向正确	10	未关闭液位计出口阀门扣10分,阀门旋向错误扣5分				
4	排空液位计	打开液位计排污阀,排出液位计内污油	10	未打开液位计排污阀扣10分,未排出液位计内全部污油扣5分				
5	恢复液位计使用	关闭液位计排污阀	5	未关闭液位计排污阀扣5分				
6	打开液位计进口阀门	打开液位计进口阀门,阀门旋向正确	10	未打开液位计进口阀门扣10分,阀门旋向错误扣5分				
7	打开液位计出口阀门	打开液位计出口阀门,阀门旋向正确	10	未打开液位计出口阀门扣10分,阀门旋向错误扣5分				
8	观察液位	观察液位计液位	5	未排出液位计内全部污油扣5分				
9	打开排污阀	均匀加力打开排污阀门,阀门打开时判断是否有渗漏现象,如果阀门出现异常(开裂、异响)应停止操作	10	未均匀加力打开阀门扣10分				
				未检查阀门扣5分				

续表

序号	考核内容	评分要素	配分	评分标准	检测结果	扣分	得分	备注
10	排污操作	排污时间由液位而定,低于液位计1/2处即可停止	5	排污时间过短扣5分				
11	填写记录	填写液位和排污时间,使用仿宋字体	10	未记录液位扣10分,未使用仿宋字扣5分				
12	关闭排污阀	阀门旋向正确,阀门关闭紧密	10	未均匀加力关闭阀门扣5分,未关闭紧密扣5分				
13	清理场地	清理场地		未收、少收材料从总分中扣3分,场地不清洁从总分中扣5分				
14	安全文明操作	按国家或企业颁发有关安全规定执行操作		每违反一项规定从总分中扣5分,严重违规取消考核				
15	考核时限	在规定时间内完成		到时停止操作考核				
合 计			100					

(二) AA002 仪表风装置排污操作

1. 考核要求

(1)必须穿戴劳动保护用品。

(2)工具、量具、用具准备齐全,正确使用。

(3)操作规程符合安全文明操作。

(4)按规定完成操作项目,质量达到技术要求。

(5)操作完毕,做到工完、料净、场地清。

2. 准备要求

(1)设备准备:

序号	名 称	规 格	数 量	备 注
1	空压机	SLAD-0.31WXF	1台	

(2)材料准备:

序号	名 称	规 格	数 量	备 注
1	抹布		适量	

(3)工具、量具准备:

序号	名 称	规 格	数 量	备 注
1	排污记录本		1本	
2	碳素笔		1支	

3. 操作程序说明

(1)准备工作;

(2)判断排污阀位置;

(3)储气罐排污准备;

(4)储气罐排污;

(5)判断分离器排污阀位置;

(6)分离器排污准备;

(7)分离器排污;

(8)判断排污阀位置;

(9)过滤器排污准备;

(10)过滤器排污;

(11)判断排污阀位置;

(12)干燥器排污准备;

(13)干燥器排污;

(14)填写记录;

(15)清理场地。

4. 考核规定说明

(1)如操作违章或未按操作程序执行操作,将停止考核。

(2)考核采用百分制,考核项目得分按鉴定比重进行折算。

(3)考核方式说明:该项目为实际操作,考核过程按评分标准及操作过程进行评分。

(4)测量技能说明:本项目主要测量考生对仪表风装置排污操作掌握的熟练程度。

5. 考核时限

(1)准备时间:1min(不计入考核时间)。

(2)正式操作时间:15min。

(3)提前完成操作不加分,到时停止操作考核。

6. 评分记录表

序号	考核内容	评分要素	配分	评分标准	检测结果	扣分	得分	备注
1	准备工作	选择工具、用具、材料	5	少选、错选一件扣1分,扣完为止				
2	判断排污阀位置	判断排污阀门位置	5	判断错误扣5分				
3	储气罐排污准备	均匀加力打开排污阀门,阀门旋向正确	10	未均匀加力打开阀门扣10分,阀门旋向错误扣5分				
4	储气罐排污	污物排干净	5	未排干净扣5分				
5	判断分离器排污阀位置	判断排污阀门位置	10	判断错误扣5分				
6	分离器排污准备	均匀加力打开排污阀门,阀门旋向正确	10	未按标准开启扣10分,阀门旋向错误扣5分				
7	分离器排污	污物排干净	5	未排干净扣5分				
8	判断排污阀位置	判断排污阀门位置	5	判断错误扣5分				
9	过滤器排污阀准备	均匀加力打开排污阀门,阀门旋向正确	10	未按标准开启扣10分,阀门旋向错误扣5分				
10	过滤器排污	污物排干净	5	未排干净扣5分				

续表

序号	考核内容	评分要素	配分	评分标准	检测结果	扣分	得分	备注
11	判断排污阀位置	判断排污阀门位置	5	判断错误扣5分				
12	干燥器排污准备	均匀加力打开排污阀门污物排干净	10	未按均匀加力开启扣10分,阀门旋向错误扣5分				
13	干燥器排污	污物排干净	5	未排干净扣5分				
14	填写记录	填写排污记录,使用仿宋字	10	未填写排污记录扣10分,未使用仿宋字记录扣5分				
15	清理场地	清理场地,收工		未收、少收工具从总分中扣3分,场地不清洁从总分中扣5分				
16	安全文明操作	按国家或企业颁发有关安全规定执行操作		每违反一项规定从总分中扣5分,严重违规取消考核				
17	考核时限	在规定时间内完成		到时停止操作考核				
	合 计		100					

(三) AA003 子站加气机排污操作

1. 考核要求

(1)必须穿戴劳动保护用品。
(2)工具、量具、用具准备齐全,正确使用。
(3)操作规程符合安全文明操作。
(4)按规定完成操作项目,质量达到技术要求。
(5)操作完毕,做到工完、料净、场地清。

2. 准备要求

(1)设备准备:

序号	名 称	规 格	数 量	备 注
1	加气机	JQDS-30B1MSW	1台	

(2)材料准备:

序号	名 称	规 格	数 量	备 注
1	棉纱		适量	

(3)工具、量具准备:

序号	名 称	规 格	数 量	备 注
1	排污记录本		1本	
2	碳素笔		1支	

3. 操作程序说明

(1)准备工作;

(2)打开加气机外壳；
(3)判断阀门位置；
(4)关闭加气机入口球阀；
(5)判断阀门位置；
(6)打开排污阀；
(7)排污操作；
(8)关闭排污阀；
(9)判断阀门位置；
(10)打开加气机入口球阀；
(11)填写记录；
(12)清理场地。

4.考核规定说明

(1)如操作违章或未按操作程序执行操作,将停止考核。
(2)考核采用百分制,考核项目得分按鉴定比重进行折算。
(3)考核方式说明:该项目为实际操作,考核过程按评分标准及操作过程进行评分。
(4)测量技能说明:本项目主要测量考生对子站加气机排污操作掌握的熟练程度。

5.考核时限

(1)准备时间:1min(不计入考核时间)。
(2)正式操作时间:15min。
(3)提前完成操作不加分,到时停止操作考核。

6.评分记录表

序号	考核内容	评分要素	配分	评分标准	检测结果	扣分	得分	备注
1	准备工作	选择工具、用具、材料	5	少选、错选一件扣1分,扣完为止				
2	打开加气机外壳	用专用钥匙打开	5	未用专用钥匙打开扣5分				
3	判断阀门位置	判断阀门位置	10	判断错误扣10分				
4	关闭加气机入口球阀	均匀加力关闭阀门,旋向正确	10	未均匀加力关闭阀门扣10分,旋向错误扣5分				
5	判断阀门位置	判断阀门位置	10	判断错误扣10分				
6	打开排污阀	均匀加力打开排污阀,旋向正确	10	未均匀加力打开排污阀扣10分,旋向错误扣5分				
7	排污操作	排污阀打开保持1min,直至气体排完	10	排污时间过短扣5分,气体未排完扣5分				
8	关闭排污阀	关闭应紧密,旋向正确	10	未关闭紧密扣5分,旋向错误扣5分				
9	判断阀门位置	判断阀门位置	10	判断错误扣10分				
10	打开加气机入口球阀	均匀加力打开阀门,旋向正确	10	未均匀加力打开阀门扣10分,旋向错误扣5分				
11	填写记录	填写排污记录,使用仿宋字	10	未填写排污记录扣10分,未使用仿宋字记录扣5分				

续表

序号	考核内容	评分要素	配分	评分标准	检测结果	扣分	得分	备注
12	清理场地	清理场地,收工		未收、少收工具从总分中扣3分,场地不清洁从总分中扣5分				
13	安全文明操作	按国家或企业颁发有关安全规定执行操作		每违反一项规定从总分中扣5分,严重违规取消考核				
14	考核时限	在规定时间内完成		到时停止操作考核				
	合　计		100					

(四) AB001 脱硫塔排污操作

1. 考核要求

(1) 必须穿戴劳动保护用品。
(2) 工具、量具、用具准备齐全,正确使用。
(3) 操作规程符合安全文明操作。
(4) 按规定完成操作项目,质量达到技术要求。
(5) 操作完毕,做到工完、料净、场地清。

2. 准备要求

(1) 设备准备:

序号	名　称	规　格	数　量	备　注
1	脱硫装置	DN1200	1台	

(2) 材料准备:

序号	名　称	规　格	数　量	备　注
1	棉纱		适量	
2	排污记录本		1本	
3	碳素笔		1支	

(3) 工具、量具准备:

序号	名　称	规　格	数　量	备　注
1	F扳手		1把	
2	排污桶		1只	
3	测漏仪		1台	

3. 操作程序说明

(1) 准备工作;
(2) 泄放静电;
(3) 打开A塔排污阀;
(4) 排污操作;
(5) 填写记录;

(6)关闭 A 塔排污阀;

(7)检测排污阀气密性;

(8)打开 B 塔排污阀;

(9)排污操作;

(10)填写记录;

(11)关闭 A 塔排污阀;

(12)检测排污阀气密性;

(13)清理场地。

4. 考核规定说明:

(1)如操作违章或未按操作程序执行操作,将停止考核。

(2)考核采用百分制,考核项目得分按鉴定比重进行折算。

(3)考核方式说明:该项目为实际操作,考核过程按评分标准及操作过程进行评分。

(4)测量技能说明:本项目主要测量考生对母站脱硫塔排污操作掌握的熟练程度。

5. 考核时限

(1)准备时间:1min(不计入考核时间)。

(2)正式操作时间:15min。

(3)提前完成操作不加分,到时停止操作考核。

6. 评分记录表

序号	考核内容	评分要素	配分	评分标准	检测结果	扣分	得分	备注
1	准备工作	选择工具、材料	5	少选、错选一件扣1分,扣完为止				
2	泄放静电	泄放静电	5	未泄放静电扣5分				
3	打开 A 塔排污阀	均匀加力打开排污阀门,阀门旋向正确	10	未均匀加力开启扣10分,阀门旋向错误扣5分				
4	排污操作	排污时间不得少于20s	10	排污时间不够扣10分				
5	填写记录	填写排污记录	10	未填写排污记录扣10分				
6	关闭 A 塔排污阀	均匀加力关闭排污阀门,阀门旋向正确	10	未均匀加力关闭扣5分,阀门旋向错误扣5分				
7	检测排污阀气密性	检测排污阀气密性	10	未检测气密性扣10分				
8	打开 B 塔排污阀	均匀加力打开排污阀门,阀门旋向正确	10	未均匀加力开启扣10分,阀门旋向错误扣5分				
9	排污操作	排污时间不得少于20s	10	排污时间不够扣10分				
10	填写记录	填写排污记录	5	未填写排污记录扣5分				
11	关闭 B 塔排污阀	均匀加力关闭排污阀门,阀门旋向正确	10	未均匀加力关闭扣10分,阀门旋向错误扣5分				
12	检测排污阀气密性	检测排污阀气密性	5	未检测气密性扣5分				
13	清理场地	清理场地		场地不清洁从总分中扣5分				
14	安全文明操作	按国家或企业颁发有关安全规定执行操作		每违反一项规定从总分中扣5分,严重违规取消考核				
15	考核时限	在规定时间内完成		到时停止操作考核				
	合 计		100					

(五) AC007 更换空气压缩机皮带

1. 考核要求

(1) 必须穿戴劳动保护用品。

(2) 工具、量具、用具准备齐全,正确使用。

(3) 操作规程符合安全文明操作。

(4) 按规定完成操作项目,质量达到技术要求。

(5) 操作完毕,做到工完、料净、场地清。

2. 准备要求

(1) 设备准备:

序号	名 称	规 格	数 量	备 注
1	空气压缩机	GA11$^+$	1台	

(2) 材料准备:

序号	名 称	规 格	数 量	备 注
1	棉纱		适量	
2	皮带	SPA1257LW	2根	

(3) 工具、量具准备:

序号	名 称	规 格	数 量	备 注
1	开口扳手		1套	
2	内六角扳手		1套	

3. 操作程序说明

(1) 准备工作;

(2) 检查空压机状态;

(3) 打开控制面板;

(4) 切断空气压缩机电源;

(5) 旋松电机固定螺栓;

(6) 旋松锁紧螺母;

(7) 调整螺杆;

(8) 拆卸旧皮带;

(9) 安装新皮带;

(10) 调整皮带轮位置;

(11) 检测浮动余量;

(12) 清理场地。

4. 考核规定说明

(1) 如操作违章或未按操作程序执行操作,将停止考核。

(2)考核采用百分制,考核项目得分按鉴定比重进行折算。

(3)考核方式说明:该项目为实际操作,考核过程按评分标准及操作过程进行评分。

(4)测量技能说明:本项目主要测量考生对更换空气压缩机皮带掌握的熟练程度。

5. 考核时限

(1)准备时间:1min(不计入考核时间)。

(2)正式操作时间:15min。

(3)提前完成操作不加分,到时停止操作考核。

6. 评分记录表

序号	考核内容	评分要素	配分	评分标准	检测结果	扣分	得分	备注
1	准备工作	选择工具、用具、材料	5	少选、错选一件扣1分,扣完为止				
2	检查空压机状态	空压机是停机状态	10	未检查扣10分				
				判断错误扣5分				
3	打开控制面板	用钥匙打开控制面板	5	未用钥匙打开控制面板扣5分				
4	切断空气压缩机电源	关闭空压机总电源	10	未切断电源扣10分,未完全切断电源扣5分				
5	旋松电机固定螺丝	逆时针旋松螺栓,旋松2~3圈	10	螺栓旋向错误扣10分,旋松过度扣5分				
6	旋松锁紧螺母	旋松调整螺杆锁紧螺母,旋向应正确	10	未旋松锁紧螺母扣10分,旋向错误扣5分				
7	调整螺杆	均匀加力旋转调整螺杆	10	未旋转调整螺杆扣10分,未均匀加力旋转调整螺杆扣5分				
8	拆卸旧皮带	拆卸循序为由外至内	10	顺序错误扣5分				
9	安装新皮带	安装顺序为由内至外	10	顺序错误扣5分				
10	调整皮带轮位置	均匀加力旋转调整螺杆,旋向应正确	10	未均匀加力旋转调整螺杆扣10分,旋向错误扣5分				
11	检测浮动余量	皮带浮动余量为10~15mm	10	浮动余量过大扣5分				
				浮动余量过小扣5分				
12	清理场地	清理场地,收工具		未收、少收工具从总分中扣3分,场地不清洁从总分中扣5分				
13	安全文明操作	按国家或企业颁发有关安全规定执行操作		每违反一项规定从总分中扣5分,严重违规取消考核				
14	考核时限	在规定时间内完成		到时停止操作考核				
	合 计		100					

三、答案

(一)单项选择题

1. A   2. A   3. A   4. C   5. C   6. C   7. C   8. C   9. C   10. A   11. A
12. C   13. C   14. C   15. A   16. A   17. B   18. C   19. A   20. A   21. D   22. B
23. C   24. D   25. A   26. B   27. C   28. C   29. A   30. B   31. C   32. D   33. B
34. D   35. C   36. B   37. B   38. B   39. C   40. B   41. C   42. A   43. B   44. B
45. C   46. D   47. D   48. A   49. C   50. A   51. A   52. A   53. B   54. B   55. A

56. D 57. A 58. B 59. B 60. B 61. A 62. A 63. C 64. A

(二) 判断题

1. √ 2. √ 3. √ 4. × CNG 加气母站原料气脱水后水露点应达到 −55℃。
5. √ 6. √ 7. √ 8. √ 9. √ 10. √ 11. √ 12. √ 13. √ 14. √
15. √ 16. √ 17. √ 18. √ 19. √ 20. √ 21. √ 22. √ 23. √
24. √ 25. √ 26. √ 27. √ 28. √ 29. √ 30. √ 31. √ 32. √

中级工练习题及答案

一、理论知识试题

(一)单项选择题(每题四个选项,只有一个是正确的,将正确的选项填入括号内)

1. BA018 脱硫装置工作温度( )。
   (A) −10~90℃   (B) −20~70℃   (C) −10~70℃   (D) −10~60℃

2. BA018 脱硫装置再生温度( )。
   (A) 40℃   (B) 50℃   (C) 60℃   (D) 70℃

3. BA019 从调压计量装置来的天然气进入加湿器底部,从其上部出来经管路从脱硫塔的( )进入。
   (A) 上部   (B) 中部   (C) 底部   (D) 顶部

4. BA019 脱除 H_2S 的天然气由脱硫塔的( )出来。
   (A) 上部   (B) 中部   (C) 下部   (D) 顶部

5. BA020 脱水装置的再生周期小于等于( )。
   (A) 1h   (B) 2h   (C) 6h   (D) 3h

6. BA020 脱水装置的吸附周期(单塔)大于等于( )。
   (A) 1h   (B) 2h   (C) 12h   (D) 3h

7. BA021 往复活塞式压缩机属于( )压缩机。
   (A) 容积型   (B) 动力型   (C) 热力型   (D) 轴流型

8. BA021 CNG 加气站使用的大都是具有曲柄连杆的往复( )式压缩机。
   (A) 螺杆   (B) 叶轮   (C) 离心   (D) 活塞

9. BA022 压缩机气缸内的工作容积逐渐增大而压力逐渐降低是( )过程。
   (A) 吸气   (B) 压缩   (C) 排气   (D) 放散

10. BA022 压缩机气缸内的工作容积缩小而气体压力逐渐增大是( )过程。
    (A) 吸气   (B) 压缩   (C) 排气   (D) 放散

11. BA023 CNG 母站压缩机四级排气压力一般不低于是( )。
    (A) 12MPa   (B) 70MPa   (C) 13MPa   (D) 20MPa

12. BA023 压缩机一级气缸压缩后气体进入一级( )。
    (A) 过滤器   (B) 冷却器   (C) 分离器   (D) 加气柱

13. BA024 压缩机注油器柱塞移动的形式是( )。
    (A) 离心式   (B) 齿轮式   (C) 旋转式   (D) 往复式

14. BA024 注油器的逆止阀的作用是( )。
    (A) 防止返气   (B) 防止返油   (C) 防止返水   (D) 防止返杂质

15. BA025 冷却系统一般由水源、( )及用水设备等组成。
    (A) 水池   (B) 锅炉   (C) 供水装置   (D) 阀门

16. BA025 为了分离压缩气体中的油污和水蒸气,最后一级排出的气体也要进行( )。
    (A) 加热   (B) 调压   (C) 冷却   (D) 放散

17. BA026 每台压缩机组有总进水管路和总( )管路。
（A）排污　　　（B）放散　　　（C）回水　　　（D）调压
18. BA026 循环冷却水总进水管分别进压缩机各级( )、各级气缸、油冷却器、填料。
（A）调压器　　（B）过滤器　　（C）分离器　　（D）冷却器
19. BA027 仪表风系统工作压力为( )。
（A）0.4~1MPa　　　　　　　（B）0.4~0.75MPa
（C）0.4~2MPa　　　　　　　（D）0.4~3MPa
20. BA027 仪表风系统的含油小于等于( )。
（A）4mg/m³　　（B）3mg/m³　　（C）2mg/m³　　（D）1mg/m³
21. BA028 加气柱系统的核心部件是( )装置。
（A）流量计量　（B）压力传感　（C）温度传感　（D）放散
22. BA028 加气柱系统的附属部分包括电磁阀组、( )、电脑控制仪等。
（A）加气枪　　（B）加气柱　　（C）加气岛　　（D）流量计
23. BA029 CNG场站站内消防器材按( )配置。
（A）面积　　　（B）人数　　　（C）规定　　　（D）产量
24. BA029 CNG加气站内消防水池容积( )。
（A）27m³　　　（B）270m³　　（C）2.7m³　　（D）2m³
25. BA030 生产区入口设置( )。
（A）简介　　　　　　　　　（B）"入厂须知"警示牌
（C）光荣榜　　　　　　　　（D）信箱
26. BA030 生产区外墙和生产区内设置明显的( )。
（A）标语　　　　　　　　　（B）"严禁烟火"警示牌
（C）口号　　　　　　　　　（D）广告
27. BA031 燃气泄漏报警器其核心原部件为( )传感器。
（A）热敏　　　（B）光敏　　　（C）气敏　　　（D）压力
28. BA031 可燃气体报警器的探测可燃气体的传感器不包括( )。
（A）有氧化物半导体型气体传感器　（B）电磁式传感器
（C）热线型气体传感器　　　　　　（D）催化燃烧型气体传感器
29. BA032 压缩机厂房设可燃气体探测装置( )支。
（A）8　　　　　（B）6　　　　　（C）4　　　　　（D）1
30. BA032 加气岛处设置可燃气体探测器( )支。
（A）8　　　　　（B）6　　　　　（C）4　　　　　（D）1
31. BA033 科氏力质量流量计为了平衡振动一般多将( )做成对称的两个。
（A）电路　　　（B）振动管　　（C）驱动线圈　（D）相位
32. BA033 科氏力质量流量计振动管两端的( )与流过振动管的质量流量呈正比。
（A）方向差　　（B）速度差　　（C）加速度差　（D）相位差
33. BA034 科氏力质量流量计不能用于大管径流量测量，目前大致局限于( )以下。
（A）DN100mm　（B）DN150mm　（C）DN200mm　（D）DN250mm
34. BA034 科氏力质量流量计对外界振动干扰较( )。
（A）敏感　　　（B）迟钝　　　（C）无　　　　（D）可忽略

35. BA035 在使用嗅敏检漏仪前,检查其工作电源,如果电压低于( )时,应更换充电电池。
　　　　　(A)12V　　　　　(B)9V　　　　　(C)6V　　　　　(D)3V
36. BA035 在使用嗅敏检漏仪前,检查气敏的加热电流是否在( )左右,如果调整不到,必须更换电池。
　　　　　(A)0.25A　　　(B)0.20A　　　(C)0.32A　　　(D)0.15A
37. BA036 PLC的意思代表为( )。
　　　　　(A)自动控制系统　(B)自动防火系统　(C)自动反恐系统　(D)自动爆炸系统
38. BA036 每台压缩机组设一套( )。
　　　　　(A)PLC控制系统　(B)自动防火系统　(C)自动反恐系统　(D)自动爆炸系统
39. BA037 PLC程控包括( )、文本显示、实时监控。
　　　　　(A)恒温控制　　(B)防盗控制　　(C)反恐系统　　(D)自爆控制
40. BA037 PLC配有就地仪表、室内控制仪表以及( )。
　　　　　(A)远传控制仪表　(B)报警器　　(C)安全阀　　(D)球阀
41. BA038 PLC控制柜的通讯端口可以读取( ),集中实时显示于屏幕。
　　　　　(A)各项参数　　(B)设备型号　　(C)设备类型　　(D)设备规格
42. BA038 站内工作人员可以通过PLC控制柜读取( )。
　　　　　(A)各项参数　　(B)设备型号　　(C)设备类型　　(D)设备规格
43. BA039 CNG常规加气站调压装置的主要功能是( )。
　　　　　(A)高压切断　　(B)高压安全放散　(C)压力调整　　(D)压力报警
44. BA039 调压器的作用是( )。
　　　　　(A)将高压气体的压力调至设备所需要的压力范围,并在用气量变化及进口压力波动的情况下自动将出口压力稳定在设定的区间
　　　　　(B)将高压气体的压力调至设备所需要的压力范围,但不能在用气量变化及进口压力波动的情况下自动将出口压力稳定在设定的区间
　　　　　(C)高压气体的压力调至设备所需要的压力范围,只能将用气量变化及进口压力不波动的情况下自动将出口压力稳定在设定的区间
　　　　　(D)将高压气体的压力调至设备所需要的压力范围,却无法法保证压力值处于稳定的区间
45. BA040 CNG加气站采用脱硫方式主要为( )。
　　　　　(A)干法脱硫　　　　　　　　(B)湿法脱硫
　　　　　(C)干法脱硫和湿法脱硫　　　(D)物理法脱硫
46. BA040 采用干法脱硫的CNG加气母站和常规加气站,脱硫剂是采用( )为固体脱硫剂。
　　　　　(A)纯碱　　　　　　　　　　(B)氧化亚铁
　　　　　(C)三氧化二铁　　　　　　　(D)四氧化三铁
47. BA041 低压脱水装置放置在压缩机( )入口之前。
　　　　　(A)一级　　　(B)二级　　　(C)三级　　　(D)末级
48. BA041 低压脱水装置采用( )进行循环再生。
　　　　　(A)闭式循环　　(B)开式循环　　(C)反复循环　　(D)一次循环
49. BA042 活塞式压缩机按气缸工作容积情况分为单作用、双作用、( )压缩机。
　　　　　(A)级差式　　(B)风冷式　　(C)水冷式　　(D)自冷式

50. BA042 活塞式压缩机按冷却方式的不同分为风冷式和( )压缩机。
　　(A)单作用　　　(B)双作用　　　(C)水冷式　　　(D)级差式
51. BA043 天然气液态储存主要指采用( )方式储存。
　　(A)压缩天然气　(B)液化石油气　(C)液化天然气　(D)固态天然气
52. BA043 地下储气储存、管道储存、以压缩方式储存属于( )储存方式。
　　(A)气态储存　　(B)液态储存　　(C)固态储存　　(D)动态储存
53. BA044 小气瓶储气的单个小气瓶水容积仅( )。
　　(A)50L　　　　(B)60L　　　　(C)70L　　　　(D)80L
54. BA044 储气瓶正常使用年限为( )年。
　　(A)10~11　　　(B)10~15　　　(C)10~12　　　(D)10~13
55. BA045 CNG储气井主要由井口装置、( )、井筒组成。
　　(A)井底封头　　(B)井侧装置　　(C)安全装置　　(D)自控装置
56. BA045 CNG储气井上封头上开有排污口和( )。
　　(A)安全阀　　　(B)进排气口　　(C)压力表　　　(D)温度计
57. BA046 多层包扎的天然气储气罐水容积规格为 $2m^3$、$3m^3$ 和( )。
　　(A)$4m^3$　　　(B)$8m^3$　　　(C)$10m^3$　　　(D)$12m^3$
58. BA046 高压储气瓶的单个储气瓶水容积( )。
　　(A)$12m^3$　　(B)$11m^3$　　(C)$1.3m^3$　　(D)$10m^3$

(二)多选题(每题四个选项,至少有两个是正确的,将正确的选项号填入括号内)

1. BA024 注油器逆止阀的作用不是( )。
　　(A)防止返气　　(B)防止返油　　(C)防止返水　　(D)防止返杂质
2. BA028 CNG加气机主要功能部件由质量流量计、( )组成。
　　(A)压力变送器　(B)安全阀　　　(C)拉断阀　　　(D)智能测控系统
3. BA030 下列选项不属于防爆电器的是( )。
　　(A)白炽灯　　　(B)变压器　　　(C)隔爆型电动机　(D)普通电动机
4. BA031 可燃气体报警器中探测可燃气体的传感器包括( )。
　　(A)有氧化物半导体型气体传感器　　(B)电磁式传感器
　　(C)热线型气体传感器　　　　　　(D)催化燃烧型气体传感器
5. BA032 可燃气体检测报警器组成包括( )。
　　(A)检测元件　　(B)光电系统路　(C)报警系统　　(D)放大电路
6. BA034 科氏力质量流量计可进行多参数测量,在测量质量流量的同时,还可测( )等参数。
　　(A)介质能量　　(B)介质状态　　(C)温度　　　　(D)介质密度
7. BA037 PLC程控包括( )。
　　(A)恒温控制　　(B)文本显示　　(C)实时监控　　(D)爆照装置

(三)判断题(对的画"√",错的画"×")

( )1. BA018　脱硫剂CT86B主要成分为氧化铁。
( )2. BA019　脱硫装置主要由两个脱硫塔及其附属设备组成。
( )3. BA020　分子筛的再生温度≤220℃。

(   )4. BA021　CNG 加气母站压缩机组成系统主要包括气体压缩系统、润滑油系统、循环水系统及仪表风系统。

(   )5. BA022　压缩机运转时,电动机带动曲轴作旋转运动,通过连杆使活塞作往复运动。

(   )6. BA023　从脱水装置来的天然气进入进气缓冲器,经过滤器过滤,进入压缩机。

(   )7. BA024　注油泵主要润滑气缸及曲轴部分。

(   )8. BA025　压缩机的气缸和各级排出的气体均需冷却。

(   )9. BA026　循环冷却水总进水管上装有压力表、温度表,正常工作时压力为 0.3MPa。

(   )10. BA027　仪表风系统含水露点为 -45℃。

(   )11. BA028　加气过程中停电后又马上来电,加气机不会自动继续加气。

(   )12. BA029　CNG 加气站内设消防给水系统。

(   )13. BA030　CNG 加气站站区道路及站内设置明显的限速标志。

(   )14. BA031　泄漏的燃气浓度达到天然气爆炸下限的 20% 时,燃气报警探头向燃气报警控制装置发出信号。

(   )15. BA032　调压计量间设置可燃气体探测装置 1 支。

(   )16. AB033　在传感器外壳中的流量管振动有它的固有频率。

(   )17. AB034　科氏力质量流量计不能用于测量密度太低的流体介质。

(   )18. AB035　在清洁空气环境下,使检测仪开始将所有传感器归零,并对氧气传感器进行校准。

(   )19. BA036　PLC 的意思代表为自动控制系统。

(   )20. BA037　PLC 配有就地仪表、室内控制仪表、远传控制仪表。

(   )21. BA038　PLC 控制柜的通讯端口可以读取各项参数,集中实时显示于屏幕。

(   )22. BA039　CNG 常规加气站计量装置按计量原理,可分为直接计量和间接计量两种。

(   )23. BA040　若原料气组分中含有超标硫化氢成分时,应设置脱硫装置,进行脱硫处理。

(   )24. BA041　低压脱水的优点是一次性投资费用少。

(   )25. BA042　按排气压力分为:低压、中压、高压、超高压压缩机。

(   )26. BA043　天然气的储存方式可分为气态储存、液态储存和固态储存。

(   )27. BA044　小气瓶储气,单个小气瓶水容积仅 50L。

(   )28. BA045　CNG 储气井的制造缺陷能够及时发现。

(   )29. BA046　高压储气瓶,单个储气瓶水容积 1.3m^3,系无缝锻造,按需要由多个气瓶组合使用。

二、技能操作试题

(一) AC001 更换过滤器滤芯

1. 考核要求

(1)必须穿戴劳动保护用品。

(2)工具、量具、用具准备齐全,正确使用。

(3)操作规程符合安全文明操作。

(4)按规定完成操作项目,质量达到技术要求。

(5)操作完毕,做到工完、料净、场地清。

2. 准备要求

(1)设备准备：

序号	名　称	规　格	数　量	备　注
1	过滤器		1个	模拟操作台

(2)材料准备：

序号	名　称	规　格	数　量	备　注
1	棉纱		适量	
2	新滤芯		2个	
3	密封垫片		若干	与过滤器配套

(3)工具、量具准备：

序号	名　称	规　格	数　量	备　注
1	套筒扳手		1套	
2	梅花扳手		1套	
3	一字螺丝刀	$\phi 5mm \times 150mm$	1把	
4	测漏仪		1台	

3. 操作程序说明

(1)准备工作；

(2)关闭过滤器前后阀门；

(3)打开排污阀泄压；

(4)检查管线阀门严密性；

(5)拆下过滤器压盖；

(6)更换滤芯；

(7)安装过滤器压盖；

(8)紧固压盖对角螺栓；

(9)开启进气阀；

(10)检漏；

(11)开启出口阀门；

(12)清理场地。

4. 考核规定说明

(1)如操作违章或未按操作程序执行操作,将停止考核。

(2)考核采用百分制,考核项目得分按鉴定比重进行折算。

(3)考核方式说明：该项目为实际操作,考核过程按评分标准及操作过程进行评分。

(4)考核技能说明：本项目主要测量考生对更换过滤器滤芯操作掌握的熟练程度。

5. 考核时限

(1)准备时间:1min(不计入考核时间)。

(2)正式操作时间:15min。

(3)提前完成操作不加分,到时停止操作考核。

6. 评分记录表

序号	考核内容	评分要素	配分	评分标准	检测结果	扣分	得分	备注
1	准备工作	选择工具、用具、材料	5	少选、错选一件扣1分,扣完为止				
2	关闭过滤器前后阀门	均匀加力关闭入口球阀,及出口球阀	10	未均匀加力关闭入口球阀扣5分,未均匀加力关闭出口球阀扣5分				
3	打开排污阀泄压	打开排污阀放散,直至压力表归零	10	未均匀加力打开排污阀扣10分,压力表未归零扣5分				
4	检查管线阀门严密性	关闭排污阀,间隔1min后重新打开测试管线阀门严密性	10	未进行阀门严密性检测扣10分				
5	拆下过滤器压盖	均匀加力旋松压盖螺栓,旋松方向正确	10	未均匀加力旋松扣10分,旋松方向错误扣5分				
6	更换滤芯	正确安装滤芯	5	未更换滤芯扣5分				
7	安装过滤器压盖	清洁密封面,安装密封垫	10	未清洁密封面扣5分,未更换密封件扣5分				
8	紧固压盖对角螺栓	压盖螺栓对角紧固至少2遍	10	紧固螺栓少一次扣5分				
9	开启进气阀	关闭排污阀,均匀加力开启进气球阀,阀门应完全开启	10	未关闭排污阀扣5分,入口球阀未完全开启扣5分				
10	检漏	如有泄露点重新紧固螺栓	10	未检测扣10分,有漏气点扣5分				
11	开启出口阀门	检漏合格后,均匀加力开启出口球阀	10	阀门未完全开启扣10分,未均匀加力打开扣10分				
12	清理场地	清理场地,收工具		未收、少收工具从总分中扣3分,场地不清洁从总分中扣5分				
13	安全文明操作	按国家或企业颁发有关安全规定执行操作		每违反一项规定从总分中扣5分,严重违规取消考核				
14	考核时限	在规定时间内完成		到时停止操作考核				
	合 计		100					

(二)AC002 更换子站加气机滤芯操作

1. 考核要求

(1)必须穿戴劳动保护用品。

(2)工具、量具、用具准备齐全,正确使用。

(3)操作规程符合安全文明操作。

(4)按规定完成操作项目,质量达到技术要求。

(5)操作完毕,做到工完、料净、场地清。

2. 准备要求

(1)设备准备:

序号	名 称	规 格	数量	备 注
1	加气机	JQDS-30B1MSW	1台	

(2)材料准备：

序号	名　称	规　格	数　量	备　注
1	棉纱		适量	

(3)工具、量具准备：

序号	名　称	规　格	数　量	备　注
1	内六角扳手		1套	
2	平口螺丝刀		1把	

3. 操作程序说明

(1)准备工作；

(2)关闭入口球阀；

(3)打开排污阀；

(4)排空气体；

(5)拆下过滤器下壳体；

(6)拆下分流圈；

(7)清理滤芯；

(8)更换密封件；

(9)安装滤芯；

(10)安装分流圈；

(11)关闭排污阀；

(12)打开入口球阀；

(13)测漏；

(14)清理场地。

4. 考核规定说明

(1)如操作违章或未按操作程序执行操作，将停止考核。

(2)考核采用百分制，考核项目得分按鉴定比重进行折算。

(3)考核方式说明：该项目为实际操作，考核过程按评分标准及操作过程进行评分。

(4)考核技能说明：本项目主要测量考生对更换子站加气机滤芯操作掌握的熟练程度。

5. 考核时限

(1)准备时间：1min(不计入考核时间)。

(2)正式操作时间：15min。

(3)提前完成操作不加分，到时停止操作考核。

6. 评分记录表

序号	考核内容	评分要素	配分	评分标准	检测结果	扣分	得分	备注
1	准备工作	选择工具、用具、材料	5	少选、错选一件扣1分，扣完为止				
2	关闭入口球阀	均匀加力关闭入口球阀，旋向正确	10	未均匀加力关闭扣10分，旋向错误扣5分				

续表

序号	考核内容	评分要素	配分	评分标准	检测结果	扣分	得分	备注
3	打开排污阀	均匀加力打开排污阀,旋向正确	10	未均匀加力打开扣10分,旋向错误扣5分				
4	排空气体	放空直至压力表归零	5	压力表未归零扣5分				
5	拆下过滤器下壳体	均匀加力旋松螺栓,旋松方向正确	10	未均匀加力旋松扣10分,旋松方向错误扣5分				
6	拆下分流圈	拆下分流圈	5	未拆下分流圈扣5分				
7	清理滤芯	用棉布擦拭干净	10	未用棉布擦拭扣10分,未擦拭干净扣5分				
8	更换密封件	更换密封件	5	未更换密封件扣5分				
9	安装滤芯	安装滤芯	5	安装错误扣5分				
10	安装分流圈	安装分流圈	5	安装错误扣5分				
11	关闭排污阀	均匀加力关闭排污阀,旋向正确	10	未均匀加力关闭排污阀扣10分,旋向错误扣5分				
12	打开入口球阀	均匀加力打开入口球阀	10	未均匀加力打开入口球阀扣10分,旋向错误扣5分				
13	测漏	向加气机内充入一定压力气体,用测漏仪测漏	10	未充入一定压力气体扣10分,未测漏扣5分				
14	清理场地	清理场地,收工具		未收、少收工具从总分中扣3分,场地不清洁从总分中扣5分				
15	安全文明操作	按国家或企业颁发有关安全规定执行操作		每违反一项规定从总分中扣5分,严重违规取消考核				
16	考核时限	在规定时间内完成		到时停止操作考核				
	合　　计		100					

(三) AA003 脱水装置罗茨风机主油箱加油

1. 考核要求

(1)必须穿戴劳动保护用品。

(2)工具、量具、用具准备齐全,正确使用。

(3)操作规程符合安全文明操作。

(4)按规定完成操作项目,质量达到技术要求。

(5)操作完毕,做到工完、料净、场地清。

2. 准备要求

(1)设备准备:

序号	名　　称	规　　格	数　　量	备　　注
1	脱水装置	LND90-20/2.5A-N	1台	

(2)材料准备:

序号	名　　称	规　　格	数　　量	备　　注
1	棉纱		适量	
2	防锈汽轮机油	68D	800mL	
3	生料带		1卷	

（3）工具、量具准备：

序号	名称	规格	数量	备注
1	开口扳手	22mm×24mm	1把	
2	油壶	900mL	1个	
3	加油记录本		1本	
4	碳素笔		1支	

3. 操作程序说明

（1）准备工作；

（2）检查罗茨风机状态；

（3）检查主油箱油位；

（4）填写记录；

（5）拆卸油箱盖；

（6）检查是否有余气；

（7）选择润滑油；

（8）注入润滑油；

（9）油箱盖螺纹清理；

（10）缠绕生料带；

（11）检查生料带；

（12）旋紧油箱盖；

（13）清理场地。

4. 考核规定说明

（1）如操作违章或未按操作程序执行操作，将停止考核。

（2）考核采用百分制，考核项目得分按鉴定比重进行折算。

（3）考核方式说明：该项目为实际操作，考核过程按评分标准及操作过程进行评分。

（4）考核技能说明：本项目主要测量考生对用母站脱水装置罗茨风机主油箱加油掌握的熟练程度。

5. 考核时限

（1）准备时间：1min（不计入考核时间）。

（2）正式操作时间：15min。

（3）提前完成操作不加分，到时停止操作考核。

6. 评分记录表

序号	考核内容	评分要素	配分	评分标准	检测结果	扣分	得分	备注
1	准备工作	选择工具、用具、材料	5	少选、错选一件扣1分，扣完为止				
2	检查罗茨风机状态	罗茨风机在停机状态	10	未检查状态扣10分，判断错误扣5分				
3	检查主油箱油位	在油尺稳定后进行记录，油位低于油尺的1/2处	10	油尺未稳定进行记录扣10分，油位读取错误扣5分				

序号	考核内容	评分要素	配分	评分标准	检测结果	扣分	得分	备注
4	填写记录	使用仿宋字体正确填写	10	记录错误扣10分,未使用仿宋字体扣5分				
5	拆卸油箱盖	均匀加力旋松油箱盖,旋向正确	10	未均匀加力旋松扣10分,旋向错误扣5分				
6	检查是否有余气	有余气停止操作	5	未放散余气扣5分				
7	选择润滑油	正确选用润滑油,注油前进行过滤	10	润滑油选错扣10分,未过滤润滑油扣5分				
8	注入润滑油	均匀加力注入油箱,油位达到1/2~2/3处	10	未均匀加力加油扣10分,未达到油位标准扣5分				
9	油箱盖螺纹清理	油箱盖螺纹清理干净	5	未清理干净扣5分				
10	缠绕生料带	油箱盖螺纹缠绕生料带4~6圈,生料带旋向正确	10	未缠生料带扣10分,旋向错误扣5分				
11	检查生料带	缠绕紧密	5	缠绕不紧密扣5分				
12	旋紧油箱盖	均匀加力旋紧油箱盖,旋向正确	10	未均匀加力旋紧扣10分,旋向错误扣5分				
13	清理场地	清理场地,收工具		未收、少收工具从总分中扣3分,场地不清洁从总分中扣5分				
14	安全文明操作	按国家或企业颁发有关安全规定执行操作		每违反一项规定从总分中扣5分,严重违规取消考核				
15	考核时限	在规定时间内完成		到时停止操作考核				
	合 计		100					

(四) AC004 天然气压缩机四级缓冲罐排污

1. 考核要求

(1) 必须穿戴劳动保护用品。
(2) 工具、量具、用具准备齐全,正确使用。
(3) 操作规程符合安全文明操作。
(4) 按规定完成操作项目,质量达到技术要求。
(5) 操作完毕,做到工完、料净、场地清。

2. 准备要求

(1) 设备准备:

序号	名 称	规 格	数 量	备 注
1	天然气压缩机	M-3.2/10-250JX	1台	

(2) 工具、量具准备:

序号	名 称	规 格	数 量	备 注
1	排污记录本		1本	
2	碳素笔		1支	

3. 操作程序说明

(1)准备工作；

(2)检查压缩机状态；

(3)泄压操作；

(4)确定排污阀；

(5)打开排污阀；

(6)阀门完全开启；

(7)排污操作；

(8)关闭排污阀；

(9)关闭动作；

(10)检测；

(11)填写记录；

(12)清理场地。

4. 考核规定说明

(1)如操作违章或未按操作程序执行操作,将停止考核。

(2)考核采用百分制,考核项目得分按鉴定比重进行折算。

(3)考核方式说明:该项目为实际操作,考核过程按评分标准及操作过程进行评分。

(4)考核技能说明:本项目主要测量考生对母站天然气压缩机四级缓冲罐排污操作掌握的熟练程度。

5. 考核时限

(1)准备时间:1min(不计入考核时间)。

(2)正式操作时间:15min。

(3)提前完成操作不加分,到时停止操作考核。

6. 评分记录表

序号	考核内容	评分要素	配分	评分标准	检测结果	扣分	得分	备注
1	准备工作	选择工具、用具、材料	5	少选、错选一件扣1分,扣完为止				
2	检查压缩机状态	压缩机在停机状态	10	未检查压缩机状态扣10分,判断错误扣5分				
3	泄压操作	释放缓冲罐压力	5	未泄压扣5分				
4	确定排污阀	确定排污阀	10	确定排污阀错误扣5分				
5	打开排污阀	均匀加力打开排污阀门,旋向正确	10	未均匀加力打开扣10分,旋向错误扣5分				
6	阀门完全开启	阀门完全开启	10	阀门未开启扣10分,阀门未完全开启扣5分				
7	排污操作	排污时间不得少于20s	10	排污时间未达标扣10分,排污不彻底扣5分				
8	关闭排污阀	完全关闭排污阀	10	未关闭排污阀扣10分,未完全关闭扣5分				
9	关闭动作	均匀加力关闭排污阀门;旋向正确	10	未均匀加力关闭阀门扣10分,旋向错误扣5分				

续表

序号	考核内容	评分要素	配分	评分标准	检测结果	扣分	得分	备注
10	检测	检测关闭是否紧密	10	未检测扣5分				
				未关闭紧密扣5分				
11	填写记录	正确填写记录	10	未填写记录扣10分				
				记录错误扣5分				
12	清理场地	清理场地,收工具		未收、少收工具从总分中扣5分				
13	安全文明操作	按国家或企业颁发有关安全规定执行操作		每违一项规定从总分中扣5分,严重违规取消考核				
14	考核时限	在规定时间内完成		到时停止操作考核				
	合　计		100					

(五) AC006 更换天然气压缩机注油器单体泵

1. 考核要求

(1)必须穿戴劳动保护用品。

(2)工具、量具、用具准备齐全,正确使用。

(3)操作规程符合安全文明操作。

(4)按规定完成操作项目,质量达到技术要求。

(5)操作完毕,做到工完、料净、场地清。

2. 准备要求

(1)设备准备:

序号	名　　称	规　格	数量	备　注
1	天然气压缩机	M-3.2/10-250JX	1台	

(2)材料准备:

序号	名　　称	规　格	数量	备　注
1	棉纱		适量	
2	单体泵		1个	

(3)工具、量具准备:

序号	名　　称	规　格	数量	备　注
1	防爆开口扳手		1套	
2	十字螺丝刀		1把	
3	油桶	600mL	1个	
4	空气压缩机油	150#	400mL	

3. 操作程序说明

(1)准备工作;

(2)检查压缩机状态;

(3)卸单体泵固定螺钉;

(4)卸出油口螺帽;

(5)包裹取下单体泵;

(6)检查新单体泵;

(7)选择润滑油;

(8)置换新单体泵内气体;

(9)检查出油口;

(10)对接单体泵两端和注油器;

(11)紧固单体泵两端螺钉和出油口螺帽;

(12)清理场地。

4. 考核规定说明

(1)如操作违章或未按操作程序执行操作,将停止考核。

(2)考核采用百分制,考核项目得分按鉴定比重进行折算。

(3)考核方式说明:该项目为实际操作,考核过程按评分标准及操作过程进行评分。

(4)考核技能说明:本项目主要测量考生对更换母站天然气压缩机注油器单体泵掌握的熟练程度。

5. 考核时限

(1)准备时间:1min(不计入考核时间)。

(2)正式操作时间:15min。

(3)提前完成操作不加分,到时停止操作考核。

6. 评分记录表

序号	考核内容	评分要素	配分	评分标准	检测结果	扣分	得分	备注
1	准备工作	选择工具、用具、材料	5	少选、错选一件扣1分,扣完为止				
2	检查压缩机状态	压缩机在停机状态	10	未检查压缩机状态扣10分,判断错误扣5分				
3	卸单体泵固定螺钉	拆卸两端固定螺钉	5	螺钉旋向错误扣5分				
4	卸出油口螺帽	均匀加力旋松出油口螺帽,拆卸出油口螺帽	10	未均匀加力旋松螺帽扣5分,螺帽旋向错误扣5分				
5	包裹取下单体泵	取下单体泵时应使用抹布包裹	10	未用抹布包裹扣10分,包裹不严扣5分				
6	检查新单体泵	新单体泵应无缺损	10	未检查扣10分,检查结果错误扣5分				
7	选择润滑油	选择150#润滑油	10	选错润滑油一次扣5分				
8	置换新单体泵内气体	双手握住单体泵两端将单体泵吸油管进入润滑油,拇指按压柱塞进行置换	10	置换动作错误一次扣5分				

续表

序号	考核内容	评分要素	配分	评分标准	检测结果	扣分	得分	备注
9	检查出油口	出油口连续出油1min时停止置换	10	未检查扣5分,置换时间过短扣5分				
10	对接单体泵两端和注油器	单体泵两端应与注油器螺孔对齐,单体泵两端无法与注油器完全结合时,应转动摇柄	10	位置偏离较大扣5分,未摇动手柄扣5分				
11	紧固单体泵两端螺钉和出油口螺帽	单体泵两端螺钉应交叉紧固,出油口螺帽应对正后进行紧固,旋向正确	10	未交叉紧固扣5分,螺帽螺纹未对正扣5分				
12	清理场地	清理场地,收工具		未收、少收工具从总分中扣3分,场地不清洁从总分中扣5分				
13	安全文明操作	按国家或企业颁发有关安全规定执行操作		每违反一项规定从总分中扣5分,严重违规取消考核				
14	考核时限	在规定时间内完成		到时停止操作考核				
	合 计		100					

(六) AC008 压缩子站压缩机加注润滑油操作

1. 考核要求

(1) 必须穿戴劳动保护用品。

(2) 工具、量具、用具准备齐全,正确使用。

(3) 操作规程符合安全文明操作。

(4) 按规定完成操作项目,质量达到技术要求。

(5) 操作完毕,做到工完、料净、场地清。

2. 准备要求

(1) 设备准备:

序号	名 称	规 格	数 量	备 注
1	天然气增压压缩机	ZW-0.36/30-250D-JX	1台	

(2) 材料准备:

序号	名 称	规 格	数 量	备 注
1	棉纱		适量	

(3) 工具、量具准备:

序号	名 称	规 格	数 量	备 注
1	油桶	18L	1个	
2	十字螺丝刀		1把	
3	过滤网	≤80目	1张	
4	记录本		1本	

3. 操作程序说明

(1) 准备工作；

(2) 确认压缩机状态；

(3) 查看主机油位；

(4) 取下呼吸器盖板；

(5) 妥善处理盖板；

(6) 选择润滑油；

(7) 选择滤网；

(8) 过滤润滑油；

(9) 加入润滑油；

(10) 检查润滑油外溢；

(11) 安装呼吸器盖板；

(12) 紧固螺栓；

(13) 清理现场。

4. 考核规定说明

(1) 如操作违章或未按操作程序执行操作，将停止考核。

(2) 考核采用百分制，考核项目得分按鉴定比重进行折算。

(3) 考核方式说明：该项目为实际操作，考核过程按评分标准及操作过程进行评分。

(4) 考核技能说明：本项目主要测量考生对压缩子站压缩机加注润滑油操作掌握的熟练程度。

5. 考核时限

(1) 准备时间：1min（不计入考核时间）。

(2) 正式操作时间：15min。

(3) 提前完成操作不加分，到时停止操作考核。

6. 评分记录表

序号	考核内容	评分要素	配分	评分标准	检测结果	扣分	得分	备注
1	准备工作	选择工具、用具、材料	5	少选、错选一件扣1分，扣完为止				
2	确认压缩机状态	压缩机必须在停机状态	10	未检查压缩机状态扣10分，判断错误扣5分				
3	查看主机油位	查看主机油位，记录油位	10	未检查扣10分，未记录油位扣5分				
4	取下呼吸器盖板	均匀加力旋松呼吸器固定螺丝，旋松方向应正确	10	未均匀加力旋松扣10分，旋松方向错扣5分				
5	妥善处理盖板	盖板取下应放在抹布上	5	盖板未放在抹布上扣5分				
6	选择润滑油	应采用L-HM68#抗磨液压油	10	润滑油选择错误一次扣5分				
7	选择滤网	润滑油须用≤80目过滤网过滤	10	滤网选错一次扣5分				
8	过滤润滑油	过滤润滑油	5	润滑油未过滤扣5分				

序号	考核内容	评分要素	配分	评分标准	检测结果	扣分	得分	备注
9	加入润滑油	油位达到1/2~2/3处停止加注	10	未达到液位扣5分,润滑油加注过多扣5分				
10	检查润滑油外溢	润滑油外溢不能过多	5	润滑油外溢过多扣5分				
11	安装呼吸器盖板	呼吸器盖板、密封垫应对正各螺孔	10	呼吸器盖板未对正扣5分,密封垫未对正扣5分				
12	紧固螺栓	螺丝螺纹对正后旋紧	10	螺纹未对正旋紧扣10分,旋向错误扣5分				
13	清理现场	清理场地		场地不清洁从总分中扣5分				
14	安全文明操作	按国家或企业颁发有关安全规定执行操作		每违反一项规定从总分中扣5分,严重违规取消考核				
15	考核时限	在规定时间内完成		到时停止操作考核				
	合 计		100					

(七)AC009 储气井排污操作

1. 考核要求

(1)必须穿戴劳动保护用品。
(2)工具、量具、用具准备齐全,正确使用。
(3)操作规程符合安全文明操作。
(4)按规定完成操作项目,质量达到技术要求。
(5)操作完毕,做到工完、料净、场地清。

2. 准备要求

(1)设备准备:

序号	名 称	规 格	数量	备 注
1	储气井	$8m^3$	1个	

(2)材料准备:

序号	名 称	规 格	数量	备 注
1	棉纱		适量	

(3)工具、量具准备:

序号	名 称	规 格	数量	备 注
1	塑料桶	18L	1个	
2	排污记录本		1本	
3	碳素笔		1支	

3. 操作程序说明

(1)准备工作;

(2)检查压缩机状态；
(3)确定天然气压缩机启动前准备工作阀；
(4)打开排污罐的排污阀；
(5)打开排污阀；
(6)打开针阀；
(7)查看残液流出；
(8)关闭排污阀；
(9)关闭动作；
(10)关闭针阀；
(11)关闭动作；
(12)填写记录；
(13)清理现场。

4. 考核规定说明

(1)如操作违章或未按操作程序执行操作,将停止考核。
(2)考核采用百分制,考核项目得分按鉴定比重进行折算。
(3)考核方式说明:该项目为实际操作,考核过程按评分标准及操作过程进行评分。
(4)考核技能说明:本项目主要测量考生对储气井排污操作掌握的熟练程度。

5. 考核时限

(1)准备时间:1min(不计入考核时间)。
(2)正式操作时间:15min。
(3)提前完成操作不加分,到时停止操作考核。

6. 评分记录表

序号	考核内容	评分要素	配分	评分标准	检测结果	扣分	得分	备注
1	准备工作	选择工具、用具、材料	5	少选、错选一件扣1分,扣完为止				
2	检查压缩机状态	储气井排污可在压缩机运转情况下进行	10	未检查压缩机状态扣10分,判断错误扣5分				
3	确定排污阀	确定排污阀	10	确定错误一次扣5分				
4	打开排污罐的排污阀	均匀加力打开阀门,旋向正确	10	未均匀加力打开扣10分,旋向错误扣5分				
5	打开排污阀	均匀加力打开阀门,旋向正确	10	未均匀加力打开扣10分,旋向错误扣5分				
6	打开针阀	均匀加力打开阀门,旋向正确	10	未均匀加力打开扣10分,旋向错误扣5分				
7	查看残液流出	没有残液流出停止排污	10	未检查扣10分,有残液关闭阀门扣5分				
8	关闭排污阀	关闭排污阀	5	未关闭阀门扣5分				
9	关闭动作	均匀加力关闭排污阀,旋向正确	10	未均匀加力关闭扣10分,旋向错误扣5分				

续表

序号	考核内容	评分要素	配分	评分标准	检测结果	扣分	得分	备注
10	关闭针阀	关闭针阀	5	未关闭针阀扣5分,旋向错误扣2分				
11	关闭动作	均匀加力关闭排污阀,旋向正确	10	未均匀加力关闭扣10分,旋向错误扣5分				
12	填写记录	正确填写记录	5	未正确填写记录扣5分				
13	清理现场	清理场地		未收、少收工具从总分中扣5分,场地不清洁从总分中扣3分				
14	安全文明操作	按国家或企业颁发有关安全规定执行操作		每违反一项规定从总分中扣5分,严重违规取消考核				
15	考核时限	在规定时间内完成		到时停止操作考核				
	合　计		100					

三、答案

(一)单项选择题

1. D　2. C　3. D　4. C　5. C　6. C　7. A　8. D　9. A　10. B　11. D
12. B　13. D　14. A　15. C　16. C　17. C　18. D　19. B　20. D　21. C　22. A
23. C　24. B　25. B　26. B　27. C　28. B　29. A　30. C　31. B　32. D　33. C
34. A　35. B　36. C　37. A　38. A　39. A　40. A　41. A　42. A　43. C　44. A
45. C　46. C　47. A　48. A　49. A　50. C　51. C　52. A　53. A　54. B　55. A
56. B　57. A　58. C

(二)多选题

1. BCD　2. ABCD　3. ABD　4. ACD　5. ABC　6. CD　7. ABC

(三)判断题

1. √　2. √　3. √　4. √　5. √　6. √　7. ×注油泵主要润滑气缸及填料部分。
8. √　9. √　10. √　11. √　12. √　13. √　14. √　15. √　16. √　17. √　18. √　19. √
20. √　21. √　22. √　23. √　24. √　25. √　26. √　27. √　28. ×CNG储气井的制造缺陷不能及时发现。　29. √

第五章 CNG加气站设备操作

第一节 CNG加气母站设备操作

CNG加气母站设备操作主要包括调压计量装置、脱硫装置、脱水装置、压缩机以及加气柱的操作。调压计量装置操作包括调压装置操作、压力调节阀操作和计量装置操作;脱硫装置操作包括脱硫装置的吹扫、试压和置换操作,脱硫系统开车操作,脱硫系统停车操作,脱硫剂的再生更换操作和脱硫剂的装填操作;脱水装置操作包括脱水装置置换操作和脱水装置运行操作;压缩机操作包括压缩机启机前的准备工作、压缩机的启机和紧急停车。下面对主要设备操作进行讲解。

ZBB013CNG加气母站的操作设备

一、调压计量装置操作

调压计量装置操作主要包括计量装置的操作和调压装置的操作,计量调压装置由主调压通路和备用调压通路构成。天然气经计量后流向调压装置。下面以廊坊瑞华石化有限公司 RHM-15000S1A 型调压计量橇为例进行介绍,如图5-1所示。

ZBB001 调压计量装置操作

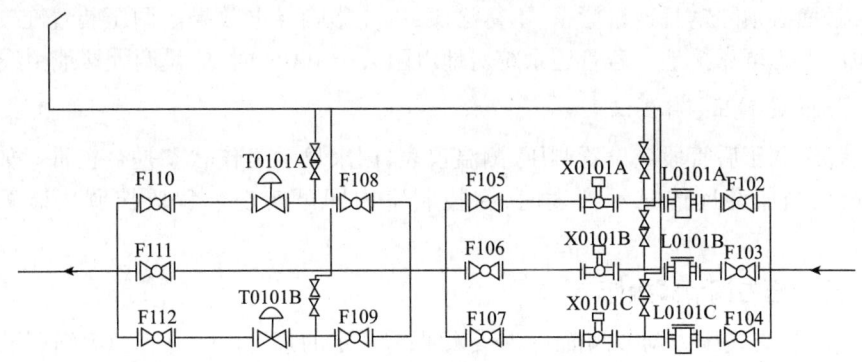

图5-1 调压计量装置示意图
T0101—调压器;X0101—流量计;L0101—过滤器

(一)调压装置操作

阀F109、阀F112及T0101B构成主调压通路;阀F108、阀F110及T0101A构成备用调压通路;F111控制旁通管路,手动调压。正常工作时投用主调压通路,以主调压通路为例,调整步骤为:

(1)首先关闭阀F112,开启调压器后的放散阀,对调压器后边管路的气体放散。

(2)手动调节调压器的调整螺栓,顺时针调整压力增加,逆时针调整压力降低。观察管路上压力表的指示情况,达到设定值时,锁住调压器调整螺栓,缓慢

ZBB009 天然气的调压操作

开启 F112,调压器调整完毕。

当主调压通路和备用调压通路同时出现故障或维护时,可以启动手动控制的旁通管路临时工作。

ZBB010 调压安全保护装置操作

(二)调压安全保护装置操作

1. 设置紧急切断阀和安全放散阀

紧急切断阀一般设置于调压器的上游,在燃气输送过程中,当燃气压力超过紧急切断阀的设定压力时,紧急切断阀(即超压切断),以保护下游的管道及调压器。同时若下游管道出现事故,燃气大量泄漏造成管道内压力骤降时,紧急切断气闸门,也可切断管道(即低压切断),避免发生更严重的事故。

安全放散阀设置于每级调压器的下游,当管道压力超过开启压力时,安全放散阀自动开启,释放部分燃气,以保护下游管道使其压力保持稳定。

紧急切断阀与安全放散阀的设定压力可根据需要确定,可以设为当超压时先切断管道,后放散气体,反之亦可。二者的设定压力应有一定的差值,以保证出口燃气的连续、平稳。

2. 设置导静电装置

调压装置中因有法兰和螺纹连接,非金属垫片和螺纹密封胶、生料带等的存在,造成管道中局部电阻的增大,输送燃气产生的静电荷发生积聚,易产生火花引发事故。故当每对法兰或螺纹接头间电阻大于 0.03Ω 时,应设置导电性能良好的铜绞线或铜板跨接法兰或螺纹接头两侧,将管道中的静电及时导出。导静电接触面必须除锈且连接紧密,不得涂漆,以免影响导电效果。调压装置在安装时也应考虑可靠接地。若管道系统对地电阻大于 100Ω 时,应设两处接地引线。

3. 设置测压、测温仪表

每级调压后管段应设置测压、测温仪表,用来显示工作状态是否正常。如条件允许,当加设远传显示仪表时,在控制室内即可实现远程监控调压装置的运行。

ZBB008 压力调节阀操作

(三)压力调节阀操作

(1)自力式压力调节阀前、后应尽量保持一定的直管段[一般为 $6D$(管径)左右]。阀前取压点与阀的距离应大于 $2D$;阀后取压点与阀的距离应大于 $6D$。阀前、后还应装有压力表,压力表应靠近取压点,以便使设定值与取压值真实一致。

(2)当介质中有杂质或用带指挥器的自力式压力调节阀时应装过滤器,以防阻塞引压管路或指挥器、卡死气缸执行机构及阀芯等。

(3)自力式压力调节阀安装方式:气体介质正立安装(执行机构在上、阀体在下),液体与蒸汽介质倒装。气体介质温度高于70℃低于140℃、液体介质温度高于140℃时,自力式压力调节阀除采用倒装外,还应在引压管路上加装隔离罐,并应在引压管路、隔离罐、膜头处注满冷媒,以防膜片受高温老化。气体介质温度高于70℃低于140℃时,若仍采用正立安装,应在设计文件(设备表)中注明采用高温膜片(如乙丙橡胶膜片、硅橡胶膜片等),否则会造成普通膜片老化。

(四)计量装置操作

计量装置由三块计量仪表 X0101A、X0101B 和 X0101C 并联组成,正常生产投用计量仪表 X0101B 和 X0101C,此时阀 F102 关闭,阀 F103、阀 F104 开启,X0101A 为备用仪表,天然气经计量后流向调压装置。

二、脱硫装置操作

CBC001 脱硫装置操作

脱硫装置操作主要包括脱硫塔的吹扫、试压和置换,脱硫塔的开车、停车等操作,脱硫剂的再生更换及装填。

(一)吹扫、试压和置换操作

新建和大修后(更换脱硫剂后)的 CNG 加气站脱硫系统在投入生产和试生产前都必须对脱硫塔进行吹扫、试压和置换系统中的空气,不允许吹扫的设备及管道应与吹扫系统隔离。吹扫的顺序应按主管、支管、疏排管的顺序依次进行,吹出的脏物不得进入已吹扫合格的管道。管道吹扫合格后不得再进行影响清洁的其他作业。

试压时压力应缓慢上升,至规定试验压力的 10%,且不超过 0.05MPa 时,保压 5min,然后对所有焊接接头和连接部位进行初次试漏检查,如有泄漏,修补后重新试验。初次泄漏检查合格后,再继续缓慢升压至规定试验压力的 50%,其后按每级为规定试验压力的 10% 的级差逐级增至规定的试验压力。保压 10min 后将压力降至规定试验压力的 87%,并保持足够长的时间后再次进行泄漏检查。如有泄漏,修补后再按上述规定重新试验。

置换操作过程是直接将燃气缓慢通入脱硫塔替换出空气,从而达到置换目的。此方法的特点是比较简便也较经济,但是具有一定的危险性。因为在置换过程中,脱硫塔里必然要产生燃气与空气的混合气体,并且要经历爆炸极限范围。对于纯天然气来讲,它的爆炸极限为 5%~15%,再考虑到其混合的不均匀性,天然气含量 45% 以下均应视为危险区,遇火源,就要发生爆炸。为此必须严格控制,采取各种安全措施,确保无火种。

(二)脱硫装置开车操作

CBC009 脱硫装置的开车操作

(1)两个脱硫塔切换使用。
(2)打开脱硫塔 A(或 B)进出口阀门,使原料气进入脱硫塔,脱硫后的天然气去脱水装置。
(3)观察脱硫塔压力表和温度计,确认系统处于正常工作状态。
(4)每小时对脱硫塔进行一次排污。
(5)填写脱硫操作记录。

(三)脱硫装置停车操作

CBC010 脱硫装置的停车操作

(1)关闭脱硫塔进出口阀门,截断进入脱硫塔气源。
(2)对脱硫塔进行排污。
(3)填写脱硫停车记录。

更换脱硫剂停车时:切断原料气,关闭进口阀,按每两分钟降低 1kgf/cm^2 压力的速度,逐步将塔内压力降到常压,最后关闭进口阀,是脱硫塔与生产系统隔绝。

ZBB003 脱硫剂再生更换	**(四)脱硫剂的再生更换**

(1)一般用测量法判断脱硫剂是否应再生更换。

(2)打开再生板对脱硫剂进行再生,还原。

(3)打开排料口,排出旧脱硫剂。

(4)为了防止旧脱硫剂自燃,适当用水喷淋排出的旧脱硫剂。

(5)清扫整理塔内脱硫剂支撑箅子板、筛网垫等,做好装填脱硫剂的准备。

(6)通过过筛,筛出可以重复利用的旧脱硫剂同新脱硫剂混合使用。

ZBB004 脱硫剂填装	**(五)脱硫剂的填装**

1. 操作过程

(1)对脱硫塔内的箅子板等部件进行检查,确认无误。

(2)将装袋的脱硫剂用滑轮吊入塔内。

(3)将脱硫剂装入塔内。脱硫塔内填装一定高度的脱硫剂和玻璃球,脱硫剂的形状为圆柱状。

(4)填装过程中,一般应禁止足踏脱硫剂,可用木板垫在料层上,人再进入塔内操作或检查填装情况。

(5)一般应装到一定高度后再放置一层不锈钢钢丝网,用瓷球压住后,再进行进一步填装。

(6)填装到位后,关闭(密封)进、出料口。

(7)做好更换脱硫剂记录。

CBC030 脱硫设备操作条件	

2. 操作条件

(1)脱硫:

①空速:常压 $\leq 600h^{-1}$,加压取 $700h^{-1}$。

②线速:$\leq 0.3m/s$。

③操作压力:2.5MPa。

④操作温度:5~45℃。

⑤原料气湿度:饱和水,过干或过湿都会影响脱硫效率和硫容。

ZBB016 脱硫剂再生操作条件	

(2)再生:

①脱硫剂在使用过程中硫容未达到预定值,可用空气对脱硫剂进行再生。

②空速:$0.5~140h^{-1}$,根据再生温度变化情况进行调节。

③操作压力:常压。

④操作温度:$\leq 60℃$,通过调节再生空气量来控制温度。

三、低压脱水装置操作

CBC002 脱水系统操作	前置脱水是低压脱水。CNG 脱水装置几乎都采用分子筛作为脱水剂。分子筛脱水原理来源于物理吸附(范德华力)。低压脱水装置的操作主要包括置换、减压、吸附、加热、冷却、均压、切换、开机及关机操作。图 5-2 为西安超滤 LDN90-2.0/2.5A-N 型脱水装置工艺流程图,具体内容如下。

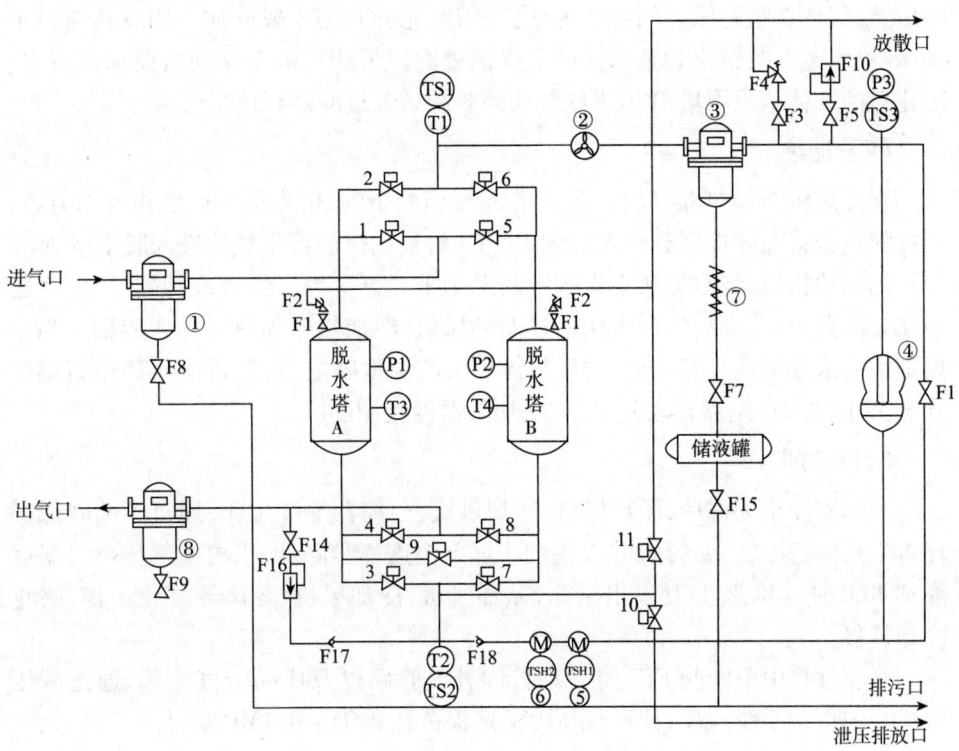

图 5-2 脱水装置工艺流程
①前置过滤器;②风冷器;③分离器;④循环风机;⑤主加热器;⑥辅加热器;⑦电热带;⑧后置过滤器

(一)置换

设备投入使用前,容器及管线内部为空气,必须进行天然气置换。

进气口接入天然气后,气动阀 2 与 6 关闭,气动阀 1、5 和 4、8 打开,吸附管路升压,缓慢地打开阀 F8、F9 及气动阀 9,对 A、B 脱水塔及吸附管路置换,至放散口有天然气流出,关闭阀 F8、F9 及气动阀 9、4 和 8。缓慢打开气动阀 2、6 及气动阀 3、7,此时自力式调节阀前球阀 F5 应关闭,保持 A、B 脱水塔压力在 0.2MPa。开启 F7 阀与 F15 阀直至排污口有天然气排出时关闭阀 F15;开启气动阀 11、10、9,直至放散口、泄压排放口有天然气排出时,关闭气动阀 11、10、9。

此时,气动阀 2、6、3、7 关闭,阀门 F1、F3、F15、F5、F14 处于开启状态,设备的置换完成。

(二)减压

气动阀 1 和气动阀 4 关闭,脱水塔 B 开始吸附。气动阀 10 打开,脱水塔 A 再生气经气动阀 3,去卸压排放口。待脱水塔 A 压力下降至 0.1MPa 时气动阀 10 关闭,气动阀 11 开启 3~5min 后关闭,气动阀 2 打开,接通再生系统对脱水塔 A 吸附剂进行再生。

(三)吸附

天然气脱水装置大多是采用半连续操作,即固定床吸附。来自管网的天然气经前置过滤器分离出游离态水分后,通过气动阀 5 进入脱水塔 B,经过管道式

ZBB012 吸附法脱水装置操作

CBC003 脱水系统吸附

扩散器,气体在吸附床之间被均匀地扩散开,充分利用干燥介质。当气体流过干燥床时,水蒸气被吸附到亲水性的干燥剂表面。天然气被干燥到所要求的露点。净化后的气体从吸附塔 B 出来经气动阀 8 和后置过滤器到达出气口。

CBC004 脱水系统加热

(四)加热

循环风机与加热器开启。脱水塔 A 残留的余气,依靠循环风机作为动力源,通过加热器将温度提高到所要求的 195℃时,被加热的再生气体进入脱水塔 A 床层并均匀地扩散,将水分从干燥剂中蒸发出来。再生废气经过冷却器冷却,冷凝液在分离器中被分离,气体再次通过循环风机,经加热器加热后导入容器。当干燥剂中的水分被逐步蒸发后,再生气体出口的温度随之升高,再生气体出口温度升至 120℃时,控制器自动发出指令,加热器停止加热。

(五)冷却

加热器停止工作后,循环风机、冷却风机、分离器继续工作,通过不断降低循环再生气体的温度,使脱水塔 A 内的干燥剂温度逐步降低,当再生气体出口温度降到 40℃时,控制器自动发出指令,循环风机、冷却风机、分离器停止工作,终止冷却过程。

冷却过程中单向阀 F17 将自动控制补气管路以及成品干气阀门,通过减压阀 F16 向再生系统充压,使系统压力恒定保持在 0.05~0.1MPa。

ZBB018 CNG 加气站的天然气脱水装置均压/待机

(六)均压/待机

冷却过程完成后,设备进入均压过程。气动阀 2 和气动阀 3 先关闭,然后均压气动阀 9 打开,对脱水塔 A 开始充压,当脱水塔 A 压力上升至脱水塔 B 压力时,气动阀 9 关闭,均压结束,脱水塔 A 进入待机状态。

ZBB005 脱水系统两塔切换

(七)切换

(1)本装置采用全自动控制切换方式,系统中所有阀门的动作,全部自动完成,循环风机、冷却风机及加热器的工作自动进行。

(2)吸附时间设计为 12h,再生时间设计为 6h 其中加热时间约 4h,冷却时间约 2h,再生过程工作时间以达到设定温度为限。

(3)再生程序启动后,加热器出口温度自动控制在 180~220℃。脱水塔再生气出口温度上升到 120~150℃时,加热器自动停止工作。系统自动执行冷却过程,随着冷却过程的进行,脱水塔再生气出口温度降到 40~50℃时,循环风机和冷却风机自动停止工作。控制器发出信号,提示再生工作结束。

(4)本装置再生阶段是以达到温度设定值结束的,因此,加热或冷却时间可能和上述说明不一致,如果偏差过大,需要分析原因,重新设定参数。

ZBB002 脱水系统开车操作

(八)开机

(1)首先检查仪表风系统是否正常,控制系统通电后检查各指示灯及参数是否正确。

在控制柜上选择"手动"方式,打开循环风机和冷却风机,检查电动机转方向是否正确。循环风机联轴器旋转方向应与其指示一致,冷却器风向应从电机吹向散热器。确认正确后,重新选择"自动"方式。按"A 塔启动"或"B 塔启动",则系统按照预设的参数运行;如果用户按"停机"或"故障停机"即 PLC 系统停机,则系统进入停机均压程序,最后停止运行。

(2)装置第一次开机,在系统投入使用之前,应该使两个脱水塔分别作两次 6h 的再生循环,保证干燥剂具有充分的活性。

(3)在最初的几个循环过程中,观察温度设定参数是否合适,是否需要调整。如果需要调整,可参照电气控制部分内容调整。若所有的设定参数都已达到要求,不需调整,装置便可完全正常地使用了。

开机时,为防止再生系统和整个装置过载,每次启动循环风机时,应先全部打开阀门 F6,运转 1min 后再缓慢关闭该阀门,使风机缓慢加载,避免风机因过载而损坏。

(九)停机

CBC005 脱水系统停机

装置停止工作时,必须保证干燥再生已经完成,避免干燥剂再生不彻底而造成露点升高。因此,不要采用直接切断电源的方式使装置停止工作。突然断电会造成干燥剂的再生阶段无法正常完成。

正确操作是:先关闭吸附回路所有进出口阀门,如果再生塔再生工作没有结束,继续让其再生,直至完成再生工作,然后关闭再生塔所有进出口阀门,最后切断电源。

重新工作时,应让已完成再生的脱水塔用于吸附工作。

(十)防止掉电

要防止由于掉电而造成控制中断的情况发生。掉电会使加热或冷却过程突然停止,再次通电后,控制将从起始处重新运行。

每 1h 对脱水装置进行一次巡检,及时填写巡检记录。

四、压缩机操作

以四川金星 JM33 型压缩机启机步骤为例进行介绍。

(一)压缩机启机前的准备工作

CBC006 压缩机启动前准备

(1)检查压缩机曲轴箱和注油器油位是否在油位计的 1/2~2/3 处。

(2)检查循环水池内水量是否充足,要求水池液面距离地面不超过 1m。检查冷却系统的控制阀门应处于开启状态,总进水管内不能有空气,如果管路内有空气,则需要在水管的放空口处进行排空,直至没有空气为止。

(3)检查空气压缩机是否启动,要求压力处于 0.4~0.70MPa 之间。

(4)检查压缩机进气压力处于 0.45~1.08MPa 之间,若进气压力低于 0.45MPa,则不允许启机;若进气压力高于 1.08MPa,则需要在调压装置上调压,使天然气压力在 0.45~1.08MPa 之间。

(5)如果上述检查一切正常,可手动盘车 2~3 圈,确认运动机构应轻巧无阻。

(6)完成上述工作后可以启动压缩机。

(二)压缩机的启机运行步骤

(1)合上压缩机控制柜内系统总电源开关,电压正常值应为 380V±38V。

(2)通电后触摸屏进入初始画面(图 5-3),点击"操作员界面"按钮,进入操作界面(图 5-4),可以选择系统手动运行或自动运行。

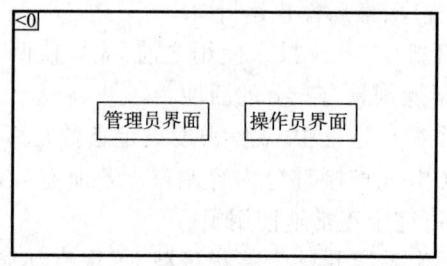

图 5-3 触摸屏初始画面示意图

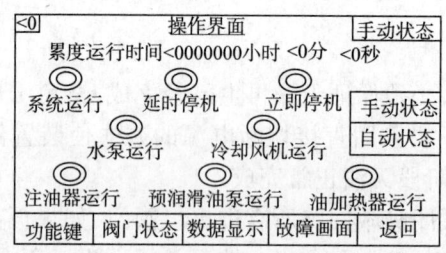

图 5-4 触摸屏操作界面示意图

ZBB006 压缩机运行　　(3)先点击"自动状态"按钮,再按下压缩机控制柜(图 5-5)上的"主机启动"按钮,延时 1min,软启动开启,启动完成后自动切换至旁路运行,系统进入正常运行状态。润滑油压力、冷却水压力、进气压力、各级排气压力及温度等参数信号传入 PLC 控制装置,监控系统的运行。如有异常会自动报警直至停机。实施紧急停机再开机时,急停开关必须先复位。

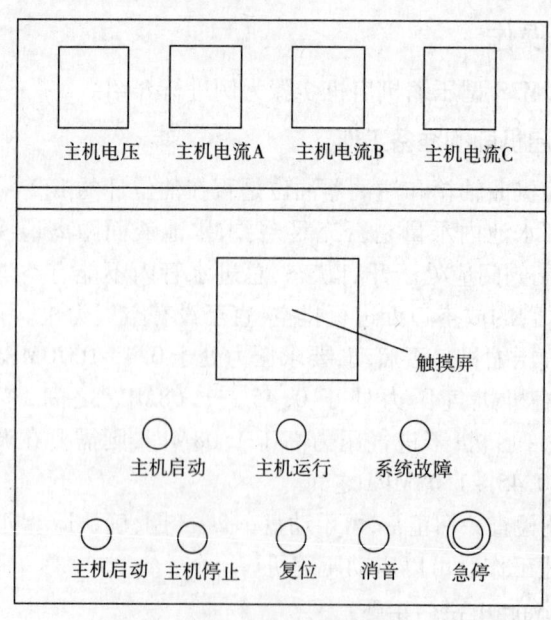

图 5-5 压缩机控制柜示意图

(三)紧急停车

发现下列情况之一时,需要紧急停车。

(1)任意级排气压力值超过允许值,并继续升高。

(2)突然停水、断油、电动机某相断电或部分断电。如因断水而停车,应待机器自然冷却后再通水,不允许马上向热气缸送冷却水,否则气缸会因收缩不均而炸裂。

(3)有严重的不正常响声,或发现机身、气缸有裂纹甚至断裂等异常情况。

(4)电动机出现明显的故障。

(5)压缩机任一部位温度升高异常。

(6)危及机器或人身安全时。

ZBB007 压缩机的紧急停车

(四)巡回检查

(1)检查安全设施,如果发现不安全因素应及时报告,及时处理。

(2)检查气、水、油管路的密封处,密切注视机器运行中温度、压力的变化。若发现异常情况应迅速查明原因,果断处理。

(3)详细做好压缩机运行记录,停车故障及修理记录,做好交接班记录。

(4)检查紧固件的紧固情况,防止由于松脱而发生事故。特别应注意卡套式接头连接的各管口要确保处于拧紧状态,不应有任何松动,防止松脱事故。

(5)检查机身油池内的油位处于油尺 1/2~2/3 处,如油位过低应做好加油工作。

(6)监视油过滤器前后的压差应大于 0.05MPa,压差过大时应及时清洗过滤器。

(7)检查排污系统,根据油水及杂质的情况调整自动排污时间。

CBC007 压缩机检查

压缩机正常运行后,当班人员应定期按照工艺流程和技术要求逐点逐件认真地对各设备、管线、阀门、仪表等进行检查,若发现异常情况要立即进行处理,处理不了要及时报告班长和站长,采取相应措施,杜绝事故的发生,并做好记录。机组运行时,必须保持气路畅通,执行先开后关的原则,防止憋压。压缩机运行中,观察各级压力、温度、注油泵供油是否正常。压缩机每工作 2~3h 或根据气质情况,打开排污阀进行吹扫排污,排污阀应逐级打开,吹扫时间不应大于 30s,排污时总排污一定要全开。若压缩机出现故障需要紧急停机时,应立即按下紧急停机按扭,迫使主机带负荷停止运转,然后立即打开各级排污阀门,关闭进、送气阀门,关闭控制柜总电源。

CBC008 压缩机运行注意事项

(五)往复式活塞压缩机运行

往复式活塞压缩机属于容积型压缩机,是靠气缸内做往复运动的活塞改变工作容积压缩气体。气缸内的活塞,通过活塞杆、十字头、连杆与曲轴连接,当曲轴旋转时,活塞在气缸中做往复运动,活塞与气缸组成的空间容积交替的发生扩大与缩小。当容积扩大时残留在余隙内的气体将膨胀,然后再吸进气体;当容积缩小时则压缩排出气体。以单作用往复式活塞压机为例,将其工作过程叙述如下:

CBC013 往复式活塞压缩机运行

ZBB020 往复式压缩机气阀工作状态

(1)吸气过程。当活塞在气缸内向左运动时,活塞右侧的气缸容积增大,压力下降。当压力降到小于进气管中压力时,则进气管中的气体顶开吸气阀进入气缸,随着活塞向左运动,气体继续进入缸内,直至活塞运动到左死点为止。这个过程称吸气过程。

(2)压缩过程。当活塞调转方向向右运动时,活塞右侧的气缸容积开始缩小,开始压缩气体。(由于吸气阀有逆止作用,故气体不能倒回进气管中;同时出口管中的气体压力高于气缸内的气体压力,缸内的气体也无法从排气阀排到出口管中;而出口管中气体又因排气阀有逆止作用,也不能流回缸内。)此时气缸内气体分子保持恒定,只因活塞继续向右运动,继续缩小了气体容积,使气体的压力升高。这个过程叫做压缩过程。

(3)排气过程。随着活塞右移压缩气体,气体的压力逐渐升高,当缸内气体压力大于出口管中压力时,缸内气体便顶开排气阀而进入排气管中,直至活塞到右死点后缸内压力与排气管压力平衡为止。这叫做排气过程。

(4)膨胀过程。排气过程终了,因为有余隙存在,有部分被压缩的气体残留在余隙之内,当活塞从右死点开始调向向左运动时,余隙内残存的气体压力大于进气管中气体压力,吸气阀不能打开,直到活塞离开死点一段距离,残留在余隙中的高压气体膨胀,压力下降到小于进气管中的气体压力时,吸气阀才打开,开始进气。所以吸气过程不是在死点开始,而是滞后一段时间。这个吸气过程开始之前,余隙残存气体占有气缸容积的过程称膨胀过程。

(六)压缩机调节排气量

ZBB021 压缩机调节排气量

往复式压缩机常用的气量调节方法有以下几种:

(1)转速调节。转速调节即通过改变压缩机的转速来调节排气量。这种调节的优点是气量连续,比功率消耗小,压缩机各级压力比保持不变,压缩机上不需设专门的调节机构等;但它仅仅广泛使用在驱动机为内燃机和汽轮机的压缩机上,如果驱动机为电动机,则需要配置变频器,由于大功率、高压变频器价格昂贵,而且需要大量的维护、维修工作,因此,目前在电动机驱动的往复式压缩机上很少采用该方法。此外,变转速调节可能会对压缩机的工作产生不良影响,如气阀颤振、部件磨损大、振动增加、润滑不充分等,也限制了该方法的广泛应用。

(2)余隙腔调节。在压缩机的气缸上,除固定余隙容积外,另外设有一定的空腔,调节时接入气缸工作腔,使余隙容积增大,容积系数减小,排气量降低,这就是余隙腔调节的工作原理。按照补助容积接入的方式不同,又分为连续的、分级的、间断的调节,多用于大型工艺压缩机。这种调节方式的主要缺点是:通常手动调节,且响应速度慢,一般需与其他调节方式配合使用。

(3)旁通调节。排气管经由旁通管路和旁通阀门与进气管相连接,调节时只要开启旁通阀,部分排气便又回到进气管路中。这种调节方法比较灵活,而且简单易行,配上自动控制系统调节精度也比较高,但是因为多余气体的全部压缩功都损耗掉,所以经济性差,因此,这种方法适用于偶尔调节或调节幅度小的场合。

(4)压开进气阀调节。根据进气阀被压开过程的长短,该方法分全行程压开进气阀和部分行程压开进气阀两种方式。对于全行程压开进气阀调节,在吸气过程中,气体被吸入气缸,在压缩过程中,因为进气阀全开,吸入的气体又被全部推出气缸。假设某压缩机有一个一级双作用气缸,若只顶开活塞一侧的进气阀,气量降低50%,如果两侧同时顶开,则排气量为零,所以,该机可实现气量0、50%和100%三级调节。可见,全行程压开进气阀的调节幅度较大,适用于粗调节。部分行程压开进气阀调节的原理与全行程压开进气阀相似,通过控制压缩过程中进气阀的关闭时刻,控制返回气量的多少,从而可以实现气量的连续调节。由于压缩功几乎与排气量成正比例地减少,所以还有很高的运行经济性。

(七)压缩机进、排气温度

ZBB022 压缩机进、排气温度

压缩机进、排气温度过热的原因主要有以下几种:
(1)本级吸气温度偏高;
(2)本级压力比偏大;
(3)本级气阀(排气阀漏气比吸气阀漏气影响更大)漏气;
(4)本级活塞环漏气;
(5)本级气缸冷却不正常。

五、加气柱操作

(一)操作过程

ZBB032 加气前的准备工作

(1)做好加气前的准备工作。
①检查加气设备是否正常。
②检查CNG专用半挂车压力容器许可证、出厂质检合格证、定期质检合格证、充装证是否齐全。对无定期质检合格证,气瓶超过有效期及合格证不全的车辆,一律不得加气。
③对新到站加气的车辆,未查明气瓶原有不同介质是否已替换干净之前,一律不得加气。
④对没有剩余压力的气瓶一律不得加气。
⑤对有结露等泄漏现象的车辆应立即停止加气。
⑥检查待充气车辆乘客是否已全部下车,发动机是否已经熄火。对乘客未下车,发动机未熄火的车辆一律不得加气。
⑦用未戴手套的手指触摸一下汽车,放掉身上的静电,方可开始加气。
(2)专用半挂车进入加气区,应将其静电接地带提起。
(3)将专用半挂车停放在加气区指定的安全作业地点,熄灭牵引车发动机。
(4)专用半挂车停到指定位置后,用挡块双向固定好拖车。然后放置专用半挂车的支撑底座,摇下专用半挂车支腿,让牵引车离开。
(5)将加气点的静电接地线与专用半挂车操作仓内的导静电片连接。
(6)专用半挂车停好后,一并采取安全警告措施,如设置隔离桩等,防止无关人员进入,避免造成伤害事故。
(7)确认制动有效后,打开专用半挂车后仓门,此时专用半挂车自动刹车装置启动。
(8)加气前检查。

ZBB033 加气前检查

①检查专用半挂车上各高压管件、阀门是否连接牢固,有无泄漏等情况,如

发现问题,必须在处理好问题后再进行下一步工作。

②检查连接块上的放散阀门,确保其密封性。

③在专用半挂车与加气软管连接前,打开专用半挂车上充气快装接头气块体处的放散阀门,将该部分卸压,以便连接高压软管;确保连接部分在无压状态后关闭放散阀门。

(9)从加气柱枪盒上取下加气枪,将加气枪快速接头与专用半挂车上充气快装接头安全连接。

(10)关闭加气柱上的放空球阀;打开 CNG 专用半挂车上的球阀(液压子站拖车需接上控制风,打开气动球阀),此时可从加气柱上的放空压力表读出汽车储气罐的剩余压力。

(11)打开加气柱上的加气球阀。非定量加气:按加气柱键盘上的加气键即可加气。定量加气:首先通过键盘设定需加的气量(单位为 m^3 或 kg)或金额,然后按加气键开始加气,当达到设定值时自动结束加气。

(12)加气完成后电脑控制器的蜂鸣器会连续鸣叫三声自动停止加气,如果专用半挂车不需要加足 20MPa,也可按停止键手动停止加气。

(13)关闭专用半挂车上的球阀。

(14)关闭加气柱的加气球阀,打开放空球阀排除专用半挂车上的球阀至加气柱的加气球阀之间管道中的高压气体。

(15)从专用半挂车上取下加气枪放回加气柱枪盒内,结束加气。

(16)加气完毕后,收起静电接地线,关好专用半挂车操作仓门。

(17)收起辅助支腿,插好销轴及保险销,连接车头移走专用长管半挂车的支撑底座,移走专用长管半挂车车轮锲块。

(18)用摇把将两面支撑腿摇起,插好销轴及保险销,检查专用长管半挂车连接情况,收起垫车木块,松开专用长管半挂车安全阀,移走专用长管半挂车。

(19)加气过程中出现意外事故的紧急处理办法。

①立即切断加气柱电源。

②迅速关闭专用半挂车上的球阀。

③关闭加气柱前的进气阀或加气柱进气口球阀。

ZBB034 加气过程注意事项

(二)注意事项

(1)为延长加气柱高压软管的使用寿命,应避免让其长期处于高压膨胀状态,在每天工作结束或较长时间停止工作时,应关闭加气柱上的加气球阀,然后打开放空球阀,排空软管中的高压天然气。

(2)再次使用加气柱时,应先排净软管中的空气,以确保充入汽车储气罐的天然气纯度。

第二节　CNG 常规加气站设备操作

CNG 常规加气站设备操作主要包括调压计量装置操作、脱硫装置操作、脱水装置操作、压缩机操作、天然气储气设施操作,以及控制系统操作。

一、调压计量装置操作

CNG 常规加气站与 CNG 加气母站的调压计量装置结构原理、操作方法基本相同,具体操作请参见 CNG 加气母站调压计量装置操作。

(一)调压装置巡检要点

CBC014 调压装置巡检要点

(1)检查天然气压力表计、温度表计、流量表是否正常。
(2)检查天然气各阀门的位置是否正常,有无泄漏。
(3)检查自力式调节阀工作是否正常,调节阀前后压力表指示是否正常。
(4)检查分离器液位,每天排污一次,排污时观察分离器有无液体排出,如有异常情况增加分离器的排污次数。
(5)检查过滤器液位及压差,每天排污一次,排污时观察过滤器有无液体排出,如有异常情况增加过滤器的排污次数。
(6)冬季检查电加热器工作是否正常及天然气温度指示是否正常。
(7)冬季检查伴热电缆工作是否正常。
(8)冬季检查压力表、温度表及压力、温度流量变送器的保温是否完好。

(二)调压操作注意事项

CBC015 调压操作注意事项

(1)检查自力式调节阀前后所有管线是否正常,有无泄漏。
(2)检查进气总管压力表指示是否正常。
(3)手动打开自力式调节阀前的隔离阀,检查自力式调节阀阀前压力表指示是否正常。
(4)手动缓慢打开自力式调节阀后的隔离阀,检查自力式调节阀阀后压力表指示是否正常。

(三)流量计主要部件的作用

ZBB015 流量计主要部件的作用

早期设计的科氏力质量流量计由流动流体的管道送入一旋转系统中,由安装在转轴上的扭矩传感器,来完成质量流量的测量。这种流量计只是在试验室中进行了试制。在商品化产品设计中,通过测量系统旋转产生科氏力是不切合实际的,因而均采用使测量管振动的方式替代旋转运动,以此同样实现科氏力对测量管的作用,并使得测量管在科氏力的作用下产生位移。由于测量管的两端是固定的,而作用在测量管上各点的力是不同的,所引起的位移也各不相同,因此在测量管上形成一个附加的扭曲。测量这个扭曲的过程在不同点上的相位差,就可得到流过测量管的流体的质量流量。常见的测量管的形式有 S 形测量管、U 形测量管、双 J 形测量管、B 形测量管、单直管形测量管、双直管形测量管、Ω 形测量管、双环形测量管等。

二、脱硫装置操作

CNG 常规加气站脱硫装置操作主要包括脱硫塔的吹扫、试压和置换,脱硫塔的开车、停车等操作,其操作步骤与 CNG 加气母站基本相同。

(一)脱硫方法的选择原则

CBC016 脱硫方法的选择原则

目前,国内外已见的天然气脱硫方法繁多,不下数十种。如果以脱硫剂的状态来分,则天然气脱硫法可分为干法和湿法两大类。

(1)干法:采用固体型的脱硫吸附剂,这类固体物质包括天然泡沸石、分子筛和海绵状氧化铁等。

(2)湿法:采用各类液体溶液脱硫剂。此法多用于高压天然气中酸性气体组分含量较多的情况。湿法本身又可按条件分为化学吸收法、物理吸收法、复合法和直接氧化法。

①化学吸收法基于可逆化学反应。吸收剂在吸收塔内与H_2S和CO_2进行反应,在解吸塔内用提高温度或降低压力的办法使向相反方向进行。各种胺溶液是应用广泛的脱硫吸收剂。除了各种醇胺法以外,碱性盐溶液和氨基酸盐法亦属于化学吸收脱硫法。

②物理吸收法是基于吸收剂的选择性吸收来分离抽取天然气中酸性组分,其操作类似于天然气工厂中油吸收法。在物理吸收过程中,可采用N-甲基吡咯烷酮、碳酸丙烯酯、丙酮、甲醇等作为吸收剂。由于吸收剂的吸收能力实际上与气相中酸性组分的分压成正比,所以本法对处理高含酸性组分的天然气特别有效。

③复合法是同时使用混合的化学吸收剂和物理吸收剂。本法中最得以广泛应用的是Sulfinol法,其中使用环丁砜和任一化学吸收剂相组合的溶液作为脱硫剂。Sulfinol溶液通常是由环丁砜、二异丙醇胺和水组成。在确定Sulfinol砜胺溶液配比时,应考虑依据使用条件不同而异。

④直接氧化法是对H_2S直接氧化使其转化成硫元素,例如克劳斯法。

干法脱硫技术与湿法脱硫技术相比具有投资低、占地面积小和运行费用低的优点。

天然气组分、处理量、硫含量、厂站所处自然条件、产品质量要求、运行操作要求等都是天然气脱硫工艺的选择依据。目前,根据国内外工业实践的经验,天然气脱硫脱碳工艺的选择原则可参考以下内容:

(1)原料气中含硫量高、处理量大、硫碳比高,需要选择性吸收H_2S同时脱除相当量的CO_2,原料气压力低,净化气H_2S要求严格等条件下,可选择醇胺法作为脱硫工艺。

(2)原料气中含有超量的有机硫化物需要脱除,宜选用砜胺法。此外,H_2S分压高的原料气选用砜胺法时能耗远低于醇胺法。

(3)H_2S含量较低的原料气中,潜硫量在0.2~5t/d时可考虑直接氧化法,潜硫量低于0.2t/d的可选用非再生固体脱硫法,如固体氧化铁法等。

CBC017 铁碱法脱硫工艺

(二)铁碱法脱硫工艺

氧化铁脱硫剂效果较好,价格相对低廉,可在室温下操作,使得设备投资费用少、操作简便,因此从性价比考虑,氧化铁脱硫剂比较适合天然气的脱硫。常温氧化铁脱硫,主要是以Fe_2O_3水合物进行脱硫。以氧化铁为基质的固体脱硫剂,脱硫反应在常温和碱性条件下最好。其化学反应式为:

$$Fe_2O_3 \cdot H_2O + H_2S \Longrightarrow FeS + S + H_2O$$

CBC024 脱硫剂再生工艺

(三)脱硫剂再生工艺

脱硫剂氧化铁再生的方法有三种:

(1)塔外再生:将失去活性的脱硫剂搬到塔外摊晒与空气中的氧气发生反应,可实现再生。这种方法工作量很大,且使得工作环境亦不清洁。

(2)塔内连续再生:在进口连续鼓入适量的空气,使脱硫剂的再生和 H_2S 的吸收同时进行,两个过程可在工作中实现动态平衡。

(3)塔内间歇式再生:将需要再生的脱硫塔停止运行并与系统可靠隔离,用蒸汽或惰性气体置换设备内残余天然气后,鼓入新鲜空气,使脱硫剂实现再生。

三、高压脱水装置操作

CNG 常规加气站脱水装置可采用低压脱水装置和高压脱水装置,低压脱水装置在 CNG 加气母站已做过讲解,此处对高压脱水装置的操作进行介绍。高压脱水装置操作主要包括开机、关机以及再生操作。高压脱水又称为压缩机末级脱水。CNG 脱水装置几乎都采用分子筛作为脱水剂。

CBC019 天然气主要脱水操作方法

(一)脱水装置开机操作

(1)打开脱水塔 A 塔(B 塔)进出口阀门。
(2)关闭脱水塔 B 塔(A 塔)进出口阀门。
(3)观察进出口压力表,确认系统处于正常工作状态。
(4)严禁气阀操作错误,否则高低压气串通将造成设备、人员伤亡事故。
(5)每半小时对脱水装置运行情况进行一次巡检,并填好操作记录。

ZBB011 吸附法脱水操作

(二)脱水装置停机操作

(1)关闭脱水塔 A 塔(B 塔)进出口阀门。
(2)打开脱水塔 B 塔(A 塔)进出口阀门。
(3)在倒塔时应在停机无压状态下进行。

(三)脱水装置再生操作

(1)将需要再生的脱水塔从并联的脱水装置中断开。
(2)打开压缩机或储气井脱水再生气配气阀。
(3)打开再生气调压装置。
(4)打开再生塔再生气进气阀、回收阀。
(5)开启电加热器,对再生气进行加热若无再生气流动时,必须停止加热。
(6)每小时排污一次。
(7)填写再生脱水塔再生记录。

ZBB017 脱水系统工艺操作

(四)脱水装置控制

低压(前置)脱水装置按自动化程度可分为全自动和半自动,前者可做到无人现场操作,后者需在两塔切换时,到现场手动切换阀门,其后的再生程序自动进行,无需现场操作。按控制柜安装位置可分为现场控制和非防爆区控制,前者采用正压保护或隔爆箱,后者将控制柜设置在非防爆区,一般与压缩机控制柜相同区,推荐后者。按控制柜功能又可分为:露点控制、触摸屏/文本/指示灯显示等。

ZBB019 脱水装置控制

CBC018 脱水装置巡检要点

（五）脱水装置巡检要点

1. 不需中断的保养与检查

每日一次，检查再生温度是否正常。

每日一次，检查罗茨风机振动是否异常。

每周一次，检查切换过程及所描述的功能是否正常。

每周一次，检查吸附、再生、冷却及切换时间。

每周一次，检查干燥塔的压力损失。

每周一次，检查过滤器、分离器排污口是否通畅。

每月一次，紧固所有松动的接头。

2. 需中断运行的保养与检查

若运行中没有故障出现，应定期完成下面的保养工作：

每月一次，检查所有压力表和温度表。

每季一次，检查前、后置过滤器压力损失。

每季一次，检查或更换罗茨风机润滑油及润滑脂。

每年一次，检查电加热元件、所有阀门及垫片。

每年一次，清洗前、后置过滤器滤芯。

四、压缩机操作

CNG 加气母站与 CNG 常规加气站使用的都是具有曲柄连杆的活塞式压缩机。区别主要在进气压力以及排量上的区别，操作过程基本相同，详见 CNG 加气母站压缩机操作。

CBC020 往复式压缩机启动前注意事项

（一）往复式压缩机启动前注意事项

（1）系统流程导通，工艺系统管网流程无误。

（2）空负荷试运合格，运转中发现的问题已处理完毕。

（3）循环冷却水投用正常，各冷却部位走水畅通，回水排空阀将空气排尽，压力、温度正常（保证压力 $0.3\sim0.4$ MPa，温度 $\leqslant 32\,^\circ\!\text{C}$），无泄漏。

（4）电动机已送电。

（5）压缩机气量调节系统调试正常。

（6）润滑油更换完毕，分析合格。电动机轴承箱加油正常，分析合格。

（7）压缩机上所有仪表、报警、联锁再一次检查确认，调试完好具备投用条件。

（8）安全消防设施齐全、完好，所有安全阀已定压，并投用。

（9）所有仪表安装完毕，经检验合格。

CBC021 往复式压缩机启动流程

（二）往复式压缩机启动流程

（1）做好准备工作后，证明机器正常无误时，压缩机吸入罐需排水，并确保排尽，即可启动，启动电动机在无负荷下运转 5min，证明其完全正常，方可升压。

（2）现场打开压缩机吸入罐出口阀的前后切断阀、主控关放空阀，缓慢开启吸入罐出口阀，将介质引至压缩机进口前，缓慢打开压缩机进口阀，对压缩机进行均压。

（3）缓慢关闭回路阀，逐渐升高压力，至出口压力接近额定的工作压力时打开出口阀门，使机器进入正常运转。注意压缩机出口不要超压。

（4）按正常状态下操作，按规定进行巡回检查，如发现异常，请及时报告，特殊情况下必须紧急停机。

（三）压缩机运行中检查

CBC022 压缩机运行中检查

（1）检查测量仪表：压缩机装置的正确运行要通过监视数据来检查。

（2）认真查漏，发现漏泄要立刻纠正，因为天然气无味不易察觉，接触到火星会发生爆炸，酿成严重的安全事故。

（3）监视压缩机振动及温度，应连续测量。

（4）为确保压缩机有油流过轴承，要经常检查油出口管线内的所有油观察视镜。

（5）清洁油箱。以每月一次的间隔，去除可能集聚在油箱内的任何水和油泥。应定期清洁油管线内的进口粗滤器。

（6）检查油过滤器/冷却器。每个月（但如果油冷却器下游的油温升高或通过油过滤器的压差升高，要立即切换油冷却器、双冷却器或油过滤器到备用装置上。切换油冷却器之前，应接通备用冷却器的冷却水。并打开在水箱上的通风阀直至水流出，之后要关闭此通风阀。

（7）观看过滤器上的压差表。如果压差表接近零，过滤器就有损坏或漏泄。

（8）切换备用冷却器和备用过滤器时要慢慢进行，并且在压缩机装置运行中就可以进行。使用过的冷却器或过滤器要将油和油泥放出，然后通过冲洗，刷除或使用化学溶液除掉固体脏物。如检查过滤器元件有损伤，则必须更换新的过滤器元件。

（9）放泄管线要一周检查一次，确保它们没有堵住。

（10）检查油。如果油不再符合所规定的指标值，应换新油。所有油的更换要记载在工作日记中，记载换油数量和换油的等级。

（11）检查冷却水。

第三节　CNG 加气子站设备操作

一、液压子站设备操作及拖车操作

ZBB024 液压子站设备操作

液压子站设备操作主要包括自控系统、液压子站拖车的操作。当子站拖车到站，相应的油、气管路连接完成后，利用液压顶升系统将拖车储气钢瓶顶升至仰角为 13°，为系统运行做好准备。启动设备，此时 PLC 控制系统检测到液压系统压力，当压力低于设定值时，液压橇体内高压泵启动，储油罐中的液压油经过滤器，在高压泵加压后，通过溢流阀、注液控制阀、换向阀、高压管件、高压注油软管，在控制系统作用下，按顺序依次注入拖车钢瓶内，储气钢瓶中的天然气被液压油推出，经高压管线、缓冲罐、加气机给汽车充气。

（一）液压子站设备操作

ZBB023CNG液压子站组成系统

液压子站自控系统操作主要包括系统上电、手动注油控制、手动回油控制以及自动控制。

ZBB035液压子站系统上电

1. 系统上电

合上各电源断路器，检查各断路器是否合到位、各指示器是否正常。

触摸屏进入初始界面。如果界面中故障灯亮或蜂鸣器响表明有系统故障产生，在主菜单界面下，按"报警查询"按钮，故障信息弹出，根据故障信息排除故障。待故障排除，"按复位"按钮解除报警，系统才能启动。

系统分自动运行、手动注油、手动回油控制，三种控制相互锁定。

2. 手动注油控制

该控制方式为人工操作模式，主要用于设备调试或设备维修时使用。如果在自动循环出现故障时，此控制可以辅助使用。

在手动注油前必须停止或退出自动循环、手动回油，必要时可进行系统复位。释放需要注油单元。

按照前面描述进入手动注油操作界面，按下界面中"有效"按钮，手动注油有效。如果不能有效，要确认系统处于手动状态，且按下手动回油"无效"按钮。按下需要注油单元"打开"按钮，对应显示信息为开，油泵开始启动，延时20s（可调），总注油阀、总气阀、换向阀（当注油单元为1、3、5、7奇数时，$1^{\#}$换向阀打开；当注油单元为2、4、6、8偶数时，$2^{\#}$换向阀打开）、相应单元气阀和油阀打开，注油开始计时。在注油过程当中，油压大于22MPa（上限），总注油阀关闭。当总注油阀关闭后，油压持续大于21MPa（中限）1min（可调）后油泵停止。油压一旦低于20MPa（下限），油泵如果已经停止，油泵重新开启，延时T1，总注油阀打开。注油过程当中，两个液位开关中任意一个动作、按"取消"按钮或"按停止"按钮，换向阀、总注油阀、总气阀、单元油阀和气阀关闭，延时30s，油泵关闭，注油结束，对应显示信息为关闭。按下触摸屏界面中"无效"按钮，然后退出手动注油界面。

CBC023液压增压系统手动回油操作

3. 手动回油控制

该控制方式为人工操作模式，主要用于设备调试或设备维修时使用。如果在自动循环出现故障时，此控制可以辅助使用。

在手动回油前必须停止或退出自动循环、手动注油，必要时可进行系统复位。释放需要回油单元。

按照前面描述进入手动回油操作界面，按下界面中"有效"按钮，手动回油有效。如果不能有效，要确认系统处于手动状态，且按下手动注油"无效"按钮。按下需要回油单元"打开"按钮，对应显示信息为开，总回油阀和对应单元油阀打开。在回油当中，当光电开关任意一个动作、压力开关动作、按"取消"或"停止"按钮，相应单元油阀关闭，对应显示信息为关。需对下一单元回油时，须过几秒钟之后才能按下一单元的"打开"按钮。回油完成后，按"无效"按钮，然后退出手动回油界面。

ZBB025液压子站自动控制

4. 自动控制

在自动控制前必须退出手动回油、手动注油，释放需要注油单元。必要时，可先进行系统复位。注油单元优先顺序：先是1#单元，其次2#单元，再次3#单元，以此类推，至8#单元。

在确认油管、气管已经连接正常的情况下，按下启动按钮，开始对已释放单元的第一个奇数单元注液。注液过程同手动注油一样，在单元注液完成时，切换阀换向，总气阀、总油阀和油泵不关，继续对下一释放单元注油。单元注油时间大于设定的注油时间，系统报警提示。

在单元注油完成时，单元油阀不关，紧接着回油。单元回油同手动回油一样，自动情况下，需要进行二次回油，回油间隔时间为10min（可调）。单元一次回油时间低于12min（可调），系统报警提示。

换车按钮只能是在8#单元正在回油的时候才有效。当最后回油单元应该是8#时，界面提示"可以换车"同时报警提示等待换车。按下"启动"按钮后，更换拖车的气管和油管，换车时间开始计时，同时界面提示"等待确认"信息。当换车工作完成，重新设定下一拖车单元锁定/释放，再次按下"启动"按钮，8#单元开始回油，同时对下一次循环的第一个单元进行注油，界面提示"换车确认"信息。待8#单元二次回油完成后，"换车确认"信息消失，再更换双注油管道和8#单元油阀气路。

当在提示"可以换车"信息显示60s后无换车信号、换车时间超时或最后回油单元不是8#单元，总排气阀、总注油阀、油泵关闭，提示"请开放散阀回油"信息，继续回油程序，至最后单元二次回油完毕。

停机：在自动运行当中，一旦按下"停机"按钮或者有停机故障信号产生时，立即终止注油或回油过程，所有阀门关闭，油泵停止。系统计录下停机前的状态，便于下次开机时继续按照停机时状态运行。

注意：自动运行情况下，绝对不允许释放当前运行单元以前单元的锁定状态，或者释放历史记录中正在注油或回油的单元以前单元的锁定状态。

（二）液压子站拖车操作

液压子站拖车操作包括液压子站拖车到站操作、卸气前检查、卸气前管路连接操作、拖车框架顶升操作、液压系统启动操作、卸气后拖车移走操作以及更换拖车操作。

ZBB026 液压子站拖车操作

1. 液压子站拖车到站操作

(1)拖车进入卸气区，设置隔离桩，禁止无关人员进入。

(2)将拖车停放在卸气区指定的安全作业地点，熄灭牵引车发动机。

(3)拖车停到指定位置后，确认制动有效后，用挡块双向固定好拖车，并启动拖车自动刹车装置，放置拖车的支撑底座，摇下拖车支腿，让牵引车离开。

(4)垫好木板拔出辅助支撑腿固定销用短摇把摇下辅助支腿，插入固定销，用同样方法放下另一支腿并固定好。

(5)将卸气点的静电接地线与拖车操作仓内的导静电片连接。

(6)检查车底顶升油路放散阀是否关闭，打开注油阀防止油箱被高压油冲破裂。

(7)打开拖车后仓门，并将仓门固定在拖车两侧。

CBC025 液压子站拖车到站操作

2. 卸气前检查

(1)检查拖车上各高压管件、阀门有无异常，用仪器检查有无泄漏，如发现问

CBC029 液压子站拖车卸气前检查

题,必须在处理好问题后再进行下一步工作。

(2)检查液体连接块、气体连接块上的放散阀有无结霜,确保其密封性。

(3)在拖车与液压子站箱体连接前,打开拖车上各块体处的放散阀,将该部分卸压,以便连接高压软管,确保连接部分在无压状态,然后关闭放散阀。

(4)对应软管连接好后,检查并关闭所有放散阀。

ZBB027 拖车卸气前管路连接操作

3. 卸气前管路连接操作

拖车后仓主要部件示意图见图5-6。

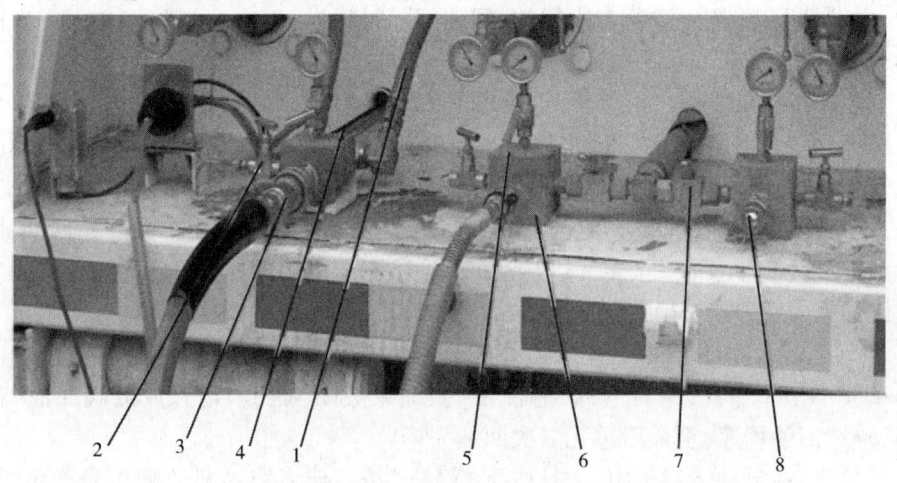

图5-6 液压子站拖车后仓
1—油管路;2—油块放空阀;3—注(回)油路快装接头;4—油块;5—压缩天然气快装接头;
6—气块;7—压缩天然气总阀;8—CNG加气母站加气快装接头

(1)液压油管路连接。

①确认单、双油路接头,单注(回)油路接头与橇体连接管路上是外螺纹接头,与其对应的子站拖车上安装内螺纹接头,双注(回)油路接头与橇体连接管路上是内螺纹接头,与其对应的子站拖车上安装外螺纹接头。

②连接单注(回)油路时,关闭单注(回)油路橇体上的注(回)油阀,打开单注(回)油路橇体上的放散阀,待单注(回)油路卸压完毕后关闭放散阀,打开拖车上内螺纹接头油块的放散阀,卸压后关闭放散阀,将橇体上的注液高压软管外螺纹接头对准专用半挂车上的内螺纹接头(图5-7),逐渐用力向前推,听到"咔哒"声音,高压软管内、外螺纹接头即是锁住,连接成功。

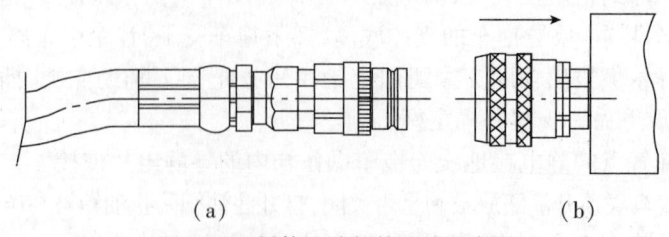

(a)　　　　　　(b)

图5-7 橇体油路软管连接示意图
(a)橇体油路软管快装外螺纹接头;(b)拖车油路快装内螺纹接头

③连接双注(回)油路时,关闭双注(回)油路橇体上的注(回)油阀,打开双注(回)油路橇体上的放散阀,待双注(回)油路卸压完毕后关闭放散阀,打开拖车上外螺纹接头油块的放散阀,卸压后关闭放散阀,将橇体上的注液高压软管内螺纹接头对准专用半挂车上的外螺纹接头(图5-8),逐渐用力向前推,听到"咔哒"声音,高压软管内、外螺纹接头即是锁住,连接成功。

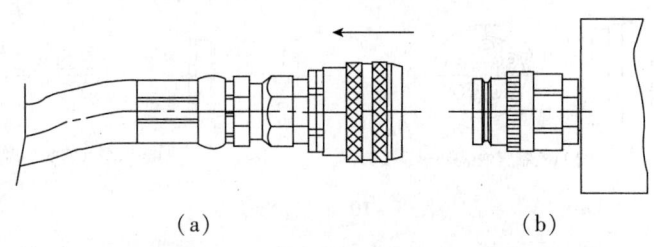

图5-8 高压油路软管连接示意图
(a)高压油路软管快装内螺纹接头;(b)拖车上油路快装外螺纹接头

④脱开单注(回)油路时,将半挂车上快装内螺纹接头上活动锁套向前推开到要求的位置后,注液高压软管接头即脱开;脱开双注(回)油路时,将橇体侧快装内螺纹接头上活动锁套向后拉开到要求的位置后,注液高压软管接头即脱开。

(2)高压天然气管路连接。

①关闭橇体上压缩天然气总阀门,打开橇体高压天然气管路放空阀,等高压天然气管路泄压完毕后,关闭橇体高压天然气管路放空阀。

②打开拖车上压缩天然气管路气块的放散阀,待泄压完毕后,关闭放散阀,将天然气软管内螺纹接头上的活动锁套向后拉开,对准外螺纹接头插到要求的位置后把活动锁套松开并复位,即可将接头锁住(图5-9)。

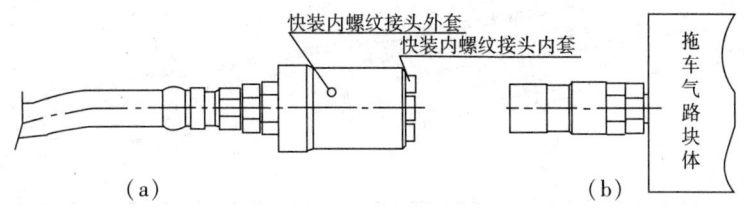

图5-9 压缩天然气软管连接示意图
(a)压缩天然气软管快装内螺纹接头;(b)拖车上压缩天然气快装外螺纹接头

(3)气动控制系统管路连接。

①确认前仓气动控制气快装接头、8#钢瓶回油控制气快装接头和后仓气动控制气快装接头。

②将内螺纹接头内靠近边缘的地方有一个定位插脚对准外螺纹接头有缺口的部位,使插头和插座同轴,轻轻插入后拧紧锁母即为可靠连接,切忌暴力操作。脱开时,先将锁母拧开,再拔下插头即可(图5-10)。

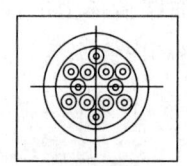 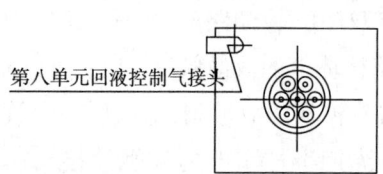
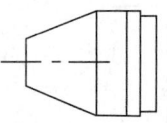 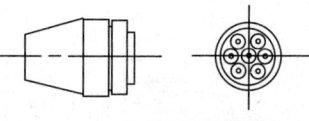

图 5-10　气动接头

③连接好 8#钢瓶的气动接头。

(4)拖车顶升装置液压管线连接。将橇体上黑色的胶管与拖车底盘上的接头接牢。

(5)信号线连接。

ZBB028 拖车框架顶升操作

4. 拖车框架顶升操作

(1)关闭拖车及子站系统中的放散阀。

(2)对正支好垫板,摇下辅助支腿,销轴插入到位。

(3)调整支腿使辅助支腿接触对应垫板,确认各腿稳定对称受力均匀后,启动液压系统,关闭手动注油阀、回油阀,打开升起装置下部注、回油手动阀,将顶升操作装置上部黑色扳手扳至升车状态,调整调压阀使压力达 16~18MPa,扳动换向阀将框架顶起,仰角为 13°,如图 5-11 所示。压力正常以后操作可省去调压操作。

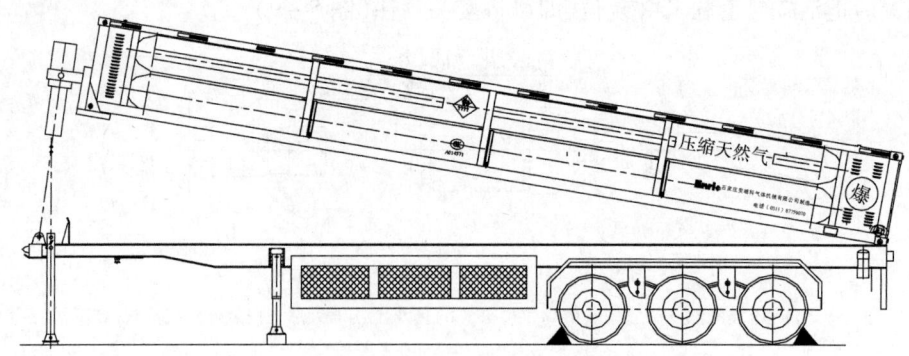

图 5-11　液压子站拖车

CBC027 液压系统启动操作

5. 液压系统启动操作

(1)关闭拖车后仓的气动球阀、压缩天然气管路放散阀及单、双注(回)油路放散阀;打开拖车上的卸气总阀,单、双注(回)油路总阀及前、后仓各钢瓶口手动球阀。

(2)关闭橇体上的单、双回油管路上的手动回油阀、压缩天然气管路上的放散阀,打开橇体上的单、双供(回)油路总阀及压缩天然气管路总阀。

(3)系统送电,此时控制面板显示当前工作状态、参数等信息。

(4)打开空气压缩机气泵和脱水装置,开启压缩气源设备,使气体储罐压力达到设定值。

(5)启动液压系统,系统开始升压,升压合格后,开始给汽车加气。

6. 卸气后拖车移走操作

(1)一辆车加气结束,当8#钢瓶内的液压油全部返回储罐时,将8#钢瓶气动控制快装接头转接至下一辆车。

(2)关闭拖车的卸气阀,关闭子站拖车加气总阀,打开拖车卸气管路放散阀,排出气压块的压力,关闭放散阀,断开压缩天然气供气管。

(3)打开拖车上的双注油管的放散阀,排出油压块的压力,关闭放散阀,断开双注油软管并转接至下一辆车上。

(4)启动液压顶升装置,将拖车仰角降下来,确认到位,收起辅助支腿,插好销轴及保险销,连接车头移走子站拖车的支撑底座,移走子站拖车车轮锲块,并将液压顶升装置快装接头转接至下一辆车上。

(5)收起静电接地线,关好拖车操作仓门。

(6)用摇把将两面支撑腿摇起,插好销轴及保险销,检查子站拖车连接情况,收起垫车木块,松开子站拖车安全阀,移走子站拖车。

ZBB037 液压子站卸气后拖车移走操作

7. 更换拖车操作

(1)当前一辆拖车的8#瓶天然气卸完气后,PLC控制程序自动提示换车,由人工调换快装接头到第二辆拖车。

(2)关闭橇体和拖车上的卸气手动阀,打开拖车上单注油放散阀和天然气放散阀,使软管内无压,再关上两个放散阀。

(3)依次将单注油软管,高压气管,单、双控制气快装接头,拖车信号线调换至第二辆车。

(4)此时可以启动第二辆车的1#钢瓶开始加气,以保证加气持续进行。

(5)待8#钢瓶回油完毕后,把拖车降下来,立即把双注油软管、8#钢瓶的回油控制气快装接头调换至第二辆拖车上。

(6)将拖车顶升装置液压管线移至第二辆车接好,重复拖车顶升装置操作将第二辆车升起13°,使加气过程持续进行。

ZBB036 液压子站更换拖车操作

二、压缩子站设备操作

压缩子站设备操作主要包括压缩子站拖车、压缩子站压缩机以及储气井的操作。压缩子站拖车操作包括指引子站拖车停放、卸气前检查、卸气操作和卸气后操作;压缩子站压缩机操作包括压缩机开机前的准备工作和压缩机的操作;储气井操作包括储气井日常巡检和储气井排污。

CBC028 压缩子站设备操作

(一)压缩子站拖车操作

1. 指引子站拖车停放

(1)将拖车停放在制定的安全作业区,熄灭牵引车发动机。

(2)用挡块双向固定好拖车,打开拖车后仓门,并将仓门规定在拖车两侧。

ZBB014 CNG 压缩子站流程操作

(3)将卸气点的静电接地线与拖车后仓的导静电片连接。
(4)按下拖车自动刹车装置,放置拖车的支撑底座,摇下拖车支腿,让牵引车离开。

ZBB038 压缩子站拖车卸气前检查

2. 卸气前检查

(1)检查并驱逐作业区内无关人员。
(2)用测漏仪检查子站拖车前后仓内附是否有泄漏现象。
(3)检查各仪表显示正常,确认与卸气相关装置的外观无异常时,再进行下一步操纵。如果发现问题,必须处理完问题后再进行卸气操作。

ZBB039 压缩子站拖车卸气操作

3. 卸气操作

(1)缓慢打开卸气柱和拖车后仓放散阀,确定管路内不含压力时,将卸气柱软管与子站拖车主阀保持水平位置对接,确认连接完好,并关闭放散阀。卸气管软连接示意图如图5-12所示。

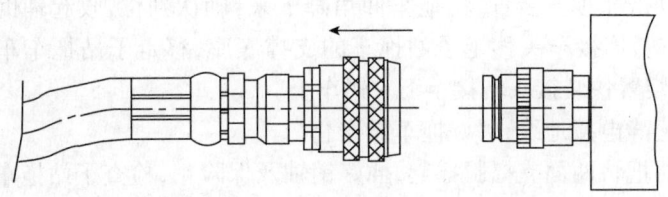

图5-12　卸气柱软管连接示意图

(2)依次缓慢打开后仓8个瓶阀。
(3)缓慢开启主阀,可以听到卸气的声音,同时观察卸气柱上压力表与拖车上的压力表应一致。
(4)缓慢打开卸气柱手动进气球阀,系统进入卸气过程。

ZBB040 压缩子站拖车卸气后操作

4. 卸气后操作

(1)先关闭子站拖车上的加气主阀、再分别关闭8个瓶阀,随后关闭卸气柱上的进气阀,再打开主阀上的放散阀或卸气柱上的放散阀,将卸气软管卸压,此时方可卸下卸气柱软管。
(2)收起辅助支腿,插好销轴及保险销,检查牵引车与子站托车连接情况,移走支撑底座及车轮挡块。
(3)拆下导静电带,松开拖车安全阀,关闭仓门,移走子站拖车。

5. 子站拖车操作注意事项

(1)卸气操作时,一定要先打开卸气柱和拖车后仓放散阀放散,确定管路内不含压力时,方可进行下一步操作。
(2)卸气柱软管与子站拖车主阀连接后,操作人员对软管连接处要有拉伸动作,确认连接可靠。
(3)拖车移走前,要确认拖车各处连接已拆下。

(二)压缩子站压缩机操作

ZBB041 压缩机开机前的准备工作

1. 压缩机开机前的准备工作

(1)检查清洗机身油池和吸油过滤网,清理干净后,向油池内加入经过滤干净的润滑油及适当比例的抗磨剂,最高油位为不碰曲轴和连杆,最低油位必须保证淹没整个过滤器。

(2)检查各部位运动部件的连接是否有效可靠。

(3)启动水泵检查冷却液的流动情况,保证各支路冷却液量分配均匀,同时检查和清除冷却管路的一切外漏。

(4)启动预润滑油泵向各润滑面加油至十字头滑板处出油为止。

(5)检查电器仪表等确认符合要求。

(6)盘车确认运动灵活无不正常现象后,点动电动机确认转向,从电动机端看机器应是顺时针转动。

2. 压缩机的操作

(1)压缩机开车和停车。

①压缩机的正常开车,经过前述各项试验,消除一切不正常的问题以后,并且水压、油压符合规定后方可开车。

②压缩机控制柜备有紧急停车按钮,当发生紧急情况需要立即停车时,可按"紧急停车"按钮停车,停车后,再按正常停车步骤操作。

③停车检修时,在关闭压缩机进出阀门以后要放空压缩机内的气体压力,才可以进行拆卸零件的工作,以免有压气体膨胀,弹出零件伤及人身安全。

④压缩机长期停车,要用总进水管处的球阀放出压缩机内的全部冷却液避免锈蚀,冬天则防止冻裂零件。

(2)润滑油系统操作。

手动控制:设备调试时,系统处于手动状态。油加热器控制中的启动、停止按钮可单独控制油加热器的启停,当油温大于上限时,加热器自动停止加热,"油加热器启动"按钮无效;预润滑油泵控制中的启动、停止按钮可单独控制预润滑油泵的启停。

正常状态系统处于自动状态。预润滑油泵启停是 PLC 控制的,齿轮油泵位于机身一端,由曲轴带动。齿轮油泵的油压可由泵体上的回油阀调节,油压过高时,油推开阀门溢流回油池,经过滤器上装有过滤前油压表和过滤后油压表接点。过滤后的油压表安装在开关箱上。两压力表的压差确定过滤器的脏污程度,油泵的工作油压为 0.25~0.4MPa。润滑油压力是过滤后的油压。

(3)压缩机冷却系统操作。

操作员界面选择手动运行方式,系统处手动状态。

水泵控制当中的启动、停止按钮可单独控制水泵的启停。冷却风机控制中的启动、停止按钮可单独控制冷却风机的启停。换气扇控制中的启动、停止按钮可单独控制换气扇的启停。

正常情况下操作员界面选择自动运行方式,系统处于自动状态。水泵运行,延时 10s 冷却风机运行,若隔音房温度高于上限开换气扇。

(4)压缩机仪表风系统操作。

①仪表风系统启停压力:在仪表风系统中,压力开关控制空气压缩机的启停,仪表风的压力应为 0.4~0.75MPa,当压力低于 0.4MPa 时自动启机,当压力达到 0.75MPa 时自动停机。

ZBB029 压缩子站压缩机操作

ZBB042 压缩机润滑油系统操作

ZBB030 压缩子站仪表风压力调节

②压力开关调整方法:

　　a.设定压力时将压力调整螺丝右旋,则设定压力升高,反之则设定压力降低。

　　b.调整压差时将压差调整螺丝右旋,则电源切断的压差幅提高,反之则压差幅缩小。压力调整螺丝和压差调整螺丝互有关连,应妥为调整。

　　c.仪表风过滤器的排污每小时排一次。

(三)储气井操作

储气井操作主要包括储气井检漏、储气井固定装置检查以及储气井排污等操作,下面分别进行介绍。

1. 储气井日常巡检

储气井在使用过程中管件、阀门、仪器仪表连接部位出现漏气以及仪器仪表计量不准、损坏等故障,因此必须对储气井进行日常巡检,具体如下:

(1)检查各管件接口有无漏气。

(2)检查安全阀检测标志是否在有效期内。

(3)检查压力表显示是否正常、接口有无漏气。

(4)检查压力表检测标志是否在有效期内。

2. 储气井排污

储气井运行一段时间后,天然气中的油和水会在井底沉积,尤其是天然气中含有硫化氢,溶于水后对井底造成腐蚀,容易产生"氢裂"现象,因此必须对储气井进行排污。

储气井由井口装置、井筒和井底封头组成,其结构示意图如图5-13所示。

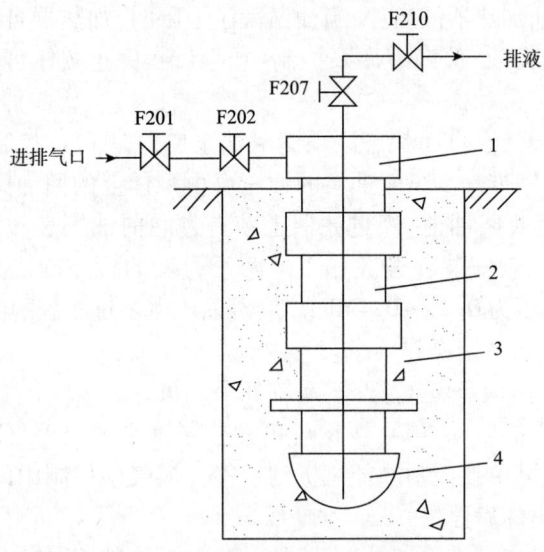

图5-13　储气井结构示意图
1—井口装置;2—井筒;3—固井水泥;4—井底封头

(1)储气井的排污可以在压缩机运转的情况下进行,先打开排污罐的排污阀,使排污通道畅通。

(2)再开启排污阀F207,缓慢开启针阀F210,此时可以明显听到气体流动声音,用针阀控制气体的流速,观察排污阀处残液流出情况,直至没有残液流出为止。

(3)先缓慢关闭F207,再关闭针阀F210,排污结束。

3.储气井排污注意事项

(1)先打开排污罐底排污阀,再进行储气井排污。

(2)开启或关闭储气井组阀门时动作要缓慢,严禁猛开、猛关。

(3)定期对储气井进行排污工作,并将排污情况记录表格上。

(4)排污操作时严禁闲杂人员围观,密切注意附近情况,严禁明火,严禁多井同时排污;同时要注意阀门开关顺序。

(5)排污时严禁操作者将手伸向排污管口。要用容器接纳排出物,排出物应按照相关规定进行集中处理。

(6)储气井组排污工作,要由专人进行。如果排污时发现异常情况立即上报,由专业人员处理。

(7)排污结束后要保持排污场所清洁。

初级工练习题及答案

一、理论知识试题

(一) 单项选择题(每题四个选项,只有一个是正确的,将正确的选项号填入括号内)

1. BC001　新建和大修后置换脱硫塔系统中的(　)。
　　(A)天然气　　　　(B)氮气　　　　(C)空气　　　　(D)甲烷
2. BC001　不允许吹扫的设备及管道应与吹扫系统(　)。
　　(A)不隔离　　　　(B)隔离　　　　(C)顺便　　　　(D)直通
3. BC002　分子筛脱水原理来源于(　)。
　　(A)酸碱中和　　　(B)化学反应　　(C)物理吸附　　(D)重力
4. BC002　CNG脱水装置几乎都采用(　)作为脱水剂。
　　(A)氧化铝　　　　(B)分子筛　　　(C)TGE溶液　　(D)MDEA溶液
5. BC003　天然气脱水装置中,气体在(　)之间被均匀的扩散开。
　　(A)风冷机　　　　(B)吸附床　　　(C)分离器　　　(D)循环风机
6. BC003　天然气脱水装置大多是采用(　)操作,即(　)吸附。
　　(A)连续,固定床　　　　　　　　　(B)半连续,固定床
　　(C)连续,非固定床　　　　　　　　(D)半连续,非固定床
7. BC004　天然气通过加热器将温度提高到所要求的(　)时,再生气体进入干燥塔床层。
　　(A)180℃　　　　(B)195℃　　　　(C)220℃　　　　(D)240℃
8. BC004　脱水装置再生时,再生气体出口温度升至(　)时,加热器停止加热。
　　(A)110℃　　　　(B)120℃　　　　(C)130℃　　　　(D)150℃
9. BC005　脱水装置重新工作时,应让已完成(　)的脱水塔用于吸附工作。
　　(A)再生　　　　　(B)吸附　　　　(C)饱和　　　　(D)加热
10. BC005　脱水装置突然断电会造成干燥剂的(　)阶段无法正常完成。
　　(A)加热　　　　　(B)饱和　　　　(C)再生　　　　(D)吸附
11. BC006　活塞式压缩机启机前可手动盘车(　)圈。
　　(A)1~2　　　　　(B)2~3　　　　(C)3~5　　　　(D)4~6
12. BC006　若压缩天然气进气压力高于额定压力,则需要在(　)上调压。
　　(A)入口球阀　　　　　　　　　　　(B)计量装置
　　(C)调压装置　　　　　　　　　　　(D)气源进口闸阀
13. BC007　检查压缩机机身油池内的油位处于油尺(　)处,如油位过低应做好加油工作。
　　(A)1/2~1/3　　　(B)1/2~2/3　　(C)1/3~2/3　　(D)1/2~1
14. BC007　监视压缩机的油过滤器前后的压差应大于(　)。
　　(A)50MPa　　　　(B)5MPa　　　　(C)0.05MPa　　(D)0.5MPa
15. BC008　压缩机正常运行后,若发现异常情况要立即进行处理,并要做好(　)。
　　(A)检查　　　　　(B)维修　　　　(C)记录　　　　(D)断电

16. BC008　压缩机组运行时,必须保持( )畅通,执行先开后关的原则,防止憋压。
　　　　　(A)水路　　　　　(B)气路　　　　　(C)电路　　　　　(D)油路
17. BC009　脱硫装置开车时,脱硫塔( )进行一次排污。
　　　　　(A)4h　　　　　　(B)3h　　　　　　(C)2h　　　　　　(D)1h
18. BC009　脱硫装置开车时,打开脱硫塔( )阀门,使原料气进入脱硫塔。
　　　　　(A)放散　　　　　(B)排污　　　　　(C)进口　　　　　(D)出口
19. BC010　脱硫系统停车后对脱硫塔进行( )。
　　　　　(A)排污　　　　　(B)放散　　　　　(C)置换　　　　　(D)更换脱硫剂
20. BC010　脱硫系统停车操作后应填写( )记录。
　　　　　(A)放散　　　　　(B)排污　　　　　(C)脱硫停车　　　　(D)置换
21. BC011　通常 ZZY 型自力式压力调节阀应( )安装在水平管上。
　　　　　(A)倒立　　　　　(B)水平　　　　　(C)直立　　　　　(D)倾斜
22. BC011　为便于现场维修及操作,调压阀四周应留有适当( )。
　　　　　(A)阀门　　　　　(B)空间　　　　　(C)管道　　　　　(D)电源
23. BC012　直接作用式调节阀又称为( )调节阀。
　　　　　(A)弹簧式　　　　(B)弹簧负载式　　(C)负载式　　　　(D)间接式
24. BC012　间接作用式调节阀,增加了一个( )它起到对反馈信号的放大作用然后通过执行机构。
　　　　　(A)安全阀　　　　(B)放散阀　　　　(C)指挥器　　　　(D)温度表
25. BC013　往复式活塞压缩机气缸内的活塞,通过活塞杆、十字头、( )与曲轴联接。
　　　　　(A)弹簧　　　　　(B)波纹管　　　　(C)连杆　　　　　(D)凸轮
26. BC013　往复式活塞压缩机的曲轴旋转时,活塞在气缸中作( )运动。
　　　　　(A)直线　　　　　(B)往复　　　　　(C)曲线　　　　　(D)圆周
27. BC014　在调压装置巡检中应检查自立式调节阀工作是否正常,调节阀前后( )指示是否正常。
　　　　　(A)流量计　　　　(B)露点仪　　　　(C)温度表　　　　(D)压力表
28. BC014　在调压装置巡检中应检查分离器液位且( )排污一次。
　　　　　(A)1h　　　　　　(B)2h　　　　　　(C)24h　　　　　(D)48h
29. BC015　在调压操作时,手动打开自立式调节阀前的( ),检查自立式调节阀阀前压力表指示是否正常。
　　　　　(A)安全阀　　　　(B)放散阀　　　　(C)隔离阀　　　　(D)排污阀
30. BC015　在调压操作时,手动缓慢打开自立式调节阀后的( ),检查自立式调节阀阀后压力表指示是否正常。
　　　　　(A)安全阀　　　　(B)放散阀　　　　(C)隔离阀　　　　(D)排污阀
31. BC016　原料气中含硫量高、处理量大,可选( )作为脱硫工艺。
　　　　　(A)物理法　　　　(B)干法　　　　　(C)铁碱法　　　　(D)醇胺法
32. BC016　H_2S 含量较低的原料气中,可选用非再生固体脱硫法如固体( )等。
　　　　　(A)醇胺法　　　　(B)乙二醇法　　　(C)丙三醇法　　　(D)氧化铁法
33. BC017　常温氧化铁脱硫,主要是以 Fe_2O_3( )进行脱硫。
　　　　　(A)水合物　　　　(B)粉末　　　　　(C)气体　　　　　(D)液体

34. BC017 氧化铁脱硫剂比较适合( )的脱硫。
(A)氨气 (B)氮气 (C)氢气 (D)天然气

35. BC018 脱水装置应( )检查或更换罗茨风机润滑油及润滑脂。
(A)4个月 (B)3个月 (C)2个月 (D)1个月

36. BC018 脱水装置应( )清洗前、后置过滤器滤芯。
(A)12个月 (B)8个月 (C)4个月 (D)1个月

37. BC019 高压脱水又称为压缩机( )脱水。
(A)一级 (B)末级 (C)二级 (D)三级

38. BC019 CNG脱水装置几乎都采用( )作为脱水剂。
(A)氧化铝 (B)分子筛 (C)TGE溶液 (D)MDEA溶液

39. BC020 往复式压缩机启动前循环冷却水保证压力( )。
(A)3~4MPa (B)2~3MPa (C)0.3~0.4MPa (D)1~2MPa

40. BC020 往复式压缩机启动前循环冷却水保证温度小于等于( )。
(A)90℃ (B)32℃ (C)80℃ (D)70℃

41. BC021 往复式压缩机出口不能( )。
(A)超压 (B)开启 (C)保持压力 (D)压力稳定

42. BC021 往复式压缩机启动电动机在无负荷下运转( )。
(A)5min (B)10min (C)15min (D)20min

43. BC022 如果过滤器上的( )接近零,过滤器就有损坏或漏泄。
(A)压差表 (B)温度表 (C)流量计 (D)露点仪

44. BC022 为确保压缩机有油流过( ),要经常检查油出口管线内的所有油观察视镜。
(A)温度表 (B)压力表 (C)轴承 (D)露点仪

45. BC023 液压系统中手动回油控制为( )模式。
(A)自动操作 (B)人工操作 (C)半自动 (D)机器

46. BC023 液压系统中手动回油控制主要用于设备调试或设备( )时使用。
(A)安装 (B)置换 (C)维修 (D)拆解

47. BC024 人为的在脱硫塔进口中连续的鼓入适量的空气,使脱硫剂的再生和H_2S的吸收同时进行,两个过程可在工作中实现动态平衡的再生是( )。
(A)塔外再生 (B)塔内连续再生
(C)塔内间歇式再生 (D)塔外间歇式再生

48. BC024 将失去活性的脱硫剂氧化铁搬到塔外摊晒与空气中的氧气发生反应,可实现再生是( )。
(A)塔外再生 (B)塔内连续再生
(C)塔内间歇式再生 (D)塔外间歇式再生

49. BC025 拖车进入卸气区,设置( ),禁止无关人员进入。
(A)隔离桩 (B)防撞墩 (C)接地夹 (D)卸气柱

50. BC025 拖车停到指定位置后,用挡块双向固定好拖车,并启动拖车( )装置。
(A)液压 (B)自动刹车 (C)支撑 (D)气动

51. BC026 CNG储气井操作不包括( )。
(A)检漏 (B)固定装置检查 (C)试压 (D)排污

52. BC026　CNG储气井在使用过程中检测漏气部位的是(　)。
　　　　　(A)井体、管件、仪器仪表连接部位
　　　　　(B)井体、阀门、仪器仪表连接部位
　　　　　(C)管件、阀门、仪器仪表连接部位
　　　　　(D)井体、管件、阀门连接部位

53. BC027　启动液压系统前应先关闭拖车后仓的气动球阀、压缩天然气管路放散阀及单、双注(回)油路(　)放散阀。
　　　　　(A)油路总阀　　　　　　　　　(B)单供油阀
　　　　　(C)放散阀　　　　　　　　　　(D)双供油阀

54. BC027　启动液压系统前应打开拖车上的卸气总阀、(　)及前、后仓各钢瓶口手动球阀。
　　　　　(A)油路总阀　　　　　　　　　(B)单供油阀
　　　　　(C)双供油阀　　　　　　　　　(D)以上都是

55. BC028　压缩子站设备操作不包括的是(　)。
　　　　　(A)压缩子站拖车　　　　　　　(B)压缩子站压缩机
　　　　　(C)脱水操作　　　　　　　　　(D)储气井的操作

56. BC028　储气井操作包括储气井日常巡检和储气井(　)。
　　　　　(A)脱水　　　(B)调压　　　(C)排污　　　(D)脱硫

57. BC029　检查液体连接块、气体连接块上的放散阀有无(　),确保其密封性。
　　　　　(A)颜色　　　(B)结霜　　　(C)标识　　　(D)标示

58. BC029　在拖车与液压子站箱体连接前,打开拖车上各块体处的(　),将该部分卸压。
　　　　　(A)总油阀　　(B)放散阀　　(C)单供油　　(D)双供油

59. BC030　脱硫设备操作线速小于等于(　)。
　　　　　(A)0.1m/s　　(B)0.2m/s　　(C)0.3m/s　　(D)0.4m/s

60. BC030　脱硫设备操作压力为(　)。
　　　　　(A)20MPa　　(B)25MPa　　(C)2.5MPa　　(D)15MPa

(二)判断题(对的画"√",错的画"×")

(　)1. BC001　吹扫的顺序应按主管、支管、疏排管的顺序依次进行,吹出的脏物不得进入已吹扫合格的管道。

(　)2. BC002　前置脱水是低压脱水。

(　)3. BC003　当天然气流过干燥床时,水蒸气被吸附到亲水性的干燥剂表面。

(　)4. BC004　脱水塔残留的余气,依靠循环风机作为动力源,被加热的再生气体进入塔床层。

(　)5. BC005　脱水装置停止工作时,必须保证干燥再生已经完成。

(　)6. BC006　检查循环水池内水量是否充足,要求水池液面距离地面不超过1m。

(　)7. BC007　检查排污系统,根据油水及杂质的情况调整自动排污时间。

(　)8. BC008　压缩机正常运行后,应定期按照工艺流程和技术要求逐点逐件认真的对各设备、管线、阀门、仪表等进行检查。

(　)9. BC009　脱硫装置开车时,观察进、出口压力表,确认系统处于正常工作状态。

( )10. BC010　脱硫装置停车时,关闭脱硫塔进出口阀门,截断进入脱硫塔气源。
( )11. BC011　为便于现场维修及操作,调压阀四周应留有适当空间。
( )12. BC012　自力式调节阀分为直接作用式和间接作用式两种。
( )13. BC013　往复式活塞压缩机属于容积型压缩机。
( )14. BC014　在调压装置巡检中应检查天然气压力表计、温度表计、流量表计是否正常。
( )15. BC015　在调压操作时,应检查自立式调节阀前后所有管线是否正常,无泄漏情况。
( )16. BC016　以脱硫剂的状态来分,天然气脱硫法可分为干法和湿法两大类。
( )17. BC017　以氧化铁为基质的固体脱硫剂,脱硫反应在常温和碱性条件下最好。
( )18. BC018　脱水装置应每日检查一次再生温度是否正常。
( )19. BC019　CNG常规加气站脱水装置可采用低压脱水装置和高压脱水装置。
( )20. BC020　往复式压缩机启动前应检查所有仪表安装完毕,经检验合格。
( )21. BC021　往复式压缩机启动电动机在无负荷下运转5min,证明其完全正常,方可升压。
( )22. BC022　压缩机运行中监视压缩机震动及温度,应连续测量。
( )23. BC023　在手动注油前必须停止或退出自动循环、手动回油,必要时可进行系统复位。
( )24. BC024　将失去活性的脱硫剂氧化铁搬到塔外摊晒与空气中的氧气发生反应,可实现脱硫剂的再生。
( )25. BC025　拖车停到指定位置后,用挡块双向固定好拖车,并启动拖车自动刹车装置。
( )26. BC026　CNG储气井在使用过程中检测漏气部位的是管件、阀门、仪器仪表连接部位。
( )27. BC027　启动液压系统,系统开始升压,升压合格后,开始给汽车加气。
( )28. BC028　压缩子站设备操作主要包括压缩子站拖车、压缩子站压缩机以及储气井的操作。
( )29. BC029　检查拖车上各高压管件、阀门有无异常,用仪器检查有无泄漏。
( )30. BC030　原料气过干或过湿都会影响脱硫效率和硫容。

二、技能操作试题

(一) AB002 启动天然气压缩机

1. 考核要求

(1)必须穿戴劳动保护用品。
(2)工具、量具、用具准备齐全,正确使用。
(3)操作规程符合安全文明操作。
(4)按规定完成操作项目,质量达到技术要求。
(5)操作完毕,做到工完、料净、场地清。

2. 准备要求

(1)设备准备:

序号	名　称	规　格	数　量	备　注
1	天然气压缩机		1台	

(2)工具、量具准备:

序号	名　称	规　格	数　量	备　注
1	盘车棒	400mm×1in	1	软件设置选项无需购置
2	测漏仪		1台	
3	听针		1根	

3. 操作程序说明

(1)准备工作;

(2)工艺管线检查;

(3)检查电压;

(4)检查主机主轴箱液位;

(5)检查注油器液位;

(6)检查冷却液液面;

(7)检查仪表风压力;

(8)检查压缩机进气压力;

(9)盘车;

(10)设置压缩机处于自动启动;

(11)自动启动设置;

(12)现场启动压缩机;

(13)检查气缸进、排压力;

(14)检查主电机;

(15)检查压缩机进气气动阀;

(16)检查主机;

(17)检测工艺管线、检测设备;

(18)清理场地。

4. 考核规定说明

(1)如操作违章或未按操作程序执行操作,将停止考核。

(2)考核采用百分制,考核项目得分按鉴定比重进行折算。

(3)考核方式说明:该项目为实际操作,考核过程按评分标准及操作过程进行评分。

(4)测量技能说明:本项目主要测量考生对用母站天然气压缩机开机操作掌握的熟练程度。

5. 考核时限

(1)准备时间:1min(不计入考核时间)。

(2)正式操作时间:15min。

(3)提前完成操作不加分,到时停止操作考核。

6. 评分记录表

序号	考核内容	评分要素	配分	评分标准	检测结果	扣分	得分	备注
1	准备工作	选择工具、用具及材料	5	每少选、错选一件扣1分,直至扣完5分				
2	工艺管线检查	对场站内管线及设备进行检查	5	检查不到位扣5分				
3	检查电压	控制柜电压应处于380V（+10%,-5%）	5	未检查电压扣5分				
4	检查主机主轴箱液位	主机主轴箱油位处于油尺1/2~2/3处	5	未检查主机油位扣5分				
5	检查注油器液位	注油器油位处于油尺1/2~2/3处	5	未检查注油器油位扣5分				
6	检查冷却液液面	检查冷却液液面	5	未检查液位扣5分				
7	检查仪表风压力	检查仪表风压力处于0.4~0.7MPa	5	未检查仪表风压力扣5分				
8	检查压缩机进气压力	进气压力应符合压缩机启动压力范围	5	未检查扣5分				
9	盘车	启动前盘车2~3圈	5	盘车未至规定圈数扣5分				
10	设置压缩机处于自动启动	设置压缩机处于自动启动状态	5	未设置自动状态扣5分				
11	自动启动设置	压缩机设置自动启动状态方法正确	10	设置错误扣10分				
12	现场启动压缩机	现场启动压缩机	5	未在设备现场启动扣5分				
13	检查气缸进气、排气压力	检查气缸进气压力,检查气缸排气压力	10	未检查气缸排气压力扣5分,未检查气缸进气压力扣5分				
14	检查主电机	主电机三相电流平衡	5	未检查电流扣5分				
15	检查压缩机进气气动阀	压缩机进气气动阀正常开启	5	未检查进气气动阀扣5分				
16	检查主机	主机运行无异响	5	未听压缩机异响扣5分				
17	检测工艺管线、检测设备	工艺管线无泄漏,设备无泄漏	10	未对工艺管线进行测漏扣5分,未对设备进行测漏扣5分				
18	清理现场	清理现场,收工具		未收、少收工具从总分中扣3分,场地不清洁从总分中扣5分				
19	安全文明操作	按国家或企业颁发有关安全规定执行操作		每违反一项规定从总分中扣5分,严重违规取消考核				
20	考核时限	在规定时间内完成,到时停止操作		到时停止操作考核				
	合　计		100					

(二) AB003 压缩子站拖车到站操作

1. 考核要求
(1) 必须穿戴劳动保护用品。
(2) 工具、量具、用具准备齐全,正确使用。
(3) 操作规程符合安全文明操作。
(4) 按规定完成操作项目,质量达到技术要求。
(5) 操作完毕,做到工完、料净、场地清。

2. 准备要求
(1) 设备准备:

序号	名　称	规　格	数　量	备　注
1	重型罐式半挂车	安瑞科牌 HGJ9350GGQ	1台	

(2) 工具、量具准备:

序号	名　称	规　格	数　量	备　注
1	锲块		4块	

3. 操作程序说明
(1) 准备工作;
(2) 引导拖车停放;
(3) 连接静电接地线;
(4) 固定拖车;
(5) 打开仓门;
(6) 安全检查;
(7) 引导牵引车离开;
(8) 清理场地。

4. 考核规定说明
(1) 如操作违章或未按操作程序执行操作,将停止考核。
(2) 考核采用百分制,考核项目得分按鉴定比重进行折算。
(3) 考核方式说明:该项目为实际操作,考核过程按评分标准及操作过程进行评分。
(4) 测量技能说明:本项目主要测量考生对压缩子站拖车操作掌握的熟练程度。

5. 考核时限
(1) 准备时间:1min(不计入考核时间)。
(2) 正式操作时间:15min。
(3) 提前完成操作不加分,到时停止操作考核。

6. 评分记录表

序号	考核内容	评分要素	配分	评分标准	检测结果	扣分	得分	备注
1	准备工作	选择工具、用具及材料	5	每少选、错选一件扣1分				

续表

序号	考核内容	评分要素	配分	评分标准	检测结果	扣分	得分	备注
2	引导拖车停放	引导拖车停放到指定安全作业区,检查牵引车是否熄火	10	未引导至安全作业区扣5分,未检查车辆熄火扣5分				
3	连接静电接地线	应连接到后仓导静电片	20	未连接到规定位置扣10分,连接不牢固扣10分				
4	固定拖车	用挡块双向固定拖车正确放置挡块	20	未固定拖车扣10分,进行正确放置挡块扣10分				
5	打开仓门	仓门应进行固定	15	未进行固定扣15分				
6	安全检查	检查压力表是否破损和泄漏,检查管件是否破损和泄漏	20	未检查压力表是否破损和泄漏扣10分,未检查管件是否破损和泄漏扣10分				
7	引导牵引车离开	引导牵引车离开,引导牵引车方向正确	10	未引导牵引车离开扣10分				
8	清理场地	清理现场,收工具		未收、少收工具从总分中扣3分,场地不清洁从总分中扣5分				
9	安全文明操作	按国家或企业颁发有关安全规定执行操作		每违反一项规定从总分中扣5分,严重违规取消考核				
10	考核时限	在规定时间内完成		到时停止操作考核				
	合计		100					

(三) AB004 液压子站拖车到站操作

1. 考核要求

(1)必须穿戴劳动保护用品。

(2)工具、量具、用具准备齐全,正确使用。

(3)操作规程符合安全文明操作。

(4)按规定完成操作项目,质量达到技术要求。

(5)操作完毕,做到工完、料净、场地清。

2. 准备要求

(1)设备准备:

序号	名称	规格	数量	备注
1	重型罐式半挂车	安瑞科牌 HGJ9350GGQ	1台	

(2)工具、量具准备:

序号	名称	规格	数量	备注
1	锲块		4块	

3. 操作程序说明

(1)准备工作;

(2)引导拖车停放;

(3)连接静电接地线;

(4)固定拖车;

(5)打开仓门;

(6)安全检查;

(7)引导牵引车离开;

(8)清理场地。

4. 考核规定说明

(1)如操作违章或未按操作程序执行操作,将停止考核。

(2)考核采用百分制,考核项目得分按鉴定比重进行折算。

(3)考核方式说明:该项目为实际操作,考核过程按评分标准及操作过程进行评分。

(4)测量技能说明:本项目主要测量考生对液压子站拖车操作掌握的熟练程度。

5. 考核时限

(1)准备时间:1min(不计入考核时间)。

(2)正式操作时间:15min。

(3)提前完成操作不加分,到时停止操作考核。

6. 评分记录表

序号	考核内容	评分要素	配分	评分标准	检测结果	扣分	得分	备注
1	准备工作	选择工具、用具及材料	5	每少选、错选一件扣1分				
2	引导拖车停放	引导拖车停放到指定安全作业区;检查牵引车是否熄火	10	未引导至安全作业区扣5分,未检查车辆熄火扣5分				
3	连接静电接地线	应连接到后仓导静电片	20	未连接到规定位置扣10分,连接不牢固扣10分				
4	固定拖车	用挡块双向固定拖车,正确放置挡块	20	未固定拖车扣10分,进行正确放置挡块扣10分				
5	打开仓门	仓门应进行固定	15	未进行固定扣15分				
6	安全检查	检查压力表是否破损和泄漏,检查管件是否破损和泄漏	20	未检查压力表是否破损和泄漏扣10分,未检查管件是否破损和泄漏扣10分				
7	引导牵引车离开	引导牵引车离开,引导牵引车方向正确	10	未引导牵引车离开扣10分				
8	清理场地	清理现场,收工具		未收、少收工具从总分中扣3分,场地不清洁从总分中扣5分				
9	安全文明操作	按国家或企业颁发有关安全规定执行操作		每违反一项规定从总分中扣5分,严重违规取消考核				
10	考核时限	在规定时间内完成		到时停止操作考核				
	合计		100					

(四) AB005 加气机操作

1. 考核要求

(1)必须穿戴劳动保护用品。

(2)工具、量具、用具准备齐全,正确使用。

(3)操作规程符合安全文明操作。

(4)按规定完成操作项目,质量达到技术要求。

(5)操作完毕,做到工完、料净、场地清。

2. 准备要求

设备准备:

序号	名 称	规 格	数 量	备 注
1	加气机	JQDS-30B1MSW	1台	

3. 操作程序说明

(1)准备工作;

(2)拔出防尘塞;

(3)连接加气枪;

(4)调整加气枪;

(5)开启充气阀;

(6)插卡;

(7)开始加气;

(8)停止加气;

(9)关闭充气阀;

(10)放空;

(11)拔出加气枪;

(12)拔卡;

(13)清理场地。

4. 考核规定说明

(1)如操作违章或未按操作程序执行操作,将停止考核。

(2)考核采用百分制,考核项目得分按鉴定比重进行折算。

(3)考核方式说明:该项目为实际操作,考核过程按评分标准及操作过程进行评分。

(4)测量技能说明:本项目主要测量考生对子站加气机操作掌握的熟练程度。

5. 考核时限

(1)准备时间:1min(不计入考核时间)。

(2)正式操作时间:5min。

(3)提前完成操作不加分,到时停止操作考核。

6. 评分记录表

序号	考核内容	评分要素	配分	评分标准	检测结果	扣分	得分	备注
1	准备工作	进行车辆安检	5	未进行安检扣5分				
2	拔出防尘塞	拔出防尘塞	5	未拔防尘塞扣5分				
3	连接加气枪	扶住枪头直管,用力压下枪头	10	未扶住枪头扣5分,未压下扣5分				
4	调整加气枪	加气枪阀顺时针旋转到加气状态;旋向正确	10	未调整加气枪扣10分,旋向错扣5分				
5	开启充气阀	开启充气阀,充气阀旋向正确	10	充气阀未开启到位扣10分,充气阀门旋向错误扣5分				
6	插卡	插入IC卡;输入密码	10	未插入IC卡扣10分,未输入密码扣5分				
7	开始加气	按加气按钮	5	未按加气按钮扣5分				
8	停止加气	压力达到20MPa,停止加气;关闭车辆充气阀	5	未及时停止加气扣2分,未关闭车辆充气阀扣3分				
9	关闭充气阀	关闭充气阀;充气阀旋向正确	10	充气阀未关闭到位扣10分,充气阀门旋向错误扣5分				
10	放空	枪头放空阀逆时针旋转180°进行;旋向应正确	10	未放空停止操作旋向错误扣5分,旋转角度不够扣5分				
11	拔出加气枪	插好防尘塞;确认充气阀关闭严密	10	未插防尘塞扣5分,未确认充气阀关闭严密扣5分				
12	拔卡	拔出IC卡;确认加气机扣款完成	10	未拔出IC卡扣5分,未确认加气机扣款完成扣5分				
13	清理场地	清理现场,收工具		未收、少收工具从总分中扣3分,场地不清洁从总分中扣5分				
14	安全文明操作	按国家或企业颁发有关安全规定执行操作		每违反一项规定从总分中扣5分,严重违规取消考核				
15	考核时限	在规定时间内完成		到时停止操作考核				
	合 计		100					

(五) AB006 天然气压缩机启动前准备工作

1. 考核要求

(1)必须穿戴劳动保护用品。

(2)工具、量具、用具准备齐全,正确使用。

(3)操作规程符合安全文明操作。

(4)按规定完成操作项目,质量达到技术要求。

(5)操作完毕,做到工完、料净、场地清。

2. 准备要求

(1)设备准备:

序号	名 称	规 格	数量	备 注
1	天然气压缩机	M-3.2/10-250JX	1台	

(2)材料准备：

序号	名　称	规　格	数　量	备　注
1	模拟软件		1套	

(3)工具、量具准备：

序号	名　称	规　格	数　量	备　注
1	盘车棒	400mm×1in	1	
2	测漏仪		1台	
3	听针		1根	
4	记录本		1本	
5	碳素笔		1支	

3.操作程序说明

(1)准备工作；

(2)工艺检查；

(3)检查电压；

(4)检查主机油位；

(5)检查注油器油位；

(6)检查油温；

(7)检查冷却水池水位；

(8)检查空压机压力；

(9)填写记录；

(10)检查压缩机进气压力；

(11)盘车；

(12)异响检查

(13)清理场地。

4.考核规定说明

(1)如操作违章或未按操作程序执行操作,将停止考核。

(2)考核采用百分制,考核项目得分按鉴定比重进行折算。

(3)考核方式说明:该项目为实际操作,考核过程按评分标准及操作过程进行评分。

(4)测量技能说明:本项目主要测量考生对用母站天然气压缩机开机前准备工作掌握的熟练程度。

5.考核时限

(1)准备时间:1min(不计入考核时间)。

(2)正式操作时间:15min。

(3)提前完成操作不加分,到时停止操作考核。

6. 评分记录表

序号	考核内容	评分要素	配分	评分标准	检测结果	扣分	得分	备注
1	准备工作	选择工具、用具及材料	5	每少选、错选一件扣1分				
2	工艺检查	工艺管线内无检修及泄漏	10	未检查扣10分,检查错误扣5分				
3	检查电压	电压处于380V(+10%,-5%)	10	未检查电压扣10分,检查错误扣5分				
4	检查主机油位	主机油位处于油尺1/2~2/3处;检查正确	10	未检查主机油位扣10分,检查错误扣5分				
5	检查注油器油位	注油器油位处于油尺1/2~2/3处;检查正确	10	未检查注油器油位扣10分,检查错误扣5分				
6	检查油温	润滑油温度处于15~30℃	10	未检查润滑油温度扣10分,检查错误扣5分				
7	检查冷却水池水位	检查冷却液液面	5	未检查水位扣5分				
8	检查空压机压力	检查仪表风压力处于0.4~0.7MPa	5	未检查仪表风压力扣5分				
9	填写记录	使用仿宋字体,记录仪表风压力	10	未记录排气压力扣10分,未使用仿宋字记录扣5分				
10	检查压缩机进气压力及各级压力	进气压力应符合当地压缩机启动压力范围	10	未检查扣10分,检查错误扣5分				
11	盘车	盘车2~3圈	5	未盘车至规定圈数扣5分				
12	异响检查	有异响应停止操作	10	未检查口10分,未停止操作扣5分				
13	清理现场	清理现场,收工具		未收、少收工具从总分中扣3分,场地不清洁从总分中扣5分				
14	安全文明操作	按国家或企业颁发有关安全规定执行操作		每违反一项规定从总分中扣5分,严重违规取消考核				
15	考核时限	在规定时间内完成		到时停止操作考核				
	合 计		100					

(六) AC001 压缩机气阀拆装与维护

1. 考核要求

(1)必须穿戴劳动保护用品。

(2)工具、量具、用具准备齐全,正确使用。

(3)操作规程符合安全文明操作。

(4)按规定完成操作项目,质量达到技术要求。

(5)操作完毕,做到工完、料净、场地清。

2. 准备要求

（1）设备准备：

序号	名　　称	规　格	数　量	备　注
1	气缸阀座模拟装置		1台	

（2）材料准备：

序号	名　　称	规　格	数　量	备　注
1	进(排)气阀		1个	
2	密封铝垫		1个	
3	密封铜垫		1个	
4	抹布		适量	
5	煤油		100mL	

（3）工具、量具准备：

序号	名　　称	规　格	数　量	备　注
1	套筒扳手		1套	
2	一字螺丝刀		1把	
3	力矩扳手	80N·m	1把	
4	气阀取出器		1把	
5	气阀夹具		1台	

3. 操作程序说明

（1）准备工作；

（2）放空气缸内气体；

（3）拆下阀盖；

（4）拆下密封铝垫，取出压阀罩；

（5）取出进气阀，取出密封铜垫；

（6）检查气缸泄漏量；

（7）安装密封铜垫；

（8）安装新气阀或维修后气阀；

（9）检测严密性；

（10）安装压阀罩；

（11）安装密封铝垫；

（12）安装阀盖；

（13）清理场地。

4. 考核规定说明

（1）如操作违章或未按操作程序执行操作，将停止考核。

（2）考核采用百分制，考核项目得分按鉴定比重进行折算。

（3）考核方式说明：该项目为实际操作，考核过程按评分标准及操作过程进行评分。

(4)考核技能说明:本项目主要测量考生对压缩机气阀拆装与维护掌握的熟练程度。

5. 考核时限

(1)准备时间:1min(不计入考核时间)。

(2)正式操作时间:20min。

(3)提前完成操作不加分,到时停止操作考核。

6. 评分记录表

序号	考核内容	评分要素	配分	评分标准	检测结果	扣分	得分	备注
1	准备工作	选择工具、用具及材料	5	少选、错选一件扣1分,扣完为止				
2	放空气缸内气体	在一级电磁先导阀处泄压;压力表归零时停止放空	10	找不到电磁先导阀扣3分,泄压操作错误扣5分,未检查压力扣2分				
3	拆下阀盖	均匀加力旋松压阀盖螺母;旋松方向正确;螺母应对角旋松	10	未均匀加力旋松扣2分,旋向错误扣3分,未对角旋松扣5分				
4	拆下密封铝垫,取出压阀罩	用平口螺丝刀和锤子拆下密封铝垫,应均匀加力取出	10	拆铝垫方法错误扣5分,损坏缸体扣5分				
5	取出进气阀,取出密封铜垫	使用专业工具取出进气阀,检查密封垫是否损坏	10	未使用专业工具取出扣5分,未检查密封垫完好扣5分				
6	检查气缸泄漏量	正确检查气缸泄漏量	10	未正确检查扣10分				
7	安装密封铜垫	密封垫表面应光洁,无伤痕和沙眼,与气缸密封面结合紧密	5	未检查密封垫完好扣2分,未与缸密封面结合紧扣3分				
8	安装新气阀或维修后阀门	气阀型号应与原气阀规格一致;用专业工具将气阀安装到位	10	气阀选错扣5分,未检查气阀完好扣5分				
9	检测严密性	气阀密封面应与密封垫结合紧密	5	未安装严密扣5分				
10	安装压阀罩	压阀罩应用煤油清洗干净,压阀罩应与气阀表面结合紧密	5	未用煤油清洗扣2分,未安装紧密扣3分				
11	安装密封铝垫	密封铝垫应平整无明显凹痕等,应与密封面结合紧密	10	铝垫选择错误扣2分,未检查密封铝垫完好扣3分,铝垫安装不紧密扣5分				
12	安装阀盖	阀盖螺母应对角紧固,紧固扭力应达到要求	10	未对角紧固扣5分,紧固扭力未达到要求扣5分				
13	清理场地	清理场地,收工具		未收、少收工具从总分中扣3分,场地不清洁从总分中扣5分				
14	安全文明操作	按国家或企业颁发有关安全规定执行操作		每违反一项规定从总分中扣5分,严重违反取消考核				
15	考核时限	在规定时间内完成		到时停止操作考核				
		合计	100					

(七) AC002 脱水装置补压操作

1. 考核要求

(1) 必须穿戴劳动保护用品。

(2) 工具、量具、用具准备齐全,正确使用。

(3) 操作规程符合安全文明操作。

(4) 按规定完成操作项目,质量达到技术要求。

(5) 操作完毕,做到工完、料净、场地清。

2. 准备要求

(1) 设备准备:

序号	名称	规格	数量	备注
1	脱水装置	LND90-20/2.5A-N	1台	

(2) 工具、量具准备:

序号	名称	规格	数量	备注
1	F扳手		1把	
2	记录本		1本	
3	碳素笔		1支	

3. 操作程序说明

(1) 准备工作;

(2) 检查脱水装置状态;

(3) 记录再生系统温度;

(4) 记录再生系统压力;

(5) 检查补气阀门状态;

(6) 记录调压阀压力;

(7) 松开螺母;

(8) 调节补气阀;

(9) 检查压力;

(10) 锁紧螺母;

(11) 记录再生系统压力;

(12) 清理场地。

4. 考核规定说明

(1) 如操作违章或未按操作程序执行操作,将停止考核。

(2) 考核采用百分制,考核项目得分按鉴定比重进行折算。

(3) 考核方式说明:该项目为实际操作,考核过程按评分标准及操作过程进行评分。

(4) 测量技能说明:本项目主要测量考生对用脱水装置补压操作掌握的熟练程度。

5. 考核时限

(1) 准备时间:1min(不计入考核时间)。

(2)正式操作时间:15min。

(3)提前完成操作不加分,到时停止操作考核。

6. 评分记录表

序号	考核内容	评分要素	配分	评分标准	检测结果	扣分	得分	备注
1	准备工作	选择工具、用具及材料	5	少选、错选一件扣1分,扣完为止				
2	检查脱水装置状态	脱水装置必须处于再生状态	10	未检查扣10分				
3	记录再生系统温度	记录再生罐温度,用仿宋字记录	10	未记录再生罐温度扣10分,未用仿宋字记录扣5分				
4	记录再生系统压力	记录再生罐压力,用仿宋字记录	10	未记录再生罐压力扣10分,未用仿宋字记录扣5分				
5	检查补气阀状态	补气阀前球阀应是开启状态	5	未检查球阀状态扣5分				
6	记录调压阀压力	记录调压阀压力	10	未记录压力扣10分,未用仿宋字记录扣5分				
7	松开螺母	用扳手松开调压阀锁紧螺母	10	未松开螺母扣10分,旋向错误扣5分				
8	调节补气阀	均匀加力调节补气阀	10	未均匀加力调节阀门扣10分,旋向错误扣5分				
9	检查压力	系统压力表为0.05~0.1MPa	10	未检查压力扣10分,检查错误扣5分				
10	锁紧螺母	用扳手松开调压阀,锁紧螺母	10	未锁紧螺母扣10分,旋向错误扣5分				
11	记录再生系统压力	正确记录压力,用仿宋字记录	10	压力记录错误扣10分,未用仿宋字记录扣5分				
12	清理场地	清理场地		未收、少工具从总分中扣5分				
13	安全文明操作	按国家或企业颁发有关安全规定执行操作		每违反一项规定从总分中扣5分,严重违规取消考核				
14	考核时限	在规定时间内完成		到时停止操作考核				
	合 计		100					

(八)AC003 脱水装置罗茨风机副油箱加油

1. 考核要求

(1)必须穿戴劳动保护用品。

(2)工具、量具、用具准备齐全,正确使用。

(3)操作规程符合安全文明操作。

(4)按规定完成操作项目,质量达到技术要求。

(5)操作完毕,做到工完、料净、场地清。

2. 准备要求

(1)设备准备：

序号	名 称	规 格	数 量	备 注
1	脱水装置	LND90－20/2.5A－N	1台	

(2)材料准备：

序号	名 称	规 格	数 量	备 注
1	棉纱		适量	
2	防锈汽轮机油	68D	800mL	
3	生料带		1卷	

(3)工具、量具准备：

序号	名 称	规 格	数 量	备 注
1	F扳手		1把	
2	开口扳手		1套	
3	油壶	900mL	1个	
4	加油记录本		1本	
5	碳素笔		1支	

3. 操作程序说明

(1)准备工作；

(2)检查脱水装置状态；

(3)读取副油箱油位；

(4)填写记录；

(5)放散余气；

(6)打开油箱盖；

(7)选择润滑油；

(8)过滤润滑油；

(9)注入润滑油；

(10)缠生料带；

(11)关闭油箱盖；

(12)清理场地。

4. 考核规定说明

(1)如操作违章或未按操作程序执行操作，将停止考核。

(2)考核采用百分制，考核项目得分按鉴定比重进行折算。

(3)考核方式说明：该项目为实际操作，考核过程按评分标准及操作过程进行评分。

(4)测量技能说明：本项目主要测量考生对用母站脱水装置罗茨风机副油箱加油掌握的熟练程度。

5. 考核时限

(1)准备时间：1min(不计入考核时间)。

(2)正式操作时间:15min。

(3)提前完成操作不加分,到时停止操作考核。

6. 评分记录表

序号	考核内容	评分要素	配分	评分标准	检测结果	扣分	得分	备注
1	准备工作	选择工具、用具及材料	5	少选、错选一件扣1分,扣完为止				
2	检查脱水装置状态	罗茨风机在停机状态	10	未检查扣10分,检查错误扣5分				
3	读取副油箱油位	油位稳定读取,油位应低于油尺的1/2	10	油尺未稳定读取扣5分,油位确定错误扣5分				
4	填写记录	使用仿宋字记录,油位	10	未记录油位扣10分,未使用仿宋字记录扣5分				
5	放散余气	放散油箱内余气后拆下油箱盖	5	未放散余气扣5分				
6	打开油箱盖	用开口扳手均匀加力旋松油箱盖	10	未均匀加力旋松扣10分,旋向错误扣5分				
7	选择润滑油	选择正确标号润滑油	10	选错润滑油标号一次扣5分				
8	过滤润滑油	注入前应进行三级过滤	10	过滤润滑油少一级扣5分				
9	注入润滑油	观察油尺油位变化,油位应在1/2~2/3	10	未观察油位扣5分,油位不在规定范围扣5分				
10	缠生料带	在油箱盖螺纹缠绕生料带数圈生料带缠绕紧密	10	未缠生料带扣10分,生料带缠绕不紧密扣5分				
11	关闭油箱盖	用开口扳手旋紧油箱盖	10	未拧紧油箱盖扣10分,旋向错误扣5分				
12	清理场地	清理场地,收工具		未收、少收工具从总分中扣3分 场地不清洁从总分中扣5分				
13	安全文明操作	按国家或企业颁发有关安全规定执行操作		每违反一项规定从总分中扣5分,严重违规取消考核				
14	考核时限	在规定时间内完成		到时停止操作考核				
	合 计		100					

三、答案

(一) 单项选择题

1. C	2. B	3. C	4. B	5. B	6. B	7. B	8. B	9. A	10. C
11. B	12. C	13. B	14. C	15. C	16. B	17. D	18. C	19. A	20. C
21. C	22. B	23. B	24. C	25. C	26. C	27. D	28. C	29. C	30. C
31. D	32. D	33. A	34. D	35. B	36. A	37. B	38. B	39. C	40. B
41. A	42. A	43. A	44. C	45. B	46. C	47. B	48. A	49. A	50. B
51. C	52. C	53. C	54. D	55. C	56. C	57. B	58. B	59. C	60. C

(二) 判断题

1. √　2. √　3. √　4. √　5. √　6. √　7. √　8. √　9. √
10. √　11. √　12. √　13. √　14. √　15. √　16. √　17. √
18. √　19. √　20. √　21. √　22. √　23. √　24. √　25. √
26. √　27. √　28. √　29. √　30. √

中级工练习题及答案

一、理论知识试题

(一)单项选择题(每题四个选项,只有一个是正确的,将正确的选项号填入括号内)

1. BB001　CNG加气站设备操作主要包括调压计量装置。脱硫装置。脱水装置。增压装置。(　)装置。子站拖车的操作。
   (A)储气　　　　　(B)润滑　　　　　(C)充气　　　　　(D)冷却

2. BB001　计量调压装置由主调压通路和(　)调压通路构成。
   (A)备用　　　　　(B)旁通　　　　　(C)自动　　　　　(D)手动

3. BB002　脱水装置开机时,首先检查(　)是否正常,控制系统通电后检查各指示灯及参数是否正确。
   (A)仪表风系统　　(B)报警器　　　　(C)外观　　　　　(D)脱水剂

4. BB002　脱水装置第一次开机,在系统投入使用之前,应该使两个脱水塔分别作两次(　)的再生循环,保证干燥剂具有充分的活性。
   (A)6h　　　　　　(B)8h　　　　　　(C)4h　　　　　　(D)3h

5. BB003　为了防止旧脱硫剂(　),应使用(　)排出的旧脱硫剂。
   (A)过热,水喷淋　(B)过热,风机吹　(C)自燃,水喷淋　(D)自燃,风机吹

6. BB003　脱硫塔一般用(　)判断脱硫剂是否应再生更换。
   (A)目测法　　　　(B)测量法　　　　(C)经验　　　　　(D)观察法

7. BB004　脱硫塔内填装一定高度的脱硫剂和玻璃球,脱硫剂的形状为(　)。
   (A)圆柱状　　　　(B)球形　　　　　(C)颗粒状　　　　(D)粉末状

8. BB004　不属于脱硫剂填装步骤的是(　)。
   (A)脱硫塔内检查　　　　　　　　　(B)装填瓷球
   (C)安装不锈钢丝网　　　　　　　　(D)脱硫剂夯实

9. BB005　脱水装置吸附时间设计为(　),再生时间设计为(　)。
   (A)12h,6h　　　　(B)12h,10h　　　(C)12h,12h　　　(D)6h,10h

10. BB005　脱水系统再生加热时间约(　),冷却时间约(　)。
    (A)6h,4h　　　　(B)6h,2h　　　　(C)4h,2h　　　　(D)12h,6h

11. BB006　压缩机控制柜内系统总电源,电压正常值应为(　)。
    (A)380V±5%　　　(B)380V±10%　　(C)360V±5%　　　(D)360V±10%

12. BB006　压缩机实施紧急停机再开机时,急停开关必须先(　)。
    (A)拆卸　　　　　(B)复位　　　　　(C)按下　　　　　(D)消音

13. BB007　压缩机运转时不需要紧急停车的是(　)。
    (A)排气压力值超过允许值　　　　　(B)不正常响声
    (C)电动机出现明显的故障　　　　　(D)注油泵缺油

14. BB007　压缩机任一部位温度升高异常时需要(　)。
    (A)重启　　　　　(B)紧急停车　　　(C)淋水冷却　　　(D)通风冷却

15. BB008 当介质中有杂质或用带指挥器的自力式压力调节阀时应装( ),以防阻塞引压管路或指挥器、卡死气缸执行机构及阀芯等。
(A)温度计 (B)压差计 (C)流量计 (D)过滤器

16. BB008 气体介质温度高于70℃低于140℃、液体介质温度高于( )℃时,自力式压力调节阀除采用倒装外,还应在引压管路上加装隔离罐。
(A)10 (B)140 (C)20 (D)30

17. BB009 当主调压通路和备用调压通路同时出现故障或维护时,可以启动手动控制的( )临时工作。
(A)备用通路 (B)副备用调压通路
(C)副调压通路 (D)旁通管路

18. BB009 手动调节调压器的调整螺丝,压力达到设定值时,锁住调压器( )。
(A)手柄 (B)调整螺丝 (C)放散阀 (D)排污阀

19. BB010 安全放散阀设置于每级调压器的( ),当管道压力超过开启压力时,安全放散阀自动开启。
(A)上游 (B)中游 (C)下游 (D)以上都不对

20. BB010 紧急切断阀与( )的设定压力应有一定的差值,以保证出口燃气的连续、平稳。
(A)节流阀 (B)球阀 (C)排污阀 (D)安全放散阀

21. BB011 脱水装置开机操作应观察进出口( ),确认系统处于正常工作状态。
(A)温度表 (B)压力表 (C)分离器 (D)露点仪

22. BB011 脱水装置开机操作应首先打开脱水塔A塔(B塔)( )阀门。
(A)排污 (B)出口 (C)进出口 (D)进口

23. BB012 脱水装置首次使用时必须用( )置换。
(A)氮气 (B)氧气 (C)天然气 (D)空气

24. BB012 脱水装置置换操作时,脱水塔压力保持在( )。
(A)10MPa (B)0.2MPa (C)20MPa (D)30MPa

25. BB013 CNG加气母站设备操作不包括( )操作。
(A)调压计量装置 (B)液压设备
(C)脱硫装置 (D)脱水装置

26. BB013 CNG加气母站压缩机操作包括压缩机启机前的准备工作、压缩机的启机和( )。
(A)冷却 (B)润滑 (C)紧急停车 (D)放散

27. BB014 当子站拖车上的气体压力低于( )时,压缩机自动停机,子站拖车又重新返回CNG加气母站进行加气。
(A)5MPa (B)4MPa (C)3MPa (D)6MPa

28. BB014 如果CNG储气瓶组的压力不能满足加气机的需求,此时智能化的优先控制系统将给PLC一个信号,启动压缩机,给储气井补气到( )。
(A)20MPa (B)21MPa (C)25MPa (D)22MPa

29. BB015 常见的科氏力质量流量计测量管的形式有( )。
(A)S形测量管 (B)U形测量管 (C)B形测量管 (D)以上都是

30. BB015 科氏力质量流量计为了平衡震动,一般将( )做成对称的两个。
(A)电路 (B)振动管 (C)驱动线圈 (D)相位

31. BB016　脱硫剂在使用过程中硫容未达到预定值,可用(　)对脱硫剂进行再生。
　　　　　(A)空气　　　　(B)氮气　　　　(C)天然气　　　(D)氢气
32. BB016　脱硫剂氧化铁再生的操作温度小于等于(　)。
　　　　　(A)50℃　　　　(B)60℃　　　　(C)40℃　　　　(D)30℃
33. BB017　脱水装置开启电加热器,对再生气进行加热,若无再生气流动时,必须(　)。
　　　　　(A)加压　　　　(B)置换　　　　(C)停机　　　　(D)停止加热
34. BB017　脱水装置应(　)排污一次。
　　　　　(A)2h　　　　　(B)1h　　　　　(C)3h　　　　　(D)4h
35. BB018　再生气体出口温度降到(　)℃时,控制器自动发出指令,循环风机、冷却风机、分离器停止工作,终止冷却过程。
　　　　　(A)50　　　　　(B)40　　　　　(C)60　　　　　(D)70
36. BB018　脱水装置的冷却过程完成后,设备进入(　)过程。
　　　　　(A)排污　　　　(B)置换　　　　(C)放散　　　　(D)均压
37. BB019　半自动脱水装置在两塔切换时,到现场(　)。
　　　　　(A)放散　　　　(B)置换　　　　(C)手动切换阀门　(D)加热
38. BB019　全自动脱水装置在两塔切换时可做到(　)。
　　　　　(A)无人现场操作　　　　　　(B)现场手动切换阀门
　　　　　(C)手动加热　　　　　　　　(D)手动循环
39. BB020　压缩机的吸气阀有(　)作用。
　　　　　(A)逆止　　　　(B)放散　　　　(C)排污　　　　(D)增压
40. BB020　压缩机的(　)过程气体的压力逐渐升高。
　　　　　(A)吸气　　　　(B)放散　　　　(C)排气　　　　(D)泄压
41. BB021　往复式压缩机常用的气量调节方法有(　)。
　　　　　(A)转速调节　　　　　　　　(B)余隙腔调节
　　　　　(C)旁通调节　　　　　　　　(D)以上都是
42. BB021　如果可以使用变速驱动机,那么用(　)的方法实现排气量的调节是一个非常理想的调节方法。
　　　　　(A)改变转速　　　　　　　　(B)降低进气压力
　　　　　(C)增大余隙　　　　　　　　(D)减小排气阀开度
43. BB022　压缩机气缸冷却不正常会造成(　)。
　　　　　(A)爆炸　　　　　　　　　　(B)进、排气温度过热
　　　　　(C)漏油　　　　　　　　　　(D)液化
44. BB022　压缩机活塞环漏气会造成(　)。
　　　　　(A)爆炸　　　　　　　　　　(B)进、排气温度过热
　　　　　(C)漏油　　　　　　　　　　(D)液化
45. BB023　手动注油控制属于(　)自控系统操作。
　　　　　(A)母站　　　　(B)压缩子站　　(C)常规子站　　(D)液压子站
46. BB023　手动回油控制属于(　)自控系统操作。
　　　　　(A)母站　　　　(B)压缩子站　　(C)常规子站　　(D)液压子站

47. BB024 液压子站设备操作主要包括自控系统、液压子站( )的操作。
(A)系统上电 (B)拖车
(C)手动注油控制 (D)自动控制

48. BB024 液压子站拖车储气钢瓶顶升至仰角为( )度。
(A)18 (B)15 (C)13 (D)20

49. BB025 液压子站在( )前必须退出手动回油、手动注油,释放需要注油单元。
(A)加气 (B)自动控制 (C)放散 (D)手动控制

50. BB025 CNG子站高压泵的工作压力为( )。
(A)35MPa (B)48MPa (C)55MPa (D)68MPa

51. BB026 液压子站拖车卸气前应进行( )操作。
(A)卸气后拖车移走操作 (B)液压系统启动操作
(C)拖车框架顶升操作 (D)管路连接

52. BB026 液压子站拖车框架顶升操作之前应进行( )。
(A)卸气后拖车移走操作 (B)液压系统启动操作
(C)拖车框架顶升操作 (D)管路连接

53. BB027 不属于液压子站拖车后仓部件的是( )。
(A)油块放空阀 (B)压缩天然气快装接头
(C)压缩天然气总阀 (D)天然气软管

54. BB027 液压子站拖车卸气管路连接时,安装高压管件接头时出现较大位差,正确的做法是( )。
(A)用橇棍按压 (B)用锤子敲打
(C)强行连接 (D)查明原因后重新安装

55. BB028 液压子站拖车顶升时关闭拖车及子站系统中的( )。
(A)注油阀 (B)放散阀 (C)回油阀 (D)充气阀

56. BB028 液压子站拖车顶升时调压阀压力是( )。
(A)12~14MPa (B)14~16MPa
(C)16~18MPa (D)18~20MPa

57. BB029 压缩机控制柜备有( )按钮,当发生紧急情况需要立即停车时,可按此按钮停车。
(A)启动 (B)紧急停车 (C)消音 (D)爆炸

58. BB029 压缩机停车检修时,在关闭压缩机进出阀门以后要放空压缩机内的( ),才可以进行拆卸零件的工作,以免有压气体膨胀,弹出零件伤及人身安全。
(A)机油 (B)冷却水 (C)润滑油 (D)气体压力

59. BB030 在仪表风系统中,压力开关控制空气压缩机的启停,当压力低于( )时自动启机,当压力达到( )时自动停机。
(A)0.2MPa,0.6MPa (B)0.35MPa,0.7MPa
(C)0.4MPa,0.75MPa (D)0.55MPa,0.8MPa

60. BB030 仪表风系统调整设定压力时将压力调整螺丝( )旋,则设定压力( )。
(A)左,降低 (B)右,降低 (C)左,升高 (D)右,升高

61. BB031 对储气井造成腐蚀的是( )。
(A)正丁烷 (B)异丁烷 (C)硫化氢 (D)二氧化碳

62. BB031　储气井操作有误的是( )。
(A)先打开排污罐底排污阀,再进行CNG储气井排污
(B)开启或关闭CNG储气井组阀门时动作要迅速
(C)定期对CNG储气井进行排污工作
(D)将排污情况记录表格上

63. BB032　对新到站加气的车辆,未查明气瓶原有不同介质是否已替换干净之前,( )。
(A)不得加气　　(B)可以加气　　(C)视情况处理　　(D)先置换

64. BB032　对有结露等泄漏现象的车辆应( )加气。
(A)继续　　　　(B)立即停止　　(C)注意观察　　　(D)密切监视

65. BB033　连接高压软管前打开专用半挂车上充气快装接头气块体处的( ),将该部分卸压。
(A)调压阀门　　(B)节流阀门　　(C)安全阀　　　　(D)放散阀门

66. BB033　高压软管连接后确保连接部分在无压状态后关闭( )。
(A)调压阀门　　(B)节流阀门　　(C)安全阀　　　　(D)放散阀门

67. BB034　再次使用加气柱时,应先排净软管中的( )以确保充入汽车储气罐的天然气纯度。
(A)空气　　　　(B)氢气　　　　(C)氮气　　　　　(D)天然气

68. BB034　为延长加气柱高压软管的使用寿命,应避免让其长期处于高压膨胀状态,在每天工作结束或较长时间停止工作时,应关闭加气柱上的加气球阀,然后打开放空球阀,排空软管中的高压( )。
(A)空气　　　　(B)氢气　　　　(C)氮气　　　　　(D)天然气

69. BB035　液压子站自控系统待故障排除,按( )解除报警,系统才能启动。
(A)启动按钮　　(B)复位按钮　　(C)紧急停车按钮　(D)消音按钮

70. BB035　液压子站自控系统按( )可查询故障信息。
(A)报警查询　　(B)启动按钮　　(C)紧急停车按钮　(D)消音按钮

71. BB036　液压子站更换拖车,待8#钢瓶回油完毕后,把拖车( )。
(A)固定　　　　(B)生起　　　　(C)降下来　　　　(D)移走

72. BB036　打开拖车上单注油放散阀和天然气( ),使软管内无压。
(A)调节阀　　　(B)排污阀　　　(C)放散阀　　　　(D)节流阀

73. BB037　液压子站卸气后拖车移走,关闭拖车的卸气阀,关闭子站拖车加气总阀,打开拖车卸气管路放散阀,排出气压块的压力,关闭( ),断开压缩天然气供气管。
(A)溢流阀　　　(B)放散阀　　　(C)换向阀　　　　(D)节流阀

74. BB037　液压子站卸气后拖车移走,打开拖车上的双注油管的放散阀,排出油压块的压力,关闭放( ),断开双注油软管并转接至下一辆车上。
(A)溢流阀　　　(B)放散阀　　　(C)换向阀　　　　(D)节流阀

75. BB038　压缩子站拖车卸气前驱逐作业区内( )。
(A)工作人员　　(B)无关人员　　(C)操作人员　　　(D)负责人员

76. BB038　压缩子站拖车卸气前用( )检查子站拖车前后仓内附是否有泄漏现象。
(A)压力表　　　(B)温度表　　　(C)测漏仪　　　　(D)露点仪

77. BB039 压缩子站拖车卸气应缓慢开启主阀,可以听到（ ）的声音。
(A)放散 (B)卸气 (C)节流 (D)车辆

78. BB039 压缩子站拖车卸气应缓慢打开卸气柱手动（ ）,系统进入卸气过程。
(A)调压阀 (B)球阀 (C)放散球阀 (D)进气球阀

79. BB040 压缩子站拖车卸气后,卸下卸气柱软管前应将卸气软管（ ）。
(A)卸压 (B)加压 (C)弯曲 (D)拉伸

80. BB040 压缩子站拖车卸气后应先关闭子站拖车上的（ ）、再分别关闭8个瓶阀。
(A)放散阀 (B)加气主阀 (C)排污阀 (D)溢流阀

81. BB041 压缩机开机前启动水泵检查（ ）的流动情况,保证各支路冷却液量分配均匀,同时检查和清除冷却管路的一切外漏。
(A)冷却液 (B)天然气 (C)润滑油 (D)机油

82. BB041 压缩机开机前检查各部位（ ）的连接是否有效可靠。
(A)温度表 (B)压力表 (C)运动部件 (D)固定部件

83. BB042 齿轮油泵的油压可由泵体上的（ ）调节。
(A)安全阀 (B)放散阀 (C)回油阀 (D)排污阀

84. BB042 润滑油油泵的工作油压为（ ）MPa。
(A)0.25~0.4 (B)0.25~0.5 (C)0.25~0.6 (D)0.25~0.7

85. BB043 液压增压系统的高压管件耐压为（ ）。
(A)2MPa (B)15MPa (C)10MPa (D)31.5MPa

86. BB043 液压增压系统的换向阀耐压（ ）。
(A)2MPa (B)15MPa (C)10MPa (D)31.5MPa

87. BB044 气动系统的气体应是干燥、洁净的（ ）或惰性气体。
(A)天然气 (B)硫化氢 (C)氢气 (D)空气

88. BB044 气动系统的作用是供气系统（ ）使用。
(A)放散阀 (B)安全阀 (C)执行器 (D)电磁阀

89. BB045 通过（ ）控制程序控制系统的自动运行。
(A)PLC (B)压缩机 (C)电磁阀 (D)安全阀

90. BB045 自动控制系统主要由（ ）及与之相连的电路系统组成。
(A)控制柜 (B)压力表 (C)温度表 (D)流量计

91. BB046 如果橇内泄漏的燃气达到浓度（ ）时,燃气报警探头向燃气报警控制装置发出信号。
(A)1%（体积分数） (B)2%（体积分数）
(C)3%（体积分数） (D)4%（体积分数）

92. BB046 如果橇内泄漏的燃气达到浓度（ ）时,控制装置在发出声光报警信号的同时,停止站内设备的运行。
(A)1%（体积分数） (B)2%（体积分数）
(C)3%（体积分数） (D)4%（体积分数）

93. BB047 压缩机充气的优先级顺序（ ）。
(A)高压储气瓶组、中压储气瓶组、天然气汽车
(B)中压储气瓶组、天然气汽车、高压储气瓶组

(C)天然气汽车、高压储气瓶组、中压储气瓶组

(D)中压储气瓶组、高压储气瓶组、天然气汽车

94. BB047　在给天然气汽车加气时优先级顺序（　）。

(A)天然气子站车、中压储气瓶组、高压储气瓶组、天然气压缩机

(B)天然气子站车、高压储气瓶组、天然气压缩机、中压储气瓶组

(C)天然气子站车、中压储气瓶组、天然气压缩机、高压储气瓶组

(D)中压储气瓶组、高压储气瓶组、天然气压缩机、天然气子站车

（二）多项选择题（每题四个选项，至少有两个是正确的，将正确的选项号填入括号内）

1. BB001　CNG加气站设备操作主要包括调压计量装置、（　）和子站拖车的操作。

(A)脱硫装置　　(B)脱水装置　　(C)增压装置　　(D)储气装置

2. BB007　压缩机运转时需要紧急停车的是（　）。

(A)排气压力值超过允许值　　　　(B)不正常响声

(C)电动机出现明显的故障　　　　(D)注油泵缺油

3. BB012　分子筛脱水装置再生气不采用的是（　）。

(A)氮气　　　(B)氧气　　　(C)天然气　　　(D)空气

4. BB014　压缩子站设备操作包括（　）。

(A)压缩子站拖车操作　　　　(B)压缩子站压缩机操作

(C)脱水操作　　　　　　　　(D)储气井操作

5. BB017　吸附法脱水对进料气体的（　）情况适应性较弱。

(A)温度　　　(B)压力　　　(C)流量频繁变化　　(D)水露点

6. BB024　液压子站自控系统操作包括（　）。

(A)系统上电　　(B)自动连接　　(C)手动注油控制　　(D)自动控制

7. BB026　管束车钢瓶的配置包括（　）。

(A)爆破片　　(B)手动高压球阀　　(C)气动高压球　　(D)蝶阀

8. BB026　液压子站拖车操作包括（　）。

(A)液压子站拖车到站操作　　　(B)液压子站启动

(C)拖车框架顶升操作　　　　　(D)液压系统启动操作

9. BB027　液压子站拖车后仓部件包括（　）。

(A)油块放空阀　　　　　　　(B)压缩天然气快装接头

(C)压缩天然气总阀　　　　　(D)天然气软管

10. BB031　储气井操作正确的是（　）。

(A)打开排污罐底排污阀，再进行CNG储气井排污

(B)开启或关闭CNG储气井组阀门时动作要迅速

(C)定期对CNG储气井进行排污工作

(D)将排污情况记录表格上

（三）判断题（对的画"√"，错的画"×"）

（　）1. BB001　调压计量装置操作主要包括计量装置的操作和调压装置的操作。

（　）2. BB002　脱水装置开机时，首先检查仪表风系统是否正常，控制系统通电后检查各指示灯及参数是否正确。

(   )3. BB003   排除的旧脱硫剂可以自燃。
(   )4. BB004   脱硫剂装填时,将装袋的脱硫剂用滑轮吊入塔内。
(   )5. BB005   脱水装置再生程序启动后,加热器出口温度自动控制在180~220℃。
(   )6. BB006   按下压缩机控制柜上的"主机启动"按钮,软启动开启,系统进入正常运行状态。
(   )7. BB007   任意级排气压力值超过允许值,并继续升高需紧急停车。
(   )8. BB008   自力式压力调节阀安装方式原则上宜采用,气体介质正立安装,液体与蒸汽介质倒装。
(   )9. BB009   手动调节调压器的调整螺丝,顺时针调整压力增加,逆时针调整压力降低。
(   )10. BB010   在设置紧急切断阀和安全放散阀时,紧急切断阀一般设于调压器的上游。
(   )11. BB011   脱水装置气阀操作错误会造成高低压气串通将造成设备、人员伤亡事故。
(   )12. BB012   脱水设备投入使用前,容器及管线内部为空气,必须进行天然气置换。
(   )13. BB013   CNG加气母站设备操作主要包括调压计量装置、脱硫装置、脱水装置以及压缩机的操作。
(   )14. BB014   将卸气点的静电接地线与拖车后仓的导静电片连接。
(   )15. BB015   常见的科氏力质量流量计测量管的形式有S形测量管。
(   )16. BB016   脱硫剂氧化铁再生的操作压力为常压。
(   )17. BB017   脱水装置再生时需要再生的脱水塔从并联的脱水装置中断开。
(   )18. BB018   脱水装置的加热器停止工作后,循环风机、冷却风机、分离器继续工作。
(   )19. BB019   低压(前置)脱水装置按自动化程度可分为全自动和半自动。
(   )20. BB020   压缩机在吸气过程中气缸容积增大,压力下降。
(   )21. BB021   往复式压缩机可以用调节转速的方法调节气量。
(   )22. BB022   压缩机本级吸气温度偏高会引起进、排气温度过热。
(   )23. BB023   手动注油控制属于液压子站自控系统操作。
(   )24. BB024   液压子站设备启动,PLC控制系统检测到液压系统压力。
(   )25. BB025   液压子站在自动运行当中,一旦按下"停机"按钮或者有停机故障信号产生时,立即终止注油或回油过程,所有阀门关闭,油泵停止。
(   )26. BB026   液压子站拖车操作包括液压子站拖车到站操作。
(   )27. BB027   液压子站拖车需要进行液压油管路连接。
(   )28. BB028   拖车顶升压力正常以后操作可省去调压操作。
(   )29. BB029   压缩机停车检修时,在关闭压缩机进出阀门以后要放空压缩机内的气体压力,才可以进行拆卸零件的工作,以免有压气体膨胀,弹出零件伤及人身安全。
(   )30. BB030   在仪表风系统中,空开控制空气压缩机的启停。
(   )31. BB031   CNG储气井排污时,严禁操作者将手伸向排污管口。
(   )32. BB032   加气前检查加气设备是否正常。
(   )33. BB033   加气前检查连接块上的放散阀门,确保其密封性。
(   )34. BB034   加气过程中出现意外事故应立即切断加气柱电源。
(   )35. BB035   液压子站自控系统触摸屏界面中故障灯亮或蜂鸣器响表明有系统故障产生。
(   )36. BB036   当前一辆拖车的8#瓶天然气卸完气后,PLC控制程序自动提示换车,由人工调换快装接头到第二辆拖车。

( )37. BB037　当8#钢瓶内的液压油全部返回储罐时,将8#钢瓶气动控制快装接头转接至下一辆车。

( )38. BB038　压缩子站拖车卸气前用测漏仪检查子站拖车前后仓内附是否有泄漏现象。

( )39. BB039　压缩子站拖车卸气应缓慢打开卸气柱和拖车后仓放散阀,确定管路内不含压力时,将卸气柱软管与子站拖车主阀保持水平位置对接,确认连接完好,并关闭放散阀。

( )40. BB040　收起辅助支腿,插好销轴及保险销,检查牵引车与子站托车连接情况,移走支撑底座及车轮挡块。

( )41. BB041　压缩机开机前检查电器仪表等确认符合要求。

( )42. BB042　预润滑油泵启停是PLC控制的。

( )43. BB043　液压系统由高压泵、过滤器、溢流阀、液体储罐、注回循环油管路系统、高压管件、注液控制阀、换向阀、回液电磁阀、压力表、循环油液体等部件组成。

( )44. BB044　气动系统要求安装在安全区,环境温度5~50℃的区域内。

( )45. BB045　自动控制系统主要由控制柜及与之相连的电路系统组成。

( )46. BB046　液压节能型天然气汽车加气站橇体内和加气站设有燃气报警探头。

( )47. BB047　压缩机充气按照优先级顺序进行。

二、技能操作试题

(一) AA001 调整天然气压缩机四级排气压力上限

1. 考核要求

(1) 必须穿戴劳动保护用品。
(2) 工具、量具、用具准备齐全,正确使用。
(3) 操作规程符合安全文明操作。
(4) 按规定完成操作项目,质量达到技术要求。
(5) 操作完毕,做到工完、料净、场地清。

2. 准备要求

(1) 设备准备:

序号	名　称	规　格	数　量	备　注
1	天然气压缩机	M-3.2/10-250JX	1台	

(2) 工具、量具准备:

序号	名　称	规　格	数　量	备　注
1	记录本		1本	
2	碳素笔		1支	

3. 操作程序说明

(1) 准备工作;
(2) 检查压缩机状态;

(3)进入管理员界面;

(4)设置一级参数;

(5)查找"进气压力上限";

(6)进入四级压力设置界面;

(7)设置参数;

(8)检查设置;

(9)填写记录;

(10)使用仿宋字记录;

(11)回到操作员界面;

(12)清理场地。

4. 考核规定说明

(1)如操作违章或未按操作程序执行操作,将停止考核。

(2)考核采用百分制,考核项目得分按鉴定比重进行折算。

(3)考核方式说明:该项目为实际操作,考核过程按评分标准及操作过程进行评分。

(4)考核技能说明:本项目主要测量考生对调整母站天然气压缩机四级排气压力上限掌握的熟练程度。

5. 考核时限

(1)准备时间:1min(不计入考核时间)。

(2)正式操作时间:15min。

(3)提前完成操作不加分,到时停止操作考核。

6. 评分记录表

序号	考核内容	评分要素	配分	评分标准	检测结果	扣分	得分	备注
1	准备工作	选择工具、用具及材料	5	每少选、错选一件扣1分				
2	检查压缩机状态	压缩机必须处于停机状态	10	未检查压缩机状态扣10分,判断错误扣5分				
3	进入管理员界面	输入正确密码	10	密码输入错误一次扣5分				
4	设置一级参数	进入一级参数设置	10	无法进入一级参数设置界面扣10分,设置错误扣5分				
5	查找"进气压力上限"	按"上页"和"下页"键查找	10	无法查询到"润滑油压力上限"扣10分,查找错误扣5分				
6	进入四级压力设置界面	将反选框移到要输入四级排气压力参数的位置	10	移动错误一次扣5分				
7	设置参数	在控制屏键盘区输入参数	10	参数设置错误一次扣5分				
8	检查设置	参数输入值大于20MPa	10	参数设置过大扣10分				
9	填写记录	填写记录	10	未记录修改后参数扣10分,记录错误扣5分				

序号	考核内容	评分要素	配分	评分标准	检测结果	扣分	得分	备注
10	使用仿宋字记录	使用仿宋字记录	5	未使用仿宋字记录扣5分				
11	回到操作员界面	一直按"退出"键返回	10	操作错误扣5分,无法返回扣5分				
12	清理场地	清理场地,收工具		未收、少收工具从总分中扣3分,场地不清洁从总分中扣5分				
13	安全文明操作	按国家或企业颁发有关安全规定执行操作		每违反一项规定从总分中扣5分,严重违规取消考核				
14	考核时限	在规定时间内完成		到时停止操作考核				
	合　计		100					

(二) AA002 调整天然气压缩机冷却水压力下限

1. 考核要求

(1)必须穿戴劳动保护用品。
(2)工具、量具、用具准备齐全,正确使用。
(3)操作规程符合安全文明操作。
(4)按规定完成操作项目,质量达到技术要求。
(5)操作完毕,做到工完、料净、场地清。

2. 准备要求

(1)设备准备:

序号	名　称	规　格	数　量	备　注
1	天然气压缩机	M-3.2/10-250JX	1台	

(2)工具、量具准备:

序号	名　称	规　格	数　量	备　注
1	参数记录本		1本	
2	碳素笔		1支	

3. 操作程序说明

(1)准备工作;
(2)检查压缩机状态;
(3)进入管理员界面;
(4)设置一级参数;
(5)查找"冷却水压力下限";
(6)进入界面;
(7)输入参数;
(8)检查参数;
(9)填写记录;

(10)使用仿宋体记录;

(11)回到操作员界面。

4.考核规定说明

(1)如操作违章或未按操作程序执行操作,将停止考核。

(2)考核采用百分制,考核项目得分按鉴定比重进行折算。

(3)考核方式说明:该项目为实际操作,考核过程按评分标准及操作过程进行评分。

(4)考核技能说明:本项目主要测量考生对调整母站天然气压缩机冷却水压力下限掌握的熟练程度。

5.考核时限

(1)准备时间:1min(不计入考核时间)。

(2)正式操作时间:15min。

(3)提前完成操作不加分,到时停止操作考核。

6.评分记录表

序号	考核内容	评分要素	配分	评分标准	检测结果	扣分	得分	备注
1	准备工作	选择工具、用具、材料	5	少选、错选一件扣1分,扣完为止				
2	检查压缩机状态	检查压缩机是否处于停机状态	10	未检查压缩机状态扣10分,判断错误扣5分				
3	进入管理员界面	输入正确密码	10	密码输入错误一次扣5分				
4	设置一级参数	进入一级参数设置	10	无法进入一级参数设置界面一次扣5分				
5	查找"冷却水压力下限"	按"上页"和"下页"键查找	10	无法查询到"冷却水压力下限"一次扣10分				
6	进入界面	将反选框移到要输入参数的位置	10	移动错误一次扣5分				
7	输入参数	在控制屏键盘区输入参数	10	参数设置错误一次扣5分				
8	检查参数	参数输入值不小于0.2MPa	10	参数设置过大扣5分,参数设置过小扣5分				
9	填写记录	正确记录修改后参数	10	未记录修改后参数扣10分,记录错误扣5分				
10	使用仿宋体记录	使用仿宋体记录	5	未使用仿宋体记录扣5分				
11	回到操作员界面	一直按"退出"键返回	10	操作错误一次扣5分				
12	安全文明操作	按国家或企业颁发有关安全规定执行操作		每违反一项规定从总分中扣5分,严重违规取消考核				
13	考核时限	在规定时间内完成		到时停止操作考核				
	合计		100					

(三) AA003 手动运行天然气压缩机注油器

1. 考核要求

(1) 必须穿戴劳动保护用品。

(2) 工具、量具、用具准备齐全,正确使用。

(3) 操作规程符合安全文明操作。

(4) 按规定完成操作项目,质量达到技术要求。

(5) 操作完毕,做到工完、料净、场地清。

2. 准备要求

(1) 设备准备:

序号	名　称	规　格	数量	备　注
1	天然气压缩机	M-3.2/10-250JX	1台	

(2) 工具、量具准备:

序号	名　称	规　格	数　量	备　注
1	参数记录本		1本	
2	碳素笔		1支	

3. 操作程序说明

(1) 准备工作;

(2) 检查压缩机状态;

(3) 检查油位;

(4) 在控制柜处查找开关;

(5) 切换模式;

(6) 进入操作员界面;

(7) 启动注油器;

(8) 检查单体泵注油频率;

(9) 填写记录;

(10) 记录字体;

(11) 清理现场。

4. 考核规定说明

(1) 如操作违章或未按操作程序执行操作,将停止考核。

(2) 考核采用百分制,考核项目得分按鉴定比重进行折算。

(3) 考核方式说明:该项目为实际操作,考核过程按评分标准及操作过程进行评分。

(4) 考核技能说明:本项目主要测量考生对手动运行母站天然气压缩机注油器操作掌握的熟练程度。

5. 考核时限

(1) 准备时间:1min(不计入考核时间)。

(2) 正式操作时间:15min。

(3)提前完成操作不加分,到时停止操作考核。

6. 评分记录表

序号	考核内容	评分要素	配分	评分标准	检测结果	扣分	得分	备注
1	准备工作	选择工具、用具及材料	5	每少选、错选一件扣1分				
2	检查压缩机状态	压缩机处于停机状态	10	未检查压缩机状态扣10分,判断错误扣5分				
3	检查油位	注油器油位应低于油尺1/2处	10	未检查油位扣10分,检查结果错误扣5分				
4	在控制柜处查找开关	点击"手动"开关	10	确定错误扣10分				
5	切换模式	在控制柜上将模式开关旋至"手动"	10	模式转换错误扣5分				
6	进入操作员界面	进入操作员界面	10	无法进入操作员界面扣10分				
7	启动注油器	在控制柜上启动注油器	10	未启动注油器扣10分,启动错误扣5分				
8	检查单体泵注油频率	注油频率每分钟为7~8滴	20	未检查注油频率扣10分,检查注油频率错误扣10分				
9	填写记录	记录各单体泵注油频率	10	未记录注油频率扣5分,滴油频率记录错误扣5分				
10	记录字体	使用仿宋字记录	5	未使用仿宋体记录扣5分				
11	清理现场	清理现场,收工具		未收、少收工具从总分扣5分				
12	安全文明操作	按国家或企业颁发有关安全规定执行操作		每违反一项规定从总分中扣5分,严重违规取消考核				
13	考核时限	在规定时间内完成		到时停止操作考核				
		合　　计	100					

(四) AB001氮气置换压力容器操作

1. 考核要求

(1)必须穿戴劳动保护用品。
(2)工具、量具、用具准备齐全,正确使用。
(3)操作规程符合安全文明操作。
(4)按规定完成操作项目,质量达到技术要求。
(5)操作完毕,做到工完、料净、场地清。

2. 准备要求

(1) 设备准备:

序号	名　称	规　格	数　量	备　注
1	密闭钢制容器	0.5m³	1个	PN1.0
2	氧气减压阀		1套	

(2) 材料准备:

序号	名　称	规　格	数　量	备　注
1	氮气		若干	
2	氧气胶管		10m	
3	快装接头		1套	

(3) 工具、量具准备:

序号	名　称	规　格	数　量	备　注
1	便携式氧含量分析仪		1台	

3. 操作程序说明

(1) 准备工作;

(2) 连接工艺管线;

(3) 检查容器进口阀状态;

(4) 检查容器出口阀状态;

(5) 打开入口阀;

(6) 观察压力表;

(7) 关闭进气阀;

(8) 打开排气阀;

(9) 重复操作;

(10) 检测氧含量;

(11) 保压;

(12) 清理场地。

4. 考核规定说明

(1) 如操作违章或未按操作程序执行操作,将停止考核。

(2) 考核采用百分制,考核项目得分按鉴定比重进行折算。

(3) 考核方式说明:该项目为实际操作,考核过程按评分标准及操作过程进行评分。

(4) 考核技能说明:本项目主要测量考生对氮气置换压力容器操作掌握的熟练程度。

5. 考核时限

(1) 准备时间:1min(不计入考核时间)。

(2) 正式操作时间:15min。

(3) 提前完成操作不加分,到时停止操作考核。

6. 评分记录表

序号	考核内容	评分要素	配分	评分标准	检测结果	扣分	得分	备注
1	准备工作	选择工具、用具及材料	5	少选、错选一件扣1分,扣完为止				
2	连接工艺管线	正确连接工艺管线和取样管	10	连接错误一处扣5分				
3	检查容器进口阀状态	检查容器进口阀应处于关闭状态	10	未检查扣10分,判断错误扣5分				
4	检查容器出口阀状态	检查容器出口阀应处于关闭状态	10	未检查扣10分,判断错误扣5分				
5	打开入口阀	均匀加力打开入口阀	10	未均匀加力打开入口阀扣10分,旋向错误扣5分				
6	观察压力表	将氮气通入容器,观察压力表升压至0.2MPa	10	未观察扣10分,读取数据错误扣5分				
7	关闭进气阀	均匀加力关闭进气阀	10	未均匀加力关闭进气阀扣10分,旋向错误扣5分				
8	打开排气阀	均匀加力打开排气阀,将气体放空	10	未均匀加力打开排气阀扣10分,旋向错误扣5分				
9	重复操作	重复过程5~8三次	5	少一次扣5分				
10	检测氧含量	正确操作氧分析仪;读出氧含量;连续三次,每次间隔5min观察氧含量低于2%	10	读氧含量数据错误扣5分,连续三次氧含量低于2%,少一次扣5分				
11	保压	置换合格后,关闭出口阀,将容器内充氮气至0.2MPa,关闭入口阀	10	未充氮气扣5分,未关入口或出口阀扣5分				
12	清理场地	清理场地,收工具		未收、少收工具从总分中扣3分,场地不清洁从总分中扣5分				
13	安全文明操作	按国家或企业颁发有关安全规定执行操作		每违反一项规定从总分中扣5分,严重违规取消考核				
14	考核时限	在规定时间内完成		到时停止操作考核				
	合 计		100					

(五) AB002 调节天然气压缩机注油器操作

1. 考核要求

(1)必须穿戴劳动保护用品。
(2)工具、量具、用具准备齐全,正确使用。
(3)操作规程符合安全文明操作。
(4)按规定完成操作项目,质量达到技术要求。
(5)操作完毕,做到工完、料净、场地清。

2. 准备要求

(1)设备准备：

序号	名　称	规　格	数　量	备　注
1	天然气压缩机	M－3.2/10－250JX	1台	

(2)材料准备：

序号	名　称	规　格	数　量	备　注
1	棉纱		适量	

(3)工具、量具准备：

序号	名　称	规　格	数　量	备　注
1	参数记录本		1本	
2	碳素笔		1支	

3. 操作程序说明

(1)准备工作；

(2)检查压缩机状态；

(3)检查注油器油箱油位；

(4)填写记录；

(5)检查注油器单体泵注油频率；

(6)填写记录；

(7)记录字体；

(8)旋松锁紧螺母；

(9)旋转螺套；

(10)旋紧锁紧螺母；

(11)填写记录；

(12)记录字体；

(13)清理场地。

4. 考核规定说明

(1)如操作违章或未按操作程序执行操作,将停止考核。

(2)考核采用百分制,考核项目得分按鉴定比重进行折算。

(3)考核方式说明:该项目为实际操作,考核过程按评分标准及操作过程进行评分。

(4)考核技能说明:本项目主要测量考生对调节母站天然气压缩机注油器操作掌握的熟练程度。

5. 考核时限

(1)准备时间:1min(不计入考核时间)。

(2)正式操作时间:15min。

(3)提前完成操作不加分,到时停止操作考核。

6. 评分记录表

序号	考核内容	评分要素	配分	评分标准	检测结果	扣分	得分	备注
1	准备工作	选择工具、用具及材料	5	少选、错选一件扣1分,扣完为止				
2	检查压缩机状态	压缩机处于运行状态	10	未检查扣10分,判断错误扣5分				
3	检查注油器油箱油位	注油器油尺处于1/3处	10	油位判断错误扣10分				
4	填写记录	记录注油器油位	10	未记录油位扣10分,记录错误扣5分				
5	检查注油器单体泵注油频率	检查并记录注油频率在每分钟7~8滴	10	未检查单体泵注油频率扣10分,检查结果错误扣5分				
6	填写记录	记录每个单体泵注油频率	10	未记录注油频率扣10分,记录错误扣5分				
7	记录字体	使用仿宋字记录	5	未使用仿宋字记录扣5分				
8	旋松锁紧螺母	旋松锁紧螺母,旋向正确	10	未旋松锁紧螺母扣10分,锁紧螺母旋向错误扣5分				
9	旋转螺套	旋转螺套调整注油量	5	螺套旋向错误扣5分				
10	旋紧锁紧螺母	调整结束应旋锁紧螺母	10	未锁紧螺母扣10分,旋向错误扣5分				
11	填写记录	记录调整后单体泵注油频率每分钟7~8滴	10	未记录扣10分,注油频率不达标扣5分				
12	记录字体	使用仿宋字记录	5	未使用仿宋字记录扣5分				
13	清理场地	清理场地,收材料		未收、少收材料从总分中扣3分,场地不清洁从总分中扣5分				
14	安全文明操作	按国家或企业颁发有关安全规定执行操作		每违反一项规定从总分中扣5分,严重违规取消考核				
12	考核时限	在规定时间内完成		到时停止操作考核				
	合 计		100					

(六) AB003 液压子站手动注油操作

1. 考核要求

(1)必须穿戴劳动保护用品。
(2)工具、量具、用具准备齐全,正确使用。
(3)操作规程符合安全文明操作。
(4)按规定完成操作项目,质量达到技术要求。

(5)操作完毕,做到工完、料净、场地清。

2. 准备要求

设备准备:

序号	名　　称	规　格	数　量	备　注
1	液压橇体	HPC1000/20	1台	

3. 操作程序说明

(1)准备工作;

(2)确认系统状态;

(3)进入手动注油操作界面;

(4)点击确认;

(5)打开注油钢瓶;

(6)油泵启动;

(7)确认总注油阀打开;

(8)确认总气阀打开;

(9)确认相应换向阀气阀打开;

(10)确认相应油阀气阀打开;

(11)清理场地。

4. 考核规定说明

(1)如操作违章或未按操作程序执行操作,将停止考核。

(2)考核采用百分制,考核项目得分按鉴定比重进行折算。

(3)考核方式说明:该项目为实际操作,考核过程按评分标准及操作过程进行评分。

(4)考核技能说明:本项目主要测量考生对液压子站手动注油操作掌握的熟练程度。

5. 考核时限

(1)准备时间:1min(不计入考核时间)。

(2)正式操作时间:15min。

(3)提前完成操作不加分,到时停止操作考核。

6. 评分记录表

序号	考核内容	评分要素	配分	评分标准	检测结果	扣分	得分	备注
1	准备工作	选择工具、用具及材料	10	少选、错选一件扣2分,扣完为止				
2	确认系统状态	退出自动循环	10	未退出自动循环扣10分				
3	进入手动注油操作界面	进入手动注油操作界面	10	找不到操作界面扣10分				
4	点击确认	点击界面中"有效"键	10	未按"有效"键扣5分				
5	打开注油钢瓶	按下需要注油钢瓶"打开"键确认	10	未按"打开"键扣10分				

续表

序号	考核内容	评分要素	配分	评分标准	检测结果	扣分	得分	备注
6	油泵启动	油泵启动、延时20s	10	未确认泵启动扣10分				
7	确认总注油阀打开	确认总注油阀打开	10	确认错误扣10分				
8	确认总气阀打开	确认总气阀打开	10	确认错误扣10分				
9	确认相应换向阀气阀打开	确认相应换向阀气阀打开	10	未确认相应换向阀气阀打开扣10分				
10	确认相应油阀气阀打开	确认相应油阀气阀打开	5	未确认相应油阀气阀打开扣5分				
11	手动回油	液压橇体油位达到规定刻度时回油	5	回油操作错误扣5分				
12	清理场地	清理场地,收材料		未收、少收材料从总分中扣3分,场地不清洁从总分中扣5分				
13	安全文明操作	按国家或企业颁发有关安全规定执行操作		每违反一项规定从总分中扣5分,严重违规取消考核				
14	考核时限	在规定时间内完成		到时停止操作考核				
	合 计		100					

(七) AB005 手动运行压缩机循环水泵

1. 考核要求

(1)必须穿戴劳动保护用品。

(2)工具、量具、用具准备齐全,正确使用。

(3)操作规程符合安全文明操作。

(4)按规定完成操作项目,质量达到技术要求。

(5)操作完毕,做到工完、料净、场地清。

2. 准备要求

(1)设备准备:

序号	名 称	规 格	数 量	备 注
1	天然气压缩机	M-3.2/10-250JX	1台	

(2)工具、量具准备:

序号	名 称	规 格	数 量	备 注
1	参数记录本		1本	
2	碳素笔		1支	

3. 操作程序说明

(1)准备工作;

(2)检查压缩机状态;

(3)将压缩机切为手动模式；
(4)观察蓄水池水位；
(5)观察压缩机冷却水进出水阀门；
(6)启动循环水泵；
(7)观察循环水泵压力；
(8)记录循环水泵压力；
(9)观察压缩机循环水压力；
(10)记录压缩机循环水压力；
(11)判断循环水系统状态。

4．考核规定说明

(1)如操作违章或未按操作程序执行操作，将停止考核。
(2)考核采用百分制，考核项目得分按鉴定比重进行折算。
(3)考核方式说明：该项目为实际操作，考核过程按评分标准及操作过程进行评分。
(4)考核技能说明：本项目主要测量考生对手动运行母站压缩机循环水泵操作掌握的熟练程度。

5．考核时限

(1)准备时间：1min(不计入考核时间)。
(2)正式操作时间：15min。
(3)提前完成操作不加分，到时停止操作考核。

6．评分记录表

序号	考核内容	评分要素	配分	评分标准	检测结果	扣分	得分	备注
1	准备工作	选择工用具及材料	5	每少选、错选一件扣1分				
2	检查压缩机状态	压缩机必须处于停机状态	10	未检查扣10分，判断错误扣10分				
3	将压缩机切为手动模式	在控制柜上将模式调整至"手动"	10	模式转换错误扣10分				
4	观察蓄水池水位	水位低于井口0.5m	10	未检查水位扣10分				
5	观察压缩机冷却水进出水阀门	阀门处于开启状态	5	未检查扣5分				
6	启动循环水泵	在控制屏上进入操作员界面启动循环水泵	10	未启动循环水泵扣10分				
7	观察循环水泵压力	压力处于0.2~0.4MPa	10	未检查扣10分				
8	记录循环水泵压力	正确记录	10	记录错误扣10分				
9	观察压缩机循环水压力	压力处于0.2~0.4MPa	5	未检查扣10分				
10	记录压缩机循环水压力	正确记录	10	记录错误扣10分				

序号	考核内容	评分要素	配分	评分标准	检测结果	扣分	得分	备注
11	判断循环水系统状态	正确判断循环水系统状态	10	未判断扣10分				
12	清理场地	清理场地,收工具		未收、少收工具从总分中扣3分;场地不清洁从总分中扣5分				
13	安全文明操作	按国家或企业颁发有关安全规定执行操作		每违反一项规定从总分中扣5分,严重违规取消考核				
14	考核时限	在规定时间内完成		到时停止操作考核				
	合 计		100					

(八) AB006 手动运行天然气压缩机注油器

1. 考核要求

(1) 必须穿戴劳动保护用品。

(2) 工具、量具、用具准备齐全,正确使用。

(3) 操作规程符合安全文明操作。

(4) 按规定完成操作项目,质量达到技术要求。

(5) 操作完毕,做到工完、料净、场地清。

2. 准备要求

(1) 设备准备:

序号	名 称	规 格	数 量	备 注
1	天然气压缩机	M－3.2/10－250JX	1台	

(2) 工具、量具准备:

序号	名 称	规 格	数 量	备 注
1	参数记录本		1本	
2	碳素笔		1支	

3. 操作程序说明

(1) 准备工作;

(2) 检查压缩机状态;

(3) 检查注油器油位;

(4) 确定模式转换按钮;

(5) 旋转按钮;

(6) 将压缩机切换为手动模式;

(7) 进入操作员界面;

(8) 启动注油器;

(9) 检查单体泵注油频率;

(10)填写记录；

(11)记录字体；

(12)清理现场。

4.考核规定说明

(1)如操作违章或未按操作程序执行操作,将停止考核。

(2)考核采用百分制,考核项目得分按鉴定比重进行折算。

(3)考核方式说明:该项目为实际操作,考核过程按评分标准及操作过程进行评分。

(4)考核技能说明:本项目主要测量考生对手动运行母站天然气压缩机注油器操作掌握的熟练程度。

5.考核时限

(1)准备时间:1min(不计入考核时间)。

(2)正式操作时间:15min。

(3)提前完成操作不加分,到时停止操作考核。

6.评分记录表

序号	考核内容	评分要素	配分	评分标准	检测结果	扣分	得分	备注
1	准备工作	选择工具、用具及材料	5	每少选、错选一件扣1分				
2	检查压缩机状态	压缩机处于停机状态	10	未检查压缩机状态扣10分,判断错误扣5分				
3	检查注油器油位	注油器油位应低于油尺1/2处	10	未检查油位扣10分,检查错误扣5分				
4	确定模式转换按钮	确定模式转换按钮	10	找不到模式转换按钮扣5分,找错模式转换按钮扣5分				
5	旋转按钮	旋向正确	10	旋向错误扣5分				
6	将压缩机切换为手动模式	在控制柜上将模式开关旋至"手动"	10	模式转换错误扣10分				
7	进入操作员界面	进入操作员界面	10	无法进入操作员界面扣5分,进入界面错误扣5分				
8	启动注油器	在控制柜上启动注油器	10	未启动注油器扣5分				
9	检查单体泵注油频率	注油频率每分钟为7~8滴	10	未检查注油频率扣10分,检查错误扣5分				
10	填写记录	记录各单体泵注油频率	10	未记录扣10分,记录错误扣5分				
11	记录字体	使用仿宋字记录	5	未使用仿宋字记录扣5分				
12	清理现场	清理现场,收工具		未收、少收工具从总分扣5分				
13	安全文明操作	按国家或企业颁发有关安全规定执行操作		每违反一项规定从总分中扣5分,严重违规取消考核				

续表

序号	考核内容	评分要素	配分	评分标准	检测结果	扣分	得分	备注
14	考核时限	在规定时间内完成		到时停止操作考核				
	合　计		100					

三、答案

(一)单项选择题

1. A　2. A　3. A　4. A　5. C　6. B　7. A　8. D　9. A　10. C
11. B　12. B　13. D　14. B　15. D　16. B　17. D　18. B　19. C　20. D
21. B　22. C　23. C　24. B　25. B　26. C　27. C　28. C　29. D　30. B
31. A　32. B　33. D　34. B　35. B　36. D　37. C　38. A　39. A　40. C
41. D　42. A　43. B　44. B　45. B　46. B　47. B　48. C　49. B　50. B
51. D　52. D　53. D　54. D　55. B　56. C　57. B　58. D　59. C　60. D
61. C　62. B　63. A　64. B　65. D　66. D　67. A　68. D　69. B　70. A
71. C　72. C　73. B　74. B　75. B　76. C　77. B　78. D　79. A　80. B
81. A　82. C　83. C　84. A　85. D　86. B　87. D　88. C　89. A　90. A
91. A　92. B　93. A　94. A

(二)多项选择题

1. ABCD　2. ABC　3. ABD　4. ABD　5. ABC　6. ACD　7. ABC
8. ACD　9. ABC　10. ACD

(三)判断题

1. √　2. √　3. √　4. √　5. √　6. × 按下压缩机控制柜的"主机启动"按钮,延时1min,软启动开启,系统进入正常运行状态。　7. √　8. √　9. √　10. √　11. √　12. √
13. √　14. √　15. √　16. √　17. √　18. √　19. √　20. √　21. √　22. √　23. √
24. √　25. √　26. √　27. √　28. √　29. √　30. × 在仪表风系统中,压力开关控制空气压缩机的启停。　31. √　32. √　33. √　34. √　35. √　36. √　37. √　38. √
39. √　40. √　41. √　42. √　43. √　44. √　45. √　46. √　47. √

第六章 加气站安全生产及消防

第一节 安全生产

一、安全生产管理

(一)安全禁令

1. 反违章禁令

为进一步规范员工安全行为,防止和杜绝"三违"现象,保障员工生命安全和企业生产经营的顺利进行,要有以下禁令。

(1)严禁特种作业无有效操作证人员上岗操作。
(2)严禁违反操作规程操作。
(3)严禁无票证从事危险作业。
(4)严禁脱岗、睡岗和酒后上岗。
(5)严禁违反规定运输民爆物品、放射源和危险化学品。
(6)严禁违章指挥、强令他人违章作业。

员工违反上述禁令,给予行政处分;造成事故的,解除劳动合同。

2. 防火防爆十大禁令   CBD004 CNG 加气站动火安全

(1)严禁在站内吸烟,严禁私自携带香烟火种和易燃、易爆、有毒、易腐蚀物品入站。
(2)严禁未按规定办理用火作业票,在站内进行施工用火或生活用火。
(3)严禁穿易产生静电的服装进入爆炸危险场所。
(4)严禁穿带铁钉的鞋进入爆炸危险场所。
(5)严禁用汽油等易挥发溶剂擦洗设备、衣物、工具及地面等。
(6)严禁未经批准的各种机动车辆进入爆炸危险场所。
(7)严禁就地排放易燃、易爆物料及其他化学危险品。
(8)严禁在爆炸危险场所内使用非防爆设备、器材、工具。
(9)严禁堵塞消防通道及随意挪用或损坏消防设施。
(10)严禁损坏站内各类防火防爆设施。

3. 人员劳保防静电安全禁令   CBD006 CNG 加气站人员劳保防爆工具安全

(1)凡是在正常情形下,爆炸性气体混杂物持续地、短时光频繁地才涌现或长时间存在的场合及爆炸性气体混杂物有可能呈现的场合,可燃物的最小点燃能量在 0.25mJ 以下时,应穿用防静电服。

(2)禁止在易燃易爆场合穿脱防静电服。穿用防静电服时,还应与防静电鞋配套,同时地面也应是防静电地板并有接地系统。外层服装应完全遮盖住内层服装。分体式上衣应足以盖住裤腰,弯腰时不应露出裤腰。禁止在防静电服上附加或佩戴任何金属物件。

(3)防静电服应坚持干净,坚持防静电性能,使用后用软毛刷、软布蘸中性洗涤剂洗擦,不可破坏服料纤维。防静电工作服最好使用中性洗涤剂清洗,洗涤时不要与其他衣物混洗,采用手洗或洗衣机柔洗程序,防止导电纤维断裂。

(4)穿用一段时间后,应对防静电服进行检验,若静电性能不符合要求,则不能再以防静电服使用。

4. 防爆工具安全禁令

防爆工具的材质是铜合金,由于铜的良好导热性能及几乎不含碳的特质,使工具和物体摩擦或撞击时,短时间内产生的热量被吸收及传导。另一原因由于铜本身相对较软,摩擦和撞击时有很好的退让性,不易产生微小金属颗粒,于是我们几乎看不到火花,因此防爆工具又称为无火花工具。

(1)在我们的日常工作中连续敲击20次后应该对工具的表面附着物进行处理,揩净后再做使用,千万不要连续使用,以免因为长时间地处于摩擦会使工具受热,会损坏工具。

(2)使用后要揩净表面污秽和积物,放置干燥的安全地方保存。

(3)敲击类工具产品,不可连续打击,超过10次应有适当间歇,同时要及时清除产品部位附着的碎屑后再继续使用。

(4)扳手类产品不可超力使用,更不能用套管或绑缚其他金属棒料加长力臂,以及用锤敲击(敲击扳手除外)的方法旋纽紧固件。

(5)刃口类工具应放在水槽内轻轻接触砂轮进行刃磨,不可用力过猛和接触砂轮时间过长。

(6)在敲砸类工具实际操作中,必须清除现场杂物和工作面腐蚀的氧化物,防止第三者撞击。

(7)各种产品使用前要清除表面油污,按钢制工具参照说明书使用。

(二)安全要求

ZBC001 员工基本安全要求

1. 员工基本安全要求

(1)严格执行反违章六条禁令和防火防爆十大禁令。

(2)严格遵守岗位各项规章制度。

(3)经过三级安全教育,考试合格后,按资质持证上岗。

(4)正确穿戴、使用劳动防护用品;严禁佩戴妨碍操作的妆饰用品作业。

(5)禁止违章作业,对他人违章作业有义务劝阻和制止。

(6)禁止碰撞或敲击工艺系统中的设备设施;禁止无防护情况下触摸低温、高压设备设施。

(7)严禁上班前和工作中服用任何影响精神状态的药品;熟悉应急预案和操作规程,具备正确使用应急和设备应急处理的能力。

(8)参加岗位练兵、安全培训及其他各种安全活动。

(9)遵守劳动纪律,不迟到、早退和脱岗、睡岗、酒后上岗。

(10)发现危害因素和安全隐患应及时上报。

(11)发生事故,正确处置,及时报告。

2. 作业现场安全要求　　　　　　　　　　　　　　　　　　　ZBC002 作业现场安全要求

(1) 在爆炸危险区域必须使用防爆工具作业。

(2) 进入生产作业必须进行人体静电消除。

(3) 无关车辆及人员禁止进入生产作业区,禁止在生产作业区检修车辆。

(4) 禁止车辆超速出入加气站、卸车场地。

(5) 不要在爆炸危险区域穿、脱、拍、打衣服和梳理头发。

(6) 在爆炸危险场所严禁使用化纤拖把和抹布。

(7) 禁止不系安全带、不戴安全帽进行高空作业。

(8) 不得随意移动、挪用消防器材。

(9) 禁止占用、堵塞消防通道。

(10) 非岗位作业人员严禁操作设备。

(11) 在暴风雷雨天气,禁止进行充装、卸车、维修、电工操作等作业。

二、设备、设施安全要求　　　　　　　　　　　　　　　　ZBC003 设备、设施基本安全要求

(一)基本安全要求

(1) 设备、设施的安全装置和安全附件必须定期检定,确保完好。

(2) 保证防雷防静电、电气保护、可燃气体报警装置和消防设施完好有效。

(3) 爆炸危险区域电气设备符合防爆要求。

(4) 设备、设施密封良好,无腐蚀,无渗漏。

(5) 保证设备、设施 HSE 标识清晰正确。

(6) 危险区域和重要设备、设施必须悬挂安全标志。

(7) 严禁设备超压、超负荷、带病运行。

(8) 在埋地管道、电缆的上方,严禁随意进行挖掘,不得堆放重物或腐蚀性物质。

(9) 特种设备的维修、保养必须由有资质人员进行作业。

(二)压缩机安全要求　　　　　　　　　　　　　　　　　ZBC004 压缩机安全要求

(1) 确保压缩机前的工艺管道流程正确,无跑、冒、滴、漏现象。

(2) 电动机、压缩机正常良好,机组工艺气系统、润滑系统、冷却系统等管线连接紧固,密封良好无泄漏。

(3) 空气冷却器的电动机和风扇运转正常。

(4) 分离器定期排污,液位不超高。

(5) 系统内各种阀门开关灵活,仪器仪表灵敏。

(6) 压缩机各级间及出口安全阀灵敏可靠。

(7) 排污罐液位不得超高,排污管道畅通并引至安全地带。

(三)深度脱水装置(干燥塔)安全要求　　　　　　　　　ZBC005 深度脱水装置安全要求

(1) 脱水装置仪表指示参数应在正常范围之内。

(2) 吸附和再生系统正常良好。

(3) 干燥塔应密封良好,无泄漏。

(4) 管线的连接紧固、密封良好,无泄漏。

(5)各管路阀门开关灵活,仪器仪表灵敏可靠。

(6)安全阀及其他安全附件完好、有效。

CBD020 CNG 加气站调压计量装置安全要求

ZBC006 调压计量装置安全要求

(四)调压计量装置安全要求

(1)过滤器完好,无渗漏。

(2)压差表应准确、灵敏。

(3)阀门开关灵活,法兰连接严密无泄漏。

(4)调压装置准确灵敏,技术参数在正常调压范围之内。

ZBC007 储气井安全要求

(五)储气井安全要求

(1)储气井符合设计规范,设计压力为 32MPa,工作压力为 25MPa。

(2)储气井压力表应准确、灵敏,并在有效检验期内。

(3)安全阀及其他安全附件完好、有效。

(4)进气、排气管畅通,阀门开关灵活。

(5)排污管排放口引至安全地点。

ZBC008 加(卸)气柱(机)安全要求

(六)加(卸)气柱(机)安全要求

(1)防静电接地连线符合相关规范。

(2)压力表、流量计准确灵敏,并在有效检验期内。

(3)阀门开关灵活,无卡、堵现象。

(4)加气软管符合强度和气密实验规范标准,且具有导电功能。

CBD001 加气站安全生产标志

三、安全标志

安全标志见表 6-1。

表 6-1 常用安全标志

标志内容	标志图形	标志内容	标志图形
禁止驶入		禁止打手机	
禁止穿化纤服装		禁止通行	
禁止吸烟		禁止乘人	
禁止带火种		禁止穿带钉鞋	
当心落物		当心中毒	

续表

标志内容	标志图形	标志内容	标志图形
当心腐蚀		当心机械伤人	
当心跌滑		当心火灾	
当心泄漏（储罐）		当心碰头	
必须戴安全帽		必须戴防毒面具	
必须穿工作服		必须戴防护帽	
必须戴防护眼镜		必须戴防尘口罩	
注意安全		注意防尘	

四、安全色标示

安全色标示为四种：警告、注意为黄色；禁止、停止为红色；指令、必须遵守为蓝色；提示、安全状态、通行为绿色。

ZBC009 安全色标示
CBD002 安全色标示

五、加气站进站安全规定

(1)进站人员必须遵守 CNG 加气站各项管理规定。
(2)进入站区的人员、车辆必须接受值班人员的安全检查。
(3)车辆一律停放在指定停车地点，严禁进入生产区。
(4)进入站区的人员、车辆必须接受值班人员的监督检查，所有进入站内生产区的人员必须戴安全帽。
(5)进入站内生产区必须关闭手机及各种非防爆通讯器材。
(6)严禁携带易燃易爆物品入站。
(7)严禁携带火柴、打火机等火种进入生产区，严禁在生产区内使用明火。
(8)严禁穿钉鞋入站，进入生产区域必须穿防静电服装、戴安全帽。
(9)非本站工作人员禁止进入生产区。如因工作需要进入生产区时，须经站

CBD003 加气站进站安全规定

长批准,并由本站工作人员陪同,经登记、检查、教育后方可入站。

(10)严禁动用站内消防设施器材和工具。

(11)酒后人员不得进入站区,严禁小孩进入站区。

第二节 消防知识

一、灭火器材配置

CBD007 加气站加气机消防器材的配置标准

加气站工艺设备应配置灭火器材,并应符合下列规定:

(1)每2台加气机应配置不少于2具4kg手提式干粉灭火器,加气机不足2台应按2台配置。

CBD008 加气站储气设施的灭火器材配置

(2)CNG储气设施,应配置2台不小于35kg推车式干粉灭火器。当两种介质储罐之间的距离超过15m时,应分别配置。

(3)地下储罐应配置1台不小于35kg推车式干粉灭火器。当两种介质储罐之间的距离超过15m时,应分别配置。

(4)压缩机操作间(棚),应按建筑面积每$50m^2$配置不少于2具4kg手提式干粉灭火器。

(5)加油加气合建站应按同级别的加油站配置灭火毯和沙子。

其余建筑的灭火器配置,应符合国家标准《建筑灭火器配置设计规范》(GB 50140—2015)的有关规定。

二、消防给水管网和消防栓

CBD009 加气站消防给水管网

(一)消防给水管网

消防给水总管一般与生产、生活给水管道合并设置,但必须保证当生产和生活用水达到最高用水量时,仍能确保消防所需的总水量。

消防水给水管网一般都采用环状管网。这样,可保证各消防栓内消防水具有足够的压力。只有当储罐总量小于$200m^3$,才采用枝状管网。向环状管网给水的干管不能少于2根,而且,当其中1根管发生故障停止供水时,其余干管应能保证消防总用水量。

在站内的消防给水支管应与生产、生活给水管道分开布置,单成系统,并且其管道的直径不能小于100mm。支管上应设有控制阀,阀前支管以0.003°~0.005°的坡度向给水干管。

(二)消防栓

室外消防栓是室外消防供水设备之一。安装在地面上的称为地上消防栓,适用于气温较暖的地区,安装在地面以下的称为地下消防栓,适用于北方寒冷地区。地上消防栓目标明显,容易寻找,出水方便,但由于露于地面上容易损坏,冻结,妨碍交通。

地下消防栓便利交通,不易损坏和冻结,但不便于寻找,特别是雪天,雨天和夜间。

1. 消防栓的设计

室外消防栓多为铸铁制造,由进水弯座、阀座、阀门、本体、泄水弯头、出水口、帽盖和启闭杆等零件组成。地上消防栓有 SS-150、SS-100、SS-65 三种,其中 SS-100 有口径 100mm 出水口一个,供消防车取水用,口径 65mm 的出水口两个,供连接水带,向罐灌水和直接灭火。SS-65 仅有口径 65mm 和 100mm 出水口各一个。

消防水进水弯与埋地的上水管用三通连通。当将消防栓钥匙扳头套在启闭杆上端的轴心头之后,若按逆时针方向移动,消防栓阀门在启闭杆螺纹作用下向上提起,关闭排水口,打开进水口,管道里的水便进入消防栓,由出水口流出。当按顺时针旋转消防栓钥匙时,阀门在启闭杆螺纹作用下降落,关闭进水口,打开排水口,即将消防栓关闭,并使消防栓内积存的水由排水口排空。

国内消防栓种类较多,规格不一,构造和原理也不完全相同,使用时要加以区别。

口径 100mm 的出水口专供消防车取水用。使用时必须将两个 65mm 口径的出水口关闭。使用 65mm 出水口时,必须把不用的出水口关闭,防止漏水,影响水流压力。使用时,按逆时针方向选择钥匙,开启阀门,水即喷出。

消防栓应根据站区总平面图布置情况按就近保护对象的原则设置,其间距不应大于 120m,并应设在路边目标明显的地方。消防栓保护半径不能超过 150m。

2. 消防栓的使用

(1) 室内使用:
① 打开消火栓门,按下内部火警按钮(按钮是报警和启动消防泵的)。
② 一人接好枪头和水带奔向起火点。
③ 另一人接好水带和阀门口。
④ 逆时针打开阀门水喷出即可。注意:电起火要确定切断电源。

(2) 室外使用:
① 用扳手打开地下消防栓的水袋口连接开关。
② 将消防水带进行连接。
③ 用扳手打开地下消防栓的出水阀门开关。
④ 接连水带口及出水枪头。
⑤ 至少两人以上手拿喷水枪头,向火源喷水直到火熄为止。

3. 消防栓的保养

每月或重大节日前,都必须对消防栓进行一次检查和保养。

(1) 地上消防栓检查保养的内容:消除启闭杆轴心头周围杂物,将钥匙扳头放于轴心头上,检查是否合适,转动启闭杆,加注润滑油。用油纱布擦除出水口螺纹上的积锈,检查阀盖内橡胶垫圈是否完整。打开消防栓,放净锈水后关紧,观察再无漏水现象,检查排水情况。消防栓附近不得有障碍物。

(2) 地下消防栓检查保养内容:检查消防栓井盖是否完好,出水口是否完整无损,启闭杆是否灵活,必要时加注润滑油。清除井内垃圾、砂土等杂质。开启

CBD011 消防栓的设计

CBD010 消防栓的使用

CBD012 消防栓的保养

ZBC010 地下消防栓检查保养内容

消防栓,放净锈水后关闭,检查是否严密,排水装置是否完好。消防栓及其周围不得有障碍物。冬季,要采取保暖措施。保养过程中,发现损坏应及时修复。为了便于寻找,应制作指示牌,安放在明显的地方。气站内具有火灾和爆炸危险的建筑物应设置灭火器和其他简易消防器材。灭火器的选择、配置数量应符合国家标准《建筑灭火器配置设计规范》(GB 50140—2005)的有关规定。

加气站内电力装置设计应符合国家标准《爆炸危险环境电力装置设计规范》(GB 50058—2014)的有关规定。站内按爆炸和火灾危险场所第二级释放源环境设计。

三、火灾危险性

CBD013 加气站火灾的危害

压缩天然气汽车在行驶中发生爆炸火灾事故的可能性较小,而 CNG 加气站则是防火安全工作的重点,分析其火灾危险性,主要有以下几点:

(1)加气站内充装的压缩天然气本身属于一级可燃气体,甲类火灾危险,爆炸极限浓度为 5%~15%,最低点火能量仅为 0.31J,扩散系数为 0.196,是易燃易爆并且扩散能力强、火势蔓延快的一种危险介质。

CBD014 加气站钢瓶爆炸燃烧的危害

(2)CNG 加气站通常用 20MPa 以上的压力将天然气压缩到钢瓶中,使钢瓶内天然气的储存压力保持在 20~25MPa 之间,这是我国可燃气体的最高压力容器,一旦压缩天然气的气质或钢瓶的质量、制造工艺以及加压设备等不能满足规定的技术要求,稍有疏忽,就有可能发生燃烧爆炸事故。

CBD015 加气站建设规范

(3)由于目前我国对 CNG 加气站的专项标准和技术规范及对 CNG 加气站的质量管理、质量监理还有欠缺,有些单位为降低成本,在施工过程中偷工减料,或使用不符合规范的材料,致使一些 CNG 加气站投入使用就有安全隐患。

(4)一些 CNG 加气站不认真落实安全组织、规章制度和各项安全管理措施,造成事故隐患;人员未经系统培训便上岗工作,导致违章作业或违反安全操作规程的事故发生,留下严重隐患。

四、防火安全预防措施

CBD016 CNG 加气站防火防爆管理制度

CBD018 CNG 加气站脱硫脱水质量控制

通过对 CNG 加气站存在的火灾危险性进行分析,防火安全预防措施主要应从加气站的建设、天然气的气质标准、钢瓶的质量和安全管理等几个方面来确定:

(1)制定完善的建设 CNG 加气站技术规范是爆炸防火安全的重要前提。

CBD021 CNG 加气站压力容器防爆

(2)坚持天然气的脱硫、脱水,提高天然气气质,是确保加气站安全的关键。因为如果天然气中的水不能脱净,就会使气体中的 H_2S 在高压下对钢瓶的腐蚀更快,而成为钢瓶积水腐蚀。

(3)保证钢瓶的质量是确保安全运行的基本要求。CNG 加气站内使用的钢瓶都是需要承压 20MPa 以上的高压容器,且承装的是可燃介质,一旦发生爆炸,极易形成二次爆炸,造成更大的人员伤亡和财产损失。钢瓶在使用中还应对钢瓶进行定期检验,检验不合格的钢瓶必须立即报废,严禁延长钢瓶使用期限和到期不送检,从而埋下隐患。

CBD017 CNG 加气站防雷防静电设计

(4)做好 CNG 加气站的防雷和防静电工作,也是确保消防安全的措施之一。站区内配电室和控制室、压缩机组、储气设施、干燥器、加气机的防雷等级应达到

《建筑物防雷设计规范》(GB 50057—2010)的规定要求,接地电阻应小于10Ω,加气站的静电接地设计则应达到《防静电工程施工与质量验收规范》(GB 50944—2013)的规定要求,接地电阻小于10Ω。另外,加气站下列设备也必须采用防静电措施,以防静电引起火灾:

①储气设施应设一级地桩,并和系统连接。
②每台加气机应设一级地桩,并和系统连接。
③压缩机组的橇装壳体应与系统连接。
④脱硫、脱水设备橇分别设置一级地桩,并和系统连接。
⑤所有管线、配电柜外壳和安有仪表的柜门等都应接地。但防雷接地必须和加气站系统接地分开,单独设立。

(5)强化安全管理。CNG加气站必须强化内部消防安全管理,落实各级安全责任制,制定和建立健全内部的各项安全管理制度,成立义务或专职消防组织,配齐消防设备,坚持定期检测和每日巡检制度,对发现的火灾隐患及时进行整改。对上岗人员要经过严格的岗位安全培训和消防培训,并保证经考试合格持证上岗,严禁无证上岗。

<small>CBD022 CNG加气站规范安全操作</small>

(6)规范安全操作,避免人为引起火灾。CNG加气站的工作属于易燃易爆的特种工作,因此在工作中决不能疏忽大意,必须规范工作行为,认真做好以下几点:

①对设备的操作要严格按照使用说明书的要求规范操作。
②每天做到勤听即听是否有漏气声、勤摸即摸各管接头是否冰凉(凉则说明有漏气)、勤看即看是否有结霜现象(有则说明有漏气)、勤闻即闻是否有臭味(有则说明有漏气)。一旦发现异常情况,一定要尽快查明原因,或紧急停止操作,及时排除故障。
③建立严格的运行记录和交接班制度,每天必须详细记录各个技术数据,包括维修记录。
④严格执行防火制度,进入站区的人员不能带任何火源,手机应关机,汽车要熄火方可加气。
⑤对没有许可证或私自改装不合格的车辆,一律不得加气。
⑥汽车加气时应用导线将汽车的金属部件和接地桩相连,以防静电打火。

通过对CNG加气站的建设及操作过程中火灾危险性的分析探讨,从而找出最有效的防火安全措施,确保CNG加气站的消防安全,促进其迅速、安全健康的发展。

五、消防器材

加气站内的消防器材包括各种灭火器和消防砂、消防桶、消防锹等器具。

<small>CBD023 CNG加气站常用消防器材种类</small>

灭火器是一种可由人力移动的轻便灭火器具,它能在其内部压力作用下,将充装的灭火剂喷出,用来扑灭火灾。

灭火器的种类很多,按其移动方式可分为手提式灭火器或推车式灭火器;按驱动灭火剂动力来源可分为储气瓶式灭火器、储压式灭火器、化学反应式灭火器;按所充装灭火剂可分为泡沫灭火器、干粉灭火器、卤代烷灭火器、二氧化碳灭火器、酸碱灭火器、清水灭火器等。下面主要介绍手提式泡沫灭火器、二氧化碳灭火器、干粉灭火器、卤代烷灭火器的性能、使用范围及操作方法。

(一)手提式泡沫灭火器

1. 规格

根据国家标准,MP 型手提式灭火器所充装灭火器的容量有 6L 和 9L 两种规格,其型号分别为 MP6 和 MP9。

2. 结构

泡沫灭火器主要由筒体、筒盖、瓶胆、喷嘴、螺母等组成,如图 6-1 所示。

CBD024 MP 型手提式泡沫灭火器

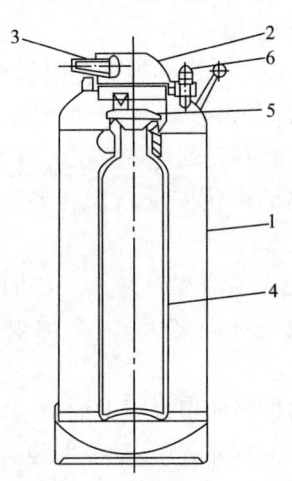

图 6-1 MP6 型泡沫灭火器
1—筒体;2—筒盖;3—喷嘴;4—瓶胆;5—瓶胆盖;6—螺母

(1)筒体。是充装碳酸氢钠溶液的容器,使用时要承受一定的工作压力,因此必须具有足够的机械强度。一般用 1.2～1.5mm 厚的钢板焊接而成,其设计压力为 1.5～2.0MPa,水压强度试验应为 2.3～3.0MPa。

(2)瓶胆。是充装硫酸铝溶液的容器。一般采用耐热玻璃或耐酸的工程塑料制成,并以塑料瓶夹固定,悬挂在筒体的正上方。它的上口则有瓶胆盖,可防止瓶胆内溶液的蒸发或溅出。

(3)筒盖。也称气盖,是封闭筒体的盖子,也承受工作压力,一般用 2mm 厚的钢板或铝合金制成。为了增加密封性能,它与筒体之间有密封垫圈,并用螺母固定。

(4)喷嘴。安装在筒盖的前侧,结构比较简单,用金属或工程塑料等制造。它的根部还装有滤网,防止杂质堵塞。

3. 适用范围及使用方法

(1)适用范围。适用于扑灭液体或可熔固体燃烧的火灾(如石油制品、油脂等火灾),以及固体有机物质燃烧的火灾(如木材、棉织品等物质的火灾)。但不能扑救带电设备,可燃气体,轻金属,水溶性可燃、易燃液体的火灾。

(2)使用方法。手提筒体上部的提环,迅速跑到火场。应注意在奔跑过程中不得使灭火器过分倾斜,以免两种药剂混合而提前喷出。当距离火点 10m 左右,即将筒体颠倒,一只手紧握提环,另一只手扶住筒体底圈,让射流对准燃烧物。在扑救可燃液体火灾时,如呈流淌状燃烧,则泡沫应由远到近喷射,使泡沫完全覆盖在燃烧液面上;如在容器内燃烧,应将泡沫射向容器内壁,使泡沫沿着内壁流淌,逐步覆盖着火液面。切忌直接对准液面喷射,以免由于射流的冲击,反而将燃烧的液体冲散或冲出容器,扩大燃烧范围。在扑救固体物质的初起火灾时,应将射流对准燃烧最猛烈处。灭火时,随着有效燃烧范围的缩短,使用者应逐渐向燃烧区域靠近,并始终将泡沫喷射在燃烧物上,直至扑灭。使用时始终保持倒置状态,否则将会中断喷射。

CBD025 手提式泡沫灭火器使用

4. 维护保养

(1)每次使用后,应及时打开筒盖,把筒体和瓶胆清洗干净,并充装新的灭火剂。

CBD026 手提式泡沫灭火器保养

(2)存放时,不可靠近高温的地方,以防碳酸氢钠分解出二氧化碳而失效;冬季要采用保温措施,以防冰冻。应经常疏通喷嘴,使之保持畅通。最佳存放温度为 4~45℃。

(3)使用期在两年以上的,每年应送到有关部门进行水压试验。合格后方可继续使用,并在灭火器上标明年度试验日期。每年更换药剂,并注明换药时间。

(二)二氧化碳灭火器

二氧化碳灭火器是利用其内部所充装的高压液态二氧化碳喷出灭火的。由于二氧化碳灭火剂具有灭火不留痕迹,有一定绝缘性能的特点,因此适用于扑救 600V 以下的带电电器、贵重设备、图书资料、仪器仪表等场所的初起火灾,以及一般的液体火灾,但不适合扑救轻金属火灾。

CBD027 二氧化碳灭火器的概念

1. 规格及分类

(1)按二氧化碳的充气量分为 2kg、3kg、5kg、7kg 共四种规格。

CBD028 二氧化碳灭火器的分类

(2)按使用形式分为 MT 型手提式和 MTT 型推车式两种。手提式灭火器又分为手轮式和鸭嘴式。

2. 结构

目前加气站内使用较为广泛的是手提式二氧化碳灭火器,舟车式与手提式结构原理相似,这里我们仅以手提式二氧化碳灭火器为例进行介绍。

CBD029 二氧化碳灭火器的结构

(1)手轮式二氧化碳灭火器:主要由钢瓶、启闭阀、喷管和虹吸管组成,其结构如图 6-2 所示。

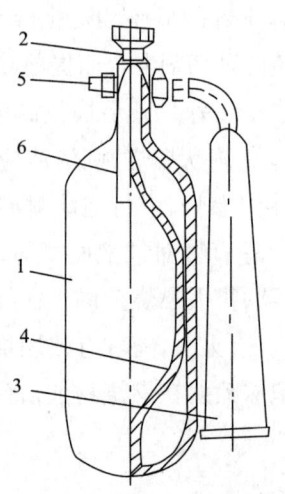

图 6-2 手轮式二氧化碳灭火器
1—钢瓶;2—开关;3—喷筒;4—虹吸管;5—安全膜;6—手柄

(2)鸭嘴式二氧化碳灭火器:主要结构与手提式大致相同,只是启闭阀的开启由压把控制,并以钢制胶管连接喷筒与启闭阀。压把上设有自动复位装置,且能插入保险销使其固定,因而可以保证启闭阀平时处于关闭状态,其结构如图6-3所示。

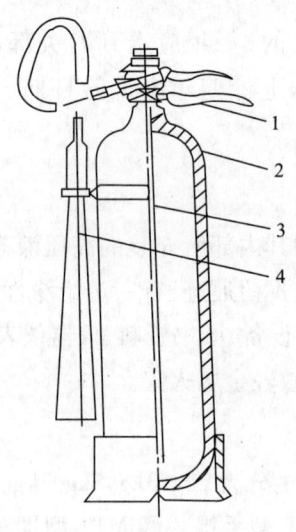

图 6-3 鸭嘴式二氧化碳
1—开关;2—钢瓶;3—虹吸管;4—喷筒

CBD030 二氧化碳灭火器的使用方法

3. 使用方法

灭火时,只要将灭火器的喷管对准火源,打开启闭阀,液态的二氧化碳立即气化,并在高压作用下,迅速喷出。使用手提式灭火器时,应先去掉铅封,按逆时针方向旋转手轮,即可打开阀门;使用鸭嘴式灭火器时,可用右手拔去保险销,同时用左手紧握压把,并压下压把,启闭阀即被打开。

二氧化碳是窒息气体,对人体有害。在空气中含量达到 8.5% 时,会发生呼吸困难,血压升高;含量达到 20%～30% 时,呼吸衰弱,精神不振,严重可以窒息死亡。因此,在空气不流通的场所使用二氧化碳灭火器后,必须及时通风。在灭火时,要连续喷射,防止复燃,不可颠倒使用;由于喷射时间短,使用时动作要迅速,为防止冻伤,握住喷嘴的手应佩戴棉手套;如在室外,则不能逆风使用。

4. 维护保养

（1）二氧化碳灭火器应放置在明显、易取用的地方,不可放置在采暖或加热设备附近和阳光强烈照射的地方,存放温度不要超过55℃。

（2）定期检查灭火器钢瓶内二氧化碳的存量,如果质量减少十分之一时,应及时补充罐装。

（3）在搬运过程中,应轻拿轻放,防止撞击。

（4）二氧化碳灭火器启闭阀开启后,不得时启时闭,以防阀门冻结。

（5）灭火器每隔5年送专业机构进行一次水压试验,并打上试验年、月钢印。

（三）干粉灭火器

干粉灭火器是以高压二氧化碳为动力,用喷射筒内干粉进行灭火,为储气瓶式。它适用于扑救石油及其产品、可燃气体、易燃液体、电器设备初起火灾,广泛应用于工厂、矿山、船舶、油库等场所。以下着重介绍MF型手提式干粉灭火器。

1. 规格

按储气瓶在灭火上安装部位分为外装式和内装式两种;按充装的干粉量分为MF1、MF2、MF3、MF4、MF5、MF6、MF8、MF10八种型号,其中MF3、MF8均不常采用。

2. 结构

外装式干粉灭火器主要包括筒体及悬装在外的二氧化碳钢瓶两部分,如图6-4所示。筒体内存装干粉灭火剂,并有进气管及出粉管各一根插入底部,他们分别与位于盖部的进气口及出粉口相通。钢瓶上口的开启阀为穿针式(由拉环操纵),同紧固螺母与进气口连接。带有喷粉胶管则以螺纹连接形式安装在出粉口处。

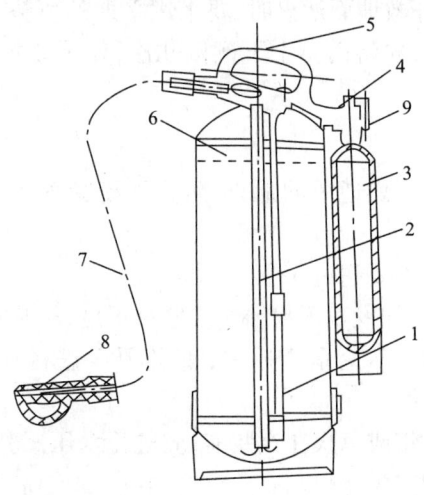

图6-4 外装式MF8型干粉灭火器

1—进气管;2—出粉管;3—二氧化碳钢瓶;4—筒身与钢瓶紧固螺母;
5—提柄;6—干粉筒身;7—胶管;8—喷嘴;9—提环

内装式干粉灭火器钢瓶在筒体内部,且其阀门的开启由位于筒盖上的压把操纵,其余部分则大致与外装式相同。其整体结构如图6-5所示。

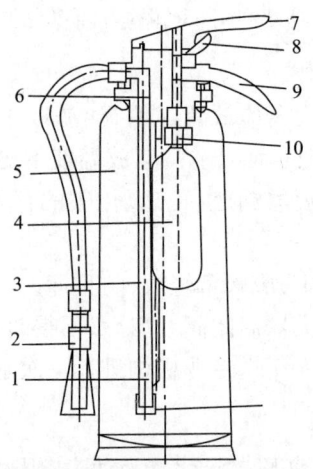

图6-5 内装式 MF5 型干粉灭火器
1—进气管;2—喷筒;3—出粉管;4—二氧化碳钢瓶;5—筒身;6—筒盖;
7—压把;8—保险销;9—提把;10—钢字

3.适用范围和使用方法

(1)适用范围:碳酸氢钠干粉灭火器适用于易燃、可燃液体和气体以及带电设备的初起火灾;磷酸铵盐干粉灭火器除可用于上述几种火灾外,还可以扑救固体物质火灾,但都不宜扑救金属燃烧的火灾。

(2)使用方法:灭火时,先拔去保险销,一只手握住喷嘴,另一只手提起提把,跑至火场,将喷嘴对准火焰根部。当压下压把时,瓶阀上的密封膜片被刺穿,二氧化碳气体进入筒体,干粉在气体压力作用下,经出粉管、喷粉胶管由喷嘴喷出,形成浓云般的粉雾。扑救地面油火时,要采用平射的姿势,左右摆动,由近及远,快速推进,如在使用前,先将筒体上下颠倒几次,使干粉松动,然后再开气喷粉,则效果更佳。

4.维护保养

(1)平时应放置在干燥通风的地方,防止干粉受潮变质,还要避免日光曝晒和强辐射,以防失效。

(2)存放环境温度不要超过55℃。

(3)进行定期检查,如发现干粉结块或气量不足,应及时更换灭火剂或充气。

(4)一经开启使用,不论是否用完,都必须再进行充装,充装时不得变换品种。

(5)灭火器每隔5年或每次在充装前,应进行水压试验,以保证耐压强度,检验合格后方可继续使用。

(四)卤代烷灭火器

卤代烷灭火器内充装的灭火剂是卤代烷灭火剂。该类灭火剂品种较多,而我国卤代烷灭火器只发展两种,一种是二氟一氯一溴甲烷和三氟一溴甲烷,分别简称 1211 灭火器、1301 灭火器。

1. 构造

卤代烷手提式灭火器主要由筒体和筒盖两部分组成,其构造 6-6 所示。

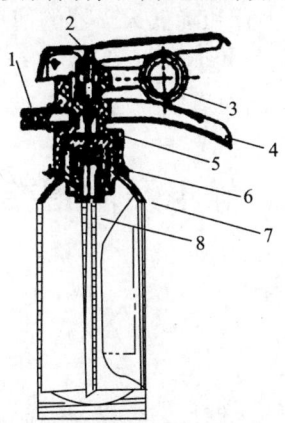

图 6-6　手提式 1211 灭火器

1—喷嘴;2—压把;3—安全销;4—提把;5—筒盖;6—密封阀;7—筒体;8—虹吸管

推车式灭火器其结构与手提式灭火器基本相似,除外形大小有所差别外,推车式灭火器则还有由车轮、车架组成的行走机构,以及由喷射胶管、手握开关、伸缩拉杆和喷嘴等组成的喷射装置。其结构见图 6-7。

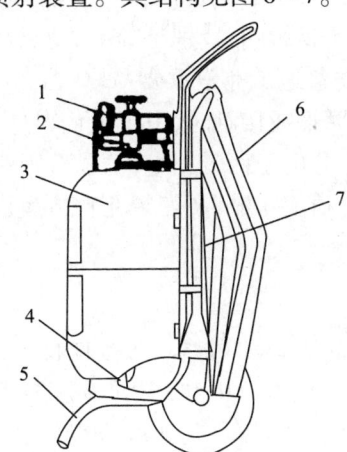

图 6-7　推车式 1211 灭火器

1—压力表;2—启闭喷嘴;3—筒体;
4—虹吸管;5—车架;6—喷射胶管;7—喷枪

2. 适用范围和使用方法

卤代烷灭火器主要适用扑救液体、气体物质和带电设备的初起火灾。

使用时,先拆下铅封,拔去保险销,在灭火器有效喷射距离内,将喷嘴对准火焰根部,按下压把,灭火剂喷出;松开压把,喷射停止。喷射时,应迅速左右摆动,向前平推扫射,防止回火复燃。

3. 维护保养

(1)检查灭火器放置地点的环境温度是否在 -20 ~ +55℃之间,是否受到烈日曝晒或接近热源。防止气温过低,灭火器内压力下降影响喷射性能。同时亦应注意温度过高使灭火器内压力剧增而影响灭火器的安全使用。

(2)检查灭火器放置地点是否潮湿、是否受化学腐蚀物品的影响,以防止阀门和灭火器腐蚀造成阀门打不开和降低灭火器的使用寿命。

(3)检查灭火器设置位置是否明显、易取和安全。推车式灭火器要防止剧烈震动和碰撞,与保护对象之间的通道应畅通无阻。

第三节 静电及防雷接地知识

一、静电的产生和危害

CBD032 静电的概念

(一)静电的产生

静电是人类很早就发现的一种自然现象,在我们的日常生活中,只要留心观察也随时可见静电现象,如果用干抹布擦揩玻璃时,很多微小的碎布纤维会自动飞上去吸附在玻璃;用塑料梳子梳理头发时,梳子会将头发吸起来,有时还会听到轻微的"嚓嚓"声;在黑夜里脱下腈纶混纺的毛衣时,还可以看看到闪烁的火花。所有这些都是静电和静电放电现象。

静电在工农业生产中有广泛的用处,如静电喷漆、静电吸尘、静电印刷等,但它同时又给某些工业带来不良影响,特别是静电火花放电,往往成为火灾危险的火源。因此,CNG加气站防静电就非常重要。

当两种不同物质互相摩擦或接触时,由于他们对电子吸引力大小不同,发生电子转移,使甲物失去一部分电子而带正电,乙物获得一部分电子而带负电。如果该物体对大地绝缘,则电荷无法泄漏,停留在物体表面,呈相对静止状态,这种电荷就称为静电。

CBD033 静电的危害

(二)静电的危害

静电最大的危害是引起火花和爆炸。在接地良好的导体上产生静电后,静电会很快地泄漏到地面与大地电位中和,但如果是绝缘体,则电荷会越积越多,形成很高的电位。当带静电的物体与其他电位很低的物体互相接近时,如果电位差过大就会发生放电现象,并产生火花。若处于爆炸危险场所,静电放电的火花能量已达到或大于周围可燃物的最小着火能量,而且可燃物在空气中的浓度已经在爆炸极限范围以内,就能立即引起爆炸或燃烧。

静电产生的原因很多,在生产过程中常见能产生静电的现象有:

(1)摩擦带电。物体相互摩擦,形成电荷分离而产生静电,摩擦也是液体、气体、粉末产生静电的重要原因。

(2)剥离带电。相互密切结合的物体在其剥离时,因电荷分离而产生静电。如在剥离上撕下大面积的不干胶黏着物时。

(3)流动带电。利用管道输送液体、气体和粉末时,物体与管道发生摩擦,部分电荷随流动物体带走,其余电荷将在绝缘材料的管道上或对地绝缘的管道上堆积成静电。

(4)喷出带电。液体、气体或粉末从截面小的开口喷出时,跟喷口摩擦产生静电,同时因喷出物的相互碰撞而变小的飞沫接触表面迅速增加,产生大量静电。

(5)其他形式的带电。如冲撞、滴下带电、混入带电等。

二、静电的消失和防护

静电很多时候是在不经意中产生的,但它也不会永久的存在,随着电荷的堆积和环境的变化,它总要找适合的路径自行消失,只不过是消失的时间长短、路径及激烈程度不同而已。

(一)静电的消失方式

CBD034 静电的消失方式

静电的消失主要有两种方式,一是跟空气中的电子和离子中和;二是通过绝缘物的电阻,向大地泄漏。

1. 静电的中和

因宇宙射线、紫外线等作用空气中存在少量的电子和离子,静电可以通过这些带电离子而被中和,但这种过程比较缓慢,一般不易被察觉到。

如果物体所堆积的电荷很多,使其周围的电场值超过一定值,能使空气发生电离后发生放电现象,这种放电现象能使静电迅速中和而消散,这种现象称为静电放电。

静电放电根据放电程度不同,可分为电晕放电、刷状放电和火花放电三种形式。电晕放电能量密度较小,危害也较小;刷状放电容易在绝缘体表面形状平滑的地方形成,其危害性大于电晕放电;火花放电是两极间的空气被击穿而形成集中通道,电极上有明显的放电集中点,放电时有短促的爆裂声和明亮的闪光,电荷能量在瞬间集中释放,对易燃易爆场所有极大的危险性。

2. 静电的泄放

静电可通过其绝缘体的内部和表面进行泄放,当它通过绝缘体内部进行泄放时,其泄放的快慢与绝缘体的电阻有关,电阻率越大,其静电泄放的时间越长,静电堆积的时间也越长,越容易产生危害;反之静电越容易泄放,危害也越小。当静电通过其表面进行泄放时,湿度对其泄放有很大的影响,当绝缘体容易被水吸附时,它的表面电阻大为下降,从而加速静电的泄放。

(二)静电的防护

CBD037 防治静电的方法

在基本弄清了静电产生的原因和消失的方式后,针对它的这些规律提出减少摩擦起电、接地和增加空气湿度三种静电防护方法。

1. 减少摩擦起电

CBD035 减少摩擦起电的方式

在传动装置中,减少皮带与其他传动件的打滑现象,在防静电特别严的场合,应将皮带传动改为金属链条传动,或直接传动,如必须用皮带,可用导电胶带做的皮带。

限制可燃性液体和气体在管线中的流速,减速方法除了减小流动的压差外,还可适当增加管径。

2. 接地

接地是防静电最行之有效的办法之一。接地可使带电体上的静电荷通过接地装置迅速引入大地,从而消除静电荷的大量聚积,在易燃易爆场所如加油站、CNG 加气站,凡能产生静电的金属容器、设备管线等,均应接地。凡是技术管线输送可燃气体的,可使用带金属屏蔽层的软管或导电橡胶做的软管并接地。

子站拖车都应使用金属链条或导电橡胶带拖地运行,使汽车与空气摩擦产生的静电泄放到大地。

3. 增加空气湿度

当空气的相对湿度在 65%~70% 以上时,物体表面往往形成一层极薄的水膜,使其表面电阻大大降低,静电就不容易聚积。如果空气相对湿度低于 40%~50% 时,则物体表面的静电不易逸散,就可能聚积成高电位。所以我国南方及四川这样一些潮湿的地区的静电危害远小于北方和西北干燥地区。

增加空气湿度的常有方法是向空中喷洒水雾,一般选用旋转式风扇喷雾器,在密闭较好的室内,也可用增湿机。

除此之外,防静电还有空气电离法、土地降阻法、添加剂加入降阻法等。

(三)其他注意事项

CNG 加气站的操作人员,除了应了解以上讲的静电产生、危害和消除方法外,还在日常工作中,注意以下几点:

(1)上班时穿戴防静电的劳保用品,除防静电工作服和工作鞋外,还应带工作帽,穿纯棉内衣。

(2)不在易发生静电危害的场所做易产生静电的动作,如脱衣、梳头、在地上拖拉金属材料。

(3)在进入场区操作设备前,要用手触摸防静电接地球。

(4)给汽车加气前,必须先给汽车接上接地线使汽车静电泄放,再进行加气。

(5)在加气站内,不得用沾上汽油的棉纱擦金属底板和设备。

(6)在 CNG 加气站除配电室外,不得使用橡胶地垫做操作地垫,在易燃易爆场所不得使用易产生静电的人造革座椅。

三、防雷接地

(一)雷电的形成

雷电是一种特殊的自然现象。在雷雨季节里,大地气温变化不匀,常有升高或降低。当气温升高时,就会形成一股上升气流,而这股气流中,因含有大量的水蒸气,在上升过程中受到高空中高速气温气流的吹袭,在撞击中会分裂并凝结成一些小水滴和大水滴。小水滴带负电荷,它们会堆积起来形成负电荷的云,漂浮在空中;大水滴会凝结成雨,落到地面,部分也会在空中保持悬浮状态,形成带正电荷的云。这样天空中就形成了带不同电荷的云,称为雷云。雷云与地面接近时,使地面感应出相反的电荷,当电荷堆积到一定程度时,就会冲破空气的绝缘,形成云地之间的放电。当带不同电荷的雷云接近时,也会形成云云之间的放电,并发出强烈的光和声,这就是人们常见的雷电。

(二)雷电的危险性

雷电的危险性主要表现在雷电放电时所出现的各种物理效应。

(1)电效应。雷电放电时,能产生高达数万伏和数十万伏的冲击电压,足以烧毁电力系统的任何设备,引起绝缘击穿而发生短路,引发火灾和爆炸。

(2)热效应。当几十至上千安培的强大雷电电流流过导体时,它在极短的时间内将转换成大量的热量,这一能量足以熔化钢铁等金属,故雷电通道中产生的高温往往酿成火灾。

(3)机械效应。使水和其他物质分解成气体,使物质内部形成巨大的机械压力,致使物体受到严重的破坏和爆炸。

除此之外,雷电的危害还有静电效应、电磁效应、雷电波入侵等。

CBD042 雷电的危害性

CBD043 雷电的危害的分类

(三)防雷的基本措施

防雷的主要工作应在场站选址和设计中进行。防雷的方法主要有安装避雷针、避雷带、避雷线和避雷器,以及和它们相配套的引下线和接地装置。

避雷针和避雷带主要用于防止直击雷,它安装于建筑物的顶部及易受雷击的尖角或突出部位,用扁钢或圆钢接入大地。当雷云靠近建筑物时,由于避雷针、避雷带与雷云的距离小于建筑物与雷云的距离,它们之间的空气先被击穿放电,使雷云的能量通过避雷针、避雷带、引下线流入大地而泄放,建筑物得以保护。

避雷线和避雷器经常安装于输电线路中,防止由于雷电的感应,将过高的雷电感应电压引入供电系统而将供电系统损坏。避雷器有过电压自动击穿的功能,当雷电进入系统,电压升高时,它可自动击穿短路,使雷电通过避雷器形成的路径泄放,从而保护其他的用电设备。

CBD044 防雷的基本措施

CBD045 防雷设施的使用

(四)加气站防雷接地装置

工艺装置区、加气岛罩棚及站房的防雷措施按国家规范《建筑物防雷设计规范》(GB 50027—2010)要求设计。

站内若设置避雷针接地系统,应单独接地,接地电阻≤10Ω;装置区内压缩机厂房、脱硫塔、加气柱、放散管管口等均在保护范围内。建筑物、加气罩棚采用局部避雷带、引下线等组成的防雷、防静电综合接地系统,接地电阻≤4Ω。

站区内各工艺装置、工艺管线均做防静电接地。静电接地网由综合接地网兼任,接地电阻≤4Ω。

站区各电气设备等做总等电位联结。

CBD046 加气站防雷接地装置

第四节　H_2S 中毒防护知识

一、H_2S 性质

硫化氢(H_2S)是一种无色、剧毒、重于空气的气体。H_2S 在很小的浓度时,也

CBD047 H_2S 的性质

散发臭鸡蛋般的臭味。在燃烧状态时,H_2S 的火焰为蓝色,产生二氧化硫(SO_2),含有强烈刺激气味的气体。

吸入高浓度的 H_2S 会立即导致死亡。即便只在低浓度状态下,也会刺激眼、鼻、喉。H_2S 浓度的增大会增大危险性,吸入 H_2S 有很大的危险。H_2S 是可燃气体,当空气中 H_2S 的含量为 4.3%~46% 时,如遇火便会爆炸。湿天然气中,当 H_2S 的含量大于 $20mg/m^3$ 时,会导致设备和管道的腐蚀。

二、H_2S 的防护

为防止人身中毒,在生产中,不准将有毒气体任意排放。如因设备发生泄漏时,在操作与处理过程中要加强个人防护,站在上风处操作或戴好防毒面具。

在容器与设备进行清扫和检修时,事先必须认真处理,通风排气。取样经化验分析合格后,方能进入工作。

一旦发生中毒,应立即离开现场,到空气新鲜处,严重中毒者应立即送医院抢救治疗。

目前国内使用防毒面具主要有防毒口罩、过滤式防毒面具、供氧式防毒面具和长管式防毒面具。

(1) 防毒口罩。主要适用于有氧蒸气、汽油、丙酮、苯类及衍生物、卤素有机化合物、硫化物等场所的防护。这种防毒口罩能保护人体呼吸道免受上述有毒气体侵害,保证人身安全。

(2) 过滤式防毒面具。这种防毒面具由橡胶面罩、导气管、滤毒罐三部分组成。根据不同药剂的活性炭,又可分为各种型号滤毒罐。这种防毒面具应用最广,主要保护面部和呼吸器官不受毒物侵害,用于空气中含氧量大于 16% 和有毒气体小于 2% 的场合,否则不能起防护作用。

(3) 供氧式防毒面具。这种防毒面具也叫氧气呼吸器,在高浓度毒物的环境中工作时,最为方便可靠,此种防毒面具可供消除事故的急救工作人员使用。还用于某些工种作为工作人员的自救器。

(4) 长管式防毒面具。主要是由面罩和长管组成。可用于任何种类和任何浓度下的有毒气体长时间使用。但是,其活动范围较小,适用于槽车、储罐、地下井、容器等检修和清扫时使用。

第五节 安全危险事项

一、气体处理系统的危险性

(1) 气体处理系统主要包括调压、脱硫、脱水、干燥等工序,气体在处理过程中有可能出现阀门、法兰盘及焊缝处泄漏等现象。

(2) 由于工程设计考虑不周到、施工时埋下事故隐患或设备、管道、阀门等质量原因,造成气体泄漏形成爆炸性混合气体,遇火源发生爆炸和燃烧。

(3) 带有天然气的设备、管道、阀门等因为种种原因发生泄漏,其泄漏速度很快,若处置不及时、不得力,容易造成气体大量泄漏,大面积扩散,有发生重大火灾爆炸事故的危险。

（4）由于操作、控制失误,使设备、管线内气压超过安全放散阀的额定工作压力,便会自动放散、排气,也具有爆炸燃烧危险。

（5）站内有产生着火源的危险。站内气体处理系统的工艺管道,设备静电接地和防雷接地装置失效而产生的静电火花、雷电火花；电气设备和仪表因丧失防爆性能而产生电气火花；安全管理不严出现漏洞等都会产生着火源,从而引发火灾爆炸事故。

二、气体压缩系统的危险性

气体压缩系统是天然气汽车加气站的核心部分,该系统主要是通过压缩机进行多级压缩,将天然气的压力提高至25MPa,然后通过管线送至储气设施。气体在压缩时,处于受压、受热状态,工艺管网易造成泄漏,遇火源就会发生火灾和爆炸。

当压缩机房的泄压面积不足,同时又没安装通风换气设施,可燃气体检测报警和强制通风,排气、紧急切断等设施时,一旦造成天然气聚集,遇明火就会引发火灾、爆炸事故。

三、气体储存系统的危险性

气体储存系统无论是哪种形式的储气系统都属于高压容器,因此,储气设备的质量问题就非常重要,储气设施基本都是钢质耐压,由于受腐蚀或存在先天性缺陷,如制造工艺不能满足规定的技术要求,加上维修保养不善,安全管理措施不落实等因素,极易造成储气设施或零部件损坏,发生泄漏引起火灾和爆炸事故。地下储气井使用中出现的事故隐患主要是泄漏、井管爆裂和井口装置上串或下沉。

CBD019 CNG加气站压力容器防火

（一）泄漏

泄漏有两种情况:井口装置泄漏和井下泄漏。井口装置泄漏发生在井口封头与井管连接螺纹处和井口装置中的阀门、管件处,这类泄漏现象比较容易发现,也较容易处理,一般不致酿成严重后果。井下泄漏发生在井下,可通过储气井充满CNG后,井口压力表不能稳压而发现。问题在于很难弄清井下泄漏的确切泄漏位置,也就很难采取有效的补救措施。

（二）井管爆裂

井管往往会因腐蚀、"氢脆"而发生爆裂。若固井质量良好,则爆裂后仅产生天然气的泄漏现象,否则将会导致整个储气井全部井管拔地腾空,十分危险。

（三）筒体严重上串或下沉

一些储气井在使用过程中,出现井管慢慢地向上爬的现象,甚至出现处理一次后,又继续上爬的现象；有些储气井在使用一段时间后,出现气井有下沉的现象。对于上述两种情况,如不及时处理会造成连接管线破裂拉断,联接接箍松动硬冲管事故,导致大量气体从井内喷出,其后果也是较为严重的。此种情况多数是由于固井质量不良所致。

四、设备控制系统的危险性

设备控制系统主要是对气加站内各种设备实施手动或自动控制。因此,加气站内存在着潜在的点火源,各生产环节防静电接地不良,或者各种电器设备、电气线路不防爆,接头封堵不良,在天然气稍有泄漏时就易发生火灾爆炸事故。

五、售气系统的危险性

售气系统工作时,易产生静电,此外违章操作也容易造成安全事故,例如工作人员违章穿钉子鞋、化纤服也易造成事故。在加气时汽车不按照规定熄火加气,还有尤为常见的搭载乘客在车辆加气时吸烟的现象,都为CNG生产安全埋下了重大隐患。

(1)售气系统的管线进入含有微量油污和杂质的气体,造成电磁阀泄漏,由于某高、中或低压阀关闭不严,阀门损坏漏气,遇明火都会引起火灾爆炸事故。

(2)售气机接地线连接不牢或松动断开,电阻大于10Ω,甚至无穷大,产生放电,遇泄漏的气体易发生火灾爆炸事故。

(3)加气员不按规定对加气车辆的储气瓶仪表、阀门管道进行安全检查,查看其是否在使用期限内,特别是对改装车辆,加气前加气员没有要求驾驶员打开车辆后盖,没有检查容器是否在使用期内以及贴有规定的标签。

(4)加气员不按规定,为未经技术监督部门检验合格证的汽车储气瓶加气;为加气汽车储气瓶以外的燃气装置、气瓶加气。

(5)加气员在加气时没有观察流量,在加气过程中发生气体严重泄漏时,没有及时关闭车辆气瓶阀和现场紧急关闭按钮,没有把气体泄漏控制在最小范围内。

六、压缩机危险性

(1)压缩机活塞环(胀圈)吸入活门,压出活门,填料由于气密不好,造成泄漏导致事故发生。

(2)活塞环的作用是使活塞两侧气体不互相泄漏,即不使活塞一侧的高压气体漏入另一侧。同时又不使活塞环与气缸的摩擦力太大。但往往活塞环并不十分气密,使活塞一侧加高压气体部分漏入另一侧,造成排气量减少,能力降低。摩擦损坏造成泄漏,遇明火易产出燃烧爆炸。

(3)在压缩机的运行中,由于填料和活塞杆之间的摩擦或安装不严密,造成漏气,出现产生事故隐患。

(4)压缩机气缸的容积是恒定不变的,如要吸入的气体温度过高,则吸入气缸内的气体密度减少,即重量减轻,在炎热的夏天,此种情况更为突出,加之如果冷却系统温度及高压警报系统失灵,则易造成燃烧爆炸事故。

七、管道、阀门、电器设备危险性

(1)压缩系统管道、阀门、仪表、安全阀平时缺少维护保养,压力超过管道设备能够承受的强度;设备管道及配件等在运行中由于腐蚀、疲劳损伤等因素,强度降低,承受能力降低,而发生炸裂和接头松脱;产生泄漏,遇明火高温易发生火灾、爆炸事故。

(2)压缩系统电气设备在运行中出现故障,电线接头氧化松动,电气设备封闭不严,金属碰撞产生火花,均能够导致火灾、爆炸事故的发生。

八、输气管道的腐蚀危害

输气管道多由金属材料制成,当钢管的管壁与作为电解质的土壤和水接触时,产生电化学反应,使阳极区的金属离子不断电离而受到腐蚀,即为电化学腐蚀。管道的腐蚀是人们普遍关心的课题,由于腐蚀大大缩短了管道的寿命,降低了管道的输气能力,引起意外事故的发生,给生产管理带来很多麻烦和造成巨大的经济损失。

天然气输气管道腐蚀的类型主要是:按腐蚀部位可分为内壁腐蚀和外壁腐蚀;按腐蚀机理可分为化学腐蚀和电化学腐蚀。

天然气输气管道中所含的 H_2S 或 CO_2 等杂质与金属管壁作用所引起的为化学腐蚀。在管道低洼积水处,气液交界面的部位,是管线易于起爆和穿孔的部位,电化学腐蚀最为强烈。

外壁腐蚀的情况比较复杂,视管道所处的环境具体分析。架空管道易受大气腐蚀,埋地管道易受土壤、细菌的杂散电流腐蚀。

九、变配电系统危害

加气站变配电系统危险、危害因素分为两类:一类是自然灾害如雷击;另一类是电气设备本身和运行过程中不安全因素导致的危险、危害,主要有触电、火灾、爆炸等。

(1)触电危险:加气站配电设备、设施在生产运行中由于产品质量不佳,绝缘性能不好;现场环境恶劣(高温、潮湿、腐蚀、振动)、运行不当、机械损伤、维修不善导致绝缘老化破损;设计不合理、安装工艺不规范、各种电气安全净距离不够;安全措施和安全技术措施不完备、违章操作、保护失灵等原因,若人体不慎触及带电体或过份靠近带电部分,都有可能发生电击、电灼伤的触电危险。特别是高压设备和线路,因其电压值高,电场强度大,触电的潜在危险更大。

(2)火灾、爆炸危险:各种配电装置、电气设备、电器、照明设施、电缆、电气线路等,如果安装不当、外部火源移近、运行中正常的闭合与分断、不正常运行的过负荷、短路、过电压、接地故障、接触不良等,均可产生电气火花、电弧或者过热,若防护不当,可能发生电气火灾或引燃周围的可燃物质,造成火灾事故;在有过载电流流过时,还可能使导线(含母线、开关)过热,金属迅速气化而引起爆炸;充油电气设备(油浸电力变压器、电压互感器等)火灾危险性更大,还有可能引起爆炸。

十、加气站天然气泄漏危害

加气站内工艺过程由于大部分工艺设备处于高压状态,工艺设备容易造成泄漏,气体外泄可能发生地点很多,管道焊缝、阀门、法兰盘、压缩机、干燥器、回收罐、过滤器等都有可能发生泄漏;当压缩天然气管道被拉脱或加、运气车辆意外失控而撞毁加气柱时会造成天然气大量泄漏。泄漏气体一旦遇引火源,就会发生火灾和爆炸。

(一)加气站泄漏的主要设备

根据加气站使用设备的实际情况分析认为,加气站易发生泄漏的设备主要有以下几类:

(1)输气管道:包括管道、法兰和接头。

(2)挠性连接器:包括软管、波纹管等,其典型泄漏情况为连接器本体破裂泄漏、接头处泄漏、连接装置损坏泄漏。

(3)过滤器:由过滤器本体、管道、滤网等组成。

(4)阀门:典型泄漏情况为阀壳体泄漏、阀壳泄漏、阀杆损坏泄漏。

(5)压力容器:加气站压力容器主要有储气井、缓冲罐、回收罐和容器等。此类容器泄漏的情况主要为容器破裂而泄漏、容器本体泄漏、孔盖泄漏、喷嘴断裂而泄漏、仪表管路破裂泄漏、容器内部爆炸等。

(6)压缩机:典型泄漏情况为压缩机壳损坏而泄漏、压缩机密封套泄漏。

(7)放散管:放散管泄漏主要发生在筒体部位。

(二)造成泄漏的原因

从人—机系统来考虑造成各种泄漏事故的原因主要有四类。

1.设计失误

(1)基础设计错误,如地基下沉,造成容器底部产生裂缝,或设备变形、错位等;

(2)选材不当,如强度不够,耐腐蚀性差、规格不符等;

(3)布置不合理,如压缩机和输出管没有弹性连接,因振动而使管道破裂;

(4)选用的机械不合适,如转速过高、耐温、耐压性能差等;

(5)储气井未加放散管等。

2.设备原因

(1)加工不符合要求,或未经检验擅自采用代用材料;

(2)加工质量差,特别是不具有操作证的焊工焊接质量差;

(3)施工和安装精度不高,如泵和电机不同轴、机械设备不平衡、管道连接不严密等;

(4)选用的标准定型产品质量不合格;

(5)对安装的设备没有按《机械设备安装工程施工及验收通用规范》(GB 50231—2009)进行验收;

(6)设备长期使用后未按规定检修期进行检修,或检修质量差造成泄漏;

(7)计测仪表未定期校验,造成计量不准;

(8)阀门损坏或开关泄漏,又未及时更换;

(9)设备附件质量差,或长期使用后材料变质、腐蚀或破裂等。

3.管理原因

(1)没有制定完善的安全操作规程;

(2)对安全漠不关心,已发现的问题不及时解决;

(3)没有严格执行监督检查制度;

(4)指挥错误,甚至违章指挥;
(5)让未经培训的工人上岗,知识不足,不能判断错误;
(6)检修制度不严,没有及时检修已出现故障的设备,使设备带病运转。

4. 人为失误

(1)误操作,违反操作规程;
(2)判断错误,如记错阀门位置而开错阀门;
(3)擅自脱岗;
(4)思想不集中;
(5)发现异常现象不知如何处理。

十一、车辆伤害危险

车辆伤害危险主要指站内加气车辆和其他机动车辆在行驶中引起的碰撞、挤压等车辆伤害事故。

十二、噪声危害

压缩天然气加气站的噪声主要来自天然气压缩机。噪声对人体的危害主要是引起噪声性耳聋,长期接触强烈的噪声,还能引起各种病患,使人产生头痛、脑胀、昏晕、耳鸣、多梦、失眠、心慌意乱以及全身疲乏无力等症状,噪声干扰影响信息交流,听不清谈话或信号,促使误操作发生率上升容易造成工伤事故,影响安全生产。

十三、高温、低温危害

高温作业人员受环境热负荷的影响,作业能力随温度升高而明显下降。高温时,人的反应速度、运算能力、感觉敏感性及感觉动作协调功能都明显下降,从而使劳动效率降低,操作失误率增高。高温环境还会引起中暑。

低温作业人员受环境影响,操作功能随温度的下降而明显下降。冷暴露,即使未致体温过低,对脑功能也有一定影响,使注意力不集中,反应时间延长,作业失误率增多,对心血管系统、呼吸系统也有一定影响。低温环境还会引起冻伤、体温降低易造成不安全事故的发生。

十四、压力容器爆炸的主要危害

(1)碎片的破碎作用;高速喷出的气体的反作用力把壳体向破裂的相反方向推出。有些壳体则可能裂成碎块或碎片向四周飞散而造成危害。

(2)冲击波危害。容器破裂时的能量除了部分消耗于将容器进一步撕裂将容器或碎片抛出外,大部分产生冲击波,冲击波可将建筑物摧毁,使设备、管道遭到严重破坏,所处的门窗玻璃破碎。冲击波与碎片的危害一样可导致周围人员伤亡。

(3)有毒介质的毒害。盛装有毒介质的容器破裂时,会酿成大面积的毒害。

(4)可燃介质的燃烧及二次空间爆炸危害。盛装可燃气体的容器破裂后,可燃气体与空气混合,遇到触发能量(火种、静电等)在器外发生燃烧、爆炸、酿成火灾事故。其中可燃气体在器外的空间爆炸,其危害更为严重。

十五、其他危险、有害因素

（1）行为性危险、有害因素：加气站的行为性危险、有害因素主要是人的不安全行为，如：携带烟火、使用手机、穿戴极易产生静电的衣物、领导指挥错误、操作人员操作失误和监护失误以及其他人员的不安全行为，均可能导致事故，造成人员伤害和财产损失。

（2）环境的危险、有害因素：加气站的周边环境与加气站的安全运营有着密切的关系，商业性汽车加气站绝大多数建立在车辆来往频繁的交通干道之侧，周围环境较复杂，受外部点火源的威胁较大，如站区围墙外闲杂人员焚烧物品的飞火，孩童放炮玩火的飞溅火花，频繁出入的车辆，外来人员携带火种，在站区内吸烟，汽车不熄火加气以及使用手机等均可能危及加气站的安全。

初级工练习题及答案

一、理论知识试题

(一)单项选择题(每题四个选项,只有一个是正确的,将正确的选项号填入括号内)

1. BD001 按站场安全规定 CNG 加气站内严禁穿带易产生静电的服装进入油气区工作,对应的安全标志是( )。

　　(A)　　　　(B)

　　(C)　　　　(D)

2. BD001 按照 CNG 场站安全规定严禁穿带铁钉的鞋进入油气区及易燃易爆装置,下列标志中与此相相对应的标识是( )。

　　(A)　　　　(B)

　　(C)　　　　(D)

3. BD002 安全色标示为( )种。
　　(A)四　　　(B)五　　　(C)六　　　(D)七

4. BD002 安全色标示中,警告、注意为( )色。
　　(A)黄　　　(B)红　　　(C)蓝　　　(D)绿

5. BD003 进入站区的人员、车辆必须接受值班人员的监督检查,所有进入站内生产区的人员必须戴( )。
　　(A)安全帽　　(B)手套　　(C)胸卡　　(D)美瞳

6. BD003 进入站内生产区必须关闭手机及( )。
　　(A)脱水装置　　　　　　(B)压缩机
　　(C)各种非防爆通信器材　　(D)脱硫装置

7. BD004 CNG 加气站( )用汽油等易挥发溶剂擦洗设备、衣物、工具及地面。
　　(A)鼓励　　(B)必须　　(C)可以　　(D)严禁

8. BD004 在爆炸危险场所内( )使用非防爆设备、器材和工具。
　　(A)鼓励　　(B)必须　　(C)可以　　(D)严禁

9. BD005 在易燃易爆场合应( )。
　　(A)穿着防静电服　(B)吸烟　(C)饮酒　(D)带金属饰品

10. BD005 爆炸危险场所( )穿易产生静电的服装进入。
　　(A)严禁　　(B)可以　　(C)允许　　(D)应该

11. BD006 防爆工具的材质是(　　)。
(A)铁　　　　(B)钢　　　　(C)木　　　　(D)铜合金

12. BD006 在我们的日常工作中连续敲击(　　)次后应该对工具的表面附着物进行处理。
(A)1　　　　(B)2　　　　(C)3　　　　(D)20

13. BD007 CNG加气站内加气机灭火器的正确配置是(　　)。
(A)每2台加气机应配置不少于2具4kg手提式干粉灭火器
(B)每2台加气机应配置不少于2具1kg手提式干粉灭火器
(C)每2台加气机应配置不少于1具4kg手提式干粉灭火器
(D)每2台加气机应配置不少于1具35kg推车式干粉灭火器

14. BD007 CNG加气站配置3台加气机,加气区灭火器的正确配置是(　　)。
(A)2具4kg手提式干粉灭火器
(B)4具1kg手提式干粉灭火器
(C)4具4kg手提式干粉灭火器
(D)1具35kg推车式干粉灭火器

15. BD008 储罐类加气站CNG储气设施应配置(　　)。
(A)2具4kg手提式干粉灭火器
(B)4具8kg手提式干粉灭火器
(C)2台不小于35kg推车式干粉灭火器
(D)1具35kg推车式干粉灭火器

16. BD008 加气站两种介质储罐之间的距离超过(　　)时,应分别配置。
(A)15m　　　(B)10m　　　(C)20m　　　(D)5m

17. BD009 消防给水总管一般与生产、生活给水管道(　　)。
(A)合并设置　(B)平行设置　(C)并列设置　(D)单独设置

18. BD009 当生产和生活用水达到最高用水量时,必须确保(　　)所需的总水量。
(A)生产　　　(B)消防　　　(C)生活　　　(D)农业灌溉

19. BD010 下列关于消防栓使用不正确的描述是(　　)。
(A)室外消防栓是室内消防供水设备之一
(B)安装在地面上的称为地上消防栓,适用于气温较暖的地区
(C)安装在地面以下的称为地上消防栓,适用于北方寒冷地区
(D)地下消防栓也适用于液化气石油气站

20. BD010 加气站在储罐区和生产区消防栓采用(　　)。
(A)铸铁消防栓　(B)地上消防栓　(C)地下消防栓　(D)室内消防栓

21. BD011 消防栓应根据站区总平面图布置情况按就近保护对象的原则设置,其间距不应大于(　　),并应设在路边目标明显的地方。
(A)50m　　　(B)120m　　　(C)100m　　　(D)80m

22. BD011 加气站内消防栓保护半径不能超过(　　)。
(A)50m　　　(B)120m　　　(C)150m　　　(D)80m

23. BD012 不属于地上消防栓检查保养的内容是(　　)。
(A)消除启闭杆轴心头周围杂物,将钥匙扳头放于轴心头上,检查是否合适
(B)转动启闭杆,加注润滑油

(C)检查阀盖内橡胶垫圈是否完整

(D)消防栓井盖是否完好

24. BD012 地下消防栓检查保养内容相对于地上消防栓还应包括( )。

(A)检查指示牌是否完好

(B)保温措施是否完好

(C)检查消防栓井盖是否完好

(D)A 和 C

25. BD013 压缩天然气扩散系数为( ),是易燃易爆并且扩散能力强、火势蔓延快的一种危险介质。

(A)0.196　　　(B)0.31　　　(C)0.29　　　(D)0.27

26. BD013 加气站内充满的压缩天然气本身属于( ),爆炸极限浓度为5%~15%。

(A)一级可燃气体,甲类火灾危险

(B)一级可燃气体,乙类火灾危险

(C)二级可燃气体,甲类火灾危险

(D)二级可燃气体,乙类火灾危险

27. BD014 CNG 加气站通常用20MPa 以上的压力将天然气压缩到钢瓶中,使钢瓶内天然气的储存压力保持在( )之间。

(A)18~20MPa　(B)19~20MPa　(C)20~25MPa　(D)20~21MPa

28. BD015 按照《气瓶安全监察规定》规定,天然气钢瓶每( )进行一次检测。

(A)半年　　　(B)一年　　　(C)两年　　　(D)四年

29. BD015 CNG 加气站安装施工中按照《汽车加油加气站设计说施工规范》(GB 50156—2012)规定,天然气管道对接焊缝质量不合格时,可以返修,其返修次数不得超过( )次。

(A)1　　　　(B)2　　　　(C)3　　　　(D)4

30. BD015 CNG 加气站安装施工中管道系统的压力试验不包括( )。

(A)强度试验　(B)严密性试验　(C)真空度试验　(D)材料强度

31. BD016 通过对 CNG 加气站存在的火灾危险性进行分析,防火安全预防措施主要应从( )和安全管理等几个方面来确定。

(A)加气站的建设　　　　　　(B)天然气的气质标准

(C)钢瓶的质量　　　　　　　(D)A、B、C

32. BD016 车辆进入 CNG 母站前必须安装( )。

(A)防火装置　(B)防爆装置　(C)警示标志　(D)防火帽

33. BD017 CNG 加气站内的配电室和控制室、压缩机组、储气设施、干燥器、加气机的防雷等级应达到《建筑物防雷设计规范》(GB 50057—2010)的规定要求,接地电阻应( )。

(A)<10Ω　　(B)≤4Ω　　　(C)≤5Ω　　　(D)≥10Ω

34. BD017 《防静电工程施工与质量验收规范》(GB 50944—2013)的规定要求,接地电阻( )。

(A)≤4Ω　　(B)<10Ω　　　(C)≤5Ω　　　(D)≥10Ω

35. BD018 如果天然气中的水不能脱净,就会使气体中的( )在高压下对钢瓶的腐蚀更快。

(A)C_2H_6　　(B)CH_4　　(C)H_2O　　(D)H_2S

36. BD018 天然气的脱硫、脱水,是确保加气站安全的关键,否则会造成钢瓶的(　)
(A)强度　　　(B)老化　　　(C)气体腐蚀　　　(D)积水腐蚀

37. BD019 CNG气体储存系统无论是哪种形式的储气系统都属于(　)。
(A)低压容器　(B)高压容器　(C)中压容器　(D)常压容器

38. BD019 CNG储气井井下泄漏,可通过储气井充满气体后,井口(　)而发现。
(A)温度表　　　　　　　　(B)气味
(C)压力表不能稳压　　　　(D)阀门

39. BD020 CNG加气站站内压缩机组运行时应检查各气缸和运动部件的动作、声音,发现异常应(　)。
(A)停机检查　(B)继续使用　(C)直接维修　(D)报告领导

40. BD020 在CNG加气站加气区内严禁的行为是(　)。
(A)车辆戴防火帽　　　　　(B)穿全套防静电工服
(C)拍照　　　　　　　　　(D)使用防爆工具维修

41. BD021 CNG加气站按照规范要求油气合建站必须配备的消防器材有(　)。
(A)灭火器和消防砂、消防桶、消防栓
(B)灭火器
(C)消防栓
(D)灭火器和消防砂、消防桶

42. BD021 灭火器是一种由人力移动的轻便灭火工具,他能在其(　)作用下,将充装的灭火药剂喷出,用来扑灭火灾。
(A)外部压力　(B)内部压力　(C)膨胀压力　(D)空气压力

43. BD022 化学泡沫灭火器内充装有(　)和碱性(碳酸氢钠)两种化学药剂的水溶液。
(A)硫酸铝　　(B)硫酸铜　　(C)硫酸钠　　(D)硫酸镁

44. BD022 MP型手提式化学泡沫灭火器筒体是充装碳酸氢钠溶液的容器,使用时要承受一定的工作压力,因此必须具有足够的机械强度。一般用1.2~1.5mm厚的钢板焊接而成,其设计压力为(　)。
(A)2.3~3.0MPa　　　　　(B)2.0~3.0MPa
(C)1.5~2.0MPa　　　　　(D)0.3~1.0MPa

45. BD023 MP型手提式泡沫灭火器使用时,手提筒体上部的提环,迅速跑到火场,当距离着火点(　)左右,即将筒体颠倒,一只手紧握提环,另一只手扶住筒体的底部,让射流物对准燃烧无。
(A)20m　　　(B)15m　　　(C)10m　　　(D)5m

46. BD023 MP型推车式化学泡沫灭火器适合用来扑灭(　)的初起火灾。
(A)精密仪器　(B)电器设备　(C)文件档案　(D)油罐车

47. BD024 MP型手提式泡沫灭火器,使用期在(　)以上的,每年应送到有关部门进行水压试验。
(A)一年　　　(B)两年　　　(C)三年　　　(D)四年

48. BD024 MP型手提式灭火器所充装灭火器的容量有6L和(　)两种规格。
(A)5L　　　　(B)9L　　　　(C)10L　　　(D)15L

49. BD025 如在容器内燃烧,应将泡沫射向容器( ),使泡沫沿着内壁流淌,逐步覆盖着火液面。
    (A)内壁　　　　(B)火焰　　　　(C)外壁　　　　(D)火液面

50. BD025 手提式泡沫灭火器使用时始终保持( )状态,否则将会中断喷射。
    (A)倒置　　　　(B)水平　　　　(C)正立　　　　(D)斜侧

51. BD026 手提式泡沫灭火器每次使用后,应及时打开筒盖,把( )清洗干净,并充装新的灭火剂。
    (A)外部　　　　(B)筒体和瓶胆　　(C)筒体　　　　(D)瓶胆

52. BD026 手提式泡沫灭火器存放时,不可靠近高温的地方,以防( )分解出二氧化碳而失效。
    (A)碳酸钙　　　(B)碳酸氢钠　　　(C)氯化钠　　　(D)碳酸氢钙

53. BD027 二氧化碳灭火器是利用内部所充装的( )二氧化碳喷出灭火的。
    (A)低压固状　　(B)高压液态　　　(C)高压干粉　　(D)低压干粉

54. BD027 二氧化碳灭火器主要依靠( )灭火。
    (A)窒息作用和部分冷却作用　　　　(B)隔绝作用
    (C)冷却作用　　　　　　　　　　　(D)覆盖

55. BD028 二氧化碳灭火器一般按使用形式可以分为手提式和( )两种。
    (A)倒置式　　　(B)壁挂式　　　　(C)推车式　　　(D)移动式

56. BD028 二氧化碳灭火器按二氧化碳的充气量分为2kg、3kg、( )、7kg共四种规格。
    (A)1kg　　　　(B)4kg　　　　　(C)5kg　　　　(D)6kg

57. BD029 手轮式二氧化碳灭火器主要由( )组成。
    (A)钢瓶、启闭阀、喷管和虹吸管　　(B)筒体和瓶胆
    (C)钢瓶、启闭阀、瓶胆　　　　　　(D)喷嘴、筒体和瓶胆

58. BD029 手轮式二氧化碳灭火器构造图如图所示,代码4是( )。
    (A)虹吸管　　　　　　　　　　　　(B)喷嘴
    (C)瓶胆　　　　　　　　　　　　　(D)筒体

59. BD030 二氧化碳灭火器不适于扑救( )火灾。
    (A)贵重仪器设备　　　　　　　　　(B)档案资料
    (C)计算机　　　　　　　　　　　　(D)钾、钠、镁

60. BD030 二氧化碳是窒息气体,对人体有害。在空气中含量达到( )时,会发生呼吸困难,血压升高;含量达到20%～30%时,呼吸衰弱,精神不振,严重可以窒息死亡。
    (A)20%　　　　(B)8.5%
    (C)10%　　　　(D)15%

58题图

61. BD031 对二氧化碳灭火器要定期检查,重量少于充装( )时,应及时充气和更换。
    (A)3%　　　　(B)4%　　　　　(C)10%　　　　(D)6%

62. BD031 二氧化碳灭火器每隔( )年送专业机构进行一次水压试验,并打上试验年、月钢印。
    (A)3　　　　　(B)4　　　　　　(C)5　　　　　(D)2

63. BD032 关于静电概念的描述正确的是( )。
(A)流动的电荷　　　　　　　　(B)静止状态的电荷
(C)静电有正静电和负静电　　　(D)B 和 C

64. BD032 关于我们日常见到火花放电现象的正确描述是( )。
(A)电荷转移　　(B)电荷中和　　(C)电荷交换　　(D)A、B 和 C

65. BD033 静电引起爆炸和火灾的条件之一是有爆炸性混合物存在。为了防止静电的危险，可采取( )等控制所在环境爆炸和火灾危险程度的措施。
(A)取代易燃介质　　　　　　　(B)降低爆炸性混合物的浓度
(C)减少氧化剂含量　　　　　　(D)A、B、C

66. BD033 下列关于静电消除描述不正确的是( )。
(A)绝缘体绝缘性能越高静电荷就越小。
(B)静电安全防护主要是对爆炸和火灾的防护
(C)静电引起爆炸和火灾的条件之一是有爆炸性混合物存在。
(D)静电引起爆炸和火灾的条件之一是有水存在。

67. BD034 静电接地夹是一种用来( )物体上静电的机械结构。
(A)导入　　　　(B)连接　　　　(C)导除　　　　(D)储存

68. BD034 静电接地线主要由( )组成。
(A)电线、鳄鱼类　　　　　　　(B)星爪、扣帽与弹弓线、鳄鱼类
(C)星爪或扣帽　　　　　　　　(D)帽与弹弓线

69. BD035 带电绝缘体表面静电释放的快慢与( )有关。
(A)湿度　　　　(B)光滑度　　　(C)宽度　　　　(D)厚度

70. BD035 静电释放就是两个( )的物体通过直接接触或静电电场的作用会使两个静电电场产生位移，当静电场达到一定能量，之间的介质被击穿而产生放电的过程。
(A)带不同静电电平　　　　　　(B)带相同静电电平
(C)带电　　　　　　　　　　　(D)不同

71. BD036 下列属于皮带传动系统减少摩擦起电的有效方式是( )。
(A)减少皮带轮与其他传动件打滑现象
(B)保持工作环境湿度
(C)增加皮带绝缘度
(D)采用导电胶带做的皮带

72. BD036 管线中输送介质流动带电的有效消除方式是( )。
(A)增加流体流速
(B)增加压差
(C)增加管径，降低流速
(D)降低立流体温度

73. BD037 静电接地概念描述正确的是( )。
(A)静电接地的作用是泄放导体上可能集聚的电荷，使导体与大地等电位，使体间电位差为零。
(B)静电接地的作用是泄放导体上可能集聚的电荷，使导体电位高于大地电位。
(C)静电接地必须采用直接接地。

(D)直接接地的设备的接地点不受限制

74. BD037 在爆炸危险区域内的油品管道上的法兰、胶管两端等连接处应用金属跨接。当法兰的连接螺栓不少于( )根时,在非腐蚀环境下,可不跨接。
(A)4 (B)5 (C)必须跨接 (D)3

75. BD038 消除静电的主要途径有两条:一是创造条件加速静电泄漏或中和;二是控制工艺过程,即限制静电的产生。第一条途径包括两种方法,泄漏法和中和法。下列属于泄露法的是( )。
(A)接地 (B)增湿
(C)加入抗静电剂 (D)A、B、C

76. BD038 工艺控制法防治静电的方法包括( )。
(A)材料选择 (B)工艺设计 (C)设备结构 (D)A、B、C

77. BD039 下列关于CNG加气站的操作人员防静电操作注意事项不正确的是( )。
(A)上班时穿戴防静电的劳保用品
(B)在加气站内,不得用沾上汽油的棉纱擦金属底板和设备
(C)在进入场区操作设备前,要用手触摸防静电接地球
(D)在CNG加气站配电室,不得使用绝缘橡胶地垫做操作地垫

78. BD039 场站内直径大于或等于( )及容器大于或等于( )的设备,其接地点不应少于两处,接地点应沿设备外围均匀布置,起间距不应大于30m。
(A)2.5m;50m^3 (B)1.5m;10m^3
(C)2.5m;2.5m^3 (D)1m;5m^3

79. BD040 人体静电的产生原因主要有( )。
(A)衣服与衣服之间摩擦 (B)鞋与地面之间摩擦
(C)皮肤与衣物之间摩擦 (D)A、B、C

80. BD040 预防人体静电带来危害的有效方法是( )。
(A)穿防静电工作服
(B)穿防静电工作鞋
(C)防爆区域入口处设置静电释放柱
(D)以上都是

81. BD041 下列雷电的形成原理正确的是( )。
(A)雷电是云内、云与云之间、云与大地之间的放电现象
(B)雷电是云层中的正负电荷因电位差而产生的猛烈放电现象。
(C)雷电是云与大地之间的放电现象。
(D)A、B、C

82. BD041 雷电的危险性主要表现在雷电放电时所出现的各种物理效应。雷电放电时,能产生高达数万伏和数十万伏的冲击电压,足以烧毁电力系统的任何设备,引起绝缘击穿而发生短路,引发火灾和爆炸,这是雷电的( )。
(A)电效应 (B)热效应 (C)机械效应 (D)静电效应

83. BD042 雷电放电时,能产生高达数万伏和数十万伏的( ),足以烧毁电力系统的任何设备,引起绝缘击穿而发生短路,引发火灾和爆炸。
(A)冲击电压 (B)雷电电流 (C)静电电流 (D)静电磁场

84. BD042 当几十至上千安培的强大雷电电流流过导体时,它在极短的时间内将转换成大量的( ),这一能量足以熔化钢铁等金属。
(A)热量　　　　(B)压力　　　　(C)电流　　　　(D)静电

85. BD043 引起绝缘击穿而发生短路,引发火灾和爆炸,这是雷电的电效应,引发电效应巨大破坏力的是( )。
(A)冲击电压　　(B)雷电电流　　(C)机械冲击力　(D)静电磁场

86. BD043 雷电的热效应能够产生巨大的热能熔化钢铁等金属,这是由巨大( )产生的。
(A)冲击电压　　(B)雷电电流　　(C)机械冲击力　(D)静电磁场

87. BD044 防雷设施的安装应在场站( )期间进行。
(A)设计和建站施工　　　　　　(B)运行调试
(C)正常运营　　　　　　　　　(D)检修

88. BD044 下列避雷设施( )用于防止直击雷。
(A)避雷器　　　　　　　　　　(B)避雷针
(C)避雷带和避雷针　　　　　　(D)避雷器和避雷线

89. BD045 防雷系统中,( )有过电压自动击穿的功能,当雷电进入系统,电压升高时,它可自动击穿短路,使雷电通过避雷器形成的路径泄放,而保护其他的用电设备。
(A)避雷线和避雷器　　　　　　(B)避雷针
(C)避雷带和避雷针　　　　　　(D)避雷器

90. BD045 避雷带和避雷器的接地电阻要进行电阻检测,其阻值不得大于( ),如超过此值,应对接地进行处理。
(A)10Ω　　　　(B)50Ω　　　　(C)20Ω　　　　(D)30Ω

91. BD046 工艺装置区、( )的防雷措施按国家规范《建筑物防雷设计规范》(GB 50027—2010)要求的"第二类"工业建构筑物防雷要求设计。
(A)站房　　　　　　　　　　　(B)工艺装置区
(C)加气岛罩棚　　　　　　　　(D)加气岛罩棚及站房

92. BD046 站内若设置避雷针接地系统,应单独接地,接地电阻( )。
(A)≤10Ω　　　(B)≤50Ω　　　(C)≤20Ω　　　(D)≤30Ω

93. BD047 下列关于硫化氢的正确描述是( )。
(A)硫化氢是一种无色、无毒、重于空气的气体。
(B)硫化氢是一种无色、剧毒、轻于空气的气体。
(C)硫化氢是一种无色、剧毒、重于空气的气体。
(D)硫化氢是一种无色、无味、剧毒、重于空气的气体。

94. BD047 在燃烧状态时,H_2S 的火焰为蓝色,产生( ),含有强烈刺激气味的气体。
(A)SO_2　　　(B)H_2O　　　(C)CH_4　　　(D)CO_2

95. BD048 防毒口罩的( )氧蒸气、汽油、丙酮、苯类及衍生物、卤素有机化合物、硫化物等场所的防护。
(A)不能防护　　(B)主要适用于有(C)无法防护　　(D)以上都是

96. BD048 过滤式防毒面具( )面部和呼吸器官不受毒物侵害,用于空气中含氧量大于16%和有毒气体小于2%的场合,否则不能起防护作用。
(A)不能防护　　(B)不能保护　　(C)主要保护　　(D)无法防护

(二)判断题(对的画"√",错的画"×")

( ) 1. BD001 表示进入当心腐蚀。

( ) 2. BD002 安全标示色有四种。

( ) 3. BD003 未经批准的各种机动车辆严禁进入爆炸危险场所。

( ) 4. BD004 严禁用汽油等易挥发溶剂擦洗设备、衣物、工具及地面等。

( ) 5. BD005 爆炸危险场所穿脱产生静电的服装进入。

( ) 6. BD006 CNG加气站在防爆环境下必须使用防爆工具进行操作。

( ) 7. BD007 输气场站在配电房必须配置二氧化碳灭火器。

( ) 8. BD008 加气站地下储气井应配置1台不小于35kg推车式干粉灭火器。

( ) 9. BD009 液化石油加气站。油气合建站。采用地下储罐的加气站必须配置消防栓。

( ) 10. BD010 地上消防栓在冬季必须做好防冻保温。

( ) 11. BD011 场站内消防栓间距不应大于120m。

( ) 12. BD012 地上消防栓检查保养的内容:消除启闭杆轴心头周围杂物,将钥匙扳头放于轴心头上,检查是否适应,转动启闭杆,加注润滑油。

( ) 13. BD013 加气站内充装的压缩天然气本身属于一级可燃气体,甲类火灾危险。

( ) 14. BD014 按照《气瓶安全监察规定》的规定,天然气钢瓶在使用中必须定期检测。

( ) 15. BD015 由于CNG加气站的专项标准和技术规范及对CNG加气站的质量管理、质量监理还有欠缺,有些单位为降低成本,致使一些CNG加气站投入使用就有安全隐患。

( ) 16. BD016 制定完善的建设CNG加气站技术规范是爆炸防火安全的重要前提。

( ) 17. BD017 《建筑物建设防雷设计规范》(GB 50057—2010)第二类的规定要求,接地电阻应小于10Ω。

( ) 18. BD018 坚持天然气的脱硫、脱水,是确保加气站安全的关键。因为如果天然气中的水不能脱净,就会使气体中的H_2S在高压下对钢瓶的腐蚀更快,而成为钢瓶积水腐蚀。

( ) 19. BD019 气体储存系统无论是哪种形式的储气系统都属于高压容器。

( ) 20. BD020 脱水装置仪表指示参数应在正常范围之内。

( ) 21. BD021 CNG加气站内使用的钢瓶都是需要承压20MPa以上的高压容器。

( ) 22. BD022 对上岗人员要经过严格的岗位安全培训和消防培训,并保证经考试合格持证上岗,严禁无证上岗。

( ) 23. BD023 CNG加气站按照规范要求油气合建站必须配备的消防器材有灭火器和消防砂、消防桶、消防栓。

( ) 24. BD024 MP型手提式泡沫灭火器存放时冬季要采用保温措施,以防冰冻。

( ) 25. BD025 化学泡沫灭火器内充装有硫酸铝和碱性(碳酸氢钠)两种化学药剂的水溶液。

( ) 26. BD026 化学泡沫灭火器最适宜扑救可燃液体火灾。

( ) 27. BD027 二氧化碳灭火器利用内部所充装的高压液态二氧化碳喷出灭火。

( ) 28. BD028 二氧化碳灭火器一般按使用形式可以分为手提式和推车式两种。

· 247 ·

( )29. BD029 二氧化碳灭火器在使用过程中不得时启时闭以防阀门冻结。
( )30. BD030 二氧化碳灭火器不适于扑救钾、钠、镁火灾。
( )31. BD031 手提式二氧化碳灭火器的报废年限是12年。
( )32. BD032 静电的产生主要有摩擦带电、剥离带电、流动带电、喷出带电。
( )33. BD033 固体物质的粉碎、研磨过程中产生的静电是摩擦带电。
( )34. BD034 静电接地夹是一种用来导除物体上静电的机械结构。
( )35. BD035 带电绝缘体表面静电释放的快慢与表面湿度有关。
( )36. BD036 增加管径、降低流速是有效消除管线中输送介质流动带电的方式。
( )37. BD037 静电接地的作用是泄放导体上可能集聚的电荷,使导体与大地等电位,使导体间电位差为零。
( )38. BD038 接地消除静电的方法属于泄露法。
( )39. BD039 对场站内振动性的固定设备,其振动部件应采用截面不小于$6mm^2$的铜芯软绞线接地。
( )40. BD040 人作为一种特殊的静电导体既是直接接地对象也是间接接地对象。
( )41. BD041 使水和其他物质分解成气体,使物质内部形成巨大的机械压力,致使物体受到严重的破坏和爆炸,这就是雷电的机械效应。
( )42. BD042 雷电流静电感应可使被击物导体感生出与雷电性质相反的大量电荷,当雷电消失来不及流散时,即会产生很高电压发生放点现象从而导致火灾。
( )43. BD043 电放电时,能产生高达数万伏和数十万伏的冲击电压。
( )44. BD044 防雷的方法主要有安装避雷针、避雷带、避雷线和避雷器,以及和它们相配套的引下线和接地装置。
( )45. BD045 避雷器有过电压自动击穿的功能,当雷电进入系统,电压升高时,它可自动击穿短路,使雷电通过避雷器形成的路径泄放,而保护其他的用电设备。
( )46. BD046 工艺装置区、加气岛罩棚及站房的防雷措施按国家规范《建筑物防雷设计规范》(GB 50027—2010)要求的"第二类"工业建构筑物防雷要求设计。
( )47. BD047 关于硫化氢的正确描述是硫化氢(H_2S)是一种无色、剧毒、重于空气的气体。
( )48. BD048 防毒口罩主要适用于有氧蒸气、汽油、丙酮、苯类及衍生物、卤素有机化合物、硫化物等场所的防护。

二、答案

(一)单项选择题

1. C	2. C	3. A	4. A	5. A	6. C	7. D	8. D	9. A	10. A
11. D	12. D	13. A	14. C	15. C	16. A	17. A	18. B	19. D	20. B
21. B	22. C	23. D	24. D	25. A	26. A	27. C	28. C	29. C	30. D
31. D	32. D	33. A	34. B	35. D	36. D	37. B	38. C	39. A	40. C
41. A	42. B	43. D	44. C	45. D	46. D	47. D	48. D	49. D	50. D
51. B	52. B	53. B	54. A	55. C	56. C	57. A	58. A	59. D	60. B
61. C	62. C	63. D	64. D	65. D	66. D	67. C	68. D	69. D	70. A
71. D	72. C	73. D	74. A	75. D	76. D	77. D	78. A	79. D	80. D
81. A	82. A	83. D	84. A	85. A	86. B	87. A	88. C	89. D	90. A

91. D 92. A 93. C 94. A 95. B 96. C

(二)判断题

1. √ 2. √ 3. √ 4. √ 5. √ 6. √ 7. √ 8. √ 9. √ 10. √
11. √ 12. √ 13. √ 14. √ 15. √ 16. √ 17. √ 18. √ 19. √ 20. √
21. √ 22. √ 23. √ 24. √ 25. √ 26. √ 27. √ 28. √ 29. √ 30. √
31. √ 32. √ 33. √ 34. √ 35. √ 36. √ 37. √ 38. √ 39. √ 40. √
41. √ 42. √ 43. √ 44. √ 45. √ 46. √ 47. √ 48. √

中级工练习题及答案

一、理论知识试题

（一）单项选择题（每题四个选项，只有一个是正确的，将正确的选项号填入括号内）

1. BC001 员工经过（　）教育，考试合格后，按资质持证上岗。
   (A)三级安全　　(B)四级安全　　(C)五级安全　　(D)六级安全

2. BC001 正确穿戴、使用劳动防护用品，（　）佩戴妨碍操作的妆饰用品作业。
   (A)严禁　　(B)可以　　(C)应该　　(D)允许

3. BC002 在爆炸危险区域（　）使用防爆工具作业。
   (A)严禁　　(B)允许　　(C)必须　　(D)适当

4. BC002 进入生产作业（　）进行人体静电消除。
   (A)严禁　　(B)允许　　(C)必须　　(D)适当

5. BC003 设备、设施的安全装置和安全附件必须（　），确保完好。
   (A)完整　　(B)定期检定　　(C)崭新　　(D)拆除

6. BC003 保证防雷防静电、电气保护、可燃气体报警装置和消防设施（　）。
   (A)可移动　　(B)完好有效　　(C)崭新　　(D)拆除

7. BC004 确保压缩机前工艺管道（　）正确，无跑、冒、滴、漏现象。
   (A)尺寸　　(B)材质　　(C)流程　　(D)生产厂家

8. BC004 压缩机安全要求空气冷却器的（　）运转正常。
   (A)电动机　　　　　　　　(B)风扇
   (C)电动机和风扇　　　　　(D)阀门

9. BC005 脱水装置仪表指示参数应在（　）之内。
   (A)能用　　(B)可用　　(C)正常范围　　(D)好用

10. BC005 深度脱水装置的吸附和再生系统（　）。
    (A)能用　　(B)可用　　(C)正常良好　　(D)好用

11. BC006 调压计量装置的过滤器（　）。
    (A)能用　　(B)可用　　(C)完好，无渗漏　　(D)好用

12. BC006 调压计量装置的压差表应（　）。
    (A)能用　　(B)可用　　(C)准确、灵敏　　(D)好用

13. BC007 储气井符合设计规范，设计压力应在（　）。
    (A)25MPa　　(B)32MPa　　(C)38MPa　　(D)40MPa

14. BC007 储气井符合设计规范，工作压力为（　）。
    (A)25MPa　　(B)32MPa　　(C)38MPa　　(D)40MPa

15. BC008 加气柱的（　）接地连线符合相关规范。
    (A)防火　　(B)防静电　　(C)防爆　　(D)防盗

16. BC008 加气柱的压力表、流量计（　），并在有效检验期内。
    (A)可用　　(B)准确灵敏　　(C)能用　　(D)好用

17. BC009 安全色标示为( )种
 (A)四 (B)五 (C)六 (D)七
18. BC009 安全色标示警告、注意为( )色
 (A)黄 (B)红 (C)蓝 (D)绿
19. BC010 地下消防栓冬季,要采取( )。
 (A)保暖措施 (B)冷冻 (C)加热 (D)冷藏
20. BC010 地下消防栓保养过程中,发现损坏应及时( )。
 (A)修复 (B)拆除 (C)忽略 (D)忽视

(二)多项选择题(每题四个选项,至少有两个是正确的,将正确的选项号填入括号内)

1. BC003 保证防雷防静电、( )完好有效。
 (A)电气保护 (B)可燃气体报警装置
 (C)消防设施 (D)排污设施
2. BC007 储气井的排污管排放口不能引至( )。
 (A)厂房 (B)食堂 (C)安全地点 (D)蓄水池
3. BC008 加气柱的( )应准确灵敏,并在有效检验期内。
 (A)压力表 (B)流量计 (C)温度表 (D)接地线
4. BC009 安全色标示的颜色有( )。
 (A)黄 (B)红 (C)蓝 (D)绿

(三)判断题(对的画"√",错的画"×")

( )1. BC001 经过三级安全教育,考试合格后,按资质持证上岗。
( )2. BC002 进入生产作业必须进行人体静电消除。
( )3. BC003 设备、设施的安全装置和安全附件必须定期检定,确保完好。
( )4. BC004 确保压缩机前工艺管道流程正确,无跑、冒、滴、漏现象。
( )5. BC005 脱水装置仪表指示参数应在正常范围之内。
( )6. BC006 调压计量装置的过滤器完好,无渗漏。
( )7. BC007 储气井符合设计规范,设计压力应在32MPa。
( )8. BC008 加气柱的防静电接地连线应符合相关规范。
( )9. BC009 安全色标示有四种。
( )10. BC010 地下消防栓冬季,要采取保暖措施。

二、答案

(一)单项选择题
1. A   2. A   3. C   4. C   5. B   6. B   7. C   8. C   9. C   10. C
11. C 12. C 13. B 14. A 15. B 16. B 17. A 18. A 19. A 20. A

(二)多项选择题
1. ABC   2. ABD   3. AB   4. ABCD

(三)判断题
1. √   2. √   3. √   4. √   5. √   6. √   7. √   8. √   9. √   10. √

第七章 应急处置措施

第一节 CNG加气站应急工作

一、CNG加气站危险源分析

天然气有易燃易爆的特点,一旦出现问题会造成重大事故,因此对天然气的安全运行的管理非常重要。造成天然气事故的主要危险源有以下几个方面:
(1)加气设备阀门、管线的泄漏。
(2)加气设备的腐蚀老化和操作工违章操作造成泄漏。
(3)电气设备起火造成的损失。
(4)压力表、温度表等的泄漏。
(5)加气站起火或爆炸。
(6)钢瓶拖车在站内发生天然气泄漏或起火。

二、事故级别划分

根据燃气泄漏情况程度和造成危害程度把燃气事故划分一级事故和二级事故两个级别。

(一)一级事故的分类标准

凡发生下列情况之一者属一级事故:
(1)加气站阀门、管线或设备腐蚀、损坏造成大面积泄漏。
(2)电气设备短路或其他原因造成火灾。
(3)燃气泄漏造成火灾或爆炸。

(二)二级事故的分类标准

一级事故之外的漏气及停气事故均属二级事故范围。

三、应急概念

"应急"的简明含义:应对突然发生的需要紧急处理的事件。其中包含两层含义:客观上,事件是突然发生的;主观上,需要紧急处理这种事件。

四、应急体系

应急预案应形成体系,针对各级各类可能发生的事故和所有危险源制订专项应急预案和现场应急处置方案,并明确事前、事发、事中、事后的各个过程中相关部门和有关人员的职责。生产规模小、危险因素少的生产经营单位,综合应急预案和专项应急预案可以合并编写。

综合应急预案:综合应急预案是从总体上阐述处理事故的应急方针、政策,应急组织结构及相关应急职责,应急行动、措施和保障等基本要求和程序,是应对各类事故的综合性文件。

专项应急预案：专项应急预案是针对具体的事故类别（如煤矿瓦斯爆炸、危险化学品泄漏等事故）、危险源和应急保障而制定的计划或方案，是综合应急预案的组成部分，应按照综合应急预案的程序和要求组织制定，并作为综合应急预案的附件。专项应急预案应制定明确的救援程序和具体的应急救援措施。

现场处置方案：现场处置方案是针对具体的装置、场所或设施、岗位所制定的应急处置措施。现场处置方案应具体、简单、针对性强。现场处置方案应根据风险评估及危险性控制措施逐一编制，做到事故相关人员应知应会，熟练掌握，并通过应急演练，做到迅速反应、正确处置。

五、应急原则

（1）结合实际，合理定位。紧密结合应急管理工作实际，明确演练目的，根据资源条件确定演练方式和规模。

（2）着眼实战，讲求实效。以提高应急指挥人员的指挥协调能力、应急队伍的实战能力为着重点，重视对演练效果及组织工作的评估，总结推广好经验，及时整改存在的问题。

（3）精心组织，确保安全。围绕演练目的，精心策划演练内容，周密组织演练活动，严格遵守相关安全措施，确保演练参与人员及演练装备设施的安全。

（4）统筹规划，厉行节约。统筹规划应急演练活动，充分利用现有资源，努力提高应急演练效益。

六、应急管理特点

相对于平时管理而言，应急管理有以下特点。

（一）紧迫性

紧迫性就体现在一个急上，如果不急就不是应急管理，造成紧迫性的原因有两个：

（1）时效性。任何管理活动都有时效性，但应急管理的时效性更为明显和突出，在应急管理中超过时限的活动没有任何意义。正因为有时效性，所以要求应急管理必须在最短的时间内完成，体现出时间上的急。

（2）严重性。这里的严重性不是指已经发生的破坏严重性，而是指如果应急工作做不好的话，后果严重，将会带来人员和财产的严重损失。

两个特点共同决定了应急管理的紧迫性，缺少任何一个都不成为紧迫，如果只有时效性，而后果不严重，在时限内做不好应急管理后果也不严重则不具有紧迫性。同样如果只有严重性而没有时效性，有足够的时间去完成应对，则也不具有紧迫性特点。

紧迫性程度有时效性和严重性共同决定，就像风险由可能性和损失共同决定一样。不同的是紧迫性和时效性成反比关系，可以借助陈安博士提出的除法描述，紧迫性＝严重性/有效时间。

（二）复杂性

应急管理的复杂性是由突发事件的复杂性决定的，主要体现如下：

(1) 不确定性。应急的不确定性来源有两种,一种是现实的不确定性,一种是未来的不确定性。所谓现实不确定性就是指人们对现实情况的认知不准确,特别是在早期对事件影响的认识很少,使得应急管理所需的信息不全,获得的信息不准,这给应急管理带来了很大的影响。所谓未来不确定性是指事件的多变性,事件本身、环境和承载体都会不断发生变化,而且这种变化往往是不可预知的,很难预先采取应对措施,只能在变化发生后及时采取应对方案。

不确定性要求应急管理具有预见性,在决策时要考虑情况的变化和信息的不精确,决策要具有稳定性,同时应急管理要有灵活性,要根据情况的变化及时调整应急管理工作,以适应变化的情况。

(2) 多样性。应急管理不仅具有多样性,而且环境和承载体都具有的多样性,突发事件的类型很多,不同类型的突发事件的应急差异很大。同样类型的事件发生的环境不一样,其应对方案不同,如同是特大地震,发生在唐山和汶川就不同,汶川是山区,震后道路不通和滑坡泥石流以及堰塞湖都给应急管理带来了新的课题。即使同样环境下发生的同一事件,不同承载体受影响的情况也千差万别,因而对承载体的救援和处理也就不同。

多样性要求应急管理既要遵循应急管理的一般规律,同时要考虑情况的特殊性,针对不同的事件、环境和承载体,采取不同的应对措施。

(三) 临时性

临时性是应急管理区别于平时管理的又一重要特点,同时也是应急管理生来具有的特点,应急管理不可能时时在做,如果经常发生,时时在做就不是应急管理了,就变成了日常管理。应急管理的临时性体现在以下方面:

(1) 组织机构的临时性。应急管理的组织机构除了消防、武警和医院等特殊部门外,一般不是常设机构,都是根据应急管理的需要临时组建。即使是常设的应急管理组织在重大的突发事件中也会被破坏,失去功能,需要重新构架。

(2) 人员职责的临时性。应急组织的人员配置和任务分工也是临时的,除去极少数专业应急人员外,大都是缺乏应急管理知识和经验的非专业人士,这给人员的管理带来了苦难。

(3) 协调合作的临时性。一方面组织内部工作需要合作,另一方面由于应急管理涉及多部门,需要各部门协调沟通,但应急组织和人员是临时构建,大家缺乏合作的经历,这种合作也是临时的。

上述临时性给应急管理带来的影响是多方面的,增加了应急管理的难度。

(四) 危险性

危险性也是一般管理所不具备的,而在应急管理中危险会经常存在,这种危险一方面是事件本身带来的,在事件控制过程中应急组织和人员就会成为事件的承载体,受到事件的影响。另一方面突发事件会引发一些衍生事件,如地震后的滑坡泥石流都会给应急管理带来危险。

七、应急资源

应急保障资源主要包涵以下几方面的内容:

(1)人力保障资源。包括专职应急管理人员、相关应急专家、专职应急队伍和辅助应急人员、社会应急组织、企事业单位、志愿者队伍、社区、国际组织,以及军队与武警等。

(2)资金保障资源。包括政府专项应急资金、捐献资金和商业保险基金。

(3)物资保障资源。其涉及的方面最为广泛,按用途可分为防护救助、交通运输、食品供应、生活用品、医疗卫生、动力照明、通讯广播、工具设备,以及工程材料等等。

(4)设施保障资源。包括避难设施、交通设施、医疗设施、专用工程机械等。

(5)技术保障资源。包括应急管理专项研究、技术开发、应用建设、技术维护以及专家队伍。

(6)信息保障资源。包括事态信息、环境信息、资源信息和应急管理知识等。

(7)特殊保障资源。其专指那些稀有的资源、不可消耗的资源等。

八、应急运行机制

应急机制启动应急机制的前提是,首先分析判断事件的性质、类型及影响,如涉及重大人员伤亡或财产损失,立即启动应急机制"。应急机制的主要内容包括:组成应急小组,制订工作计划;确定联络方案,保障信息畅通;开设热线电话,收集各方资讯;协调有关单位共同开展工作。应急机制的启动,并非一种单纯的技术操作,它是面对突发事件反应能力增强的一种表现,它更代表处理突发事件的观念转变,危机意识在不断加强。应急处置机制中,首先是信息报告。恢复与重建机制有善后处置、调查与评估、恢复重建三项。应急运行机制包括预测与预警系统、预警级别和发布。针对可能发生的突发事件,预测预警系统应发布的预警级别,一般划分为四级。

CBD057 应急运行机制

九、应急核心

应急预案是针对可能发生的重大事故所需的应急准备和应急响应行动而制定的指导性文件,其核心内容如下:

(1)应急救援行动的指挥与协调。

(2)在紧急情况或事故灾害发生时保护生命、财产和环境安全的措施。

(3)对紧急情况或事故灾害及其后果的预测、辨识和评估。

(4)应急救援中可用的人员、设备、设施、物资、经费保障和其他资源,包括社会和外部援助资源等。

(5)其他,如应急培训和演练,法律法规的要求等。

应急预案是整个应急管理体系的反映,它不仅包括事故发生过程中的应急响应和救援措施,而且还应包括事故发生前的各种应急准备和事故发生后的紧急恢复,以及预案的管理与更新等。应急管理的组织体系有领导机构、办事机构等。专家组是应急管理组织体系的组成部分。应急领导机构为领导小组。应急指挥机构为领导小组办公室。应急办事机构是总调度室。应急组织体系的技术支持机构是技术、资金。

CBD058 应急核心

十、应急演练计划

(1)每个班在交接班时,必须由班长主持班前讲话,第一议题就是安全,必须

CBD051 应急演练计划

就前一个班存在的问题进行总结,对本班上岗前作一次安全巡视。

(2)每月召开一次班长安全例会,强调安全。

(3)每季度搞一次安全演习,分班进行。到野外练习使用消防器材。演习内容要拍照存档,参演人员要签名确认。

(4)每年11月9日全国消防安全日举办一次全体员工参加的消防安全大演习,邀请各部门各有关领导参加,演习过程要拍照存档,到会人员签名确认,全部过程形成文字资料,上报各级主管部门存档。

(5)全部一线员工要积极参加上级各主管部门举办的各种培训班,掌握各项专业知识,确保在日常工作中的安全。

(6)定期或不定期地外派员工出去学习,提高员工的技术水平,从而保障安全。

第二节　事故应急处置措施

CNG加气站出现突发事故时,操作人员应具备应急处置的能力,本节主要介绍加气站应急处置的过程、人员分工以及应急物资三方面内容,使操作人员掌握应急处置的措施。

一、事故应急处置

发生事故后,应立即消除附近的火源,包括熄灭明火、切断电源、不准动用非防爆电器、不要发生金属撞击及碰撞,同时在进出站口设立警示标志。随之立即按下述查找泄漏点、消除泄漏。

CBD059 应急处置过程

(1)高压部分泄漏。切断总进气阀→关闭储气井、排污罐等阀门→关闭压缩机→关闭高压气→紧急排空→处理险情,进行维修。

CBD062 应急设施知识

(2)压缩机出现超压、超温。关闭总进气阀→关闭压缩机→关闭高压气阀→紧急排空→处理险情,进行维修。

(3)橇体内管线高压油泄漏。就近紧急停车→关闭总进气阀门→处理险情,进行维修。

CBD063 应急电气知识

(4)液压系统出现超压、超温。关闭进气阀→关闭电动机→关闭高压气阀→紧急排空→处理险情,进行维修。

CBD064 应急安全

(5)子站拖车前、后仓泄漏。关闭拖车前后总卸气阀门→切断电源→高压管线放空→报告值班人员→处理险情。

CBD065 设备处置

(6)加气机泄漏。立即停止加气→关闭售气机进气阀门→关闭压缩机→切断售气机电源→处理险情,进行维修。

CBD066 操作处置

(7)储气井气体泄漏。停止压缩机运行→切断气源→井内气体放空→处理险情→由法定部门对井处置、维修。

CBC067 漏电事故处置

(8)出现漏电事故。切断电源→切断气源→处理险情。

(9)燃烧或爆炸事故。切断气源→切断电源→组织人员灭火→禁止站外人员入内→同时报调度。火势很大时应首先切断气源→切断电源→直接报110→在安全地方等待救援人员。

二、人员分工

一旦出现事故应全体人员投入抢救,根据加气站的工艺及管理情况大致可作以下分工:

(1)值班班长。负责报警和对事故的处理,轻微事故在安全地带上报分公司值班人员或报告总公司客服调度,同时说明地点、时间、事故的具体情况;重大事故在安全地带直接拨打119,然后报告分公司值班人员或总公司客服调度,同时说明地点、时间、事故的具体情况。

(2)运行工。负责断气源、断电源,然后在保证人身安全的前提下一同抢修或灭火。

(3)加气工1。重大事故发生时迅速取来灭火器进行灭火。

(4)加气工2。重大事故发生时,立即停止所有加气工作,让一切车辆熄火,并组织所有现场人员撤离到安全地带。在站进出口放置警示标志。

(5)事故失控。所有人员马上离开现场,在安全的地方等待消防人员的到来。

三、应急物资

应急物资包括警示标牌、手持喇叭、紧急物资箱,物资箱内含消防镐、消防桶、消防锹、石棉被、氧呼吸器、强光防暴手电,物品具体数量根据相关规范确定。

伤害急救设备中急救箱包括纱布、外伤创伤药品、三角巾、血压计、酒精等、个体防护设备包括安全帽、防静电服装、防静电鞋、护眼镜、棉手套、防毒面具、救生衣等、应急通信设备包括防爆对讲机、固定电话等。消防设备包括消防水池、消防泵、消防水带、保险绳、手套式及推车式灭火器等。

第三节 加气站常见应急事件

本节以加气站典型案例进行介绍,从事件现象、处理方法以及产生原因三方面进行介绍,使学员进一步掌握应急处置的方法。

一、站内突然停电

现象:站内未接到通知,在运行过程中突然停电。

处理方法:(1)拉下低压配电柜空气开关。(2)联系上游供电部门,询问停电原因,并向上报分公司调度报告。

原因分析:(1)上游变电所突发事件停电。(2)站外线路故障。(3)站内超压,过载等保护性起跳。

二、压缩机房出现重大险情

现象:压缩机气管线破裂造成泄漏或压缩机端盖发生天然气泄漏。

处理方法:停止压缩机运行,开启压缩机房轴流风机进行换气。

原因分析:(1)压缩运行,引起部分气管线产生共振,造成管线焊口开焊,发生天然气泄漏。(2)压缩机开口销断,锁紧螺母松动造成压缩机撞缸,发生天然气泄漏。

三、高压储气井气压打满后压缩机不能自动停机

ZBC016 高压储气井气压打满后压缩机不能自动停机的故障处置

现象:高压储气井压井压力打至上限压缩机不能自动停机,压缩天然气气管路安全阀启跳。

处理方法:当高压储气井压井压力打至上限压缩机不能自动停机,站控人员按急停按钮立即停机,然后到现场看储气井就地压力表压力指示正常,安全阀是否关闭,既安全阀启跳卸压后不能复位,手动关闭安全阀的根部阀。

原因分析:高压储气井压力传感器和压缩机排气压力传感器同时失灵造成的,压缩机不能自动停机。

四、高压地下储气井发生泄漏

现象:高压地下储气井井口装置发生天然气泄漏。

处理方法:(1)手动停压缩机。(2)关闭该储气井管进出口截止阀。(3)停止对外加气,储气区设置隔离带,控制现场秩序,及时有效的疏散加气车辆和现场人员。

原因分析:(1)储气井井口装置密封部位发生天然气泄漏。(2)井口装置进出口截止阀、压力表根部阀处天然气泄漏。

五、加气机发生天然气严重泄漏

现象:加气过程中加气机内连接件爆开,发生天然气严重泄漏。

处理方法:(1)切断加气机电源。(2)关闭去加气区切断球阀,切断天然气。

原因分析:加气机内连接件因其内天然气脉动,密封点开始是微漏,最后致使连接件松动,造成加气过程中加气机内连接件爆开,发生天然气严重泄漏。应定期对加气机内连接件查漏,发现微漏就立即进行紧固。

六、加气柱被子站拖车拉倒造成泄漏

现象:正在加气的子站拖车牵引车移动,加气柱被拉倒,发生高压天然气严重泄漏。

处理方法:(1)切断加气柱电源。(2)停压缩机,关闭去加气柱切断球阀,切断天然气。

原因分析:司机、押运员违章操作,移动拖车,拉断压缩天然气管线,造成天然气严重泄漏。

ZBC017 加气管线被电瓶放电击穿漏气

七、加气过程中车辆内加气管线被电瓶放电击穿漏气

现象:加气过程中车辆内管线与电瓶支架不牢固,加气时震动引起连接放电,把管线击穿漏气。

处理方法:关闭加气机应急球阀,把加气车内气瓶总切断阀关闭。

原因分析:(1)加气车辆内管线没有装绝缘护管。(2)车辆内管线离电瓶正极太近。(3)加气阀支架不牢固。

ZBC018 加气过程中车辆着火

八、加气过程中车辆着火

现象:加气过程中车辆内管线与电瓶正极太近并支架不牢固,加气时震动引

起连接放电,把管线击穿漏气,导致加气车辆着火。

处理方法:(1)切断加气机电源。(2)立即停机,关闭去加气区切断球阀,切断天然气。(3)控制现场秩序,及时有效的疏散现场人员。(4)启动本站应急预案。

原因分析:(1)加气车辆内管线没有装绝缘护管。(2)车辆内管线离电瓶正极太近。(3)加气阀支架不牢固。

初级工练习题及答案

一、理论知识试题

(一)单项选择题(每题四个选项,只有一个是正确的,将正确的选项号填入括号内)

1. BD049 天然气具有( )的特点。
   (A)剧毒　　　(B)辐射　　　(C)易溶于水　　　(D)易燃易爆

2. BD049 操作工的( )易造成泄漏。
   (A)上班睡觉　(B)旷工　　　(C)违章操作　　　(D)不服从管理

3. BD050 根据燃气( )情况程度和造成( )程度将燃气事故进行分级。
   (A)泄漏;危害　(B)浓度;扩散　(C)泄漏;扩散　(D)浓度;危害

4. BD050 燃气事故分为( )个级别。
   (A)1　　　　　(B)2　　　　　(C)3　　　　　　(D)4

5. BD051 应急演练计划中,每个班在交接班时,必须由( )主持讲话,第一议题是( )。
   (A)交班人、本班情况　　　(B)接班人、接班情况
   (C)班长、安全　　　　　　(D)站长、演练

6. BD051 应急演练计划中,每季度搞一次( )演习,分班进行。
   (A)消防　　　(B)安全　　　(C)岗位　　　　(D)生产

7. BD052 应急,顾名思义就是应付急需,应付( )。
   (A)紧急情况　(B)领导需要　(C)上级要求　　(D)社会需要

8. BD052 应急是需要立即采取某些( )正常工作程序的行动。
   (A)涉及　　　(B)超出　　　(C)达到　　　　(D)接近

9. BD053 应急预案应形成体系,针对各级各类可能发生的事故和所有危险源制订专项( )和现场应急处置方案。
   (A)应急预案　(B)经费　　　(C)人员　　　　(D)设备

10. BD053 综合应急预案是从总体上阐述处理事故的应急方针、政策,应急组织结构及相关应急职责,应急行动、措施和保障等基本要求和程序,是应对各类事故的( )。
    (A)人员配备　(B)综合性文件　(C)设备配件　　(D)建站规模

11. BD054 应急资源能满足应对突发事件的全面的、全过程的( )能力。
    (A)支撑　　　(B)应急　　　(C)响应　　　　(D)救援

12. BD054 应急人力资源包括管理和技术人员、( )、经验知识和能力。
    (A)救援队伍　(B)第三方协助　(C)政府资源　　(D)上级组织

13. BD055 应急管理特点是管理难度大、( )大。
    (A)决策风险　(B)应急范围　(C)响应难度　　(D)救援困难

14. BD055 应急管理是( )管理。
    (A)救援队伍　(B)全过程　　(C)政府资源　　(D)上级组织

15. BD056 应急管理原则是以人为本,( )。
    (A)减少危害　(B)正确管理　(C)服从指挥　　(D)克服困难

16. BD056　应急管理必须统一领导,( )。
    (A)领导负责　　(B)分级负责　　(C)政府牵头　　(D)上级组织

17. BD057　应急运行机制包括预测与预警系统、预警级别和( )。
    (A)发布　　　　(B)标准　　　　(C)指挥　　　　(D)范围

18. BD057　针对可能发生的突发事件,预测预警系统应发布的预警级别,一般划分为( )。
    (A)一级　　　　(B)二级　　　　(C)三级　　　　(D)四级

19. BD058　应急管理的组织体系有( )、办事机构等。
    (A)领导机构　　(B)组织机构　　(C)指挥机构　　(D)安全机构

20. BD058　专家组是( )组织体系的组成部分。
    (A)人事　　　　(B)经济　　　　(C)外贸　　　　(D)应急管理

21. BD059　发生事故后,应立即消除附近的( ),同时在进出站口设立( )。
    (A)隐患;安全标志　　　　　　　(B)火源;警示标志
    (C)危险物;路障　　　　　　　　(D)火源;安全标志

22. BD059　高压部分泄漏应急处置:切断总进气阀→关闭CNG储气井、排污罐等阀门→关闭( )→关闭( )→紧急排空→处理险情,进行维修。
    (A)电源、进出站口　　　　　　　(B)压缩机、进出站口
    (C)电源、高压气　　　　　　　　(D)压缩机、高压气

23. BD060　一旦出现事故,( )负责报警和对事故的处理。
    (A)安全总监　　(B)值班经理　　(C)值班站长　　(D)值班班长

24. BD060　一旦出现事故,( )负责断气源、断电源,然后在保证人事安全的前提下一同抢修或灭火。
    (A)加气工　　　(B)运行工　　　(C)安全员　　　(D)现场人员

25. BD061　紧急物资箱内含消防镐、消防桶、消防锹、( )等。
    (A)功放音箱　　(B)手持喇叭　　(C)远程视频　　(D)自控系统

26. BD061　应急物资配置具体数量应根据相关( )确定。
    (A)法律　　　　(B)法规　　　　(C)规范　　　　(D)条例

27. BD062　电气设备着火后能用( )来进行灭火。
    (A)干粉灭火器　　　　　　　　　(B)水基础型灭火器
    (C)二氧化碳灭火器　　　　　　　(D)沙子

28. BD062　电气设备着火后,首先应( ),然后再组织灭火。
    (A)报警　　　　(B)停机　　　　(C)断电　　　　(D)灭火

29. BD063　防雷接地的基本原理是( )。
    (A)过电保护　　　　　　　　　　(B)水保护电气设备
    (C)消除感应电压　　　　　　　　(D)为雷电流泄入大地形成通道

30. BD063　不属于消除静电方法的是( )。
    (A)减少摩擦起电　　　　　　　　(B)加强绝缘
    (C)接地泄漏　　　　　　　　　　(D)增加空气湿度

31. BD064　CNG加气站内严禁堆放( )。
    (A)设备配件　　　　　　　　　　(B)易燃易爆品
    (C)建筑材料　　　　　　　　　　(D)劳保物品

32. BD064　二氧化碳灭火器一般按使用形式可以分为手提式和( )两种。
　　　　　(A)倒置式　　　(B)壁挂式　　　(C)推车式　　　(D)移动式
33. BD065　压缩机气管线破裂造成泄漏或压缩机端盖发生天然气泄漏,处理方法( )。
　　　　　(A)停止压缩机运行,开启压缩机房风机进行换气
　　　　　(B)压缩运行,引起部分气管线产生共振,造成管线焊口开焊,发生天然气泄漏
　　　　　(C)压缩机开口销断,锁紧螺母松动造成压缩机撞缸,发生天然气泄漏
　　　　　(D)停止压缩机运行,马上组织人员进行维修
34. BD065　高压 CNG 储气井压力达到上限时压缩机不能自动停机的原因( )。
　　　　　(A)高压 CNG 储气井压力传感器和压缩机排气压力传感器同时失灵造成的,压缩机不能自动停机
　　　　　(B)CNG 储气井井口装置密封部位发生天然气泄漏
　　　　　(C)高压 CNG 储气井压力传感器失灵造成的
　　　　　(D)井口装置进出口截止阀、压力表根部阀处天然气泄漏
35. BD066　储气井气体泄漏时应首先( )。
　　　　　(A)切断气源　　　　　　　　(B)井内气体放空
　　　　　(C)处理险情　　　　　　　　(D)停止压缩机运行
36. BD066　储气井气体泄漏应由( )对储气井处置、维修。
　　　　　(A)法定部门　(B)加气站　　(C)维修班　　　(D)站长
37. BD067　出现漏电事故应首先( )。
　　　　　(A)关闭排气阀　(B)关闭进气阀　(C)切断电源　　(D)关闭压缩机
38. BD067　出现轻微事故,值班人员应在安全地带报告总公司客服调度报告内容不包括( )。
　　　　　(A)地点　　　　　　　　　　(B)时间
　　　　　(C)事故的具体情况　　　　　(D)责任人

(二)判断题(对的画"√",错的画"×")

(　)1. BD049　天然气主要危险源包括电气设备短路造成的损失。
(　)2. BD050　一级事故分类包括燃气泄漏造成火灾或爆炸。
(　)3. BD051　全部一线员工要积极参加上级各主管部门举办的各种培训班,掌握各项专业知识,确保在日常工作中的安全。
(　)4. BD052　应急有时也称为紧急状态。
(　)5. BD053　现场处置方案是针对具体的装置、场所或设施、岗位所制定的应急处置措施。
(　)6. BD054　应急资源专项资金必须常备。
(　)7. BD055　相对平时管理而言,应急管理有紧迫性。
(　)8. BD056　应急管理要有防范原则。
(　)9. BD057　应急处置机制中,首先是信息报告。
(　)10. BD058　应急办事机构是总调度室。
(　)11. BD059　火势很大时,首先切断气源,再切断电源,然后直接报110,在安全地方等待救援人员。
(　)12. BD060　重大事故发生时加气工应迅速取来灭火器进行灭火。
(　)13. BD061　氧呼吸器属于应急物资。

262

(　)14. BD062　正压呼吸器属于应急物资。
(　)15. BD063　在CNG加气站加气区内严禁使用手机的行为。
(　)16. BD064　所有防爆电器的外壳和敷设电线、电缆用的钢管都必须带接地线。
(　)17. BD065　出现应急事故的时候,运行工负责断气源、断电源,然后在保证人身安全的前提下一同抢修或灭火。
(　)18. BD066　紧急物资箱内含消防镐、消防桶、消防锹、石棉被、氧呼吸器、强光防爆手电等。
(　)19. BD067　天然气事故的主要危险源包括加气设备阀门、管线的泄漏。

二、答案

(一)单项选择题

1. D	2. C	3. A	4. B	5. C	6. B	7. A	8. B	9. A	10. B
11. A	12. A	13. A	14. B	15. A	16. B	17. A	18. D	19. A	20. D
21. B	22. D	23. D	24. B	25. B	26. C	27. C	28. C	29. D	30. B
31. B	32. C	33. A	34. B	35. D	36. A	37. C	38. D		

(二)判断题

1. √	2. √	3. √	4. √	5. √	6. √	7. √	8. √	9. √	10. √
11. √	12. √	13. √	14. √	15. √	16. √	17. √	18. √	19. √	

中级工练习题及答案

一、理论知识试题

(一)单项选择题(每题四个选项,只有一个是正确的,将正确的选项号填入括号内)

1. BC011　站内未接到通知,在运行过程中突然停电属于(　)。
　　(A)正常现象　　(B)应急事件现象　　(C)通常事件　　(D)正常事件

2. BC011　压缩机气管线破裂造成泄漏或压缩机端盖发生天然气泄漏属于(　)。
　　(A)正常现象　　　　　　　　(B)应急事件现象
　　(C)通常事件　　　　　　　　(D)正常事件

3. BC012　站内未接到通知,在运行过程中突然停电的处理方法(　)
　　(A)拉下低压配电柜空气开关,联系上游供电部门,询问停电原因,并向上报分公司调度报告
　　(B)不用管
　　(C)等待自然恢复
　　(D)下班回家

4. BC012　压缩机气管线破裂造成泄漏或压缩机端盖发生天然气泄漏的处理方法(　)。
　　(A)停止压缩机运行,开启压缩机房轴流风机进行换气
　　(B)不用管
　　(C)等待自然恢复
　　(D)下班回家

5. BC013　站内未接到通知,在运行过程中突然停电的原因(　)。
　　(A)上游变电所突发事件停电;站外线路故障;站内超压,过载等保护性起跳。
　　(B)拖欠电费
　　(C)恐怖袭击
　　(D)应急演练

6. BC013　压缩机气管线破裂造成泄漏或压缩机端盖发生天然气泄漏的原因(　)。
　　(A)压缩运行,引起部分气管线产生共振,造成管线焊口开焊,发生天然气泄漏;压缩机开口销断,锁紧螺母松动造成压缩机撞缸,发生天然气泄漏
　　(B)豆腐渣工程
　　(C)材料不合格
　　(D)开发商偷工减料

7. BC014　压缩运行,引起部分气管线产生共振,造成管线焊口开焊,发生天然气(　)。
　　(A)压力升高　　(B)泄漏　　(C)压力下降　　(D)喘振

8. BC014　压缩机开口销断,锁紧螺母松动造成压缩机撞缸,发生天然气(　)。
　　(A)压力升高　　(B)泄漏　　(C)压力下降　　(D)喘振

9. BC015　伤害急救设备中急救箱包括纱布。外伤创伤药品。三角巾。血压计、(　)等。
　　(A)救生衣　　(B)担架　　(C)针管　　(D)酒精

10. BC015 个体防护设备包括安全帽、防静电服装、防静电鞋、护眼镜、棉手套、防毒面具、( )等。
(A)救生衣 (B)警戒线 (C)标示桩 (D)检测仪
11. BC016 气体储存系统无论是哪种形式的储气系统都属于容器。
(A)常压 (B)中压 (C)低压 (D)高压
12. BC016 泄露有( )泄漏和井下泄漏两种情况。
(A)井口装置 (B)井侧装置 (C)井边装置 (D)井中装置
13. BC017 加气过程中车辆内加气管线被电瓶放电击穿会造成( )。
(A)压力升高 (B)漏气 (C)压力下降 (D)喘振
14. BC017 加气车辆内管线没有装绝缘护管会导致( )。
(A)加气量增高 (B)加气机读书不准
(C)加气管线被电瓶放电击穿漏气 (D)喘振
15. BC018 加气过程中车辆内管线与电瓶正极太近并支架不牢固,加气时震动引起连接( ),把管线击穿漏气,导致加气车辆着火。
(A)漏气 (B)充电 (C)脱离 (D)放电
16. BC018 加气过程中车辆着火的原因( )。
(A)老化
(B)加气车辆内管线没有装绝缘护管;车辆内管线离电瓶正极太近;加气阀支架不牢固
(C)车辆自然
(D)人为原因

(二)多项选择题(每题四个选项,至少有两个是正确的,将正确的选项号填入括号内)

1. BC012 站内未接到通知,在运行过程中突然停电处理方法( )。
(A)拉下低压配电柜空气开关
(B)联系上游供电部门,询问停电原因
(C)向上报分公司调度报告
(D)等待自然恢复
2. BC013 站内未接到通知,在运行过程中突然停电的原因( )。
(A)上游变电所突发事件停电
(B)站外线路故障
(C)站内超压,过载等保护性起跳
(D)拖欠电费
3. BC011 属于应急事件现象的有( )。
(A)站内未接到通知,在运行过程中突然停电
(B)压缩机气管线破裂造成泄漏或压缩机端盖发生天然气泄漏
(C)高压储气井压井压力打至上限压缩机不能自动停机,压缩天然气气管路安全阀启跳
(D)高压地下储气井井口装置发生天然气泄漏

(三)判断题(对的画"√",错的画"×")

( )1. BC011 站内未接到通知,在运行过程中突然停电属于应急事件现象。

( )2. BC012 站内未接到通知,在运行过程中突然停电处理方法:拉下低压配电柜空气开关;联系上游供电部门,询问停电原因,并向上报分公司调度报告。

( )3. BC013 站内未接到通知,在运行过程中突然停电的原因有:上游变电所突发事件停电;站外线路故障;站内超压、过载等保护性起跳。

( )4. BC014 压缩运行,引起部分气管线产生共振,造成管线焊口开焊,发生天然气泄漏。

( )5. BC015 伤害急救设备中急救箱包括纱布、外伤创伤药品、三角巾、血压计、酒精等。

( )6. BC016 气体储存系统无论是哪种形式的储气系统都属于容器高压。

( )7. BC017 加气过程中车辆内加气管线被电瓶放电击穿会造成漏气。

( )8. BC018 加气过程中车辆内管线与电瓶正极太近并支架不牢固,加气时震动引起连接放电,把管线击穿漏气,导致加气车辆着火。

二、答案

(一)单项选择题

1. B   2. B   3. A   4. A   5. A   6. A   7. B   8. B   9. D   10. A
11. D   12. A   13. B   14. C   15. D   16. B

(二)多项选择题

1. ABC   2. ABC   3. ABCD

(三)判断题

1. √   2. √   3. √   4. √   5. √   6. √   7. √   8. √

压缩天然气场站运行工初级试卷及参考答案

理论知识试题

考试时间:90分钟

一、判断题(第1题~第80题。将判断结果填入括号中。正确的填"√",错误的填"×"。每题0.5分,满分40.0分。)

1. ( )天然气的主要成分以甲烷为主,另外含有少量乙烷、丙烷、丁烷、戊烷等。
2. ( )石油伴生气中甲烷含量约为60%,乙烷以上的烃类含量约为15%。
3. ( )酸气中含H_2S和CO_2等气体较多,需要进行净化处理,才能达到管输标准的天然气。
4. ( )气体的相对分子质量越大,其相对密度也越小。
5. ( )燃气的高热值在数值上小于其低位热值。
6. ( )1kg标煤的热值相当于0.834m^3天然气的热值。
7. ( )通常将甲烷的爆炸极限视为天然气爆炸极限。
8. ( )氢气的爆炸极限约为6.0%~75.9%。
9. ( )液态水的存在会与天然气形成固态天然气水合物,堵塞管道和设备。
10. ( )作为燃料制定总硫含量指标的目的是由所含的硫化物燃烧生成二氧化硫后,对环境与人体的危害程度确定的。
11. ( )国际标准要求城市煤气、天然气等气体的赋臭剂必须使用四氢噻吩(THT)。
12. ( )压缩天然气与标准状态下的天然气相比密度增加。
13. ( )在汽车驾驶点特定地理区域内,在最高操作压力下,水露点不应高于-13℃;当最低气温低于-8℃,水露点应比最低气温低5℃。
14. ( )我国法定计量的单位中,压力的基本单位是帕斯卡。
15. ( )电测式压力测量仪表的测量范围是10~700MPa。
16. ( )拆装压力表应使用相应的工具,不允许用手直接扳动压力表壳体拆装。
17. ( )温度测量仪表按测温方式分为接触式和非接触式两大类。
18. ( )温热电偶是利用金属的热电现象原理做成的。
19. ( )热电偶测温和热电阻测温可以应用在天然气场站中。
20. ( )旋进旋涡流量计是一种速度式气体流量计。
21. ( )质量流量计是根据科里奥利力原理制造成的一种流体质量流量测量仪表。
22. ( )球阀主要由阀体、阀杆、球体、密封结构等组成。
23. ( )球阀对流体阻力小,其阻力系数与同长度的管段相等。
24. ( )闸阀根据阀杆结构的不同可以分为明杆和暗杆。

25. （　）截止阀是关闭件阀瓣沿阀座中心线做直线运动的阀门。
26. （　）截止阀是用于截断介质流动的。
27. （　）安全阀的作用原理是基于力平衡。
28. （　）按照安全阀的结构可分重锤式安全阀、弹簧式安全阀和脉冲式安全阀。
29. （　）截止阀又称逆止阀、单向阀、逆流阀和背压阀。
30. （　）CNG 母站生产工艺的基本组成可分为预处理及调压计量、脱硫、脱水、压缩、存储、售气等系统。
31. （　）CNG 加气站采用脱硫方式主要为干法脱硫和湿法脱硫。
32. （　）一个注油点每分钟注油 8~10 滴。
33. （　）CNG 常规加气站从站外天然气管道取气。
34. （　）CNG 常规站日工作能力应不小于 15000m³。
35. （　）CNG 加气站用分子筛脱水剂再生温度一般为 200~260℃。
36. （　）CNG 常规站高压脱水装置采用加压冷却脱水法和吸附分离法的串联应用。
37. （　）液压子站拖车集装箱框架应顶升至 13°仰角，为系统运行做好准备工作。
38. （　）液压子站主要由液压橇体、子站拖车、空气压缩机、控制柜和加气机等设备组成。
39. （　）压缩子站拖车可以为储气井补气，也可以直接为加气机供气。
40. （　）CNG 加气站放空系统正常状态下为常压。
41. （　）在 CNG 加气子站压缩机橇体内的能够使用卤素灯。
42. （　）前置脱水是低压脱水。
43. （　）脱水装置停止工作时，必须保证干燥再生已经完成。
44. （　）压缩机正常运行后，应定期按照工艺流程和技术要求逐点逐件认真地对各设备、管线、阀门、仪表等进行检查。
45. （　）关闭脱硫塔进出口阀门，截断进入脱硫塔气源。
46. （　）自力式调节阀又分为直接作用式和间接作用式两种。
47. （　）往复式活塞压缩机属于容积型压缩机。
48. （　）以脱硫剂的状态来分，天然气脱硫法可分为干法和湿法两大类。
49. （　）CNG 常规加气站脱水装置可采用低压脱水装置和高压脱水装置。
50. （　）将失去活性的脱硫剂氧化铁搬到塔外摊晒与空气中的氧发生反应，可实现脱硫剂的再生。
51. （　）拖车停到指定位置后，用挡块双向固定好拖车，并启动拖车自动刹车装置。
52. （　）检查拖车上各高压管件、阀门有无异常，用仪器检查有无泄漏。
53. （　）原料气过干或过湿都会影响脱硫效率和硫容。
54. （　）安全标示色有四种。
55. （　）未经批准的各种机动车辆严禁进入爆炸危险场所。
56. （　）禁止在易燃易爆场合穿脱防静电服。
57. （　）输气场站在配电房必须配置二氧化碳灭火器。
58. （　）加气站地下储气井应配置 1 台不小于 35kg 推车式干粉灭火器。
59. （　）加气站内充装的压缩天然气本身属于一级可燃气体，甲类火灾危险。
60. （　）CNG 加气站通常用 20MPa 以上的压力将天然气压缩到钢瓶中。
61. （　）《建筑物防雷设计规范》(GB 50057—2010)第二类的规定要求，接地电阻应小于 10Ω。

62.（　）CNG 加气站内使用的钢瓶都是需要承压 20MPa 以上的高压容器。
63.（　）MP 型手提式泡沫灭火器冬季存放时要采用保温措施,以防冰冻。
64.（　）化学泡沫灭火器最适宜扑救可燃液体火灾。
65.（　）二氧化碳灭火器一般按使用形式可分为手提式和推车式两种。
66.（　）手提式二氧化碳灭火器的报废年限是 12 年。
67.（　）静电接地夹是一种用来导除物体上静电的机械结构。
68.（　）带电绝缘体表面静电释放的快慢与表面湿度有关。
69.（　）接地消除静电的方法属于泄漏法。
70.（　）雷电的危险性主要表现在雷电放电时所出现的各种物理效应。
71.（　）防雷的方法主要有安装避雷针、避雷带、避雷线和避雷器,以及和它们相配套的引下线和接地装置。
72.（　）避雷器有过电压自动击穿的功能,当雷电进入系统,电压升高时,它可自动击穿短路,使雷电通过避雷器形成的路径泄放,而保护其他的用电设备。
73.（　）防毒口罩主要适用于有氧蒸气、汽油、丙酮、苯类及衍生物、卤素有机化合物、硫化物等场所的防护。
74.（　）天然气主要危险源包括电气设备短路造成的损失。
75.（　）一级事故分类包括燃气泄漏造成火灾或爆炸。
76.（　）应急管理要有防范原则。
77.（　）应急办事机构是总调度室。
78.（　）火势很大时,首先切断气源,再切断电源,然后直接报 110,在安全地方等待救援人员。
79.（　）在 CNG 加气站加气区内严禁使用手机。
80.（　）储气井体泄漏。首先停止压缩机运行→切断气源→井内气体放空→处理险情→由法定部门对井处置、维修。

二、单项选择题（第 81 题～第 200 题。选择一个正确的答案,将相应的字母填入题内的括号中。每题 0.5 分,满分 60.0 分。)

81.天然气的主要成分是（　）烃。
　　(A)烯　　　　　　(B)饱和　　　　　　(C)不饱和　　　　　　(D)炔
82.标准状况下甲烷的密度为（　）。
　　(A)1.312kg/m³　(B)0.5548kg/m³　(C)0.4561kg/m³　(D)0.7174kg/m³
83.气田气是从（　）开采出来的天然气。
　　(A)凝析气田中　　(B)气井中　　　　　(C)煤矿中　　　　　　(D)石油分离
84.在储层中与石油共存,采油过程中与石油同时被采出,经油气分离后得到的天然气叫（　）。
　　(A)气田气　　　　(B)凝析气田气　　　(C)矿井气　　　　　　(D)石油伴生气
85.凝析气田气即凝析气田采出的（　）。
　　(A)液化气　　　　(B)天然气　　　　　(C)石油　　　　　　　(D)乙烷和丙烷
86.矿井气是成（　）过程所产生并聚集在合适地质构造中的可燃气体。
　　(A)煤　　　　　　(B)甲烷　　　　　　(C)石油　　　　　　　(D)天然气
87.划分净气和酸气的分界值为（　）。
　　(A)含硫量 0g/m³　(B)含硫量 1g/m³　　(C)含硫量 2g/m³　　　(D)含硫量 5g/m³

88. 酸气是需要进行( )处理,才能达到管输标准的天然气。
　　(A)吸附　　　　(B)净化　　　　(C)液化　　　　(D)化合

89. 单位体积气体的质量称为( )。
　　(A)气体的密度　(B)气体的重量　(C)气体的摩尔质量　(D)气体的浓度

90. 同温、同压下甲烷的相对密度为( )。
　　(A)0.5548　　　(B)0.7174　　　(C)1.000　　　　(D)1.8125

91. 热值是指单位质量(或体积)的可燃物质在完全燃烧时所放出的( )。
　　(A)能耗　　　　(B)热能　　　　(C)热量　　　　(D)工作能

92. 热值分为( )两种。
　　(A)高温和低温　　　　　　　　　(B)发热量和热值
　　(C)高温热值和低温热值　　　　　(D)高热值和低热值

93. 低热值是指单位数量的燃气完全燃烧后其燃烧产物和周围环境恢复至燃烧前温度,而不计其中( )时所放出的热量。
　　(A)固体　　　　(B)气体　　　　(C)水蒸气凝结　　(D)液体

94. 1m³ 天然气的热值相当于( )液化石油气的热值。
　　(A)0.750kg　　(B)1.334kg　　(C)0.471kg　　　(D)1.0kg

95. 通常所说的沸点是指( )下液体沸腾时的温度。
　　(A)1MPa　　　 (B)高压　　　　(C)101.325kPa　 (D)低压

96. 在一定压力下,随着温度的降低,气体开始凝结为液体时的温度称为( )露点。
　　(A)沸点　　　　(B)露点　　　　(C)凝固点　　　　(D)汽化点

97. 可燃气体和空气的混合达到一定比例时,遇火源而引起爆炸时的可燃气体浓度范围称为( )。
　　(A)爆炸上限　　(B)爆炸下限　　(C)爆炸范围　　　(D)爆炸极限

98. 天然气的爆炸极限约为( )。
　　(A)5%~14%　　(B)4%~15%　　(C)5%~15%　　　(D)15%~25%

99. 可使气体压缩成液体的极限温度称为该气体的( )。
　　(A)最高温度　　(B)最低温度　　(C)液化温度　　　(D)临界温度

100. 天然气水合物是( )在一定条件下形成的一种类似冰雪的白色结晶体。
　　(A)液态天然气　(B)LNG　　　　(C)CNG　　　　　(D)天然气与水

101. 制定( )指标是用来防止在输气管道中有液态水析出。
　　(A)水露点　　　(B)露点　　　　(C)H₂S　　　　　(D)CO₂

102. 不同用途的天然气对其中总硫含量要求( )。
　　(A)相同　　　　(B)各不相同　　(C)比较高　　　　(D)高

103. 在有液态水存在时,( )对管道和设备有腐蚀性。
　　(A)戊烷　　　　(B)灰尘　　　　(C)氢气　　　　　(D)二氧化碳

104. 《天然气》GB 17820—2012 中二类天然气的总硫含量为( )。
　　(A)≤200mg/m³　(B)≤20mg/m³　(C)≤6mg/m³　　　(D)≤60mg/m³

105. 作为民用燃料,天然气应具有可以觉察的( )。
　　(A)颜色　　　　(B)臭味　　　　(C)形状　　　　　(D)香味

106. 仪表的精度通常不采用绝对误差表示,而采用( )。
    (A)相对误差   (B)标准误差   (C)价格   (D)系统误差
107. 压力测量仪表按工作原理分为液柱式、弹性式、负荷式和( )等类型。
    (A)自动式   (B)电测式   (C)气动式   (D)手动式
108. 弹性式压力测量仪表是利用各种不同形状的弹性元件,在压力下产生( )的原理制成的压力测量仪表。
    (A)拉伸   (B)缩短   (C)变形   (D)膨胀
109. 电测式压力测量仪表的工作原理利用( )和半导体的物理特性。
    (A)液体   (B)导体   (C)金属   (D)气体
110. 弹簧管压力表不可用在测定的( )压力。
    (A)固体   (B)液体   (C)气体   (D)蒸汽气
111. 单圈弹簧管式压力表内的弹簧管当其内部介质压力增高时弹簧管弧度( )。
    (A)不变   (B)变大   (C)变小   (D)不一定
112. 所测压力在表的量程范围( )以内,这时误差较小。
    (A)30%～70%   (B)10%～30%   (C)70%～100%   (D)0～30%
113. 关于压力传感器叙述不正确的是( )。
    (A)传感器是由压敏元件和电子电路组成
    (B)压力传感器可输出与量程压力相对应的4～20mA的标准信号
    (C)压力传感器都是防爆的
    (D)压力传感器必须同与之相匹配的二次仪表配合使用
114. 压力表属于技监部门强制定期( )的计量器具。
    (A)更换   (B)校检   (C)拆卸   (D)清洁
115. 测温元件与被测介质要进行充分的( ),需要一定的时间才能达到热平衡,所以存在测温的延迟现象。
    (A)摩擦   (B)冷却   (C)热量交换   (D)接触
116. 热电偶是利用金属的( )原理做成的。
    (A)热电现象   (B)导电性   (C)铸造性   (D)传热性
117. 双金属温度计其结构为双金属片是由两种( )不同的金属薄片叠焊在一起。
    (A)厚度   (B)质量   (C)膨胀系数   (D)密度
118. 在天然气场站中,除了现场温度计以外还得用( )。
    (A)体温计   (B)湿度计   (C)远传式温度计   (D)室内温度计
119. 双金属温度计的仪表精度等级达到( )。
    (A)0.5   (B)1.0   (C)1.5   (D)2.0
120. 贵金属热电极的直径为( )。
    (A)0.015～0.05mm   (B)0.15～0.5mm
    (C)0.15～0.25mm   (D)0.015～0.5mm
121. 罗茨流量计中,当转子、计量室结构尺寸一定时,其排出介质的体积与转子的转速成( )。
    (A)正比   (B)反比   (C)等于   (D)小于

122. 球阀主要由阀体、( )、球体、密封结构等几个部分组成。
    (A)执行机构　　　(B)阀杆　　　　　(C)阀座　　　　　(D)阀瓣

123. 球阀具有旋转( )的动作。
    (A)360°　　　　　(B)270°　　　　　(C)180°　　　　　(D)90°

124. 气动球阀是球阀配上( )。
    (A)气动执行器　　(B)电动机　　　　(C)扳手　　　　　(D)电动执行机构

125. 球阀结构简单、体积小、重量( )。
    (A)小　　　　　　(B)大　　　　　　(C)重　　　　　　(D)轻

126. 蝶阀结构长度( ),体积( ),重量( ),适用于( )口径的阀门。
    (A)短、小、轻、大　(B)长、大、重、大　(C)短、小、轻、小　(D)长、大、重、小

127. 蝶阀主要由阀体、碟板、阀杆、密封圈和( )组成。
    (A)阀瓣　　　　　(B)阀座　　　　　(C)传动装置　　　(D)弹簧

128. 闸阀是指关闭件闸板沿通路中心线的( )方向移动的阀门。
    (A)水平　　　　　(B)垂直　　　　　(C)15°　　　　　(D)45°

129. 主要用于截断或接通介质流的阀门是( )。
    (A)截止阀　　　　(B)止回阀　　　　(C)分流阀　　　　(D)安全阀

130. 调节阀又名( )。
    (A)控制阀　　　　(B)流量计　　　　(C)安全阀　　　　(D)压力计

131. 截止阀的全开位置由( )的行程来决定。
    (A)球体　　　　　(B)阀杆　　　　　(C)连接杆　　　　(D)阀瓣

132. 截止阀开闭过程中密封面的( )比闸阀小。
    (A)距离　　　　　(B)黏度　　　　　(C)长度　　　　　(D)摩擦力

133. 截止阀的阀杆轴线与阀座密封面( )。
    (A)夹角30°　　　(B)夹角45°　　　(C)平行　　　　　(D)垂直

134. 安全阀不具备的功用是( )。
    (A)自动开启　　　(B)排放出多余介质(C)自动关闭　　　(D)自动爆炸

135. 安全阀的作用原理是基于( )。
    (A)重力　　　　　(B)离心力　　　　(C)力平衡　　　　(D)万有引力

136. 设备正常工作中的介质压力称为工作压力,此时安全阀处于( )状态。
    (A)调节　　　　　(B)放散　　　　　(C)开启　　　　　(D)密封

137. 重锤式安全阀、弹簧式安全阀和脉冲式安全阀是按照安全阀的( )分类。
    (A)材料　　　　　　　　　　　　　　(B)阀瓣最大开启高度与阀座通径之比
    (C)介质排放方式　　　　　　　　　　(D)结构

138. CNG加气站是指以( )形式向天然气汽车和子站车提供燃料的场所。
    (A)压缩天然气　　(B)液化天然气　　(C)天然气　(D)液化石油气

139. CNG母站生产工艺的基本组成可分为( )等系统。
    (A)预处理及调压计量、脱硫、脱水、压缩、存储、售气
    (B)预处理及调压计量、压缩、顺序控制、脱水、售气
    (C)预处理、压缩脱水、存储、售气
    (D)预处理、压缩脱水、顺序控制、存储

140. 加气站的主要功能包括除尘分离、压缩、（　　）和售气机几个方面。
    (A)润滑　　　　　(B)包装　　　　　(C)储气　　　　　(D)预热

141. CNG加气站采用高压脱水天然气压力一般为（　　）。
    (A)10～15MPa　(B)15～20MPa　(C)20～25MPa　(D)25MPa以上

142. CNG母站进站流量计计量精度为（　　）。
    (A)±0.5%　　　(B)±0.1%　　　(C)±1%　　　(D)±2%

143. 进站原料气含硫量高于（　　）时,需进行脱硫处理。
    (A)15mg/m³　　　　　　　　　　(B)25mg/m³
    (C)5mg/m³　　　　　　　　　　(D)35mg/m³

144. 脱水装置可（　　）小时连续工作,不间断洁净干燥的气体。
    (A)8　　　　　　(B)12　　　　　(C)24　　　　　(D)18

145. 润滑油系统采用的润滑油是（　　）。
    (A)DAB150　　　(B)150　　　　(C)140　　　　(D)145

146. 齿轮油泵位于机身一端,由（　　）带动。
    (A)连杆　　　　(B)曲轴　　　　(C)十字头　　　(D)齿轮

147. 循环水系统是用来给（　　）降温的。
    (A)压缩机　　　(B)脱硫塔　　　(C)脱水塔　　　(D)加气机

148. CNG加气站需要仪表风系统进行操作控制的有（　　）。
    (A)液压子站拖车　　　　　　　(B)脱水装置、
    (C)压缩机组、　　　　　　　　(D)以上全是

149. 仪表风系统是由（　　）空气压缩机、主管路过滤器、干燥器、微油过滤器和储气罐组成的。
    (A)天然气压缩机　　　　　　　(B)空气干燥器
    (C)空气压缩机　　　　　　　　(D)空气加湿器

150. CNG常规加气站的气源来自于（　　）。
    (A)站外天然气管道　　　　　　(B)储气井
    (C)储气瓶　　　　　　　　　　(D)管束车

151. 原料天然气进CNG加气站后首先须经（　　）计量、脱硫、脱水后进入天然气压缩。
    (A)储气罐　　　(B)缓冲器　　　(C)调压　　　　(D)分离器

152. CNG常规站日工作能力应不小于（　　）。
    (A)15000m³　　(B)25000m³　　(C)30000m³　　(D)20000m³

153. 分子筛脱水根据的是（　　）原理。
    (A)分离　　　　(B)活化　　　　(C)吸附　　　　(D)催化

154. CNG常规站高压脱水装置实际上是加压冷却脱水法和吸附分离法（　　）的应用。
    (A)单联　　　　(B)串联　　　　(C)双机　　　　(D)单机

155. CNG常规加气站必须设置（　　）系统以储存压缩机加压的高压气。
    (A)放散　　　　(B)排污　　　　(C)高压储气　　(D)过滤

156. 目前建设的CNG常规加气站生产规模多为10000m³/d和（　　）。
    (A)16000m³/d　　　　　　　　(B)15000m³/d
    (C)14000m³/d　　　　　　　　(D)13000m³/d

157. CNG加气机一般采用( )。
    (A)差压式流量计   (B)叶轮式流量计
    (C)质量流量计   (D)动量式
158. 液压子站是以( )控制的方式。
    (A)手动   (B)半自动   (C)自动   (D)半手动
159. 溢流阀调定液压油的出口压力控制范围为( )。
    (A)0~22MPa   (B)20~22MPa   (C)0~10MPa   (D)0~20MPa
160. 液压子站主要由( )、子站拖车、空气压缩机、控制柜和加气机等设备组成。
    (A)空压机   (B)压缩机   (C)液压橇体   (D)调压计量
161. 液压子站主要设备为( )。
    (A)压缩机   (B)插装阀   (C)空压机   (D)液压橇体
162. 压缩子站主要设备包括活塞式压缩机、( )、子站拖车以及加气机。
    (A)液压系统 (B)加气机   (C)储气井   (D)卸气柱
163. 压缩子站通过( )动态地控制整个加气站的加气过程。
    (A)优先控制系统   (B)调压计量装置
    (C)程序控制盘   (D)PLC控制系统
164. 新建和大修后置换脱硫塔系统中的( )。
    (A)天然气   (B)氮气   (C)空气   (D)甲烷
165. 分子筛脱水原理来源于( )。
    (A)酸碱中和 (B)化学反应   (C)物理吸附   (D)重力
166. 天然气脱水装置中,气体在( )之间被均匀的扩散开。
    (A)风冷机   (B)吸附床   (C)分离器   (D)循环风机
167. 天然气通过加热器将温度提高到所要求的( )时,再生气体进入干燥塔床层。
    (A)180℃   (B)195℃   (C)220℃   (D)240℃
168. 脱水装置重新工作时,应让已完成( )的脱水塔用于吸附工作。
    (A)再生   (B)吸附   (C)饱和   (D)加热
169. 活塞式压缩机启机前可手动盘车( )圈。
    (A)1~2   (B)2~3   (C)3~5   (D)4~6
170. 检查压缩机机身油池内的油位处于油尺( )处,如油位过低应作好加油工作。
    (A)1/2~1/3 (B)1/2~2/3   (C)1/3~2/3   (D)1/2~1
171. BC008压缩机正常运行后,若发现异常情况要立即进行处理,并要做好( )。
    (A)检查   (B)维修   (C)记录   (D)断电
172. 脱硫塔( )小时进行一次排污。
    (A)4   (B)3   (C)2   (D)1
173. 脱硫系统停车后对脱硫塔进行( )。
    (A)排污   (B)放散   (C)置换   (D)更换脱硫剂
174. 通常ZZY型自力式压力调节阀应直立( )安装在水平管上。
    (A)倒立   (B)水平   (C)直立   (D)倾斜
175. 直接作用式调节阀又称为( )调节阀。
    (A)弹簧式   (B)弹簧负载式 (C)负载式   (D)间接式

176. 往复式活塞压缩机气缸内的活塞,通过活塞杆、十字头、( )与曲轴联接。
　　(A)弹簧　　　　(B)波纹管　　　　(C)连杆　　　　(D)凸轮
177. 在调压装置巡检中应检查自力式调节阀工作正常,调节阀前后( )指示正常。
　　(A)流量计　　　(B)露点仪　　　　(C)温度表　　　(D)压力表
178. 在调压操作时,手动打开自立式调节阀前的( ),检查自力式调节阀阀前压力表指示正常。
　　(A)安全阀　　　(B)放散阀　　　　(C)隔离阀　　　(D)排污阀
179. 原料气中含硫量高,处理量大可选择( )作为脱酸工艺。
　　(A)物理法　　　(B)干法　　　　　(C)铁碱法　　　(D)醇胺法
180. 常温氧化铁脱硫,主要是以Fe_2O_3( )进行脱硫。
　　(A)水合物　　　(B)粉末　　　　　(C)气体　　　　(D)液体
181. 脱水装置应( )检查或更换罗茨风机润滑油及润滑脂。
　　(A)4个月　　　(B)3个月　　　　(C)2个月　　　(D)1个月
182. 高压脱水又称为压缩机( )脱水。
　　(A)一级　　　　(B)末级　　　　　(C)二级　　　　(D)三级
183. 往复式压缩机启动前循环冷却水保证压力( )。
　　(A)3~4MPa　　　　　　　　　　(B)2~3MPa
　　(C)0.3~0.4MPa　　　　　　　　(D)1~2MPa
184. 往复式压缩机出口不能( )。
　　(A)超压　　　　(B)开启　　　　　(C)保持压力　　(D)压力稳定
185. 如果过滤器上的( )接近零,过滤器就有损坏或漏泄。
　　(A)压差表　　　(B)温度表　　　　(C)流量计　　　(D)露点仪
186. 液压系统中手动回油控制为( )模式。
　　(A)自动操作　　(B)人工操作　　　(C)半自动　　　(D)机器
187. 在脱硫塔进口中鼓入适量的空气,使脱硫剂的再生和H_2S的吸收同时进行,两个过程可在工作中实现动态平衡的再生是( )。
　　(A)塔外再生　　(B)塔内连续再生　(C)塔内间歇式再生　(D)塔外间歇式再生
188. 按站场安全规定CNG加气站内严禁穿带易产生静电的服装进入油气区工作,对应的安全标识是( )。

　　(A)　　　　　　(B)　　　　　　　(C)　　　　　　(D)

189. 安全色标示为( )种。
　　(A)四　　　　　(B)五　　　　　　(C)六　　　　　(D)七
190. 进入站区的人员、车辆必须接受值班人员的监督检查,所有进入站内生产区的人员必须戴( )。
　　(A)安全帽　　　(B)手套　　　　　(C)胸卡　　　　(D)美瞳
191. CNG加气站( )用汽油等易挥发溶剂擦洗设备、衣物、工具及地面。
　　(A)鼓励　　　　(B)必须　　　　　(C)可以　　　　(D)严禁

192. 在易燃易爆场合应( )。
    (A)穿着防静电服   (B)吸烟
    (C)饮酒   (D)带金属饰品

193. 防爆工具的材质是( )。
    (A)铁   (B)钢   (C)木   (D)铜合金

194. CNG 加气站内加气机灭火器的正确配置是( )。
    (A)每两台加气机应配置不少于 2 具 4kg 手提式干粉灭火器
    (B)每两台加气机应配置不少于 2 具 1kg 手提式干粉灭火器
    (C)每两台加气机应配置不少于 1 具 4kg 手提式干粉灭火器
    (D)每两台加气机应配置不少于 1 具 35kg 推车式干粉灭火器

195. 储罐类加气站 CNG 储气设施,应配置( )。
    (A)配置 2 具 4kg 手提式干粉灭火器
    (B)配置 4 具 8kg 手提式干粉灭火器
    (C)2 台不小于 35kg 推车式干粉灭火器
    (D)配置 1 具 35kg 推车式干粉灭火器

196. 消防给水总管一般与生产、生活给水管道( )。
    (A)合并设置   (B)平行设置   (C)并列设置   (D)单独设置

197. 消防水给水管网中,支管上应设有控制阀,阀前支管以( )的坡度向给水干管。
    (A)3~5   (B)0.3~0.5   (C)0.03~0.05   (D)0.003~0.005

198. 消防栓应根据站区总平面图布置情况按就近保护对象的原则设置,其间距不应大于( ),并应设在路边目标明显的地方。
    (A)50m   (B)120m   (C)100m   (D)80m

199. 不属于地上消防栓检查保养的内容是( )。
    (A)消除启闭杆轴心头周围杂物,将钥匙扳头放于轴心头上,检查是否合适。
    (B)转动启闭杆,加注润滑油。
    (C)检查阀盖内橡胶垫圈是否完整。
    (D)消防栓井盖是否完好

200. 压缩天然气扩散分数为( ),是易燃易爆并且扩散能力强、火势蔓延快的一种危险介质。
    (A)0.196   (B)0.31   (C)0.29   (D)0.27

技能操作试题

一、仪表风装置排污操作(30分)

1. 考核要求

(1)必须穿戴劳动保护用品。

(2)工具、量具、用具准备齐全,正确使用。

(3)操作规程符合安全文明操作。

(4)按规定完成操作项目,质量达到技术要求。

(5)操作完毕,做到工完、料净、场地清。

2. 准备要求

(1)设备准备:

序号	名 称	规 格	数量	备 注
1	空压机	SLAD-0.31WXF	1台	

(2)材料准备:

序号	名 称	规 格	数 量	备 注
1	抹布		适量	

(3)工具、量具准备:

序号	名 称	规 格	数 量	备 注
1	排污记录本		1本	
2	碳素笔		1支	

3. 操作程序说明

(1)准备工作;

(2)判断排污阀位置;

(3)储气罐排污准备;

(4)储气罐排污;

(5)判断分离器排污阀位置;

(6)分离器排污准备;

(7)分离器排污;

(8)判断排污阀位置;

(9)过滤器排污准备;

(10)过滤器排污;

(11)判断排污阀位置;

(12)干燥器排污准备;

(13)干燥器排污;

(14)填写记录;

(15)清理场地。

4. 考核规定说明

(1)如操作违章或未按操作程序执行操作,将停止考核。

(2)考核采用百分制,考核项目得分按鉴定比重进行折算。

(3)考核方式说明:该项目为实际操作,考核过程按评分标准及操作过程进行评分。

(4)测量技能说明:本项目主要测量考生对仪表风装置排污操作掌握的熟练程度。

5. 考核时限

(1)准备时间:1min(不计入考核时间)。

(2)正式操作时间:15min。

(3)提前完成操作不加分,到时停止操作考核。

二、启动天然气压缩机(30分)

1. 考核要求

(1)必须穿戴劳动保护用品。

(2)工具、量具、用具准备齐全,正确使用。

(3)操作规程符合安全文明操作。

(4)按规定完成操作项目,质量达到技术要求。

(5)操作完毕,做到工完、料净、场地清。

2. 准备要求

(1)设备准备:

序号	名称	规格	数量	备注
1	天然气压缩机		1台	

(2)工具、量具准备(模拟软件):

序号	名称	规格	数量	备注
1	盘车棒	400mm×1寸	1	
2	测漏仪		1台	软件设置选项无需购置
3	听针		1根	

3. 操作程序说明

(1)准备工作;

(2)工艺管线检查;

(3)检查电压;

(4)检查主机主轴箱液位;

(5)检查注油器液位;

(6)检查冷却液液面;

(7)检查仪表风压力;
(8)检查压缩机进气压力;
(9)盘车;
(10)设置压缩机处于自动启动;
(11)自动启动设置;
(12)现场启动压缩机;
(13)检查气缸进、排压力;
(14)检查主电机;
(15)检查压缩机进气气动阀;
(16)检查主机;
(17)检测工艺管线、检测设备;
(18)清理场地。

4.考核规定说明

(1)如操作违章或未按操作程序执行操作,将停止考核。
(2)考核采用百分制,考核项目得分按鉴定比重进行折算。
(3)考核方式说明:该项目为实际操作,考核过程按评分标准及操作过程进行评分。
(4)测量技能说明:本项目主要测量考生对用母站天然气压缩机开机操作掌握的熟练程度。

5.考核时限

(1)准备时间:1min(不计入考核时间)。
(2)正式操作时间:15min。
(3)提前完成操作不加分,到时停止操作考核。

三、更换加气机压力表(40分)

1.考核要求

(1)必须穿戴劳动保护用品。
(2)工具、量具、用具准备齐全,正确使用。
(3)操作规程符合安全文明操作。
(4)按规定完成操作项目,质量达到技术要求。
(5)操作完毕,做到工完、料净、场地清。

2.准备要求

(1)设备准备:

序号	名 称	规 格	数 量	备 注
1	考试专用装置		1台	

(2)材料准备:

序号	名 称	规 格	数 量	备 注
1	压力表	0~40MPa	5块	
2	密封垫		5个	
3	抹布		适量	

(3)工具、量具准备：

序号	名　称	规　格	数　量	备　注
1	开口扳手		1套	
2	肥皂水喷壶		1把	

3. 操作程序说明

(1)准备工作；

(2)关闭压力表根部阀；

(3)排空根部阀至表座内气体；

(4)排空；

(5)卸压力表；

(6)检查是否有余气；

(7)检查螺纹；

(8)检查量程；

(9)检查精度；

(10)清洁密封面；

(11)安装密封垫圈；

(12)安装压力表；

(13)关闭放空阀；

(14)打开根部阀；

(15)试漏；

(16)清理场地。

4. 考核规定说明

(1)如操作违章或未按操作程序执行操作,将停止考核。

(2)考核采用百分制,考核项目得分按鉴定比重进行折算。

(3)考核方式说明:该项目为实际操作,考核过程按评分标准及操作过程进行评分。

(4)测量技能说明:本项目主要测量考生对更换压力表掌握的熟练程度。

5. 考核时限

(1)准备时间:1min(不计入考核时间)。

(2)正式操作时间:15min。

(3)提前完成操作不加分,到时停止操作考核。

参考答案

一、判断题(第1题~第80题。将判断结果填入括号中。正确的填"√",错误的填"×"。每题0.5分,满分40.0分。)

1. √	2. ×	3. √	4. ×	5. ×	6. √	7. √	8. ×	9. √	10. √
11. √	12. √	13. √	14. √	15. √	16. √	17. √	18. √	19. √	20. √
21. √	22. √	23. √	24. √	25. √	26. √	27. √	28. √	29. √	30. √
31. √	32. √	33. √	34. √	35. √	36. √	37. √	38. √	39. √	40. √
41. √	42. √	43. √	44. √	45. √	46. √	47. √	48. √	49. √	50. √
51. √	52. √	53. √	54. √	55. √	56. √	57. √	58. √	59. √	60. √
61. √	62. √	63. √	64. √	65. √	66. √	67. √	68. √	69. √	70. √
71. √	72. √	73. √	74. √	75. √	76. √	77. √	78. √	79. √	80. √

二、单项选择题(第81题~第200题。选择一个正确的答案,将相应的字母填入题内的括号中。每题0.5分,满分60.0分。)

81. B	82. D	83. B	84. D	85. B	86. A	87. C	88. B	89. A
90. A	91. C	92. D	93. C	94. A	95. C	96. B	97. D	98. C
99. D	100. D	101. A	102. B	103. D	104. A	105. B	106. A	107. B
108. C	109. C	110. A	111. B	112. A	113. C	114. B	115. C	116. A
117. C	118. C	119. B	120. D	121. A	122. B	123. D	124. A	125. D
126. A	127. C	128. B	129. A	130. A	131. D	132. D	133. D	134. D
135. C	136. D	137. D	138. D	139. A	140. C	141. C	142. C	143. A
144. C	145. A	146. B	147. B	148. D	149. C	150. A	151. C	152. A
153. C	154. B	155. C	156. B	157. C	158. C	159. A	160. C	161. D
162. C	163. A	164. C	165. C	166. B	167. B	168. A	169. B	170. B
171. C	172. D	173. A	174. C	175. B	176. C	177. D	178. C	179. D
180. A	181. B	182. B	183. C	184. B	185. A	186. B	187. B	188. C
189. A	190. A	191. D	192. A	193. D	194. A	195. C	196. A	197. D
198. B	199. D	200. A						

压缩天然气场站运行工中级试卷及参考答案

理论知识试题

考试时间:90分钟

一、判断题(第1题~第40题。将判断结果填入括号中。正确的填"√",错误的填"×"。每题0.5分,满分20.0分。)

1. ( )天然气易聚集在密闭空间的顶部,与氮气混合形成爆炸性气体。
2. ( )利用天然气管道输送的天然气称为管道天然气。
3. ( )一般情况下把1m³天然气中C_5以上的重烃液体含量高于13.5cm³的叫干气。
4. ( )天然气不完全燃烧的化学方程式是:$2CH_4+3O_2 = 2CO+4H_2O$(燃烧)。
5. ( )气体的密度公式中m代表气体的密度,单位为kg/m^3。
6. ( )丙烷的$S>1$表明该气体比空气重。
7. ( )弹簧管压力表中用于控制及压力超限报警的是电接点压力表。
8. ( )弹簧管压力表又称为波登管压力表。
9. ( )弹簧管式压力表结构中,拉杆的作用是将弹簧管自由端的位移传给扇形齿轮。
10. ( )压力传感器是种将压力变量转换为可传送的统一输出信号的仪表。
11. ( )差压式流量计是利用燃气流通过节流装置时所产生的压差来测量燃气流量的。
12. ( )阀门的工作压力可从0.0013MPa到1000MPa的超高压。
13. ( )自动阀门是依靠气体本身的能力而自行动作的阀门。
14. ( )驱动阀门是借助手动、电动、液动及气动来操纵动作的阀门。
15. ( )止回阀的类型代号是Z。
16. ( )气液联动阀门的传动方式代号是9。
17. ( )脱硫剂CT86B主要成分为氧化铁。
18. ( )脱硫装置主要由两个脱硫塔及其附属设备组成。
19. ( )分子筛的再生温度≤220℃。
20. ( )CNG加气母站压缩机组成系统主要包括气体压缩系统、润滑油系统、循环水系统及仪表风系统。
21. ( )压缩机运转时,电动机带动曲轴作旋转运动,通过连杆使活塞作往复运动。
22. ( )从脱水装置来天然气进入进气缓冲器,经过过滤器过滤,进入压缩机。
23. ( )注油泵主要润滑气缸及曲轴部分。
24. ( )压缩机的气缸和各级排出的气体均需冷却。
25. ( )调压计量装置操作主要包括计量装置的操作和调压装置的操作。
26. ( )脱水装置开机时,首先检查仪表风系统是否正常,控制系统通电后检查各指示灯及参数是否正确。
27. ( )排除的旧脱硫剂可以自燃。
28. ( )将装袋的脱硫剂用滑轮吊入塔内。
29. ( )脱水装置再生程序启动后,加热器出口温度自动控制在180～220℃。
30. ( )按下压缩机控制柜的"主机启动"按钮,软启动开启,系统进入正常运行状态。
31. ( )任意级排气压力值超过允许值,并继续升高需紧急停车。
32. ( )自力式压力调节阀安装方式原则上宜采用,气体介质正立安装。
33. ( )手动调节调压器的调整螺丝,顺时针调整压力增加,逆时针调整压力降低。
34. ( )设置紧急切断阀和安全放散阀系急切断阀一般设于调压器的上游。
35. ( )脱水装置气阀操作错误会造成高低压气串通将造成设备、人员伤亡事故。
36. ( )脱水设备投入使用前,容器及管线内部为空气,必须进行天然气置换。
37. ( )CNG加气母站设备操作主要包括调压计量装置、脱硫装置、脱水装置以及压缩机的操作。
38. ( )员工经过三级安全教育,考试合格后,按资质持证上岗。
39. ( )员工进入生产作业必须进行人体静电消除。
40. ( )设备、设施的安全装置和安全附件必须定期检定,确保完好。

二、单项选择题(第41题～第160题。选择一个正确的答案,将相应的字母填入题内的括号中。每题0.5分,满分60.0分。)

41. 天然气完全燃烧的主要产物是( )。
　　(A)一氧化碳和水　(B)二氧化碳和水　(C)二氧化硫和水　(D)一氧化碳和二氧化碳
42. 下列选项中不是按天然气储运方式分类的是( )。
　　(A)压缩天然气　(B)管道天然气　(C)储罐天然气　(D)液化天然气
43. 按烃类组成天然气可分为( )。
　　(A)酸气和净气　(B)高碳气和低碳气　(C)干气和湿气　(D)净气和混合气
44. 天然气的化学性质比较( )。
　　(A)活泼　　　　(B)惰性　　　　(C)稳定　　　　(D)不清楚
45. 气体的密度公式 $\rho_g = \dfrac{m}{v}$ 中 v 单位是( )。
　　(A)kg/m³　　　(B)kg　　　　　(C)L　　　　　(D)m³
46. 某种物质的密度与标准物质的密度之比称为( )。
　　(A)密度　　　　(B)相对密度　　(C)绝对密度　　(D)比密度
47. 着火温度是指将可燃气体在空气中加热时,开始并继续燃烧的( )温度。
　　(A)最低　　　　(B)平均　　　　(C)最高　　　　(D)固定
48. 26℃可换算为( )。
　　(A)273.15K　　(B)299.15K　　(C)247.15K　　(D)-247.15K
49. 自燃点是可燃物质发生自行燃烧的( )。
　　(A)着火能量　　(B)温度　　　　(C)能量　　　　(D)点火温度
50. 天然气的理论燃烧温度可达到( )。
　　(A)1020℃　　　(B)1550℃　　　(C)2080℃　　　(D)2030℃

51. 下列换算关系中错误的是( )。
    (A)1000cal=4.186kJ　　　　　　(B)1MJ=1×10⁶J
    (C)1kcal=4.186kJ　　　　　　　(D)1kcal=4186kJ

52. 天然气水露点是在一定压力下,天然气中开始析出( )时的温度。
    (A)水　　　(B)烃露点　　　(C)冰点　　　(D)沸点

53. 产生化学爆炸必须同时具备的条件不包括( )。
    (A)可燃物　　(B)助燃物　　(C)点火源　　(D)压力

54. 弹簧管压力表中起抗腐蚀作用的是( )。
    (A)氨用压力表　(B)氮气压力表　(C)硅油压力表　(D)电接点压力表

55. 压力表中的弹簧的自由端是封闭的,它通过( )带动扇形齿轮转动。
    (A)曲轴　　(B)拉杆　　(C)十字头　　(D)连杆

56. 在弹簧管式压力表结构中,( )的作用是将线位移转换成角位移,并传给小齿轮。
    (A)扇形齿轮　(B)小齿轮　(C)游丝　(D)拉杆

57. 压力传感器输出信号与压力变量之间有一定的连续函数关系,通常为( )。
    (A)曲线　　(B)函数　　(C)线性函数　　(D)对数曲线

58. 差压式流量计是由节流装置、( )和差压计组成。
    (A)电磁阀　(B)导压管　(C)波纹管　(D)增压装置

59. 差压式流量计结构常见的有双孔板和( )孔板与定量泵组合两种。
    (A)一　　(B)二　　(C)三　　(D)四

60. 涡轮流量计的( )的转数和气体的流速成正比。
    (A)叶轮　(B)齿轮　(C)耦合器　(D)温度套管

61. 涡轮流量计由( )等组成。
    (A)涡轮、壳体、温度压力传感器、修正仪　(B)涡轮、整流器、壳体、修正仪
    (C)涡轮、整流器、温度压力传感器、壳体　(D)涡轮、整流器、温度压力传感器、修正仪

62. 涡轮流量计受流体密度。黏度影响( ),( )黏度流体将会影响其使用。
    (A)较大,高　(B)较大,低　(C)较小,高　(D)较小,低

63. 旋进旋涡流量计由( )等组成。
    (A)旋进流量传感器、流量积算仪、温度传感器、压力传感器
    (B)旋进流量传感器、旋涡发生体、流量积算仪、压力传感器
    (C)流量积算仪、壳体、温度传感器、压力传感器
    (D)流量积算仪、温度传感器、压力传感器、旋涡发生体

64. 阀门是在流体系统中,用来控制( )的方向、压力、流量的装置。
    (A)固体　(B)流体　(C)管道　(D)电路

65. 以下阀门不属于自动阀门的是( )。
    (A)止回阀　(B)闸阀　(C)安全阀　(D)调节阀

66. 以下阀门属于驱动阀门的是( )。
    (A)止回阀　(B)闸阀　(C)安全阀　(D)调节阀

67. 节流阀的类型代号是( )。
    (A)J　　(B)Z　　(C)L　　(D)Y

68. 涡轮阀门的传动方式代号是( )。
    (A)0   (B)1   (C)2   (D)3
69. 内螺纹阀门的连接形式代号是( )。
    (A)1   (B)2   (C)4   (D)6
70. 直通式截止阀和节流阀结构形式代号是( )。
    (A)4   (B)1   (C)7   (D)5
71. 橡胶阀座密封面或衬里材料代号是( )。
    (A)X   (B)H   (C)B   (D)T
72. HT25-47型阀体材料代号是( )。
    (A)Z   (B)T   (C)Q   (D)C
73. 植物质填料较便宜,常用于( )以下的阀门。
    (A)70℃   (B)80℃   (C)90℃   (D)100℃
74. 脱硫装置工作温度为( )。
    (A)-10~90℃ (B)-20~70℃ (C)-10~70℃ (D)-10~60℃
75. 从调压计量装置来的天然气进入加湿器底部,从其上部出来经管路从脱硫塔的( )进入。
    (A)上部   (B)中部   (C)底部   (D)顶部
76. 脱水装置的再生周期小于等于( )。
    (A)1h   (B)2h   (C)6h   (D)3h
77. 往复活塞式压缩机属于( )型压缩机。
    (A)容积   (B)动力   (C)热力   (D)轴流
78. 压缩机气缸内的工作容积逐渐增大而压力逐渐降低是( )过程。
    (A)吸气   (B)压缩   (C)排气   (D)放散
79. CNG母站压缩机四级排气压力一般不低于( )。
    (A)12MPa   (B)70MPa   (C)13MPa   (D)20MPa
80. 压缩机注油器柱塞移动的形式是( )。
    (A)离心式   (B)齿轮式   (C)旋转式   (D)往复式
81. 冷却系统一般由水源、( )及用水设备等组成。
    (A)水池   (B)锅炉   (C)供水装置   (D)阀门
82. 每台压缩机组有总进水管路和总( )管路。
    (A)排污   (B)放散   (C)回水   (D)调压
83. 仪表风系统工作压力为( )。
    (A)0.4~1MPa (B)0.4~0.75MPa (C)0.4~2MPa (D)0.4~3MPa
84. 加气柱系统的核心部件是( )装置。
    (A)流量计量   (B)压力传感   (C)温度传感   (D)放散
85. CNG场站站内消防器材按( )配置。
    (A)面积   (B)人数   (C)规定   (D)产量
86. 生产区入口设置( )。
    (A)简介   (B)入厂须知警示牌
    (C)光荣榜   (D)信箱

87. 燃气泄漏报警器核心原部件为( )传感器。
    (A)热敏　　　　(B)光敏　　　　(C)气敏　　　　(D)压力

88. 压缩机厂房设可燃气体探测装置( )支。
    (A)8　　　　　 (B)6　　　　　 (C)4　　　　　 (D)1

89. 科氏力质量流量计为了平衡震动一般将( )做成对称的两个。
    (A)电路　　　　(B)振动管　　　(C)驱动线圈　　(D)相位

90. 科氏力质量流量计不能用于大管径流量测量,目前大致局限于( )以下。
    (A)DN100mm　　 (B)DN150mm　　 (C)DN200mm　　 (D)DN250mm

91. 使用嗅敏检漏仪前,检查其工作电源,如果电压低于( )时,应更换充电电池。
    (A)12V　　　　 (B)9V　　　　　(C)6V　　　　　(D)3V

92. CNG加气站设备操作主要包括调压计量装置、脱硫装置、脱水装置、增压装置、( )装置、子站拖车的操作。
    (A)储气　　　　(B)润滑　　　　(C)充气　　　　(D)冷却

93. 脱水装置开机时,首先检查( )是否正常,控制系统通电后检查各指示灯及参数是否正确。
    (A)仪表风系统　(B)报警器　　　(C)外观　　　　(D)脱水剂

94. 为了防止旧脱硫剂( ),应使用( )排出的旧脱硫剂。
    (A)过热,水喷淋　(B)过热,风机吹　(C)自燃,水喷淋　(D)自燃,风机吹

95. 脱硫塔内填装一定高度的脱硫剂和玻璃球,脱硫剂的形状为( )。
    (A)圆柱状　　　(B)球形　　　　(C)颗粒状　　　(D)粉末状

96. 脱水装置吸附时间设计为( )小时,再生时间设计为( )小时。
    (A)12,6　　　　(B)12,10　　　 (C)12,12　　　 (D)6,10

97. 压缩机控制柜内系统总电源电压正常值应为( )。
    (A)380V±19V　　(B)380V±38V　　(C)360V±19V　　(D)360V±36V

98. 压缩机运转时不需要紧急停车的是( )。
    (A)排气压力值超过允许值　　　　(B)不正常响声
    (C)电动机出现明显的故障　　　　(D)注油泵缺油

99. 当介质中有杂质或用带指挥器的自力式压力调节阀时应装( ),以防阻塞引压管路或指挥器、卡死气缸执行机构及阀芯等。
    (A)温度计　　　(B)压差计　　　(C)流量计　　　(D)过滤器

100. 当主调压通路和备用调压通路同时出现故障或维护时,可以启动手动控制的( )临时工作。
    (A)备用通路　　　　　　　　　　(B)副备用调压通路
    (C)副调压通路　　　　　　　　　(D)旁通管路

101. 安全放散阀设置于每级调压器的( ),当管道压力超过开启压力时,安全放散阀自动开启。
    (A)上游　　　　(B)中游　　　　(C)下游　　　　(D)以上都不对

102. 脱水装置开机操作应观察进出口( ),确认系统处于正常工作状态。
    (A)温度表　　　(B)压力表　　　(C)分离器　　　(D)露点仪

103. 脱水装置首次使用时必须用( )置换。
    (A)氮气　　　　(B)氧气　　　　(C)天然气　　　　(D)空气
104. CNG加气母站设备操作不包括( )操作。
    (A)调压计量装置　(B)液压设备　(C)脱硫装置　(D)脱水装置
105. 当子站拖车上的气体压力低于( )时压缩机自动停机,子站拖车又重新返回CNG加气母站进行加气。
    (A)5MPa　　　(B)4MPa　　　(C)3MPa　　　(D)6MPa
106. 常见的科氏力质量流量计测量管的形式有( )。
    (A)S形测量管　(B)U形测量管　(C)B形测量管　(D)以上都是
107. 脱硫剂在使用过程中硫容未达到预定值,可用( )对脱硫剂进行再生。
    (A)空气　　　　(B)氮气　　　　(C)天然气　　　　(D)氢气
108. 脱水装置若无再生气流动时,必须( )。
    (A)加压　　　　(B)置换　　　　(C)停机　　　　(D)停止加热
109. 再生气体出口温度降到( )时,控制器自动发出指令,循环风机、冷却风机、分离器停止工作,终止冷却过程。
    (A)50℃　　　(B)40℃　　　(C)60℃　　　(D)70℃
110. 半自动脱水装置在两塔切换时,到现场( )。
    (A)放散　　　　(B)置换　　　　(C)手动切换阀门　(D)加热
111. 压缩机的吸气阀有( )作用。
    (A)逆止　　　　(B)放散　　　　(C)排污　　　　(D)增压
112. 往复式压缩机常用的气量调节方法有( )。
    (A)转速调节　(B)余隙腔调节　(C)旁通调节　(D)以上都是
113. 压缩机气缸冷却不正常会造成( )。
    (A)爆炸　　(B)进排气温度过热　(C)漏油　　(D)液化
114. 手动注油控制属于( )自控系统操作。
    (A)母站　　　　(B)压缩子站　　(C)常规子站　　(D)液压子站
115. 液压子站设备操作主要包括自控系统、液压子站( )的操作。
    (A)系统上电　(B)拖车　　(C)手动注油控制　(D)自动控制
116. 液压子站在( )前必须退出手动回油、手动注油,释放需要注油单元。
    (A)加气　　　　(B)自动控制　　(C)放散　　　　(D)手动控制
117. 液压子站拖车卸气前应进行( )操作。
    (A)卸气后拖车移走操作　　(B)液压系统启动操作
    (C)拖车框架顶升操作　　　(D)管路连接
118. 不属于液压子站拖车后仓部件的是( )。
    (A)油块放空阀　　　　　　(B)压缩天然气快装接头
    (C)压缩天然气总阀　　　　(D)天然气软管
119. 液压子站拖车顶升时关闭拖车及子站系统中的( )阀门。
    (A)注油　　　　(B)放散　　　　(C)回油　　　　(D)充气
120. 压缩机控制柜备有( )按钮,当发生紧急情况需要立即停车时,
    (A)启动　　　　(B)紧急停车　　(C)消音　　　　(D)爆炸

121. 在仪表风系统中,压力开关控制空气压缩机的启停,当压力低于( )时自动启机,当压力达到( )时自动停机。
    (A)0.2MPa,0.6MPa (B)0.35MPa,0.7MPa
    (C)0.4MPa,0.75MPa (D)0.55MPa,0.8MPa

122. 员工经过( )教育,考试合格后,按资质持证上岗。
    (A)三级安全 (B)四级安全 (C)五级安全 (D)六级安全

123. 在爆炸危险区域( )使用防爆工具作业。
    (A)严禁 (B)允许 (C)必须 (D)适当

124. 设备、设施的安全装置和安全附件必须( ),确保完好。
    (A)完整 (B)定期检定 (C)崭新 (D)拆除

125. 确保压缩机前工艺管道( )正确,无跑、冒、滴、漏现象。
    (A)尺寸 (B)材质 (C)流程 (D)生产厂家

126. 脱水装置仪表指示参数应在( )之内。
    (A)能用 (B)可用 (C)正常范围 (D)好用

127. 调压计量装置的过滤器必须( )。
    (A)能用 (B)可用 (C)完好、无渗漏 (D)好用

128. 高压储气井气压打满后压缩机不能自动停机的现象是,高压储气井压井压力打至上限压缩机不能自动停机,压缩天然气气管路( )启跳。
    (A)进气阀 (B)安全阀 (C)分离器 (D)过滤器

129. 当高压储气井压井压力打至上限压缩机不能自动停机,站控人员应首先( )。
    (A)按急停按钮立即停机
    (B)现场看储气井就地压力表压力指示正常
    (C)手动关闭安全阀的根部阀
    (D)查看安全阀

130. 站内未接到通知,在运行过程中突然停电的原因( )。
    (A)上游变电所突发事件停电;站外线路故障;站内超压、过载等保护性起跳
    (B)拖欠电费
    (C)恐怖袭击
    (D)应急演练

131. 压缩运行,引起部分气管线产生共振,造成管线焊口开焊,发生天然气( )。
    (A)压力升高 (B)泄漏 (C)压力下降 (D)喘振

132. 伤害急救设备中急救箱包括纱布、外伤创伤药品、三角巾、血压计、( )等。
    (A)救生衣 (B)担架 (C)针管 (D)酒精

133. 对储气井造成腐蚀的是( )。
    (A)正丁烷 (B)异丁烷 (C)硫化氢 (D)二氧化碳

134. 对新到站加气的车辆,未查明气瓶原有不同介质已替换干净之前,( )。
    (A)不得加气 (B)可以加气 (C)视情况处理 (D)先置换

135. 连接高压软管前打开专用半挂车上充气快装接头气块体处的( ),将该部分泄压。
    (A)调压阀门 (B)节流阀门 (C)安全阀 (D)放散阀门

· 288 ·

136. 再次使用加气柱时,应先排净软管中的( )。
    (A)空气 (B)氢气 (C)氮气 (D)天然气
137. 液压子站自控系统待故障排除,按( )解除报警,系统才能启动。
    (A)启动按钮 (B)复位按钮 (C)紧急停车按钮 (D)消音按钮
138. 液压子站更换拖车,待8#钢瓶回油完毕后,把拖车( )。
    (A)固定 (B)生起 (C)降下来 (D)移走
139. 液压子站卸气后拖车移走,关闭拖车的卸气阀,关闭子站拖车加气总阀,打开拖车卸气管路放散阀,排出气压块的压力,关闭( ),断开压缩天然气供气管。
    (A)溢流阀 (B)放散阀 (C)换向阀 (D)节流阀
140. 压缩子站拖车卸气前驱逐作业区内( )。
    (A)工作人员 (B)无关人员 (C)操作人员 (D)负责人员
141. 压缩子站拖车卸气缓慢开启主阀,可以听到( )的声音。
    (A)放散 (B)卸气 (C)节流 (D)车辆
142. 卸下卸气柱软管前应将卸气软管( )。
    (A)卸压 (B)加压 (C)弯曲 (D)拉伸
143. 压缩机开机前启动水泵检查( )的流动情况,保证各支路冷却液量分配均匀,同时检查和清除冷却管路的一切外漏。
    (A)冷却液 (B)天然气 (C)润滑油 (D)机油
144. 齿轮油泵的油压可由泵体上的( )调节。
    (A)安全阀 (B)放散阀 (C)回油阀 (D)排污阀
145. 液压增压系统的高压管件耐压为( )。
    (A)2MPa (B)15MPa (C)10MPa (D)31.5MPa
146. 气动系统的气体应是干燥、洁净的( )或惰性气体。
    (A)天然气 (B)硫化氢 (C)氢气 (D)空气
147. 通过( )控制程序控制系统的自动运行。
    (A)PLC (B)压缩机 (C)电磁阀 (D)安全阀
148. 如果橇内泄漏的燃气浓度达到(体积分数)( )时,燃气报警探头向燃气报警控制装置发出信号。
    (A)1% (B)2% (C)3% (D)4%
149. 压缩机充气的优先级顺序为( )。
    (A)高压储气瓶组、中压储气瓶组、天然气汽车
    (B)中压储气瓶组、天然气汽车、高压储气瓶组
    (C)天然气汽车、高压储气瓶组、中压储气瓶组
    (D)中压储气瓶组、高压储气瓶组、天然气汽车
150. 科氏力质量流量计一般由( )两部分组成。
    (A)整流器、信号转化器 (B)传感器、信号转换器
    (C)传感器、修正仪 (D)整流器、修正仪
151. 科氏力质量流量计是测量质量流量的( )。
    (A)温度计 (B)体温计 (C)湿度计 (D)流量计

152. 超声波在流动的流体中传播时就载上流体( )的信息。
    (A)质量   (B)密度   (C)流速   (D)成分
153. 丢失阀门铭牌的安全阀需要( )。
    (A)检查   (B)校验   (C)擦拭   (D)保养
154. 储气瓶正常使用年限为( )年。
    (A)10~11   (B)10~15   (C)10~12   (D)10~13
155. CNG储气井主要由井口装置、( )、井筒组成。
    (A)井底封头   (B)井侧装置   (C)安全装置   (D)自控装置
156. CNG储气井上封头上开有排污口和( )。
    (A)安全阀   (B)进排气口   (C)压力表   (D)温度计
157. 活塞式压缩机按冷却方式的不同分为风冷式和( )压缩机。
    (A)单作用   (B)双作用   (C)水冷式   (D)级差式
158. 安全色标示为( )种。
    (A)四   (B)五   (C)六   (D)七
159. 《天然气》(GB 17820—2012)对三类天然气中( )的含量要求是相同的。
    (A)水露点和冰点   (B)总硫和二氧化碳   (C)总硫和硫化氢   (D)碳氢化合物和硫化氢
160. 车用压缩天然气中固体颗粒直径应小于( )。
    (A)2.5μm   (B)5μm   (C)8μm   (D)15μm

三、多项选择题(第161题~第180题。选择一个或多个正确的答案,将相应的字母填入题内的括号中。每题1.0分,满分20.0分。)

161. 以下属于天然气成分的是( )。
    (A)甲烷   (B)乙烷   (C)丙烷   (D)丁烷
162. 天然气按储运方式可分为( )。
    (A)管道天然气   (B)压缩天然气   (C)液化天然气   (D)干气
163. 防止水合物的形成可采取的方法包括( )。
    (A)降低压力   (B)升高温度
    (C)加入可以使水化物分解的反应剂   (D)升高压力
164. 通常情况下,与甲烷不发生反应的物质包括( )。
    (A)硫酸   (B)硝酸   (C)火碱   (D)盐酸
165. 压力测量仪表按工作原理分为( )等几种类型。
    (A)液柱式   (B)弹性式   (C)负荷式   (D)电测式
166. 涡轮流量计由( )等组成。
    (A)涡轮   (B)整流器   (C)温度压力传感器   (D)修正仪
167. 节流阀和球阀的类型代号分别为( )。
    (A)L   (B)Q   (C)J   (D)H
168. 阀门的型号用来表示( )等要素。
    (A)阀类   (B)驱动及连接形式   (C)密封圈材料   (D)公称压力
169. 内、外螺纹阀门的连接形式代号分别为( )。
    (A)1   (B)2   (C)4   (D)6

170. 注油器逆止阀的作用不是( )。
    (A)防止返气　　(B)防止返油　　(C)防止返水　　(D)防止返杂质
171. CNG加气机主要功能部件由质量流量计、( )组成。
    (A)压力变送器　(B)安全阀　　　(C)拉断阀　　　(D)智能测控系统
172. 下列选项不属于防爆电器的是( )。
    (A)白炽灯　　　(B)变压器　　　(C)隔爆型电动机　(D)普通电动机
173. CNG加气站设备操作主要包括调压计量装置、( )和子站拖车的操作。
    (A)脱硫装置　　(B)脱水装置　　(C)增压装置　　(D)储气装置
174. 压缩机运转时需要紧急停车的是( )。
    (A)排气压力值超过允许值　　　　(B)不正常响声
    (C)电动机出现明显的故障　　　　(D)注油泵缺油
175. 分子筛脱水装置再生气不采用的是( )。
    (A)氮气　　　　(B)氧气　　　　(C)天然气　　　(D)空气
176. 压缩子站设备操作包括( )。
    (A)压缩子站拖车(B)压缩子站压缩机(C)脱水操作　　(D)储气设施的操作
177. 吸附法脱水对进料气体的( )情况适应性较弱。
    (A)温度　　　　(B)压力　　　　(C)流量频繁变化　(D)水露点
178. 液压子站自控系统操作包括( )。
    (A)系统上电　　(B)自动连接　　(C)手动注油控制　(D)自动控制
179. 保证防雷防静电、( )完好有效。
    (A)电气保护　　　　　　　　　　(B)可燃气体报警装置
    (C)消防设施　　　　　　　　　　(D)排污设施
180. 储气井的排污管排放口不能引至( )。
    (A)厂房　　　　(B)食堂　　　　(C)安全地点　　(D)蓄水池

技能操作试题

一、调整天然气压缩机四级排污压力上限(30分)

1. 考核要求

(1)必须穿戴劳动保护用品。

(2)工具、量具、用具准备齐全,正确使用。

(3)操作规程符合安全文明操作。

(4)按规定完成操作项目,质量达到技术要求。

(5)操作完毕,做到工完、料净、场地清。

2. 准备要求

(1)设备准备:

序号	名 称	规 格	数 量	备 注
1	天然气压缩机	M－3.2/10－250JX	1台	

(2)工具、量具准备:

序号	名 称	规 格	数 量	备 注
1	记录本		1本	
2	碳素笔		1支	

3. 操作程序说明

(1)准备工作;

(2)检查压缩机状态;

(3)进入管理员界面;

(4)设置一级参数;

(5)查找"进气压力上限";

(6)进入四级压力设置界面;

(7)设置参数;

(8)检查设置;

(9)填写记录;

(10)使用仿宋字记录;

(11)回到操作员界面;

(12)清理场地。

4. 考核规定说明

(1)如操作违章或未按操作程序执行操作,将停止考核。

(2)考核采用百分制,考核项目得分按鉴定比重进行折算。

(3)考核方式说明:该项目为实际操作,考核过程按评分标准及操作过程进行评分。

(4)考核技能说明:本项目主要测量考生对调整母站天然气压缩机四级排气压力上限掌握的熟练程度。

5.考核时限

(1)准备时间:1min(不计入考核时间)。

(2)正式操作时间:15min。

(3)提前完成操作不加分,到时停止操作考核。

二、手动运行天然气压缩机论油器(30分)

1.考核要求

(1)必须穿戴劳动保护用品。

(2)工具、量具、用具准备齐全,正确使用。

(3)操作规程符合安全文明操作。

(4)按规定完成操作项目,质量达到技术要求。

(5)操作完毕,做到工完、料净、场地清。

2.准备要求

(1)设备准备:

序号	名　称	规　格	数量	备　注
1	天然气压缩机	M－3.2/10－250JX	1台	

(2)工具、量具准备:

序号	名　称	规　格	数量	备　注
1	参数记录本		1本	
2	碳素笔		1支	

3.操作程序说明

(1)准备工作;

(2)检查压缩机状态;

(3)检查注油器油位;

(4)确定模式转换按钮;

(5)旋转按钮;

(6)将压缩机切换为手动模式;

(7)进入操作员界面;

(8)启动注油器;

(9)检查单体泵注油频率;

(10)填写记录;

(11)记录字体;

(12)清理现场。

4. 考核规定说明

(1) 如操作违章或未按操作程序执行操作,将停止考核。

(2) 考核采用百分制,考核项目得分按鉴定比重进行折算。

(3) 考核方式说明:该项目为实际操作,考核过程按评分标准及操作过程进行评分。

(4) 考核技能说明:本项目主要测量考生对手动运行母站天然气压缩机注油器操作掌握的熟练程度。

5. 考核时限

(1) 准备时间:1min(不计入考核时间)。

(2) 正式操作时间:15min。

(3) 提前完成操作不加分,到时停止操作考核。

三、压缩子站压缩机加注润滑油操作(40分)

1. 考核要求

(1) 必须穿戴劳动保护用品。

(2) 工具、量具、用具准备齐全,正确使用。

(3) 操作规程符合安全文明操作。

(4) 按规定完成操作项目,质量达到技术要求。

(5) 操作完毕,做到工完、料净、场地清。

2. 准备要求

(1) 设备准备:

序号	名 称	规 格	数 量	备 注
1	天然气增压压缩机	ZW-0.36/30-250D-JX	1台	

(2) 材料准备:

序号	名 称	规 格	数 量	备 注
1	棉纱		适量	

(3) 工具、量具准备:

序号	名 称	规 格	数 量	备 注
1	油桶	18L	1个	
2	十字螺丝刀		1把	
3	过滤网	≤80目	1张	
4	记录本		1本	

3. 操作程序说明

(1) 准备工作;

(2) 确认压缩机状态;

(3) 查看主机油位;

(4) 取下呼吸器盖板;

(5)妥善处理盖板;
(6)选择润滑油;
(7)选择滤网;
(8)过滤润滑油;
(9)加入润滑油;
(10)检查润滑油外溢;
(11)安装呼吸器盖板;
(12)紧固螺栓;
(13)清理现场。

4.考核规定说明

(1)如操作违章或未按操作程序执行操作,将停止考核。

(2)考核采用百分制,考核项目得分按鉴定比重进行折算。

(3)考核方式说明:该项目为实际操作,考核过程按评分标准及操作过程进行评分。

(4)考核技能说明:本项目主要测量考生对压缩子站压缩机加注润滑油操作掌握的熟练程度。

5.考核时限

(1)准备时间:1min(不计入考核时间)。

(2)正式操作时间:15min。

(3)提前完成操作不加分,到时停止操作考核。

参考答案

一、判断题(第1题~第40题。将判断结果填入括号中。正确的填"√",错误的填"×"。每题0.5分,满分20.0分。)

1. ×	2. √	3. ×	4. √	5. ×	6. √	7. √	8. √	9. √	10. √
11. √	12. √	13. √	14. √	15. ×	16. ×	17. √	18. √	19. √	20. √
21. √	22. √	23. ×	24. √	25. √	26. √	27. √	28. √	29. √	30. ×
31. √	32. √	33. √	34. √	35. √	36. √	37. √	38. √	39. √	40. √

二、单项选择题(第41题~第160题。选择一个正确的答案,将相应的字母填入题内的括号中。每题0.5分,满分60.0分。)

41. B	42. C	43. C	44. C	45. D	46. B	47. A	48. B	49. B	50. D
51. D	52. A	53. D	54. A	55. D	56. A	57. C	58. B	59. D	60. A
61. D	62. A	63. A	64. B	65. D	66. D	67. C	68. D	69. A	70. B
71. A	72. A	73. D	74. D	75. D	76. C	77. A	78. C	79. D	80. D
81. C	82. C	83. B	84. A	85. C	86. B	87. C	88. A	89. B	90. C
91. B	92. A	93. A	94. C	95. C	96. C	97. B	98. D	99. D	100. D
101. C	102. B	103. C	104. B	105. C	106. D	107. A	108. D	109. B	110. C
111. A	112. D	113. C	114. D	115. B	116. B	117. D	118. D	119. D	120. B
121. C	122. A	123. C	124. B	125. C	126. C	127. C	128. B	129. A	130. A
131. B	132. D	133. C	134. C	135. D	136. A	137. D	138. C	139. D	140. B
141. B	142. A	143. A	144. C	145. D	146. D	147. A	148. A	149. A	150. B
151. D	152. C	153. B	154. B	155. A	156. B	157. C	158. A	159. C	160. B

三、多项选择题(第161题~第180题。选择一个或多个正确的答案,将相应的字母填入题内的括号中。每题1.0分,满分20.0分。)

161. ABCD	162. ABC	163. ABC	164. ABCD	165. ABCD
166. ABCD	167. AB	168. ABCD	169. AB	170. BCD
171. ABCD	172. ABD	173. ABCD	174. ABC	175. ABD
176. ABD	177. ABC	178. ACD	179. ABC	180. ABD

附录1 压缩天然气场站运行工职业资格等级标准

1. 工种概况

1.1 工种名称

压缩天然气场站运行工。

1.2 工种定义

从事压缩天然气场站的设备设施操作,对天然气调压、计量、脱硫、脱水、加臭、压缩、装卸、储存等设备设施进行维修保养的人员。

1.3 工种等级

本工种共设四个等级,分别为:初级(国家职业资格五级)、中级(国家职业资格四级)、高级(国家职业资格三级)、技师(国家职业资格二级)。

1.4 工种环境

室内、外作业,高危,噪声,接触燃气。

1.5 工种能力特征

身体健康,具有一定理解、表达、分析、计算、判断能力,动作协调灵活。

1.6 基本文化程度

高中毕业(或同等学历)。

1.7 培训要求

1.7.1 培训期限

全日制职业学校教育,根据其培养目标和教学计划确定期限。晋级培训期限:初级不少于280标准学时;中级不少于210标准学时;高级不少于200标准学时;技师不少于280标准学时。

1.7.2 培训教师

培训初、中、高级的教师应具有本工种高级及以上职业资格证书或中级以上专业技术职务任职资格;培训技师的教师应具有本工种技师职业资格证书或相应专业高级专业技术职务任职资格。

1.7.3 培训场地设备

理论培训应具有可容纳30名以上学员的教室;技能操作培训场所应具有相应的设备、工具和安全设施完善的场地。

1.8 鉴定要求

1.8.1 适用对象

从事或准备从事本职业的人员。

1.8.2 申报条件

分别按中国石油天然气集团公司、中国石油化工集团公司职业技能鉴定申报政策有关规定执行。

1.8.3 鉴定方式

分理论知识考试和技能操作考核。理论知识考试采取闭卷笔试方式,技能操作考核采用现场实际操作方式。理论知识考试和技能操作考核均实行百分制,成绩皆达60分以上(含60分)者为合格。技师还须进行综合评审。

1.8.4 考评人员与考生配比

理论知识考试考评员与考生比例为1∶20;每个标准教室不少于2名考评人员;技能操作考核考评员与考生比例为1∶5,且不少于3名考评人员;技师综合评审考评人员不少于5人。

1.8.5 鉴定时间

理论知识考试时间为90分钟;技能操作考试不少于60分钟。

1.8.6 鉴定场所设备

理论知识考试在标准教室进行;技能操作考核在具有相应的设备、工具和安全设施完善的场所进行。

2. 基本要求

2.1 职业道德

(1)爱岗敬业,自觉履行职责。
(2)忠于职守,严于律己。
(3)吃苦耐劳,工作认真负责。
(4)勤奋好学,刻苦钻研业务技术。
(5)谦虚谨慎,团结协作。
(6)安全生产,严格执行生产操作规程。
(7)文明作业,质量、环保意识强。
(8)文明守纪,遵纪守法。

2.2 基础知识

2.2.1 天然气基础知识

(1)天然气的分类。
(2)天然气的基本性质。
(3)天然气的技术指标。

2.2.2 加气站知识

(1)加气站分类及组成
(2)加气站工艺流程

2.2.3 常用仪器仪表

(1)压力测量仪表。
(2)温度测量仪表。
(3)天然气流量测量仪表。
(4)气体分析仪。

2.2.4 阀门知识

(1)阀门的分类。
(2)阀门的型号。
(3)阀门的密封材料。

2.2.5 CNG加气站设备

(1)CNG加气母站设备。
(2)CNG常规站设备。
(3)CNG子站设备。

3. 工作要求

本《标准》对初级、中级、高级、技师的技能要求依次递进,其中高级别包括低级别要求。

3.1 初级

职业功能	工作内容	技能要求	相关知识
一、CNG加气站运行控制	(一)阀门应用	1.能正确进行阀门操作 2.能更换阀门填料	1.阀门执行机构的操作过程 2.阀门操作注意事项
	(二)CNG母站运行控制	1.能操作站控系统 2.能检测设备、管线气密性	1.站控系统操作规程 2.站控系统组成 3.设备、管线气密性检测方法
	(三)CNG常规站运行控制	1.能巡回检查 2 读取脱水装置参数 3.读取天然气压缩机系统压力	1.加气站工艺流程知识 2.主要设备参数范围
	(四)CNG子站运行控制	能核算气量	1.加气机操作方法 2.天然气计量知识

续表

职业功能	工作内容	技能要求	相关知识
二、CNG 加气站设备操作	（一）操作 CNG 母站设备	1. 能进行预处理设备操作 2. 启停天然气压缩机 3. 能进行设备排污操作 4. 能进行加气机操作 5. 能进行加气机排污操作	1. 预处理设备工艺知识 2. 预处理设备启停方法 3. 天然气压缩机基础知识 4. 天然气压缩机启停方法 5. 加气机操作规程
	（二）操作 CNG 常规站设备	1. 能操作储气装置 2. 能更换储气装置附件	1. 储气瓶组（井）操作规程 2. 设备附件更换方法
	（三）操作 CNG 子站设备	1. 能操作液压装置 2. 能进行子站拖车操作	1. 液压装置操作规程 2. 液压装置操作注意事项 3. 子站拖车操作规程
三、CNG 加气站安全防护	（一）加气站安全生产及消防灭火	1. 能使用灭火器 2. 能使用消防栓 3. 能识别加气站危险源	1. 加气站安全生产内容 2. 灭火器操作方法 3. 加气站危险源知识
	（二）应急处置	能处置设备突发事件	加气站应急处置方法

3.2 中级

职业功能	工作内容	技能要求	相关知识
一、CNG 加气站运行控制	（一）阀门应用	能识别阀门代号	1. 阀门的类型代号 2. 阀门的传动方式代号 3. 阀门的连接形式代号 4. 阀门的结构形式代号 5. 阀门密封面或衬里材料代号 6. 阀体材料代号
	（二）CNG 母站运行控制	1. 能操作站控系统 2. 能设置设备工艺参数	1. 站控系统操作方法 2. 设备运行状况判断方法 3. 设备工艺参数的查询方法
	（三）CNG 常规站运行控制	1. 能读取预处理设备参数 2. 读取天然气压缩机润滑系统参数	1. 设备常见故障现象 2. 设备主要参数范围
	（四）CNG 子站运行控制	能核算气量	加气机气量核算方法

续表

职业功能	工作内容	技能要求	相关知识
二、CNG加气站设备操作	(一)操作CNG母站设备	1.能调整天然气压缩机系统参数 2.能手动运行天然气压缩机辅助系统 3.能调节天然气压缩机辅助系统 4.能维护过滤器 5.能进行脱水装置风机主油箱加油 6.能更换天然气压缩机温度表 7.能更换天然气压缩机压力表 8.能维护天然气压缩机辅助系统 9.能维护天然气压缩机气阀	1.计量调压装置工艺流程 2.计量调压装置操作规程 3.脱硫剂再生注意事项 4.脱硫剂再生工艺流程 5.脱硫剂再生操作规程 6.分子筛脱水剂工作原理 7.CNG加气站脱水装置工艺流程 8.脱水装置操作规程 9.天然气压缩机润滑油补充、更换方法 10.润滑油选用及管理知识
	(二)操作CNG常规站设备	1.能进行储气装置操作 2.能进行储气井排污操作 3.能维护子站加气机	1.储气瓶组(井)置换操作规程 2.子站加气机维护方法
	(三)操作CNG子站设备	能手动运行液压子站注油系统	1.液压装置操作方法 2.子站拖车置换操作规程
三、CNG加气站安全防护	(一)加气站安全生产及消防灭火	能使用常用消防设施	1.加气站消防消防设施的使用及维护方法 2.加气站消防系统组成
	(二)应急处置	1.能进行风险识别 2.能进行应急处置	1.加气站安全防护知识 2.加气站应急处置知识

3.3 高级

职业功能	工作内容	技能要求	相关知识
一、CNG加气站运行控制	(一)液压子站运行控制	1.能调试液压子站设备 2.能计算压缩机参数 3.能查询核对加气机参数	1.液压子站设备性能特点 2.液压子站设备参数范围 3.压缩机参数计算方法 4.加气机性能特点 5.加气机操作方法
	(二)压缩子站运行控制	1.能调试压缩机润滑系统 2.能调试压缩机冷却系统	1.压缩子站压缩机润滑系统工作原理 2.压缩子站压缩机参数范围 3.压缩子站压缩机冷却系统工作原理 4.压缩子站压缩机冷却系统参数范围

职业功能	工作内容	技能要求	相关知识
二、CNG加气站设备部操作	(一)常用工器具使用	1. 能辨识常用工具 2. 能使用常用扳手 3. 能使用倒链 4. 能使用常用量具 5. 能维护常用工具	1. 常用工具使用方法 2. 常用量具使用方法 3. 吊装工具使用方法 4. 常用工具维护方法
	(二)常用防爆工器具使用	能使用防爆工具	1. 防爆工器具种类 2. 防爆工器具使用方法
三、CNG加气站设备维护	(一)CNG加气母站设备维护	1. 能进行脱硫装置维护 2. 能进行脱水装置维护 3. 你能进行压缩机维护	1. 脱硫装置维护方法 2. 脱水装置维护方法 3. 压缩机维护方法
	(二)CNG常规站设备维护	1. 能进行气动阀门的维护 2. 能进行电磁阀维护 3. 能进行压缩机附件维护	1. 气动阀维护方法 2. 电磁维护方法 3. 压缩机附件维护方法
	(三)CNG子站设备维护	1. 能进行气动系统维护 2. 能进行加气机维护	1. CNG子站气动系统维护内容 2. 加气机维护内容
四、CNG加气站安全防护	(一)风险辨识	能进行危险源辨识	加气站安全知识
	(二)应急管理	能组织应急演练	应急预案知识

3.4 技师

职业功能	工作内容	技能要求	相关知识
一、CNG加气站安全防护	(一)风险辨识	能进行加气站投产试运风险辨识	加气站风险辨识知识
	(二)CNG加气站作业安全	1. 检查临时用电 2. 检查起重作业 3. 检查动土作业 4. 检查高处作业 5. 检查进入有限空间作业 6. 检查动火作业	1. 临时用电安全知识 2. 起重安全知识 3. 动土作业安全知识 4. 高处作业知识 5. 进入有限空间安全知识 6. 检查动火作业
二、机械制图	(一)识读图纸	1. 能识能读设备装配图 2. 能识读加气站工艺流程图	1. 图纸符号知识 2. 图纸标注知识
	(二)绘制图纸	1. 能绘制工件图 2. 能绘制工艺流程图	机械制图知识
三、综合管理	(一)编制文件	1. 能编写应急预案 2. 能编写作业指导书	1. 应急预案编写方法 2. 作业指导卡写方法
	(二)培训指导	能培训设备理论知识	1. 培训方法 2. 加气站设备知识
四、计算机应用	(一)计算机基本操作	1. 能进行计算机基本操作 2. 能使用常用软件	1. 计算机基本操作 2. 常用软件使用方法
	(二)办公软件应用	1. 能用绘制表格 2. 能用编辑文档	办公软件使用方法

4. 比 重 表

4.1 理论知识

项目			初级 %	中级 %	高级 %	技师 %
基本要求		基础知识	25	25	23	20
相关知识	CNG加气站运行控制	阀门应用	10	9		
		CNG母站运行控制	6	8		
		CNG常规站运行控制	5	8		
		CNG子站运行控制	5	6	7	
	CNG加气站设备操作	CNG加气站设备操作	15	20		
		常用工具及设备操作		11	24	
	CNG加气站设备维护	CNG加气母站设备维护			10	
		CNG常规设备维护			10	
		CNG子站设备维护			8	
	CNG加气站安全防护	加气站安全生产及消防知识	24	8		
		应急处置	10	5	8	
		风险识别			10	10
		CNG加气站作业安全				10
	机械制图	识读图纸				5
		绘制图纸				15
	综合管理	编写文件				16
		培训指导				4
	计算机知识	计算机基本操作				10
		办公软件应用				10
合　　计			100	100	100	100

4.2 技能操作

		项目	初级%	中级%	高级%	技师%
技能要求	CNG加气站运行控制	识读工艺参数	12	12		
		巡查设备	18	6	10	
		调整工艺参数		12	20	
		安全防护				30
	CNG加气站设备操作	操作天然气预处理设备	5	5	15	
		操作储气装置	10			
		操作压缩机	10	15	10	
		操作液压装置		5	5	
		操作加气机	5	5		
	CNG加气站设备维护	维护天然气预处理设备	9	4	4	
		维护天然气储气装置	4	9		
		维护压缩机	19	14	14	
		维护加气机	4	4	4	
		维护附件	4	9	18	
	机械制图	识读图纸				12
		绘制图纸				8
	综合管理	编制文件				10
		培训指导				15
	操作计算机	计算机基本操作				10
		使用办公软件				15
合 计			100	100	100	100

附录2 初级压缩天然气场站运行工理论知识试题鉴定要素细目表

行业:石油天然气　　工种:压缩天然气场站运行工　　等级:初级　　鉴定方式:理论知识

行为领域	代码	鉴定范围 (重要程度比重)	鉴定比重	代码	鉴定点	重要程度	备注
基础知识 A 25% (41:07:03)	A	天燃气基础知识 (17:03:01)	10%	001	天然气的组成	X	
				002	甲烷的物理性质	X	
				003	气田气	X	
				004	石油伴生气	X	
				005	凝析气田气	X	
				006	矿井气	Y	
				007	净气	Y	
				008	酸气	Y	
				009	气体的密度	X	
				010	天然气的相对密度	X	
				011	热值的概念	X	
				012	高热值	X	
				013	低热值	X	
				014	几种燃料的热值换算	X	
				015	沸点	Z	
				016	露点	X	
				017	爆炸极限	X	
				018	常见可燃气体的爆炸极限	X	
				019	气体的临界参数	X	
				020	水合物的生成	X	
				021	水露点的制定目的	X	
	B	压缩天然气知识 (08:01:01)	5%	001	总硫和硫化氢的制定目的	X	
				002	二氧化碳含量的制定目的	X	
				003	二类天然气的技术指标	X	
				004	天然气加臭	Y	
				005	天然气发电	X	
				006	城市燃气及工业生产	X	
				007	压缩天然气概念	X	
				008	车用压缩天然气技术指标	X	
				009	天然气汽车的概念	X	
				010	天然气汽车的环保性	Z	

续表

行为领域	代码	鉴定范围 (重要程度比重)	鉴定比重	代码	鉴定点	重要程度	备注
基础知识 A 25% (41:07:03)	C	常用仪器仪表 (16:03:01)	10%	001	压力测量仪表知识	X	
				002	压力表的类型	X	
				003	弹性式压力测量仪表	X	
				004	电测式压力测量仪表	X	
				005	弹簧管压力表知识	X	
				006	弹簧管压力表主要部件的作用	X	
				007	识读压力表	X	
				008	压力传感器	X	
				009	压力表的拆装	X	
				010	温度测量仪表的选择和分类	X	
				011	温度传感器	X	
				012	双金属温度计的结构、测量原理	Y	
				013	温度测量仪的应用	Y	
				014	双金属温度计结构、测量原理	X	
				015	热电偶	Y	
				016	罗茨流量计工作原理	Z	
				017	旋进旋涡流量计	X	
				018	科氏力质量流量计	X	
				019	露点仪	X	
				020	便携式测漏仪和氧含量分析仪	X	
专业知识 B 75% (110:22:07)	A	阀门知识 (16:03:01)	10%	001	球阀的简单结构	X	
				002	球阀执行机构的动作原理	X	
				003	电动球阀的组成及分类	X	
				004	球阀的优点	X	
				005	蝶阀的特点	Y	
				006	蝶阀结构原理及分类	X	
				007	闸阀操作知识	Y	
				008	阀门用途	X	
				009	压力调节阀知识	X	
				010	截止阀操作知识	X	
				011	截止阀的主要优点	Y	
				012	截止阀的结构原理及分类	X	
				013	安全阀知识	X	

续表

行为领域	代码	鉴定范围（重要程度比重）	鉴定比重	代码	鉴定点	重要程度	备注
专业知识 B 75% (110:22:07)	A	阀门知识 (16:03:01)	10%	014	安全阀的结构及工作原理	X	
				015	安全阀常用术语	X	
				016	安全阀的分类	X	
				017	阀门的分类	X	
				018	阀门的密封材料	Z	
				019	阀门型号的组成	X	
				020	止回阀的结构原理、分类及主要优点	X	
	B	CNG加气站运行 (25:05:02)	16%	001	CNG加气站构成	X	
				002	CNG母站基本组成系统	X	
				003	CNG母站工艺特点	X	
				004	CNG母站工艺流程	X	
				005	CNG加气站调压计量	X	
				006	CNG加气站脱硫装置的特点	X	
				007	CNG加气站脱水装置的特点	X	
				008	CNG加气站压缩机组注油管路	X	
				009	CNG加气站压缩机组循环油管路	X	
				010	CNG加气站压缩机组循环水系统	X	
				011	CNG加气站仪表风系统	Z	
				012	CNG加气站仪表风组成	X	
				013	CNG常规加气站基本组成	Z	
				014	CNG常规加气站工艺流程	X	
				015	CNG常规加气站工艺特点	Y	
				016	分子筛脱水	X	
				017	CNG常规加气站后置高压脱水系统工艺原理	Y	
				018	CNG常规加气站储气系统	Y	
				019	CNG常规加气站压缩机	X	
				020	CNG常规加气站加气机	X	
				021	CNG液压子站构成	X	
				022	CNG液压子站工艺流程	X	
				023	CNG液压子站主要设备	X	
				024	CNG液压子站组成系统	X	
				025	CNG压缩子站组成系统	X	
				026	CNG压缩子站工艺特点	Y	

· 307 ·

续表

行为领域	代码	鉴定范围 (重要程度比重)	鉴定比重	代码	鉴定点	重要程度	备注
专业知识 B 75% (110:22:07)	B	CNG加气站运行 (25:05:02)	16%	027	CNG压缩子站压缩机组工艺流程	X	
				028	CNG压缩子站压缩机组构成	X	
				029	CNG压缩子站压缩机组安全装置	X	
				030	CNG加气站排污系统组成	X	
				031	动力照明系统组成	Y	
				032	CNG压缩子站加气机	X	
	C	CNG加气站设备操作 (25:04:01)	15%	001	脱硫装置操作	Y	
				002	脱水系统操作	X	
				003	脱水系统吸附	X	
				004	脱水系统加热	X	
				005	脱水系统停机	X	
				006	压缩机启动前准备	X	
				007	压缩机检查	X	
				008	压缩机运行注意事项	X	
				009	脱硫装置的开车操作	X	
				010	脱硫装置的停车操作	X	
				011	压力调节阀操作知识	Y	
				012	自力式压力调节阀的组成	X	
				013	往复式活塞压缩机运行	X	
				014	调压装置巡检要点	X	
				015	调压操作注意事项	Y	
				016	脱硫方法的选择原则	Z	
				017	铁碱法脱硫工艺	Y	
				018	脱水装置巡检要点	X	
				019	天然气主要脱水操作方法	X	
				020	往复式压缩机启动前注意事项	X	
				021	往复式压缩机启动流程	X	
				022	压缩机运行中检查	X	
				023	液压增压系统手动回油操作	X	
				024	脱硫剂再生工艺	X	
				025	液压子站拖车到站操作	X	
				026	储气井操作	X	
				027	液压系统启动操作	X	

续表

行为领域	代码	鉴定范围 (重要程度比重)	鉴定比重	代码	鉴定点	重要程度	备注
专业知识 B 75% (110：22：07)	C	CNG加气站设备操作 (25：04：01)	15%	028	压缩子站设备操作	X	
				029	液压子站拖车卸气前检查	X	
				030	脱硫设备操作条件	X	
	D	加气站安全知识 (54：10：03)	34%	001	加气站安全生产标识	X	
				002	安全色标示	X	
				003	加气站进站安全规定	X	
				004	CNG加气站动火安全	X	
				005	CNG加气站人员劳保防静电安全	X	
				006	CNG加气站人员劳保防爆工具安全	X	
				007	加气站加气机消防器材的配置标准	X	
				008	加气站储气设施的灭火器材配置	X	
				009	加气站消防给水管网	X	
				010	消防栓的使用	X	
				011	消防栓的设计	X	
				012	消防栓的保养	X	
				013	加气站火灾的危害	X	
				014	加气站钢瓶爆炸燃烧的危害	X	
				015	加气站建设规范	X	
				016	CNG加气站防火防爆管理制度	X	
				017	CNG加气站防雷防静电设计	X	
				018	CNG加气站脱硫质量控制	X	
				019	CNG加气站压力容器防火	X	
				020	CNG加气站调压计量装置安全要求	X	
				021	CNG加气站压力容器防爆	X	
				022	CNG加气站规范安全操作	X	
				023	CNG加气站常用消防器材种类	X	
				024	MP型手提式泡沫灭火器	X	
				025	手提式泡沫灭火器使用	X	
				026	手提式泡沫灭火器保养	X	
				027	二氧化碳灭火器的概念	X	

续表

行为领域	代码	鉴定范围 （重要程度比重）	鉴定比重	代码	鉴定点	重要程度	备注
专业知识 B 75% (110∶22∶07)	D	加气站安全知识 (54∶10∶03)	34%	028	二氧化碳灭火器的分类	X	
				029	二氧化碳灭火器的结构	X	
				030	二氧化碳灭火器的使用方法	X	
				031	二氧化碳灭火器的维护保养	X	
				032	静电的概念	Z	
				033	静电的危害	X	
				034	静电的消除方式	Y	
				035	减少摩擦起电的方式	Y	
				036	静电接地	X	
				037	防治静电的方法	X	
				038	加气场站防静电劳保穿戴	X	
				039	加气场站人员静电防护	X	
				040	增加空气湿度防止静电方法	X	
				041	雷电的形成原理	X	
				042	雷电的危害性	Y	
				043	雷电的危害的分类	Y	
				044	防雷的基本措施	Y	
				045	防雷设施的使用	Z	
				046	加气站防雷接地装置	X	
				047	H_2S 的性质	Y	
				048	H_2S 的防护	Y	
				049	天然气危险源分析	X	
				050	事故级别划分	X	
				051	应急演练计划	X	
				052	应急概念	X	
				053	应急体系	X	
				054	应急资源	X	
				055	应急管理特点	X	
				056	应急原则	X	
				057	应急运行机制	X	
				058	应急核心	X	
				059	应急处置过程	X	
				060	人员分工	Y	

续表

行为领域	代码	鉴定范围 （重要程度比重）	鉴定比重	代码	鉴定点	重要程度	备注
专业知识 B 75% (110:22:07)	D	加气站安全知识 (54:10:03)	34%	061	应急物资	Y	
				062	应急设施知识	X	
				063	应急电气知识	Y	
				064	应急安全	X	
				065	设备处置	X	
				066	操作处置	X	
				067	漏电事故处置	Z	

注：X—核心要素；Y——般要素；Z—辅助要素。

附录3 初级压缩天然气场站运行工技能操作试题鉴定要素细目表

行业:石油天然气　　工种:压缩天然气场站运行工　　等级:初级　　鉴定方式:技能操作

行为领域	代码	鉴定范围	鉴定比重	代码	鉴定点	重要程度	备注
操作技能A (17:03:02)	A	CNG加气站运行控制 (05:01:00)	30%	001	排污罐排污操作	Y	
				002	仪表风装置排污操作	X	
				003	子站加气机排污操作	X	
				004	读取脱水装置再生系统温度表数值	X	
				005	读取天然气压缩机循环水压力	Y	
	B	CNG加气站设备操作 (05:01:00)	30%	001	脱硫塔排污操作	Y	
				002	启动天然气压缩机	X	
				003	压缩子站拖车到站操作	X	
				004	液压子站拖车到站操作	X	
				005	加气机操作	X	
				006	天然气压缩机启动前准备工作	X	
	C	CNG加气站维护 (07:01:01)	40%	001	压缩机气阀拆装与维护	X	
				002	脱水装置补压操作	X	
				003	脱水装置罗茨风机副油箱加油	X	
				004	更换加气机压力表	X	
				005	更换天然气压缩机一级缸进气温度表	X	
				006	更换天然气压缩机四级分离器压力表	Y	
				007	更换空气压缩机皮带	X	
				008	更换闸阀阀杆密封填料	Z	
				009	更换螺纹连接阀	X	

注:X—核心要素;Y——般要素;Z—辅助要素。

附录4 中级压缩天然气场站运行工理论知识试题鉴定要素细目表

行业:石油天然气　　　工种:压缩天然气场站运行工　　　等级:中级　　　鉴定方式:理论知识

行为领域	代码	鉴定范围 (重要程度比重)	鉴定比重	代码	鉴定点	重要程度	备注
基础知识 A 25% (31:05:02)	A	天然气基础知识 (18:03:01)	14%	001	天然气概述	X	
				002	天然气按储运方式分类	X	
				003	干气和湿气	X	
				004	天然气的化学特性	X	
				005	气体密度公式	X	
				006	气体的相对密度	X	
				007	着火温度	X	
				008	常用温度换算	X	
				009	自燃点	X	
				010	燃烧温度	Y	
				011	热值换算	Y	
				012	水露点、烃露点	X	
				013	爆炸的条件	X	
				014	水合物的危害及防治	X	
				015	一类天然气的技术指标	X	
				016	三类天然气的技术指标	X	
				017	天然气作为化工原料	Z	
				018	车用压缩天然气气质要求	X	
				019	天然气汽车的经济性	X	
				020	天然气汽车燃料的安全性	X	
				021	天然气汽车配件的安全性	X	
				022	天然气的缺点	Y	
	B	常用仪器仪表 (14:02:01)	11%	001	弹簧管压力表分类	X	
				002	弹簧管压力表工作原理	X	
				003	弹簧管压力表结构	X	
				004	压力传感器工作原理	X	
				005	差压式流量计工作原理	Y	

续表

行为领域	代码	鉴定范围（重要程度比重）	鉴定比重	代码	鉴定点	重要程度	备注
基础知识 A 25% (32:05:02)	B	常用仪器仪表 (14:02:01)	11%	006	差压式流量计的结构	X	
				007	涡轮流量计工作原理	X	
				008	涡轮流量计结构	X	
				009	涡流流量计的优点和缺点	X	
				010	旋进旋涡流量计结构	X	
				011	旋进旋涡流量计工作原理	X	
				012	旋进旋涡流量计优点和缺点	X	
				013	超声波流量计知识	X	
				014	超声波流量计结构	Y	
				015	超声波流量计工作原理	Z	
				016	超声波流量计主要优点和缺点	Y	
				017	科氏力质量流量计结构	X	
专业知识 B 75% (86:18:07)	A	CNG 加气站运行控制 (37:07:02)	31%	001	阀门的作用	X	
				002	自动阀门知识	X	
				003	驱动阀门知识	X	
				004	阀门的类型代号	X	
				005	阀门的传动方式代号	X	
				006	阀门的连接形式代号	X	
				007	阀门的结构形式代号	X	
				008	阀座密封面或衬里材料代号	Y	
				009	阀体材料代号	Y	
				010	阀门填料	X	
				011	阀门垫片	X	
				012	球阀的作用	X	
				013	球阀的分类	X	
				014	闸阀的作用	X	
				015	闸阀的分类	X	
				016	闸阀的优点	X	
				017	安全阀的校验	Z	
				018	脱硫装置技术参数	X	
				019	脱硫装置工艺流程	X	
				020	脱水装置技术参数	X	
				021	CNG 母站压缩机系统组成	X	

续表

行为领域	代码	鉴定范围（重要程度比重）	鉴定比重	代码	鉴定点	重要程度	备注
专业知识 B 75% (86:18:07)	A	CNG加气站运行控制 (37:07:02)	31%	022	气体压缩系统	X	
				023	气体压缩系统流程	X	
				024	注油泵工作原理	X	
				025	循环水系统	X	
				026	循环水系统工艺流程	X	
				027	仪表风系统工艺参数	Y	
				028	加气柱	X	
				029	消防系统	X	
				030	生产区警示牌	X	
				031	可燃气体报警系统	X	
				032	可燃气体探测装置配置	Y	
				033	科氏力质量流量计工作原理	X	
				034	科氏力质量流量计的优点与缺点	X	
				035	便携式测漏仪注意事项	X	
				036	PLC自动控制系统	Z	
				037	PLC自动控制系统功能	Y	
				038	PLC控制柜的基本参数	Y	
				039	CNG常规加气站调压计量装置	X	
				040	CNG常规加气站脱硫装置	X	
				041	低压脱水装置	X	
				042	CNG母站压缩机组的分类	X	
				043	储气系统	X	
				044	小气瓶储气	X	
				045	管井储气	X	
				046	大型容器储气	Y	
	B	CNG加气站设备操作 (35:08:04)	31%	001	调压计量装置操作	X	
				002	脱水系统开车操作	X	
				003	脱硫剂再生更换	Z	
				004	脱硫剂填装	Z	
				005	脱水系统两塔切换	Y	
				006	压缩机运行	X	
				007	压缩机的紧急停车	X	
				008	压力调节阀操作	X	

续表

行为领域	代码	鉴定范围（重要程度比重）	鉴定比重	代码	鉴定点	重要程度	备注
专业知识B 75%（86∶18∶07）	B	CNG加气站设备操作（35∶08∶04）	31%	009	天然气的调压操作	Y	
				010	调压安全保护装置操作	Y	
				011	吸附法脱水操作	X	
				012	吸附法脱水装置操作	X	
				013	CNG加气母站的操作设备	X	
				014	CNG压缩子站流程操作	X	
				015	流量计主要部件的作用	X	
				016	脱硫剂再生操作条件	Y	
				017	脱水系统工艺操作	X	
				018	CNG加气站的天然气脱水装置均压/待机	X	
				019	脱水装置控制	X	
				020	往复式压缩机气阀工作状态	X	
				021	压缩机调节排气量	X	
				022	压缩机进、排气温度	X	
				023	CNG液压子站组成系统	X	
				024	液压子站设备操作	X	
				025	液压子站自动控制	Y	
				026	液压子站拖车操作	X	
				027	拖车卸气前管路连接操作	X	
				028	拖车框架顶升操作	X	
				029	压缩子站压缩机操作	X	
				030	压缩子站仪表风压力调节	X	
				031	储气井排污操作	X	
				032	加气前的准备工作	Y	
				033	加气前检查	X	
				034	加气过程注意事项	X	
				035	液压子站系统上电	X	
				036	液压子站更换拖车操作	X	
				037	液压子站卸气后拖车移走操作	Y	
				038	压缩子站拖车卸气前检查	X	
				039	压缩子站拖车卸气操作	Z	
				040	压缩子站拖车卸气后操作	X	

续表

行为领域	代码	鉴定范围（重要程度比重）	鉴定比重	代码	鉴定点	重要程度	备注
专业知识 B 75% (86:18:07)	B	CNG加气站运行控制 (35:08:04)	31%	041	压缩机开机前的准备工作	X	
				042	压缩机润滑油系统操作	X	
				043	液压增压系统操作	X	
				044	气动系统操作	X	
				045	自动控制系统操作	Y	
				046	燃气报警系统操作	X	
				047	压缩机组气路系统流程操作	Z	
	C	CNG加气站安全知识 (14:03:01)	13%	001	员工基本安全要求	X	
				002	作业现场安全要求	X	
				003	设备、设施基本安全要求	X	
				004	压缩机安全要求	X	
				005	深度脱水装置安全要求	X	
				006	调压计量装置安全要求	Y	
				007	储气井安全要求	X	
				008	加(卸)气柱(机)安全要求	Z	
				009	安全色标示	X	
				010	地下消防栓检查保养内容	X	
				011	站内突然停电应急事件现象	Y	
				012	站内突然停电应急处理方法	X	
				013	站内突然停电应急产生原因	X	
				014	气体故障处理	Y	
				015	应急设备	X	
				016	高压储气井气压打满后压缩机不能自动停机的故障处置	X	
				017	加气管线被电瓶放电击穿漏气	X	
				018	加气过程中车辆着火	X	

注：X—核心要素；Y—一般要素；Z—辅助要素。

附录5 中级压缩天然气场站运行工技能操作试题鉴定要素细目表

行业:石油天然气　　工种:压缩天然气场站运行工　　等级:中级　　鉴定方式:技能操作

行为领域	代码	鉴定范围	鉴定比重	代码	鉴定点	重要程度	备注
操作技能A (16:03:01)	A	CNG加气站运行控制 (04:01:00)	30%	001	调整天然气压缩机四级排气压力上限	X	
				002	调整天然气压缩机冷却水压力下限	X	
				003	手动运行天然气压缩机注油器	X	
				004	读取脱硫装置温度温度数值	Y	
				005	读取天然气压缩机润滑油温度	X	
	B	CNG加气站设备操作 (05:01:00)	30%	001	氮气置换压力容器操作	Y	
				002	调节天然气压缩机注油器操作	X	
				003	液压子站手动注油操作	X	
				004	拆装加气枪更换O形圈	X	
				005	手动运行压缩机循环水泵	X	
				006	手动运行天然气压缩机注油器	X	
	C	CNG加气站维护 (07:01:01)	40%	001	更换过滤器滤芯	X	
				002	更换子站加气机滤芯操作	X	
				003	脱水装置罗茨风机主油箱加油	X	
				004	天然气压缩机四级缓冲罐排污	X	
				005	更换天然气压缩机润滑油压力表	X	
				006	更换天然气压缩机注油器单体泵	X	
				007	安装天然气压缩机二级进气阀	X	
				008	压缩子站压缩机加注润滑油操作	Y	
				009	储气井排污操作	Z	

注:X—核心要素;Y—一般要素;Z—辅助要素。

附录6 压缩天然气场站运行工技能操作考核内容层次结构表

内容项目级别	技能操作						合计
	CNG加气站运行控制	CNG加气站设备操作	CNG加气站设备维护	机械制图	操作计算机	综合管理	
初级	30分 15~45min	30分 15~45min	40分 15~45min				100分 45~135min
中级	30分 15~40min	30分 10~40min	40分 15~40min				100分 40~120min
高级	30分 6~35min	30分 10~35min	40分 15~30min				100分 31~100min
技师	30分 25min			20分 15~30min	25分 10~20min	25分 15~30min	100分 65~105min

参 考 文 献

[1] 冯幸福,吴同起.燃气汽车及加气站技术.北京:电子工业出版社,2000.
[2] 郁永章.天然气汽车加气站设备与运行.北京:中国石化出版社,2006.
[3] 中国石油天然气集团公司人事服务中心.CNG加气站操作工.北京:石油工业出版社,2006.
[4] 安定刚.往复式压缩机技术问答.北京:中国石化出版社,2005.